JN223382

地球に来たボランティアソウルの 3つの波と新しい地球

The Three Waves of Volunteers
and the New Earth

Dolores Cannon

ドロレス・キャノン［著］
東川恭子［訳］

ナチュラルスピリット

THE THREE WAVES OF VOLUNTEERS AND THE NEW EARTH

by Dolores Cannon

Copyright © 2011 by Dolores Cannon

Japanese translation published by arrangement with Ozark Mountain Publishing, Inc.
through The English Agency(Japan)Ltd.

地球に来たボランティアソウルの3つの波と新しい地球——目次

第1部　ボランティアソウル

第2部　ＥＴと光の存在たち

第3部　新生地球

免責事項

本書は、身体の治療や医療問題の解決法としていかなる医療アドバイス、テクニックの処方を記すものではありません。本書に含まれる医療情報は、ドロレス・キャノンがクライアントに対して行った個人セッションから得られたものであり、医療的診断を意図するものでも、医療機関による助言や治療に替わるものでもありません。したがって、著者及び出版社は、読者による本書の解釈や情報の使いみちについて何ら責任を負いません。

本書で取り上げたセッションに登場するクライアントの個人情報及びプライバシーについては、万全の保護対策を講じています。本書に登場する地名は事実の通りですが、クライアントの名前はすべて仮名です。

Part One: The Volunteers

第1部
ボランティアソウル

はじめに

　未知の世界に初めて足を踏み入れた40年以上前から、私は自らを〝失われた知識〟のレポーター、探索者、研究者だと捉えていた。現実には退行催眠療法を専門とするヒプノセラピストであり、現世では見つからない問題の根拠を過去世に遡って探り、解決するという仕事をしている。仕事の成長と発展に伴い、私はセッションを通じてヒーリングが起きる独自の催眠のテクニックを開発し、その技法を世界中で教えるようになった。その結果は驚くべきものだった。私が自分の技法を教えようと思い立ったとき、うまくいくものか自信がなかった。自分で作ったものだから、私にはその仕組みや効果がよくわかるのだが、これを万人が理解できるように説明できるだろうか——。そんなジレンマがあったが、何事もやってみないことにはわからない。私のクライアントの一部を含め、うまくいかないことを恐れて初めから試しもしない人は少なくない。そこで私は２００２年から指導を開始したが、この手法は今や世界中に伝わり、私の経験した奇跡のヒーリングを教え子たちが起こしているのはうれしいことだ。なかにはこの技法を元にして、私が想像もしないことを試している人もいる。教え子が習ったことを元にその先の未知の可能性へと果敢に挑んでいくこと以上に、教師としての喜びはない。

　私の技法は、旧来の催眠療法のように一字一句決められた台本《スクリプト》通りにやらなくてはならず、一言もアドリブが許されないものとは異なる。何が起きているかを理解することで、教え子たちは自分の頭で考えられるようになる。クライアントに不利益がない限り、教え子は何を試してもかまわない。私の技法は極めてフレキシブルだ。この技法は生きものであり、常に進化を続けている。何十年もこの技法を続けてきた現在もなお、仕事を終えて帰宅すると、私は娘のジュリアに「今日また新しいやり方を見つけちゃった！」などと話している。〝彼ら〟はこれまで何度も私に「自分で限界を作らない限り、この技法に限界はない」と話してくれた。どんなことも可能だ。限界があるとすれば、それは使い手自身の想像に過ぎない。

　セラピストの成長を阻むものは、未知への恐怖だと私は考えている。新しいことにチャレンジすること、自力で切り拓くことを恐れるからだ。私の技法が他の催眠療法と異なる最大の特徴は、夢遊性トランスと呼ばれる、最も深い変性意識状態でセッションを行う点にある。ほとんどの催眠療法はもっと浅い変性意識で行い、そこは顕在意識が介入しやすい領域だ。可能な限り深い変性意識に誘導すると、偉大なる力の源と直接対話ができ、ヒーリングが可能になる。私はすべての叡智の源《ソース》とつながる方法を見出したのだ。そこはこれまで私が執筆してきた情報のソースであり、瞬時のヒーリングはここで起きる。その存在は限りなく愛と赦しに満ちている。この仕事を始めてその存在と遭遇したとき、何と呼べばいいかわからなかったので、私は潜在意識《サブコンシャス》、略してSCと呼ぶことにした。その定義はと問われれば、高次の自己《ハイアーセルフ》、高次の意識、オーバーソウルなどと呼んでかまわないと話している。それはとてつもなく大きな存在で、すべての答えを知っている。〝彼ら〟には元々名前がないため、私たちにどう呼ばれてもかまわないと言っている。教え子の中には、サブ（下部の）コンシャス（意識）ではなく、スーパー（超越した）コンシャス（意識）と呼ぶべきだという人もいる。それがいいかどうかはわからないが、私のやり方は奏功するので、「壊れていないものは直すな」の方針でいい。本書では省略してSCと呼ぶことにする。

ヒプノセラピストとしての活動の初期には時たま、曖昧な形で登場していたので、自分がいったい何者と話しているのかよくわからなかった。自分が見つけたものが何かわかるまで数年かかった。その後セッションのたびに呼び出す方法を考案して以来、それは私の仕事のかけがえのない一部となった。人々は私にこう言う。「あなたは奇跡を起こしているんですよ?」私はこう答える。「私は何もしていません。やっているのは〝彼ら〟です。私は彼らが仕事をするのを助けているのです」この高貴で崇高な存在は私たち全員のすべてについて知っている。しかも私たち一人ひとりを深く気遣っている。彼らは私たちが自分を知る以上に私たちを熟知しているので、何も秘密にできない。したがって私のところに来たクライアントは知るべきことを知ることになる。クライアントが理解する必要があるとSCが考える事柄がセッションの俎上《そじょう》に乗る。セッションで何が起きるか私にはまったく予測できないので、セッションをコントロールしたり操作したりはできない。彼らとの共同作業を長く続けてきたため、私は時折彼らの答えが予測できる。彼らはいつでも首尾一貫しているからだ。彼らには独特の論理があり、私が論理的に引き出した答えとは異なる。このため私はクライアントに、セッションでは何が起きるか予測できないと伝えている。セッション内容は毎回違うが、いつでもクライアントが受け止めきれる分量に収められている。クライアントが持ち込む問題の答えがカルマに関係していることか、それ以外かを予測することはできない。しかし〝それ以外〟のケースが増えてきたことから、〝ボランティアソウルの3つの波〟という概念が生まれた。惑星の進化というきわめて刺激的でかつ荘厳な概念にいちはやく気づいたのは私だった。

これまでの4半世紀にわたり、私はUFOの目撃談や誘拐事件の研究にも携わってきた。その研究成果の多くは、主に著書『人類の保護者』（ナチュラルスピリット）に反映されているが、この分野で提起された疑問について、他の研究者たちがぼんやりとしか把握できなかった答えを子細にわたり得ることができた。私が思いつく限りの質問について、ETたちはどんなことでも気前よく答えてくれた。知りたいことをすべて訊ね、答えを知り尽くしたと思っていると、〝彼ら〟はさらなる情報をくれては私を驚かせた。ここ2、3年の間で、UFO目撃などの研究の背後にもっと大きなストーリーがあることに気づき始めた。〝彼ら〟が人類とどうかかわってきたかという謎を、私はとうとう解明したと思ったのだが、UFOの全貌に関する謎というパズルの最後のピースが2009年のあるセッションを通じてもたらされた。電球がパッとついたようにすべてが明らかになり、辻褄が合った。そして私はすべてのピースがすでに手中にあったことにすぐに気づいた。答えは『人類の保護者』や『入り組んだ宇宙』シリーズをはじめとする著書のあちこちに散りばめられていた。それらの答えの断片は数千人という前世退行催眠のセッション中にもたらされていたのだ。それらの情報を著書にまとめながら、そこで話は完結したものと思っていた。そして突然、この話の背後にはもっと大きな話があり、ここ数年の間私の顔を覗き込んでいたことに気づいた。ここまで見えてなお、すべてを把握できた訳ではないだろう。これからも引き続き驚かされることになるだろうが、ベールを剥がして真実を広く伝えるときがついにやってきた。その真実はかつて厚いベールに覆われていたが、ベールは年々薄くなり、私のセラピーの現場でも見えるまでになっていたのだ。毎日あくせくと働くありふれた人生を生きることが、この世に生まれた目的ではないのだと気づく人が増えている。セッションを追うごとに答えがどんどん届けられていく。「覚醒の時が来た！」「あなたには使命がある！　それを行使するのは今だ！」「もうこれ以上時間を無駄にするな！　地球でやるべき仕事をするための時間がなくなってきている！」

私が前世退行の催眠療法をするようになって40年経つが、その手法はずっと変わらない。もちろん例外的なケースというものがあり、それらを著書に書いてきた。クライアントたちは基本的にしかるべき過去世を追体験し、現世で起きている問題の原因を突き止める。それが人間関係や仕事、健康などどんな問題であれ、その起源はある過去世の中に、あるいは同じ相手、同じ人々と何度も繰り返されてきたカルマのパターンとして露呈する。解決法はその繰り返しの周期を断ち切ることであり、現世の問題と過去世の起源がつながっていることをＳＣが見せてくれることで可能になる。そしてヒーリングが起こり、セッションが終了する。しかし、ここ数年で私のセッションの流れに変化が起こり、たびたびこれまでと異なるクライアントが来るようになった。外見上彼らにはこれといった特異な特徴はまったく見当たらないことは強調しておきたい。彼らは他のすべての人々と同じように暮らしている至って普通の人々で、それぞれが抱える問題の解決を求めて私の元にやってくる。そしてセッションを通じて、彼らの顕在意識ではおよそ考えもしなかった答えが提示される。私たちはつくづく多面的な存在だと思い知らされる。私たちは自分の人生を物理次元という一つの視点から眺め、そのすぐ内側にはいくつもの層が存在していることに気づいていない。顕在意識で認識されないそれらの層は、人の人生に多大なる影響を及ぼしている。そこでは人の想像をはるかに超えたことが起きていて、そこに錯覚が生まれる。私たちは自分のことをわかっているつもりだが、本当にそうだろうか？

第1章

3つの波の発見

催眠という私の探究の旅は時空を超え、想像の限界を飛び超えて歴史を遠く遡り、未来の可能性へと発展していった。私が前世療法を始めた当初、クライアントが辿るのは地球での過去世に限定されるものと思っていた。なぜならそれが私たちの知っているすべてだからだ。ところが私の信念体系はこの40年で大きく拡大した。仕事が進展するにつれ、地球で生命が誕生したときの膨大な情報がもたらされた。今というタイミングでその情報を知ることの意義についても聞かされた。私たちは新しい世界、新しい次元へと移行している最中で、もたらされた情報が役立ち、活用できるからだ。

催眠の仕事を通じて繰り返し聞いたのは、すべてはエネルギーでできているということ、形や外見は波動や周波数によって変化するということだ。エネルギーは不滅で変化し続ける。私が聞かされたのは、地球は現在新しい次元へと上昇するために波動や周波数を変化させている最中だということ。私たちの周りには常に無数の次元が存在している。波動は高速で振動しているため、肉眼では見えない。次元上昇が目前に迫っている今、その渦中にいる私たちにとって、新しい次元への移行についてより深く知ることは喫緊の課題だ。

地球は私たちが多様な経験をするための学校だが、それにとどまらない。これを読んでいるあなたもかつては別の惑星、別の次元の住人だったことがある。あなたには到底想像もできないほど多くの過去世経験を経て今に至っている。これまで私の元に来たクライアントの多くが、至福の生命を謳歌する光の存在としての過去世を経験した魂たちだった。彼らには地球の運命や負の経験にかかわる理由も必然性もない。彼らは自ら志願して現代の地球や地球に生きる人々を助けるためにやってきた**ボランティアソウル**だ。私が出会ったのは、第1波～第3波にかけて地球にやってきた宇宙由来の人々だ。彼らがなぜ今地球にやってきたかと言えば、元々地球にいる人々は何度も転生を繰り返してきた結果、重いカルマに絡めとられて前に進めなくなっていて、なぜ地球にいるのかすら見失っているからだ。

セラピストになりたての頃の私（そして初期の著書で）は、現代の地球に初めて人間として転生することはあり得ないという認識を持っていた。人間になる前に空気、岩、土、植物、動物、自然霊という段階的な変容プロセスがあり、それらを経てようやく人間になれるものと思っていたからだ。進化を経ていよいよ人間となって転生する際は、ゆっくり適応できるように未開の社会に誕生するものと認識していた。雑多なエネルギーが混とんを極めるハイペースな現代社会にいきなり降り立つなどということは想定外だった。地球での経験を持たない魂にとって、ここは過酷すぎると。しかし1986年の著書『この星の守り手たち』（ナチュラルスピリット）では、初めて地球人として転生したやさしい魂のことを書いた。この魂は他の惑星、別次元での人生をいくつも経験していた。ところがこの人物とのセッションを始めた当初は地球での複数の転生が語られたため、私は混乱してしまった。地球での転生の話は真実か否か。そしてあとで聞いたのは〝刷り込み理論〟だった。

地球で無数に転生を繰り返している魂たちは、潜在意識の記憶庫にそれらを収めている。顕在意識では認識できないが、潜在意識の中に埋もれたこれらの転生の経験は、泥沼のような地球環境で人として生き抜くために重要な情報源となる。そのような予備知識なしに、地球という過酷な環境で生きていくことはできないだろう。新生児はまっさらな白紙状態で生まれ、両親や社会と出会い、ゼロから学んでいくと考えられている。しかしこれは真実とは程遠い。〝赤ん坊〟は実のところ、〝人生〟と呼ばれる複雑極まりないシナリオの旅を何百回も経験している老練の魂だ。その記憶は（顕在意識では認識されないものの）人として生きるための参考となる。しかし初めて地球に転生する魂がその情報を持たないまま放り込まれては戸惑うばかりだろう。そこで霊的領域の巧みな概念である〝刷り込み〟が必要となる。

誕生する前の魂は、次に生まれる場所ではどんな生活が待っているかを見せられ、そこでどんな経験を**したいか**という計画を練る。その際、未解決のカルマを持つ関係者である魂たちとの契約も同時に行う。地球に誕生しようとする魂に地球での経験がない場合、〝書庫〟へと導かれる。私のクライアントの多くが、この書庫について異口同音の説明をしている。この書庫には、未来に紐解かれる知識を含めてすべての知識が収められている。この中にアカシックレコード（生命誕生以来のすべての生命の記録）も含まれる。書庫には司書がいて、魂は司書とじっくり話し合い、助言を受けながら、これから生きる人生に見合った人生を選択し、その記憶を自らの過去の記憶の上に刷り込む。たとえるなら記憶という紙の上にフィルムを重ねて印字するようなものだ。それはさながら図書館に行って、ほしい情報を得るために無数の本の山をひっくり返してリサーチをするようなものだ。こうして刷り込まれた情報は、地球に初めて転生する魂にとって心強い記憶となる。

私はSCに、セッションでクライアントが語る過去世の経験が本当に起きた過去世か、刷り込まれた情報かをどのようにして区別するかを訊ねた。答えは区別できないとのこと。なぜなら刷り込まれる際、その人生で起きたすべて(事実だけでなく感情その他のすべて丸ごと)がダウンロードされるからだ。どのみち参考知識として使われるだけなので、その魂が経験した記憶かそうでないかはさほど重要ではないということだった。著名な偉人の人生の記憶は刷り込む情報として有益なため頻繁にダウンロードされる結果、複数の人々が前世の記憶として著名人の名前を挙げることになる。同じ前世を持つ人が何人もいるということを根拠に、輪廻転生を反証しようとする人々がいるが、これで説明がつく。私はSCに「誰でも好きなように他人の人生を自らの過去世としてダウンロードできるなら、その人生が存在しないということもあるのですか?」と訊ねた。答えはノーだった。記録や記憶として保存するためには実際に生きた人生が必要とのことだった。

これは純粋で無辜《むこ》なる魂がまったく馴染みのないカオスのような世界に降り立ち、適応していくための手段として、まったく理に適ったやり方と言える。何らかの準備をしてからでないと地球での生活は不可能だろう。繊細な魂には理解できるところが少しも見つからず、環境と折り合っていけないだろう。『この星の守り手たち』で書いた主人公フィルとの出会い以来、このような地球に新米の魂たちにますます多く出会うようになった。その内容は『入り組んだ宇宙』シリーズ(ナチュラルスピリット)の中で紹介している。初めて出会った当初は珍しいケースだと思っていたが、今やありふれた話になりつつある。それまで刷り込まれた経験は記憶の奥に隠されていたため、浅い変性意識域でセッションを行う催眠療法士や研究者には知らされていなかった。刷り込まれた経験は、これから始まる人生に役立つという観点から選択されているため、その人生で起きるいくつかの問題は解決するものの、最も重要な命題には使われない。無限の叡智の持ち主であるSC（潜在意識、高次の自己）は、本人の対応能力を超えた課題を与えることはない。この原理は担当する催眠療法家にも当てはまり、未知の世界を限定的にしか理解しない療法家には込み入った概念を提示しない。刷り込みの概念がもたらされたのも、私の好奇心が新たな扉を開け、次の理解に達したときだった。

つい最近まで私はこのような〝地球初回組〟は珍しいケースと思っていたが、この頃はこちらのほうが標準と思えるようになってきた。SCはもうそのことを隠そうとしていない。セッションでは、ありとあらゆるテクニックを駆使して過去世に導いても、どうしても何も降りてこないクライアントが多くいた。そんな時私はいつもクライアントのSCに理由を訊ねた。そして答えは「彼に何かを見せることは可能だが、それは刷り込みに過ぎない」とのことだった。続いてSCは彼の魂の出自や今回なぜ地球に転生したのかなどについて言及した。SCによると、過去に刷り込みを受け入れるのを拒絶した魂がいたが、何の計画も目的も持たずに転生したその後の人生はカオス状態となったそうだ。〝彼ら〟は本当にものの道理がわかっているようだ。わかっていないのは人間のほうで、〝彼ら〟に見えているものを理解する器が未発達なのかもしれない。

私がこれから示す宇宙の仕組み（足りないピース）をよりよく理解するためには、人類創生にあたる〝種蒔き〟まで遡らなくてはならない。

地球上での生命の誕生

今なぜ3世代のボランティアソウルたちが地球にやってきたのかを理解するために、地球に生命が誕生した頃に話を戻そう。物議を醸すトピックだということは承知しているが、数千回に及ぶ退行催眠セッションで繰り返し語られたことなので、無視できるレベルを超えている。

大昔のこと、地球には生命が存在しなかった。地上には火山がたくさんあり、大気にはアンモニアが充満していた。この惑星に生命が誕生するには環境を変える必要があった。セッションを通じた研究でわかったことには、宇宙に生命を創造することに関する規則や規制をつかさどる宇宙評議会なるものが複数存在する。太陽系、銀河系、大宇宙などそれぞれに評議会があり、きわめて秩序立っている。高次の存在たちは宇宙全体を旅して生命の生息に適した惑星を調査している。彼らによると、生命が存続し得るまで環境が整うことは、その惑星にとって記念すべき出来事なのだという。そしてその惑星に〝生命許可証〟が与えられる。

すると多種多様なET（高次の存在）たちのグループが使命を与えられ、その惑星に生命を持ってきて定着させる。この存在たちは初期の存在、古代の人々と呼ばれている。彼らは有史以来このような仕事を続けている。このプロジェクトに神が除外されているわけではない。神はすべてに関与している。この存在たちはまず惑星に単細胞生物を導入し、それらは自発的に多細胞生物へと進化する。どのような生物が定着するかはその惑星の環境条件によって異なる。この存在たちは生命の種蒔きをしたらその惑星をたびたび訪問し、長い年月をかけてその生育を見守っていく。原初の生物が定着せず、生命が途絶えることも少なくないそうだ。彼らはこんなことを言った。「生命がいかに壊れやすいか、あなたには想像もつかないだろう」

このようなことが地球に対しても行われ、長い年月を経て植物が誕生した。動物が生育するにはまず植物がなくてはならないからだ。生命のこのような進化の過程を見守り育むため、彼らはたびたび地球を訪問した。大洋をつくり、空気を浄化して多種多様な生物が進化していくのを助けた。こうして高次の存在たちは最終的に知的生命を創造する。この過程はすべての惑星で行われてきた。生命とはこのようにして誕生するのだ。

これらの存在たちのことを私は著書で〝庭の守り人〟〔訳注：邦訳版書籍タイトル『この星の守り手たち』の原題〕と呼んでいる。地球は彼らの庭で、私たち人類は彼らの子供たちだからだ。さて知的生命体を創造するには、動物を原型として、学習するための大きな脳と、道具をつくるための手のある生物を創出する必要があった。彼らが原型としてサルを選んだのはこのためだ。この説に異議を唱える人々もいるが、ヒトとサルの遺伝子は98％同一で、ヒトの血液をサルに輸血しても死ぬことはない。それほどヒトとサルは似通った遺伝子を持っている。それでも人類を創生するには遺伝子操作を行い、異なる細胞や遺伝子を宇宙のあちこちから持ってきて体内に混ぜ込む必要があった。曰く、人類の身体に足りないものが見つかることはない。欠けている部分は存在しない。人類の進化は自然の過程を超越して実現した。現在の人類は偶然の産物ではないのだ。

以来、長きにわたり、人類に何か必要なものが見つかるたびに彼らは地球に降り立ち、人々とともに暮らしては必要なものを与えてきた。世界じゅうの古い文化や文明の伝説には必ず〝文明をもたらした存在〟が登場する。たとえばネイティブアメリカンの民話には植物を植えることを教えたトウモロコシ娘《コーンウーマン》がいる。どの古代文明の伝説にも人々に火の使い方や農耕のやり方を教えた存在がいる。どの伝説にも共通するのは、これらの存在が空から降りてきたか、海の向こうからやってきたということだ。彼らは人類の教師であり、生命の限界を持たない存在だ。彼らこそが人類を救うために降臨した、伝説の神や女神と呼ばれる存在なのだ。その行為は今も続いているが、人類に混ざるとあまりに目立ってしまうため、もう降り立ってともに生活するのは不可能になった。かわりに、人類の進化を促進するために何か必要な概念が見つかったときは、それを地球の大気圏に注入する。結果、その情報をいち早くキャッチした人物が、それの発明者になる。進化を促す概念が地球の歴史に加わることが重要なので、彼らは地球の誰が受け取るかに関心はない。歴史上、複数の研究者が同時期に同じ発見をすることは周知のことだ。一例を挙げるとフリーエネルギーというテクノロジーで、世界中で多くの研究が進められているのを私は世界を旅するごとに目にしてきた。

失われたエデンの園

知的生命が地球に創生されると、宇宙評議会は人類に自由意思というものを与え、自らの意思で何をするか観察することにした。宇宙には自由意思のない惑星も存在する。『スタートレック』〔訳注：全米で人気を博したSFドラマシリーズ〕に出てくる、干渉してはならないという指示は極めて現実味がある。これは評議会の指示のひとつで、知的生物の進化の過程に干渉することは許されない。やり方を教え、知識を伝授して助けるのはいいが、干渉してはならないのだ。ここで私は疑問を感じ、たとえば火や農耕など、人類の次の進化に必要となるものを与えることは干渉に当たらないのか、と訊ねた。彼らは「いいえ、それはあなた方が進化の次の段階へと進めるために一度だけ我々が差し出す贈り物です。受け取った後でそれをどう使うかはあなた方の自由意思に委ねられています」と答えた。人類は歴史上、彼らの意図に反して贈り物を何度も悪用し、破壊活動に使ってきた。「それなら私たちに、使い方を間違っているよ、と指導することはできなかったんですか？」と訊ねると、「いいえ、それこそが干渉に当たります。もらったものをどう使おうとあなた方の勝手です。我々はただ人類の複雑怪奇な行動に唖然としつつも傍観するばかりで、介入はできません」という答えが返ってきた。

唯一の例外は、人類が世界を破壊できる力を持つまでに進化した場合だ。地球の破壊は銀河系全体に反響し、あまりに多くの惑星に悪影響を及ぼすだけでなく別次元の生命を脅かすため、許すわけにはいかない。太陽系の隅っこに意図的に孤立している小さな地球にそのような影響力があるなどとは想像もつかないことだろう。しかしその影響力は途方もない距離に達し、取り返しがつかないほどのダメージを与える、と彼らは言った。

人類は本来完璧な種族で、病気にもならないので望むだけの寿命が得られるはずだった。地球はもともとエデンの園のような完璧な場所だった。しかしある不測の事態が起こり、当初の計画の全面的な変更を余儀なくされた。生命が順調に育っていた矢先、隕石が地球に衝突し、病気の原因となるバクテリアをもたらしたのだ。このとき初めて疾病というものが地球に持ち込まれた。地球の進化を見守っていた存在は評議会に戻り、完璧な実験が台無しにされた今、どうすればいいか指示を仰いだ。この事件に評議会は大いに落胆した。選択肢は、すべて破壊してゼロからやり直すか、またはこのまま進化を続行させるかのどちらかだった。それまでにあまりにも長い時間と労力が払われてきたため、評議会はそのまま進化させることにした。病気と無縁でなくなったおかげで地球の生命は当初の計画のように完璧ではなくなったと知った上で、評議会は進化の続行を許可した。

こうして高次の存在たちは遠くから進化を見守ってきたが、１９４５年のある出来事が彼らの注意を引き付けた。第２次世界大戦の最終段階で原子爆弾が投下されたことだ。当時の人類の進化の段階ではまだ原子力を持つべきではなかった。彼らは人類がまだ使いこなせないこと、それを破壊的用途に使うことを知っていた。

原子力が地球にもたらされたのは、人類に役立てるためだった。私はＳＣに、電力など有益な目的に生かしていると反論した。すると彼らは、原子力で最初に創られたのが兵器だったため、その負のオーラがずっとつきまとい、原子力が本来持っていた優れた潜在能力を発揮することはなくなったのだ、と説明した。人類は悍《おぞ》ましい第２次世界大戦を終えたばかりで、原子力のようなパワフルなエネルギーを到底使いこなせないことを彼らは知っていた。それは人類に備わった性質であり、彼らはそれがもたらす破壊行為を大いに危惧していた。原子爆弾を開発した科学者たちは、自分が何の実験をしているのか理解していなかった。それは未知の物質で、科学者たちは、この元素は空気中のすべての水素を発火し、全世界を破壊する巨大な爆発を起こす可能性があると警告された。しかし科学者たちはこの警告を無視し、好奇心に任せて実験を続けた。私は数年にわたり原子爆弾の開発について調査したが、その顛末はすべて『A Soul Remembers Hiroshima（ヒロシマの記憶を持つ魂）』（未邦訳）に書いた。この戦争終了後にも各国の相互不信が原子力兵器の増強を招き、高次の存在の懸念を裏づけた。人類は自らが何を扱っていたのかわかっていなかった。それは一触即発の非常に危険な時期だった。

ちょうどその頃、1940年代後半から50年代初頭にかけて、UFOの目撃談が頻繁に話題に上るようになった。高次の存在たちは人類の自由意思には干渉できないため、評議会に判断を仰いだ。そして評議会が出した結論は、私に言わせれば名案だった。彼らはこう言った。「外から干渉することはできないが、中に入って助けるのはどうだろう?」志願者《ボランティア》を募って地球に行ってもらうのは干渉には当たらない。こうして宇宙全体の魂たちに向けて、地球救済のための呼びかけが行われた。

地球で暮らす人々は何百回となく輪廻転生を延々と繰り返し、カルマの輪に囚われているため、地上に戻っては同じ過ちの上塗りを続けている。人類は進化するはずだったが、実際は進化していない。そう。キリストをはじめとする著名な預言者たちが地球に誕生したのは主としてそれが理由だった。彼らの使命は人類が進化の道を歩めるよう、地球人にカルマの輪から脱却する方法を教えることだった。しかし人類は今でも戦争や暴力など、同じ過ちを飽きもせず繰り返している。すでに地球にいる人々では地球を救えない。自分たちすら救えない彼らがどうして地球を救えるだろう? そこでカルマの輪に囚われていない、地球に行ったことがない純粋な魂が呼び集められたのだ。

この5年ほどで、私は仕事を通じて創造主の元から直接地球にやってきた魂(一度も物理的な肉体を持った経験がない魂)と出会う機会が増えている。彼らはトランスに入ると、宇宙船やどこかの惑星に住むETや、どこか別次元の住人、身体を必要としない光の存在だった自分を経験する。これらのボランティアソウルたちが地球に誕生する際は、薄いベールのような鞘《さや》をまとって降りてくる。これは魂にカルマが蓄積されるのを防ぐバリアで、ひとたび地球でカルマをつくってしまうと再び地球で輪廻転生を繰り返すことになるからだ。今、このような魂は地球上に何万人もいて、高次の存在たちはもう地球人が世界を破壊するという懸念は去ったと断言する。マイナスに傾いていたバランスがプラスに転換するに至ったのだという。このままいけば地球は救われる、ということだ。

これらのボランティアソウルの中でも最も純粋無辜《むこ》な魂は、創造主である神の元から直接やってきた魂だ。神とは何か、と私は訊ねてみた。曰く、人類が定義する神の概念は本当の神の**ごく一部**に過ぎず、全体像を把握するには遠く及ばない。彼らは神について異口同音に語る。神とは人に形容されるものではない。男か女かと言われれば、創造の力を持つ女のほうが妥当だろうが、神に性別はない。神とは巨大な炎、あるいは強い光源のような、無限エネルギーの塊だ。偉大なる全宇宙の太陽《セントラルサン》と呼ぶこともある。無限エネルギーの泉であり、そこは完全なる愛があふれている。あるクライアントのSCはセッションで「太陽の心、神のハート」と呼んだ。神の元から直接地球に来た魂がセッションで神の元、ソースに還ると、もうそこから動きたくなくなる。そこは私たちすべての生命の出発点で、私たちすべては元々この場所で創造主と一体だったのだ。ここから直接地球に来た魂たちは、世界に分離はなく、すべてはひとつだと語る。私はこう訊ねてみた。「そこがそんなに好きなのに、どうして地球に降りてきたのですか?」そして彼らは一様にこう答えた。「地球が危機に瀕しているという呼びかけを聞いたのです。誰か地球に行って助けてくれませんか?と」ETとして生きていた魂も同じことを言った。そして地球に誕生し、受肉した途端にその経緯の記憶が消される。「なぜ地球に来たのか、理由を知っていたほうがずっと楽ではないですか?」と訊ねると、こんな返事が返ってきた。

「答えを知っていたらテストにはならないよ」

3つの波

3つの波のように押し寄せた魂たちの目的は2つある。ひとつは地球のエネルギーを変換し、大惨事を回避すること。もうひとつは、地球に住む人々の波動を上げ、地球とともに次の次元へと移行できるようにすること。私が扱った何百というこれらの人々の年齢から、3つの波として訪れたボランティアソウルたちの世代が判明した。彼らは一様に現在の人生について語り、全員が変性意識《トランス》で同じところに還って行った。これらの経験から私はざっくりと3つの世代に分類した。

まず**第1波**の世代は現在40代後半から60代前半の人々（1940年代後半の原爆投下直後の魂）で、地球環境に適応できずに最も苦しんだ人々だ［訳注：原書出版は2011年］。彼らは地球の暴力や醜悪な現象を嫌い、「故郷」に還りたいと渇望するが、顕在意識ではそれがどこか見当もつかない。怒りや憎しみといった強い感情に消耗し、ときには麻痺さえ起こすこともある。そういう感情をぶつける地球人と共存ができない。負の感情に耐えられない彼らは、まるで感情というものに馴染みがないように見える。彼らの故郷では普通である、愛と平和を好む。彼ら自身望ましい人生、愛すべき家族、よい仕事を持っていてもなぜか自殺を試みる人が多い。論理的に自殺する理由が見当たらないものの、彼らにとっては不幸で、早くここを去りたいと願う。

第2波は現在20代後半から30代になっている。この人々は第1波よりずっとうまく生きている。彼らの人生のテーマは人助けで、カルマをつくることなく生きていて、大体において目立たない人生を送っている。彼らを表現するならアンテナ、灯台、火付け役、エネルギー変換器といったところだ。彼らは地球人に大きな影響を与える特異なエネルギーを地球に持ち込んでいる。彼らは何も**行動する**必要がない。ただそこに**存在する**だけで役割を果たす。高次の存在曰く、彼らが混雑した商店街やスーパーマーケットの中をただ歩くだけで、そこに居合わせた人々は影響を受ける。彼らのエネルギーはそれほど強いが、ここでも顕在意識レベルでの自覚はない。皮肉なことに、彼らのエネルギーは周囲の人々に影響を与えるが、本人としては人々とともにいると居心地が悪い。このためこの世代の人々は他者との接触を避けて引きこもり、仕事も自宅で行うことが多い。これでは彼らがそもそも降りてきた理由を全うできない。また第1波、第2波の魂の多くは子供をつくりたがらない。潜在意識レベルで彼らは子供がカルマを生むことを知っていて、自分を地球に縛る要素を一切持ちたがらないからだ。この星でするべき仕事を終えたらさっさと帰りたいのだ。同じ使命の魂と出会う幸運に恵まれない限り、彼らの多くは結婚もしない。

第3波は現在10代の少年少女たちだ。彼らの潜在意識の中には知識が詰まっている。現在の地球に生きるすべての人々は今DNAの変換が行われているが、それは次元上昇した新しい地球の波動や周波数に適応できるように備えるためだ。しかし第3世代の魂たちのDNAは、すでに新しい地球仕様となっているため、次元上昇後もまったく問題が起きない。当然ながらこれらの子供たちは地球の学校環境で異常者と誤解され、誤った医療の被害者となっている。最近の医療報告によると、実に一億人の子供たちがADHDと誤診され、リタリンなどの投薬を受けている。この子たちには何の問題もない。彼らは一般の地球人より進化していて、異なる周波数で生きているというだけだ。彼らは知能が高すぎるため、学校ではすぐに退屈してしまう。飽きることなく物事に取り組むための訓練が必要だと高次の存在は言っている。このグループは別名〝世界の希望〟と呼ばれ、なかにはわずか9〜10歳にして大学を卒業した子供もいる。彼らは組織化を進め、世界中の子供たちを救う組織となっている。

私は高次の存在に「なぜ第1波が一番苦労したのですか？」と訊ねた。すると彼らは、誰かがパイオニアとなって道を切り拓き、後続に道を示す必要があったからだ、と答えた。あとに続く魂たちが地球で苦労しないよう、彼らは骨を折った。

ここ数年の間（2008〜2010）、私は『西海岸から東海岸まで』というアメリカの人気ラジオ番組で何度かインタビューを受けた。また『プロジェクト・キャメロット』などの人気インターネットショーにも出演してきた。これらとは別にかれこれ6年近く、BBSラジオドットコムで、自分のラジオショーがあり、世界中にリスナーがいる。これらの番組を聞いた人々から私に送られた電子メールや手紙の数は想像を超えるものだった。番組が放送されるたび、私のオフィスは郵便物であふれ返った。私の著書も20以上の言語に翻訳されて世界中で読まれている。デジタル、アナログにかかわらず手紙の送り主は世界中にいた。内容はすべて同じで、私の話した情報に感謝するというものだった。ここにいたくない、世界の暴力が理解できない、〝故郷〟に帰りたい、ここを抜け出すために自殺を考えている、といった気持ちを抱いているのは世界中で自分ひとりだと思っていた、というものだった。自分の頭がおかしいのではない、自分はひとりではないと知ったことは彼らにとって大きな救いとなったのだ。そして自分は地球の危機に際し、志願して地球に来たたくさんの魂のひとつだと知った。彼らやさしい魂たちは地球の過酷さに対する準備が不足していただけだった。

届いた手紙から察するところ、年代分布は予想より広範囲にわたり（1930〜40年代生まれ）、1940年代後半から50年代初頭にかけての第3波より前に地球に来た魂たちもいた。彼らは、年齢は当てはまらないものの、第1波の特徴すべてが思い当たるとのことだった。彼らは1940年代後半に一斉に押し寄せた第1波の先遣隊として、ひと足先にやってきたパイオニアだった可能性がある。戦争や大災害で多くの人命が失われるとベビーブームが起きるのは自然が崩れた均衡を調整しているからだと思っていたが、第2次世界大戦後のベビーブームの中には多くのボランティアソウルが混ざっていた。背景にあったのは人口調整だけではなかったかもしれない。

寄せられた手紙は異口同音に、心から納得できる説明を聞いたことに対する感謝が綴られていた。講演の後で私に歩み寄り、泣きながら「やっと理由がわかりました。ありがとうございます」と言われたこともあった。理由がわかったからと言って、地球環境には依然として馴染めるわけではない。しかし今や使命があってここにいるとわかったため、もう逃げるのをやめ、仕事に専念しようと決意した。彼らの人生の大きな転換点となったのだ。

2010年に放送したあるラジオショーのあとに届いた手紙をひとつご紹介しよう。「3つの波についてお話しくださりありがとうございました。私は1961年生まれで、第1波の魂のひとりだと確信しました。年の離れた弟は1980年生まれですが、彼は第2波です。彼と私はこれまで何度も話し合い、私たちの故郷は地球ではないと思っていました。私が誕生する前に、3つの波状計画として地球に魂を送る話をする会議のビジョンを見たことがあります。それは細部まで鮮明で興味深いものでした。この計画は一度とん挫しているという話に興味を持たれるかもしれません。最初に計画した際は志願者の数が少なすぎて失敗でした！　それで私たちは意を決して、できるだけたくさんの高次の魂を集結させるというトリックを使って、多くの志願者が地球に送られるように図ったのです。その計画は成功したと思っています！」

第2章
地球初回組

すでに書いたとおり、私はここ数年で、たくさんの純粋な魂が地球にやってきていることに気づいた。彼らにはカルマの輪に囚われて無数に輪廻転生を繰り返している地球の人々とは異なる計画がある。カルマの蓄積のない彼らは自分の使命を自由に行使できる。これらの魂にとって最大の問題は、彼らが地球に誕生する際にそれまでの記憶を失うという点にある。高次の存在たちによると、宇宙全体を見渡しても神とのつながりを忘れて生まれてくるのは地球ただひとつだということだ。そしてそのつながりを再発見する日まで、地球人たちは目隠しをしたまままつまずきながら人生を歩んでいくことになる。宇宙の他の文明では神とのつながりを自覚し、あらかじめ計画や契約を知った上で生まれてくる。高次の存在たちは、すべてを忘れ、みなそれぞれが孤独な人生を始めるという高いハードルを背負い、独力でそれを思い出さなくてはならないという状況を受け入れた人類に敬意を払っていた。

自分の使命や役割について十分な知識を携えて生まれてくればどれほど人生は楽だろうと私は思うが、高次の存在は同意しない。彼らは人類がすべての記憶を封印し、自分自身とその使命について思い出すのが最善だと考える。答えを教えてしまったらそれは試験にはならないからだ。したがって純粋な動機や意思によって地球にやってきた魂たちでも、他のすべての地球人と同じ規則が適用される。彼らもまた、自分が何をしに降りてきたのか、自分がどこから来たのかをすっかり忘れて誕生する。そして心に残っているのは何だかわからないけれど他に何かあるという秘められた想い、何かが足りないという喪失感だ。彼らも一般の地球人と同じように、目隠しの隙間に光が差し記憶が蘇る日まで、つまずきながら自分探しの旅を続けなくてはならない。潜在意識の底に沈んだ記憶を水面に浮かび上がらせる催眠療法のプロセスが役立つのは、まさにこの記憶の発掘にある。今こそ思い出し、ベールを剥がし、この惑星の歴史上最も混迷を極めている今なぜ降りてきたのかという理由を思い出すときが来た。

　第2波に分類されると思われる人々は、参加者というより傍観者のようだ。彼らは自らの使命を自覚せず行動もしないが、地球での変化を支援している。彼らは何も**しなくても**地球のエネルギー変換器として、そこに**いるだけで**使命が行使できる。人によってはこれが問題となる場合がある。私のクライアントたちはセッションを通じて高次の存在に訊きたい質問のリストを携えてやってくるが、私が〝永遠の疑問〟と呼んでいる誰もが訊ねる質問が、「私の人生の目的は？　私はなぜ地球に来たのか？　ここで何をすればいいのか？　私は本来あるべき道にいるか？」という疑問だ。私の元にやってくるクライアントはほぼ全員がこの質問をする。なかには「その質問は訊かなくて大丈夫です。自分の使命はわかっていますから」というクライアントもいるが、非常に稀なケースだ。大多数の人々は模索の最中で、顕在意識ではわからない何かを感じ、知りたいと望んでいる。第2波のクライアントがセッションでSCにこのような質問を投げかけると、SCは「何も**する**必要はない」と答える。彼らはそこに**存在している**だけで、目的を達成できているのだから。こう言われてある男性のクライアントは反論した。「でも何かやりたいんです！」彼らは地球にいるだけで大いに役立っていることに気づいていない。

私の他の著書には第1波のクライアントの話がたくさん登場する。『入り組んだ宇宙』第3巻にはかなりのページを費やして、創造主から直接地球に来た記憶をセッションで掘り起こしたクライアントの話が書かれている。本書では最近（2009〜2010）のセッションの一部をご紹介しよう。地球に行くという選択をする過程がどれほど複雑なものかがわかるだろう。

マリー

私の催眠誘導法では、クライアントが想像の中で雲に乗り、体験すべき過去世が起きた時代のある場所に移動し、ゆっくりと着地するという手法を取っている。このやり方で98％が成功するため、たいていこれを使っている。あるクライアント、マリーは深い変性意識に入り、私が雲から降りるように指示したところ、降りるのではなく上に登って行きたいと言った。クライアントがそのような主張をしたとき、私は希望を叶えることにしている。その先がどうなるか、私にはわからない。雲から上昇した彼女は、たくさんの星に囲まれた暗い宇宙空間に着いた。「ここはものすごく広くて、私が如何に小さい存在かがわかります」彼女は宇宙空間に浮かんでいるようだった。「私は周りじゅうのすべての一部だと感じます。もっと星の近くに行きたい。ここから一番近い星にできるだけ近づいて、中を見てみたい」

ドロレス（以下D）： どっちのほうに行きたいですか？

マリー（以下M）： 星が近づいてきました。私が行かなくても。もうここにある。今見ているんだけど、中身が見通せるのです。ガスか水蒸気でできているみたい。すべてがゆらゆらと動いています。ここは霧、ガス、色しかありません。虹色の水とか、水面の油膜みたい。もう暗闇じゃない。点滅している色のなかにいます。

D： その星は、想像していたようなところじゃなかったのですね。

M： 全然違いました。巨大な星が現れて、まぶしくて見えなくなるかと思ったんだけど。

D： その星には地面がありますか？

M： 私はその星に囲まれて、包まれているみたいだから、このままで大丈夫。ただガスの中を漂っています。そして頭は全方位に向いているからぐるりと視界が開けているんです。外側が見られるかどうか……今、私は内側を見ています。

D： するとそこには固い地面らしきものはないのですね？

M： ありません。ここは完璧です。私はここと一心同体（笑）。私はよそ者じゃない。私をその一部として受け入れてくれているので。拒絶はなく、私はこの星の一部で、そういう形状をしているから違和感がありません。私と星は一体で、構造も形もないのです。

D：自分の身体はある？　どんな感じがしますか？

M：包まれているような。ささやく声が全身を取り巻いているような。とても心地よくて、満ち足りて、ふわふわで、霧になったみたい。浮かんでいます。浮かんでいるとき自分には身体があるって感じるかしら？　ただぶら下がっているような感覚です。周りじゅうに支えられて。

D：今あなたはひとり？

M：ひとりしかいません。でも星と一体だから孤独じゃない。寂しくありません。

D：星じゃなくて、あなたのような存在は他にいますか？

M：いません。私だけです。人はひとりもいない。気配もない。私は大宇宙にいる。それと同一の存在で、宇宙と不可分です。外に彷徨い出して振り返ってみたら、星と別々になるかもしれないけど、わかりません。

D：漂っている以外に、何かやりたいことはない？

私は彼女が何か次の話題に進むよう水を向けてみた。

M：いいえ。ただここにいるだけで、何もする必要はない（笑）。どこにも行きたくありません（笑）。

このままでは何も進展しないので、私は時間を先に進め、彼女がここを去り、どこかしかるべき場所に行ったところに進んでもらった。そして移動した先はもう宇宙ではなかった。彼女は切り立った高い崖の上に立っていた。眼下の深い谷間にせり出した突起のような場所だった。

M：谷底が見えます。小さい蟻がたくさんいるみたい（笑）。あれが人間かしら。でもとっても小さい。点のように見えるのは木かしら。車も見えます。あれが人かもしれません。私は遠くから人間界を見ています。山のてっぺんにいるような。そう、怖くありません。すべてが私の下にある、あれがきっと人間ですね。最初は蟻かと思ったけど、遠くから見ると、とても小さい。

D：自分を見てみて。どんな身体かわかりますか？

M：身体の中に収まっている感覚がないですね。

D：そこにとどまっていたい？　それとも出ていきたい？

M：山を下りる前にもう少しここにいなくちゃならない（笑）。天国にいるみたいです。ここの地面は薄いベールで、私はすべてのものの上にいるの。私の周りにはすべてがある。でも空に浮かんでいるみたいで、岩の地面に立っている気がしません。飛ぼうと思えば飛べそうな感じです。

D：制限がない、責任もない、完全なる自由ですね。

M：そうです。

ここで私は時を進め、行くべきところに行ってもらった。そして彼女は驚くべき場所にいた。彼女はまだ肉体を持っていなかった。

M：剥き出しの岩。草が生えてないし花も咲いてない、ただの岩場。私は花崗岩の中にいます。岩の中には色があって、灰色、黒、でもそれ以外は見えません。びっくりです。

D： 岩になるってどんな気分ですか？

M： 周りじゅうを何かに包まれているっていう、あの同じ感覚よ。でも自由で、好きなときにどこにでも行かれますよ。

D： 岩に限らず、何にでもなれそうですね。

M： そう。何かの一部になっても拒絶される気がしない。私を受け入れ、支え、あやしてくれるんです。私はそれの一部だから。

D： あなたは何にでもなりたいものの一部になるという経験ができるみたいですね。(はい) それは楽しそうだこと。いろんなものの一部になってみて、何か気づいたことはありますか？

M： それと自分がひとつになるという感覚だけです。それは心地よい経験で、それに受け入れられ、愛され、それと一体になるのです。ずれたり離れたりしない。分離ではなく、それにぐるりと囲まれた感覚です。何かの一部になってそれとの分離を解消し、ひとつになることを学ぶのです。

D： 将来あなたは肉体を持つようになると思いますか？

M： そうしろとあなたに言われない限りないでしょう (笑)。肉体の中に入るって不自由そうだもの (笑)。私の周りにすべてが満ちている感覚があるけれど、肉体に入ると地面に落ちていって、今の浮かんでいる感覚が失われるでしょう。

私はかなり長い時間をかけて彼女を何か有意義なストーリーをなす人生へと誘導した。しかし彼女は岩、木、花といったものに同化して、その一部になった。またあるときは、目に見えない観察者としていろんな場所を飛び回る自分自身を見出した。彼女は公園で人々や動物、昆虫を見ているのを好んだ。何の責任もなく、ただいろんなものの中に好きなときに入っては出ていく自由を愛した。どこに行ってもそれは立ち寄っただけで、自分の〝故郷〟ではないと言った。私は彼女が最終的に肉体の中に収まることがわかっていた。なぜなら今ベッドに横たわり、私と話している人物がそれだからだ。ある時点でようやく彼女が受肉したと思ったが、そこでもただ人間を観察しているだけだと言った。「私は身体がどんなものか知りません。そこにあるという感覚がありません（笑）。固い地面の上に立つと、自分の重みを感じます。芝生の上のほうが居心地がいいですね」彼女の意識はもっぱら何かと一体になっていることに向かい、自分にフォーカスすると混乱するようだった。

また彼女に移動を促そうとしたとき、傍らにある存在が現れた。彼女がそれを心地よく感じたため、それにいくつか質問をしてみることにした。

こんなふうに何かが突然登場することはよくあり、それはクライアントのスピリチュアル・ガイドや守護霊のことが多い。彼らは好きなときに姿を現すが、こちらを怖がらせることはない。そこで私はいつものSCではなくこの存在と話をすることにした。こういう存在も、クライアントの質問の一部に答えることができる。

D：　その存在に訊いてみてくれますか？　これまで私たちは彼女が物理的な肉体を持たない転生をいくつか辿ってきました。マリーはこれらとは異なる転生を経験してきましたか？

この問いかけに対し、その存在ではなくマリー自身が回答することになったが、そこには重要なヒントが含まれていた。

M：これまでの転生のほとんどを、私は肉体を持たずに宇宙で生きてきました。全体と溶け合った自分ではなく、「自分自身」という独立した単位を意識するのはとても違和感があります。私は完全なる自由、自由に浮かんでいるのが自然な姿。実体というより空間で、周りじゅうと自分がひとつという感覚から、身体の中に収まるとか、外界と孤立するとか、ある特定の場所にしかいないということの意味がわかりません。

D：これは彼女にとって人間の初めての経験ですか？　彼は何と言っているの？

M：あなたの好きにすればいいと（ふたりで笑う）。彼は私が空から降りて足元に大地を感じる、固体としての感覚を知る必要があるって。どういうことかよくわかりません。霧のような存在でなく、密度の濃い物体になるなんて。大地に降りて、地面に触って、何かの上に立っているのを感じなさいと。自分の手で地面や木に触れてみなさいと。

D：そこらにあるものを手に取り、触感を確かめられるでしょ？　そうすれば実際に肉体があることを確認できる。そういうことかしら？

M：ええ、たぶん。座ったり、寝そべったりして重力を経験しなくちゃならないのね。箱に入れられるみたいに限界を感じたくない。だってこれまでは周りとひとつに溶け合っていたんですから。でも今は周りと一体じゃない。きっとこれを経験したいからなんですね。いつでもヘリウム風船みたいに上へ上へと行かないときがあってもいいかも。空の上にふわふわ浮かんでいかないように、紐か何かで私をどこかにつなぎとめるものがあったらここにとどまっていられます。固定されることが制限ではなくて、いいことだと感じられるように。浮かんでいるのと真逆だけど、同じくらいいいことだと。でも浮かんでいるって、立っているよりずっと心地よく感じます。自由ってすごいことですね。浮かんでいるときは自由です。

私は彼女に、両方とも可能だと提案した。睡眠中は自由に飛び回り、日中は肉体を持った自分を経験できる。そうすれば浮かんでいる自分を失わずに済むと。

マリーが今回セッションを受けに来た主な理由のひとつに、身体の悩みがあった。彼女は全身の皮膚のほとんどにアトピー性皮膚炎を発症し、常にひどい痒みや炎症に悩まされていた。血が出るまで患部を掻くこともあった。医師たちは一時的な対策しか示せなかった。そこで私は彼女のSCを呼び出した。スピリチュアル・ガイドがすでに登場していたが、こういった問いに答えられるかわからなかったからだ。

D： 彼女はこれまでの転生のほとんどを何かの一部として過ごしてきたというのは本当ですか？（はい）今回の人生で受肉したのは初めてですか？

M： その通り。身体を受け入れなさい。この肉体を受け入れなさい。あなたにぴったりの身体です。

アトピー性皮膚炎を患ったのは、彼女が物理的存在であることをわからせるための方策だった。この疾病は間違いなく彼女の関心を身体に向かわせ、自分が肉体の中に収まっていることを理解し、受け入れざるを得ないことを強いる。そこで私たちはマリーがこの場所で過ごす必要があること、そのためには身体が必要だということを理解し、受け入れることで症状を和らげようとした。彼女は以前のような肉体を持たない観察者ではなく、主体的参加者になったのだ。

M： 地面に立っているのがわかります。自分の体重で大地を踏みしめて安定しているのが。いつでも空中を浮かんでいるのと、どう違うのか確かめたいです（笑）。肉体の中に入って、エーテルのようにふわふわと流れ出したりしない。自分が人間だと思い出させてくれなくて大丈夫。私はもう人間だもの。あちこちに散らかってない、固まりの存在。

　これは地球の初心者が直面する重要課題のひとつだ。肉体を持って生きた経験がないため、非常に窮屈で、肉体に閉じ込められたような感覚に陥る。そして多くの場合物理的な問題を作り出し、無意識のうちに（病気を発症して）自らの身体を壊そうとすることもある。このような環境にとどまっていたくないからだ。彼らは地球が有史以来の危機に瀕していると知り、自らの意志で志願してここに来たこと、使命を果たすためにここにとどまらなくてはならないことを理解しなくてはならない。そこに近道はなく、リスクを冒してでも強引に宇宙に還ろうとすれば落伍者となる。

　マリーが最初に美しい霧状の星に行ったとき、私は彼女がどこかの惑星に行ったのかと考えた。しかしその星には何の形もなく、彼女自身の姿もなかった。これは彼女がソース（生命の源泉）に戻ったのだろうという解釈もできる。ソースはたいていの場合巨大な光や、大宇宙の太陽《グレートサン》などと形容されるが、そこにはいつでも美しい色彩がある。そして完全なる愛と幸福を感じさせるため、そこに行けば誰もがずっととどまっていたいと願う。それでもやがてそこを出ると、旅の手始めに経験するのは岩や植物といったシンプルな生命体であることが多い。なぜならそれらは短命なので進化の周期を短縮できるからだ。ソースにいた頃の自由を失いたくなかったとしても、この過程は自らの身体の感覚を覚える最初の訓練となる。

煌めく光

オーストラリアのパースで実施したワークショップのデモンストレーションで、クライアント役を志願したホープのケースも同じようなものだった。彼女は単なる好奇心からでなく、切実な理由があって手を挙げた。彼女には白血病の寛解という喫緊の目標があったため、室内の全員が見守る中での退行催眠となった。セッションが始まり、私が誘導を終える前に彼女は変性意識《トランス》に入り、すぐに見えてきた景色について語り始めた。雪に覆われたチベットの山々のような風景が浮かび、彼女は美しく孤高の、静謐にして平和、荘厳で力強いところと形容した。不純物がまったくない、張り詰めた空気を感じた。そしてまったく予想外のものが空中に出現した。当然ながら私は予想外の出来事には慣れっこなので、いつも通り質問を続けた。「空気はまるで生きている水晶みたいで、細かい粒子に結晶化しています。土の中ではなくて、空気中の至るところに浮かんでいるのです。私はその空気を吸っています」

私の最初の反応として、水晶の結晶を吸い込むなんて不可能ではないか、と思った。「いいえ、粒子がとても小さいから。すごくきれいなところ、まるで異次元です。今すごく高いところにいて何でも見渡せるし、何かを顕現させたり地球に投影させたりできるんです。簡単に。それが私の仕事だから。私はすべてのものとつながっているけれど、このことを誰かに話すことはできません。わかります？　自分で学ばなくてはならないこともあるということ。それをすると干渉になってしまうので。私がいるところに人はいません。人の代わりにエネルギーがあります。きっと信じられないでしょうね」

ドロレス（以下D）：　周りに人は誰もいないんですね？

ホープ（以下H）：　人は地球にいます。私は人じゃない。私は閃光、煌めく光です。でも言われてみれば、周りにはいろいろな存在がいます。人かと思ったけれど、人じゃなくて私の仲間。彼らは陽子《プロトン》でできています。

D：　じゃあ、あなたに形はないのですね？　ただ揺らめいているような存在と言ったらいいかしら？

H：　そうです。実際何かをつくろうと考えているところ。地球での状態を作っているのです。みんなそう。私たちはみんなでそうしているのです。

D：　それがあなたの仕事だと言いましたね？

H：　そうです。でも私も降りて行かないとならない。私たちが現実化したことなので、私も降りていって人間のひとりにならなくては。ここにいる煌めく光たちはみんなそうしています。私たちはたくさんいて、自分で創造したものを地上に届けるために地球に行くのです。それを地球に定着させ、根づかせるために。

D：あなたの仲間も地球に行くのですね？

H：それは人によって違います。本人が決めることです。降りていくには誰かが地球にいてエネルギーをコントロールする必要があります。なかには降りていく光もいる。私もそのひとり。

D：そこが幸せなところなら、どうしてわざわざ降りる決心をしたの？

H：〝任務〟という言葉が浮かびました。誰にでも役割があるし、各自がそれをわかっています。そろそろ行きます。いいですか？

D：どうぞお好きなように。でもほんとはあまり行きたくないように見えるけど、違う？

H：お察しの通りです。

D：あんまり行きたくなさそうな気持ちが透けて見えましたよ。

H：行きたいかどうかではなく、何をするかが大事なのです。

D：誰かがあなたにこうしろと指示を出しているのですか？

H：強制されることはありません。そういうことじゃなくて。学校の先生みたいな人はここにはいません。私たちは会って、理解し、決断する。ここにとどまるか、降りるか。

D：降りる決心をしたら何が起きるのですか？

H：そうですね、地球はここと全然違う。いったいどこに愛があるのですか（動揺する）。まったく理解できない。すべてが重くて密度が濃くて、水晶を呼吸することもできない。

D：ここでは空気中に水晶はないでしょうね。

H：　すべてが隠されていて、過酷な環境。そして人間も……いいことを教えてあげましょう。聞きたいですか？　降りてきたこの地に住む人々は、光の存在を信じてない（ふたりで笑う）。光の話をするとこんなふうに、身体が左右に引き裂かれるのです。光の話をしてはいけないのです（彼女は唇に指をあて、シーっという音を出した）。彼らがここの人々にどんなことをするか知っていますか？（泣き出す）ばらばらに引きちぎるんです。彼らはいったい誰が肉体をつくったのかに気づいていないのです。彼らはただ破壊して、光とのつながりは皆無です。彼らが光とつながれる場所を探さなくちゃならない。

彼女が地球に降りて行ったのは、宗教や価値観の異なる人々に対して偏見の強い時代だったようだ。純粋無垢な魂である彼女は、自分の出身について人に話すことがどれほど危険かに気づいていなかった。

H：　こんなことが起きるなんて知らなかった。小さなグループで密会をしています。もし彼らに見つかったら……（引きずる音）一瞬でアウトだから。

セッションの間中ホープは手でしきりにジェスチャーをしていた。ジェスチャーが示すものは私には見えず、判別できなかった。私はセッションの動画を録画できたらよかったのに、と思った。ジェスチャーは何らかの拷問を表しているように見えた。身体の前を縦に割り、喉を横に切り裂くような動き、また身体を二方向から引っ張る動作もあった。セッションの間中、彼女が肉体の中で過ごしていた時期に何があったのか、はっきり語りたくないように見えた。しかし彼女の手振りや感情から推測すると、自分の信条のために拷問され、殺されたのだと予想がついた。どうやらSCはこの人生の詳細を辿る代わりに、顛末のみを知らせたほうがホープを傷つけずに済むと判断したようだった。地球を救いたいというたったひとつの願いから降りてきたやさしく純粋な魂にとって、このような仕打ちがどれほど厳しいものだったか、私は想像するしかない。神の懐の中、完全なる無私の愛があふれた光たちの場所から直接地球に降りてきた魂には、夢にも想像できなかったことだろう。

D：　地球に降り立ったときは肉体を持っていたんですか？

H：　そうです。だって肉体がなくちゃいけないんですよね？　ここでは身体が必要ですから。地球の人々は身体にいろんなことをするのです。肉体ってみっちりと密度が濃くて重くて、まるで鉛のようですね。

D：　肉体を持つって居心地は悪いけれど、あなたは仕事をするために肉体に収まることを選択したのではなかったの？

H：　そうそう、忘れていました。ここの人々に光の存在を知らせるために来たのでした。つまりこういうことです。光と切り離されているのは地球にいる貧しい人々です。怖れによって密度がますます濃くなっています。私たちの役目は怖れを解き放ち、光と確かな絆を築くことです。光は彼らの故郷なのですから。うまくいくかはやり方次第。光を顕現させるために低いエネルギーに落とすこともできるので。でも思ったより簡単ではなかった。今まで私には無限の力があったから、限界はなかったのです。以前いたところでは風に思いを乗せていました。ここでも試したけど誰も聞いてない。聞こえないのですね？　そこで問題が生まれた。じゃあどうやって伝えるのか。ここに来た目的をどうすれば達成できるか。どうしたらいいでしょう？　まだ答えを探しています。ときどき、「こんなことして何の意味があるのかな？」と感じることもある。やる意味が見出せなくなるのです。

D：でも、全員がそんなふうではないでしょう？　なかには耳を傾ける人もいるはずです。

H：何とかしなくちゃならない対象はその人たちではありません。彼らも光のソースから来ていて使命を果たそうとしている人たちです。問題は、自分がどこから来たのかすっかり忘れてしまっている大多数の人々です。つながりや、本来持っている力や美しさを忘れている人たち。彼らは重くなりすぎて自分を見失っています。

D：思い出せるように助ける方法はありますか？

H：そのために私はここにいるのです。ずっと模索しているのだけど、だめでした。光がもっとたくさん降りてこないと。光をもっとたくさんここに呼んで、エネルギーを築いていかないと。今それをしているところ。光がもっとたくさん来ているし、記録も増えています。

D：記録とはどういう意味？

H：たくさん呼ばれているってこと。

D：すでに地球に来ている光たちはどうなんですか？　仕事はできていますか？

H：その光たちはここで人間になっています。

D：彼らは使命を全部忘れてしまったのですか？

H：彼らというより私だと思う。私が使命を忘れたようです。ちゃんとできたらよかったのだけど、忘れていたのは私のほうだった。だって今なら見えています。周りで頑張って仕事をしている光がたくさんいることが。使命を忘れている光はたくさんいるけれど、忘れなかった光もたくさんいる。私は前者で、まだスタートラインにも立っていない。私はまだ何もできていない。

D：肉体の中に収まったら、勝手が違ってくることは知っていたでしょう？

H：知らない光もいます。私もそのひとり。

D：肉体を持った瞬間から人間としての生活が始まるのですよ。

H：そのようですね。悲しいことに。

D：あなたが収まっているその身体の持ち主に、使命を思い出させる方法はあると思いますか？

H：それが私の一番の望みです。

D：あなたは今、その身体を通して話しているとわかっていますか？

H：はい。この身体は苦しんでいます。

D：どうして苦しんでいるのですか？

H：悲しみ……どうしてここに降りてきたか、するべき使命を忘れたことからくる圧倒的な悲しみ。完全なる苦しみ。

SCは、ホープが地上に降りてきた目的を果たしていないことから悲しみが生まれたのだと語った。彼女が使命を忘れたことから肉体に苦痛が起きているのだと。私はSCに、彼女が使命を果たせるよう身体が完全なバランスと調和を取り戻すことに言及し、こう言ってみた。「彼女は自分で使命を果たす過程を止めたことに気づいていないのです」

H：ああ、この子はなかなか賢い。大体理解したようです。だんだんわかってきた。

地球での過去世で残酷な仕打ちを受けたことからくる強い恐怖心もあった。

H：愚弄、苦痛、侮辱などにまみれた過酷な人生の層が幾重にも幾重にも重なっています。
D：苦痛と侮辱にまみれた人生を彼女はどうして選んだのですか？
H：目的のためです。でも彼女はエネルギーの使い方を忘れてしまった。この惑星にはないから。たぶん彼女は使命を果たす過程を他の人々によって止められることを許したのだと思います。
D：彼女を止めた他の人々とは？
H：教会や神や、彼女に覆いかぶさった諸々の存在です。彼女の上に堆《うずたか》く積み上げられたものによって止められています。それは、本ですね。誤った知識が書かれた書物。止めているのは言葉です。
D：そんなもの全部捨ててしまいましょう。彼女にはもう必要ないのだから。

そこで私は丁寧に時間をかけてホープを覆っていた書物や幾重にも包まれていた層を取り除くイメージワークを行った。さらに、現世で彼女が本心を明らかにしても何も起きないので、自信を取り戻すように暗示をかけた。怖れは過去世で生まれたもので、現世とは何のかかわりもないのだから。ホープのSCは私に同調し、私たちは何とか前進したようだった。

H：彼女が光の存在として生きていた頃、必要なものはすべてそこにあり単独で幸福に生きていました。その生活とのあまりのギャップに少し混乱しているのです。人間となった今でも彼女は単独で過ごしています。自ら孤独を選択しています。仲間とともに活動すれば協力を得られるのでずっと楽なのですが、彼女は単独でも充実していて何の問題もなかった頃の習慣からそうしているのです。それが地球では通用しないことを本人に伝えていただけませんか？　ここでは孤立していては生きていかれないということを。批判めいた言葉は使いたくありませんが、敢えて言うならこれは失敗です。もっと社交的にならなくてはならないのですが、引きこもっています。仲間がいれば孤独に悩むこともありません。

ここで私は例の〝永遠の〟疑問を投げかけた。ホープの人生の目的は何ですか？　ソースは彼女に何をしてほしいのですか？

H：　彼女が他人のことばかり気にするのをやめ、自分と自分の仕事、ひとりの時間を信頼出来ればそれでいいのです。彼女は普通でいたいと必死です。それは大きな大きな間違いです。彼女は普通の存在にはなれません。使命があるのです。この部屋にいるほとんどの人も普通ではありませんよ。

D：　この部屋に私のクラスの参加者たちがいることにお気づきですか？（もちろん）ここにいる人たちは普通でないとお考えですか？

H：　ここにいる人々は誰ひとりとして普通ではありません。失礼な意味ではありません。最大の敬意を込めてそう言っているのです。彼女には協力が必要です。彼女は昔のようになっていて、それが問題なのです。教会は彼女に仲間を差し出しましたが、彼女はスルーしてしまった。彼女には仲間がいません。

〝煌めく光〟について話している間中、私はそれを霊体のことだと捉えていた。別次元の人々は光として存在しているのだと。

ここから私たちは彼女が抱える身体の問題、白血病と喉の腫瘍について話し合った。

H： ホープは地球にいたくないのです。「ここにとどまっている意味なんてない」と心の中で考えています。

D： もうここにいたくないと決めてしまったのですか？

H： いいえ、いいえ、違います。彼女は地球で何が起きているかを見て、痛みを感じ、本来放っている光が消えてしまっている。意味がわかりますか？（はい）彼女はここに来たのですから、元々持っている光を思い出せば本人の気も変わるでしょう。

彼女の身体的問題は、もうここにいたくないという願望から作られたものだった。彼女は自分の仕事に落胆し、仕事の選択を間違ったと思っていた。人助けをしたかったが、うまくいっているように思えなかった。また夫のために尽くし過ぎて自分の人生を生きていなかった。「この子は他の人の人生を生きている」とSCが言うように、彼女は自分の人生を生きなくてはならなかったのだ。これに夫も納得してくれることと思われた。すべての要件で合意がなされると、SCは瞬時に彼女の身体問題である白血病を取り除いた。身体の上でさっと払うような動きをして、あたかも何かを外に投げ捨てるような動作をしてから、「完了！」と宣言した。

H：思考の毒が原因でした。

D：彼女の病気は、なぜリンパ腺に発症したのですか？

H：自分が置かれた立場に対する嫌悪感が原因です。

D：白血球を増やして身体を破壊していたのですね。

H：そうです。喜びがどこにもない、どこを探しても。酷すぎます。

これから彼女の人生にはきっと喜びがもたらされるだろうと私は保証した。SCは、もう以前のように孤独でいてはいけないと改めて念を押した。彼女は単独行動をするようになってはいない。ボランティアソウル第2波の人々の多くは人付き合いが苦手だということに私は気づいた。彼らは仕事でもプライベートでも、ひとりでいることを好む。しかし彼らの使命は自分のエネルギーを人々の間に行き渡らせることで地球の人々を助けることだ。皮肉にも彼らは人嫌いが多い。人との接触を避けていては使命を果たせない。

彼女が咳をし始めたので、私はSCに彼女の喉について訊ねた。喉には腫瘍があった。SCによると彼女は強い怖れを感じていて、それが喉に定着したということだった。地球での過去世で、自分の素のままを見せたために起きた悲劇の記憶が残っているため、自分のことを話すことに恐怖があったからだ。SC曰く、この腫瘍は骨のように硬くなっている。長い年月そこにとどまっていて、石灰化しているのだという。SCはそれを調べた後、クルミを割るように真っぷたつに割った。

H：クルミはふたつに割れました。これから消えていきます。彼女は心の真実を怖れることなく語れるようになるでしょう（白血病、リンパ腺は治療が完了したので、もう消えていた）。

D：彼女がかかりつけの病院に行って血液検査をしたら、その違いに医師は気づきますか？

H：はい。でもその理由を医師に説明できるでしょうか？　初めは難しいでしょうね。

D：でも医師には違いが歴然とわかるでしょう。

H：医師は「自然寛解が起きることもある」と言うでしょう。いつか彼女がその医師の治療をする日が来るかもしれません。

D：ホープの身体のヒーリングは完了しましたか？

H：終わりましたよ。彼女が行動し、進むべき方向を決めると身体もそれに合わせて変わっていきます。私たちは彼女に情報を提供します。彼女は自由意思というものを信頼すべきです。彼女は光を気に入るでしょう。彼女の声は美しいリズムの音色として響き、私たちを魅了するでしょう。地球にいたいと思わなくてはなりません。すでにそうなりつつあります。

D：セッションでは通常あなた方を呼んで出てきてもらうのですが、あなたは最初からそこにいましたよね？（笑）

H：ここにいてはいけなかった？

D：いえ大丈夫です。あなたはこのクラスの参加者が何を必要としているかを知っていたのですね。あなたは必要なときにぱっと介入できるのですね。

H：本人によってやり方を変えています。

D：今日のセッションで彼女は苦痛に満ちた過去世を実体験する必要がなかったということです

ね？　怖れの上塗りになってしまうから。問題の原因がわかればよかったということですね？
H：そのとおりです。このようなセッションはだんだん短くなっていくでしょう。それはいわゆる時間の概念が変化しているからです。
D：セッションの進展のテンポが速まる、そして早く答えが見つかるということ？
H：セッションによってはそうなっていくでしょう。
D：すべてはクライアントによって決まるということですね（そうです）。
H：このような活動、地上に天国をもたらすという光の意思を持つことはとても重要です。そしてあなたのこのワークを通じて天国の光の一部を地上に降ろしたことを、夜寝る前に振り返ることは、とても愛すべきことです。私たちはあなたに「これ以上の充足感を得られる仕事が他にあるでしょうか？」と問いたい。あなたがひとり癒やすたびに、地球は軽くなっていくのです。あなたの貢献に対し、私たちからお礼を言いたい。私たちはあなたに光を送ります。あなたに感謝します。敬意を表します。

このケースでいう光とは、神のソース、あるいは精霊の領域のことだと考えていい。とりわけ「結晶を呼吸する」という話からもそれがわかる。いずれにしても、これは初めて地球に降りてきた魂の始まりのストーリーだ。彼らは最良の善意を携えて地球に降り立って、初めて、予想よりずっと困難な場所だと悟る。

第3章
エネルギー体

ルイーズがセッションを受けに来た最大の目的は、彼女が生まれてからずっと苦しんできた喪失感と恐怖の原因を探ることだった。彼女は絶え間なく、自分が属する集団を探し求めているようだった。どこに行けばその人々（それがどんな人々なのかは不明だが）と出会えるのかを知りたかった。彼女はメタフィジカルな関心を寄せる集団での活動に積極的に参加し、それらについて教えることで多くを学んできた。それでも依然として心にぽっかり空いた穴はふさがらず、解決法を探し続けてきた。空虚さや不幸、喪失感を感じるものの、論理的に説明できる原因が見つからなかった。当然ながら私たちは過去世の中から答えが見つかることを期待した。しかしＳＣには別の考えがあった。すべてが見えているＳＣには、私たちがまったく理解できないような論理があることを忘れてはならない。

催眠誘導後、ルイーズが雲から降りると、そこには不思議な風景が広がっていた。そびえたつ高山から低山まで、さまざまなごつごつした峰が連なる場所だった。大地はそのような山脈で覆われ、他には何もなかった。「色は明るい茶色で、ピカピカしています。水晶みたい。ごつごつしてとがっています」。そのような表面の上を歩くのは困難だろうと私は思った。すると彼女は、自分はそこに立っているのではなく、空を飛び、浮かんだまま下を眺めているのだと言った。「先端がとても鋭くとがっているんです。すべてが険し過ぎる。まるで別の先端の先に水晶の先端がついているみたい。ごつごつした先端と同じ形をしているんです。長くて光っていて、先端がとがっているの。小さな先端や大きい先端が入り混じっている感じ。そして光があちこちに乱反射しています。高い峰になると、あまりに高くて先端が雲の中に隠れてしまっています」

私は彼女に自分の姿が見えるか、あるいは自分自身をどのように感じるか訊ねてみた。「とがった先端を踏みたくないと感じているから、たぶん身体はあると思います。感覚があります。暖かいところや冷たいところがわかるし、風を感じるし、視覚もあります。今は峰と峰の間や水晶を見ているところ。表面をよく見ると、それは動いています。何かが動いている。雲のように見えるけど、白や灰色ではなくて、もっと光っているんです。動きはスムーズで、形が変化しています。でも雲ではない。初めに降り立ったとき、何もないところだと思ったけれど、違いました。ふにゃふにゃした光るものがたくさんあります。形がなくて、ものにまとわりつくし、浮かぶこともできます。ふわふわの物体なんだけど、その大きさはまちまちで、形も決まっていないのです。雲みたいだけど、雲ほど希薄ではない」

ドロレス（以下D）：　その場所には、そのふわふわしたもの以外何もないんですか？

ルイーズ（以下L）：　ないですね。表面を這い回っている小さい、細かいものばっかり。そこらじゅうで動き回っています。

D：　そのふにゃふにゃしたものには意識があるんですか？　何か感じることができるかしら？

L：ええ、ちゃんとわかっています。石鹸の泡のような記憶を持っています。ただ彼らは形も大きさも違っていて、ひとつにまとまることもできる。

D：ところであなたはどうなんですか？　あなたもそのふにゃふにゃの仲間ですか？

L：（笑って）どうかしら。私は浮かぶことができるし、形を変えることもできる。自分がどんな姿をしているかという発想を持っていないみたいです。暖かいとか冷たいとかいうのはわかるし、形や大きさを簡単に変えられる。みんな浮かんだり、地面を這うように動いている。ほとんど地面にくっついているのもいる。私もそのひとつなのかどうか、わからないですね。

D：確かめられますよ。答えはそこにあります。あなたは彼らと似ていますか？　（いいえ）どこがどんなふうに違いますか？

L：もっと原始的な生命体。進化の過程にあって、身体とは違う。でも光でもない。私はここに立ち寄っただけだから、彼らの仲間ではありません。（突然気がついて）ここでするべき仕事があるんです！　ここは休憩所のような場所で、中間地点なの。私は家に帰る途中で、ここは休憩するところです。

D：じゃあ彼らは原始的な生命体で、あなたはもっと進化した存在なんですね？　（はい）詳しく教えて。あなたはどこに行ってきたんですか？

L：地球。もうあそこには行かない。だから私は今ここで休憩していて、これから家に帰って浄化するんです。地球での使命はすべて完了しました。

D：終わってせいせいしましたか？

L：いいえ、美しいところだったから名残惜しいけれど、もう戻りたくはありません。早く家に還りたい。故郷にはとげとげしたものも、荒々しいものもない。私たちはみんなわかり合っていて、愛し合っています。故郷が恋しいけれど、この場所にいるのも悪くない。ここはただ立ち寄っただけの場所。好奇心を満たすこと以外になぜここに降りたのか、よくわかりませんが。こんな場所を見たことがありません。地球ではこういうもののことを〝アメーバ〟と呼んでいますね。でもここの生命体は、すごく小さいものから巨大なものまであって、知性がある。他のものとくっついてひとつになれるし、形を変えられる。膨張したり縮んだり。そういうのって、ちょっといいですね。だから私は地球で水が大好きだったのかもしれません。

D： しばらくは無でいるのもいいのではないかしら？

L： ええ、まったくその通り。

私は時間を進めて、彼女が故郷に還ったところまで行ってもらうことにした。そしてそこがどんな場所か訊ねた。「本当に美しくて、輝いているところです。ここにあるものは青と緑と金色でできています」

D： それは物体、それともただ形のない色？

L： 色のついた物体です。どれも触ったり感じたりできるから、物体と変わりません。固体なんだけど、通り抜けることもできます。でもいろんな空間があるんです。特殊な光の素材で、遠くまで旅するための乗り物をつくることもできる。過去に旅した場所の記憶があれば、美しいものをつくることもできるんです。

D：　何かをつくるには、まず記憶が必要なんですね？（はい）

ルイーズはそのような創作物を見て驚き、畏怖の念に駆られていた。そして深いため息をついてこう言った。「ここは本当に安全で美しいところ。ここにずっと還りたかった」そして泣き出した。

D：　でも、地球に行かなくてはならない理由があったんでしょう？

L：　私たちは望んでそうしました。私たちみんなであの美しい、美しいところに行ったのです。地球の人たちに私たちと同じ知識、同じ気持ちを持ってほしかったから。

D：　でも地球に来ると、すべての記憶をなくしてしまうことは知っていたでしょう？

L：　なかにはそうじゃない人もいます。

D：　記憶がないほうが楽なのかしら？

L：　いいえ、ないと苦労します。あらゆるものに取り込まれてしまうんですもの。そして苦しくて動けなくなる。記憶があったほうがずっと楽なんです。そして勇気をもって、忘れてしまった人たちに伝えられたらいいんだけど、彼らは怖いんです。自分の言うことを信じてもらえないとわかっているから、忘れてしまう人もいる。でも地球はとても美しいところです。私たちも地球のいろんなところに行って、楽しい記憶を持ち帰って創造力を磨いて、もっと他人の役に立てるようになっていくんです。

D：　つまりあなた方は、物理的な世界に行って実際に経験した記憶が必要なんですね？（はい）その記憶がないと、創造できないという意味？

L：　創ることはできます。それが私たちだから。私たちは光の創造者です。でも地球をもっと豊かにすることもできる。地球とのつながりは至るところにあります。人々が考えているようなものとは違うけど。地球では忘れることが受け入れられていますけど、そうじゃない惑星もあります。そこでは誰もが知識を共有出来て、メッセージを送るのは簡単よ。簡単につながり合えるんです。移動も楽だしどこにでも行けます。造作もなく。

D：　地球でやるべきことを忘れなかった人々もいるんですね。（はい）でも地球に来ると、いったん忘れるというのが試験の条件ではなかった？

L：　いいえ。実際のところ、地球に行って、意識の波動をどんどん上げていくと、思い出すんです。地球にいる人全員に、そうしてほしいと願っているの。そうすれば、もっとお互いにやさしくなれる。成長するためにあれほど、必要以上に苦しまなくて済むでしょう。苦労して学ぶやり方でずっと来たけれど、もっと楽なやり方もあるのです。

D：　苦労して学ぶより、知っていたことを思い出すほうが簡単だという意味？（はい）でも人類は聞く耳を持たないと？

L：　聞かない人も多いですね。

D：　あなたが今、ルイーズとして生きている女性の身体を通して話していることはおわかりですか？

L：　わかっています。これが現世での私の家です。

D：　それはルイーズがこの身体を受肉する前からでしょうか？

L：　前とも言えるし後とも言えますね。

D：ではルイーズが今回の人生を終えたら同じところに還っていくんですね？（はい）その故郷がそれほど美しく、幸せに暮らせる所なら、なぜルイーズとして地球に戻ってきたんですか？

L：ルイーズとして誕生する前に、地球に行くボランティアの使命がありました。

D：ということは何度も地球に生まれているんですね？

L：そうです。でもルイーズとしての人生が最後です。ルイーズが今回の人生を終えると、私がいる故郷に還れることが決まっています。

D：つまり人生が終わるまでに、彼女は地球での課題をすべて終えると思っているんですね？

L：地球での課題はね。それ以外はまだですが。

D：今回が地球最後の人生だとルイーズ本人は知った上で来たのですか？（はい）これまで厳しい人生でしたよね？（はい）彼女自身が意図的に困難を作り出しているんですか？

L：可能な限り完璧にしたいからです。

D：どういう意味ですか？

L：光の星を出て、私たちが銀河系と呼ぶ場所を離れ、別の、地球人の文明と呼ばれるところに行くとき、地球のカルマの一部を背負い込むのです。そして地球最後の人生で、人間としてのカルマを完了させるのです。

D：つまりルイーズは地球以外の星にも行ったことがあり、その場所からもカルマの一部を持ち込んでいるということですか？

L：ルイーズが完了しようとしているカルマは地球で生じたものです。

D：それで今回で地球滞在期間は終了すると？（はい）地球で人として学ぶべきことはすべて習得

済みということですね？

L： 学びだけでなく、地球に貢献もしました。地球に行った理由は、地球に貢献することでしたから。

D： どんな貢献をする計画だったんですか？

L： 人々にさまざまなことを教えることです。考えること、愛すること、お互いにいたわり合うこと、信念を持つこと、平和を作り出すこと、病気を克服すること、自然に親しむこと、絶望の本質とは関係性だということ、多様な人々が調和して共存できること、戦争は人の命を奪うことなどです。

D： それはどれも素晴らしいことですが、地球という環境ではなかなかうまくいきませんね？

L： その通りです。でも他にも大勢います。彼らは若い魂で、高度な文明から来て使命を忘れてしまう存在もいますが、他から来た存在たちもいます。彼らは学び始めたばかりです。魂のレベルが違うので、学ぶべきことが違います。異なる課題を学びながら、異なる分野で貢献する人たちです。地球人として経験豊富な人たちもいます。実際のところ、他の銀河系から来ている人たちもいます。

D： そして地球に何度も何度も何度も転生している人たちもいるんですね？（はい）そういう人たちはカルマの輪に取り込まれて動けなくなっているんですね？

L： そうです。だから外部からの助けが必要なのです。助けてほしいと願う人は多いけれど、自分の狭い了見の中に閉じこもっているのです。自分には助けが必要だという認識は持っているんですが、自分の考えに囚われ過ぎているのです。彼らはその時代や身体の束縛や制限にがんじがらめにされて、もう打つ手はないと思い込んでいます。これまでとまったく同じように生きていて、ただ助けを求めているのです。彼らは自分の身体や食べ物、住んでいる場所など、目に見えるもの以外何もないと思っています。ルイーズもときどき身動きが取れなくなります。過去の別の転生の記憶を思い出すこともあります。今回は自分が誰で、何ができるかをようやく思い出しています。とてもよくやっていますが、本人が望むほどではありません。

ボランティアとして地球の救済のために来ている魂の中には、老練の魂もいるようだ。彼らは地球の波動に馴染みがなく、それが問題を起こす。彼らと地球初回組たちとを区別する最大の特徴のひとつは、彼らには多くの経験値があるということだ。しかしどの来訪者の魂も協力して、身動きが取れなくなっている地球人を救うという仕事があることにルイーズは気づいた。

第4章 観察者の受肉

ポーラは、米国アーカンソー州で開かれた私の催眠クラスのデモンストレーションに選ばれた参加者のひとりだ。まるで金魚鉢の中の金魚のように、すべてを大勢に見られているセッションがどう展開するかは私にも予想がつかない。見られている参加者は自意識過剰になり、神経質になるため、それが結果に影響しかねない。私の役目は、衆目にさらされていることに囚われることなくリラックスして変性意識《トランス》に入れるように誘導することだ。デモンストレーションはいつもクラスの最終日に行われ、その頃には参加者同士が顔馴染みになっている。このためまったく見ず知らずの他人の前でセッションをするというわけではない。しかし催眠状態に入ることは無防備になることなので、ボランティアとしてステージに立つ人の勇気には感心する。セッション内容がどう展開するかまったくわからないため、それはいつでも冒険の旅に出るようなものだ。しかし毎回魔法のように完璧なセッションとなる。それは大いなる叡智が仕切っているおかげだと思う。

ポーラは私が催眠誘導を終えるまで待たなかった。誘導の中盤で、美しく平和な場所を心の中で想像するように指示したとき、そこは既に過去世の次元だった。彼女が思い浮かべ、語り始めた美しく平和な場所は、明らかに普通の現実ではなかった。彼女が見たのは大海原と海岸の水晶ドームだった。彼女はそこを我が家と呼び、中に一歩踏み入れると水晶ドームが開かれ、内部には透明な壁があり、その先が透けて見えた。水晶ドームの中には何があるのか、と私は訊ねてみた。「すべては真ん中にあります。ぐるぐる円を描きながら輪の中に入るんです。中心からすべてが生まれ、螺旋状に外に向かい、ドームの外を旋回しながら私が座っている中心に入ってきます。ドームの中心がすべての中心なんです。ここからエネルギーが出て行きます」

ドロレス（以下D）：　エネルギーが部屋の中心に集中しているんですか？（はい）エネルギーはどこからやってくるんですか？

ポーラ（以下P）：　内側から！　そこから湧き上がるんです。生きているみたいに。

　ポーラは、そこにひとりで住んでいると話した。自分の身体について訊ねると、身体が見えないと言い、自分を光だと認識していた。

　光の身体を持つ存在は、自らを維持するのに何も消費する必要がない。したがって彼女はそこにただ何もせずにただ存在していた。周囲には誰もいなかった。

D：　あなたはそのエネルギーを創造したら、それをどうするのですか？

P：　いろんなところに行きます。星をぐるりと見回ったりします。

D：　ああ、あなたはそこにしかいられないわけではないんですね？（その通り）水晶のドームの外に出るんですか？

P：はい、出られます。周りを回り、ただここにいるようです。

D：そこにいるのは好きですか？

P：寂しいですね。誰もいないから。

ポーラはこの場所に初めて来たときの記憶を思い出せなかった。そこにはかなり昔からいるという自覚があった。「私がここを創りました」

D：どうやって創ったのですか？

P：覚えていません。何も降りてきません。

話が進まないので、私は時間を移動することにした。このような場所にはそもそも時間の概念は存在しないが、彼女がその場所にひとりぼっちでなくなった時点に時空移動してもらった。すると何も見えなくなった。白紙状態になったので、私はさらに、その場所を出たときに進んでもらった。そして何が見えるか訊ねると、混沌とした情景を語り始めた。「戦い、戦争、馬に剣、そこらじゅうで戦っている……」彼女は闘いの当事者ではなく、ただ傍観していた。「馬、馬に乗った人がたくさんいて、戦っている。戦争です。矢と剣の悍ましいぶつかり合いです。私はそれを眺めています」

D：それを見てどう思いますか？

P：耐えられません。私は見ています。怪我をしたくないので距離を置いて見ています。わたしには止められません。（泣き始める）酷い苦しみが起きています。

自分の無力さに、彼女は泣き続けた。私は感情を素直に出すのはいいことだと彼女に言った。そして、時をさらに先に進めてみた。するとこのセッションで初めて、肉体に収まった自分自身を見出した。「歩いています。熱い……熱いです。ここは砂漠です」

D：肉体を得た理由はわかりますか？
P：学ぶためです。もう観察者ではいられなくなりました。
D：それは誰かの指示でしたか？
D：いいえ、私が選択しました。学ぶ必要があると。それで今は砂漠を歩いています。休む場所を探しています。

彼女は砂漠に長い間いるらしく、自分の家は見当たらないと語った。彼女はとても疲れていて、ただ休める場所を求めていた。「長い間歩き続けています。……私はもうすぐ死ぬと思います。たぶん助からないでしょう。とても疲れて、弱っています」

私は時間をぎゅっと短縮して訊ねた。「休める場所は見つかりましたか？」彼女は、人がたくさんいる町の通りを歩いていた。自分は男性で、歩いていたら誰かに掴まれて馬に乗せられた、と話した。

何かまずいことになったという自覚があった。「私は嫌がっています。彼らは私を馬に乗せて、どこかに連れ去ろうとしています。彼らは急いでいます。どうやら私はまた砂漠に連れて行かれるようです。私たちは町を出ました。町を出て、ああまたか。あの砂漠に連れて行かれて、私は気を失いました。頭を殴られました」

D： 砂漠に連れて行かれた後、何が起きましたか？　その様子を上から観察することもできますよ。

P： もう何も見えません。死んだのかもしれません。頭を殴られたときに死んだのだと思います。私の身体は死んで、まだ馬に乗せられています。何も見えません。

D： どうして砂漠に連れて行かれたのでしょうか？

P： 彼らにとって、私が町にいてはまずいからです。

彼女からはそれ以上の答えが得られなかった。しかし肉体を離れれば、すべてが見通せる。私はこう説明した。「これまでのことはもう過ぎたことで、すべて過去の出来事です。あなたは今、別の次元にいるので、何が起きたのか、すべてが見えてきます」

P： 肉体を抜け出してホッとしました。

D： でも、あなたは学ぶために肉体に入ったんですよね？　何か学ぶことができましたか？

P： あっという間の経験でした。すべてが短かった。観察者だったときは長かったけど、今回は短かった。

D：今は何がしたいですか？

P：ただただ休息したい。衝撃的な経験だったから。

これはデモンストレーションのセッションだったので、個人セッションのようにじっくり掘り下げることができない。このため私は過去世探訪をここで終わらせて、ポーラのSCを呼び出した。私はSCに、なぜポーラにこれらふたつの過去世を見せたのか、その意図を訊ねた。「ひとつ目で彼女はエネルギーであり観察者だった。彼女は水晶のドームに住み、エネルギーを創造していた」

P：これはシンプルな人生だった。

D：人間ではなかったですね？（はい）この経験をポーラに見せた理由は何ですか？

P：ワンネスを思い出させるためです。あれが彼女の魂の始まりでした。

D：あそこで彼女は孤独でした。

P：孤独であっても、平和でした。彼女が万物と一体の存在だということを思い出してほしかったからです。彼女が決してひとりではないということを。

D：彼女がそれを思い出すことがどうして大切なのですか？

P：単純なこと。単純なことです。私たちは誰もみな同じだということ。彼女は自分が特別な存在だと思っていますが、私たちはみな同じです。私たちは全員特別な存在です。彼女はそれをときどき忘れているのです。

D：ポーラは現世でつらい経験もしていますよね？（いやまったくその通り！）でも何とか乗り越

えました。

P：そう、乗り越えた。

D：つらい経験はなぜ起きたのですか？

P：彼女が望んだからです。どの人生も彼女自身の学びのために自分で選択しているのです。ひとつ残らずね。

D：困難な人生でも？

P：そう。すべては幻に過ぎないのだから。

D：そして次に見せてくれたのは砂漠での人生で、彼女は人間の身体を持っていました。（はい）この人生を見せたのはなぜですか？

P：人生というのはここまで悪くもなると知らせるために。空腹で孤独で、灼熱の……あらゆる苦痛。身体が耐えうる限界に達するほどの極端な不幸。

D：それをどうして彼女に知ってほしかったのですか？

P：今の人生がどれほど恵まれているかを悟るために。

D：でも彼女は幼少期に虐待を受けていましたよね？

P：それは本人が思っているほど悪いことではなかった。

D：そして結婚でもつらい経験をしました。（はい）そこから何を学んだのでしょうか？

D：謙虚さと忍耐です。

それから私たちはポーラの身体的問題に取り組むことにした。ＳＣはヒーリングと身体の修復を行った。その際液状の光を使っているとのことだった。「それはソースから流れ込んでくるものです」ポーラは背中にちょっとした不調があり、手術を受けていた。

P： はい。過去に彼女は修復されています。

D： 何があったのですか？

P： 罪悪感です。別の過去世から持ち込んだ罪悪感です。それはもう重要ではありません。過去に囚われてはいけません。もう終わったことです。

それからSCはポーラの脊椎骨を分離させて、液状の光を使って修復した。「とても美しい！」この修復により、罪悪感も同時に取り除かれた。「ポーラはもう手放さなくてはなりません。手放しなさい」その後腎臓、肝臓、膵臓のちょっとした調整を行い、これらは不安によって起きているとのことだった。「ポーラは何にそれほど不安を感じていたのですか？」と訊ねると、

P： わかりません。彼女はお馬鹿だから。人間の身体は奇跡の産物ですから、傷つけないよう、大切にしましょうね。

SCからのラストメッセージ： とにかく信頼すること。自分を信じることです。

このようなボランティアソウルの多くが、宇宙のあらゆるところで観察者として何度となく転生を繰り返している。地球の歴史上稀に見る重要な今という時期に、観察者であり続ける以外にまっとうな道はあるだろうか？

第5章
保護者

リチャードは華々しいキャリアを全うし、退職した年配の男性だ。彼は1948年生まれのため、第1波に分類される世代だ。彼は家族を持たず、ひとりでいることを好むタイプだった。彼には特に問題もなく、人生に満足していた。私のところにやってくるクライアントは大半が重篤な逆境や重病を抱えているので、彼のように概ね幸福な人物のセッションは新鮮に感じられる。彼もごたぶんに漏れず、〝永遠の疑問〟を持ってきた。……自分の人生の目的は何か？　どうすればそれを果たせるか？

リチャードが雲から降りると、同時にふたつの画面が見え、どちらを選んだらいいか決めかねていた。緑がかった首の長い恐竜が、木の下でのんびりと葉を食べているシーン。そしてもうひとつは、ピラミッドの遠景が見えた。「視界の半分で恐竜が葉っぱを食べていて、もう半分では砂漠にピラミッドが建っています。私は座って両方を眺めていて、すごくくっきり見えています」

彼はピラミッドのほうを選択し、そちらに向かって歩き始めた。それは巨大なピラミッドで、先端がとがっていた。非常にユニークで興味深かったのは、ピラミッドの頂上の部分に明るく光る目のようなものがあったことだ。それは太陽のように輝き、全方位に光を放っていた。それは灯台のようにも見えたが、灯台のように光が動くことはなく、黄味がかった白い光を放っていた。

私は彼に、自分の身体はどうなっているか訊ねた。そこで見えた彼自身の姿は革のサンダルを履いた若者で、ひざ丈の短いトーガ〔訳注：古代ローマ時代の男性が着た一枚布の外衣〕を着ていた。異様だったのは非常に長い白髪で、彼のような若者にしてはちぐはぐに見えた。彼はピラミッドの近くに建つ、石造りのとても小さな家にひとりで住んでいた。私は彼がピラミッドと何かつながりを感じるか訊ねた。

リチャード（以下R）：　ピラミッドの光で私の安全が守られているようです。光はピラミッドの頂上から放射されていて、すべてを見渡しているようです。その光に照らされたところは安全なのです。そんなふうに感じます。私は自分の仕事を愛していて、歌ったりハミングしたりしています。

ドロレス（以下D）：　どうして光が見渡しているように感じたのですか？

R：　私にはわかるんです、たぶん。太陽が沈んだ後もそれを感じます。太陽とは違うので、光はずっとそこにあります。太陽は空にあるけれど、このピラミッドはそこにあって、地上のすべてのものを見ています。私を含めて。その光がこちらを照らしているので私は安全です。絶対に安全だと確信している。そう、問題はまったく見当たりません。私は幸せで、満ち足りた人生に高揚しています。

私は彼がピラミッドの内部に入ったことがあるか訊ねた。彼はピラミッドの入り口を探した。「ピラミッドの側面を上る階段がありました。私はそこを上っています。あの大きな光の玉のすぐ下に扉がありました」扉を開けて薄暗い部屋に入るとそこには何もなく、ただ部屋の真ん中に、ピンク色に光る水晶が宙に浮かんでいた。彼はそれを手に取ってみた。「手の中で、全方向に光線を放っています。手を握ると、指が透けるようにして光が外に漏れていきます。こんなもの見たことがないのに、こうして握っても安全だと知っています」私はそれに何か目的があるのだろうかと考えました。すると彼は、それを手に持って訊ねれば答えてくれるだろうと感じた。

D：それは興味深いですね。その光はピラミッドの頂上の大きな光と何か関係があるのですか？

R：確実につながっています。何らかの形で波長が合っています。それはたとえるなら目に見えない銀の糸で結ばれているようなものです。

D：ではその水晶にピラミッドについて聞いてみましょう。この場所について何かわかるかもしれません。

こうして私は水晶に向かって質問を始めた。リチャードは私の質問を繰り返し、その後彼に降りてきた答えを私に伝えた。その多くは、リチャードにとって意味不明のものだったが、要約すると以下のようになる。

R：このピラミッドは他の世界から来た古代人たちによって建てられました。ピラミッドの頂上の光の目的は、保護すること、あらゆるものを守ることにあります。宇宙から注がれるものの中には有害なものもあり、それらからこの惑星を保護しなければ被害に見舞われるでしょう。それらが何なのか私にはわかりませんが、何しろ守らなくてはなりません。水晶はこんなふうに言っています。「私はこの場所をお互いから守っています」古代人たちがピラミッドの頂上にあの光を置きました。彼らはここを訪れ、ピラミッドを築いて、宇宙船のようなものに乗って去っていきました。このピラミッドは、あのピンクに輝く浮かぶ水晶のある部屋と頂上の大きな玉を除いては、ただの石積みです。光は灯台のように照らすけれど、回転はしません。ただ全方向に光を放っています。放射しているのは目に見える光だけではなく、エネルギーが全方向に向かって放射されているのです。これと同じ機能のピラミッドがもうひとつ別の場所にありますが、それは遠い遠いところにあり、ふたつのピラミッドの間には、岩と砂以外何もありません。

D：それは地球上にあるのですか？

R：初めはそう思ったんですが、たぶん違います。だって空が紫色だから。地球では見たことのない空の色です。今わかったのは、私はこの場所を守っているということ。私はこの土地と一体で、土地の一部なのです。ここがどんな土地かわかりませんが、その活動を守っています。それが正しく行われるように監視しているのですが、コントロールしているという感じではありません。テレパシーで対話しているような感覚です。

D：そこであなたは幸せですか？

R：はい、ものすごく幸せです。身体は若々しく感じますが、とても長い間ここにいる気がします。矛盾しているようですが、それが正直な感想です。ここにひとりでいることに満足しています。

私は時間を進め、重要な出来事が起きた日に誘導した。「ピラミッドの上空に葉巻型の宇宙船がホバリング（空中停止）しています。友好的で、重要というわけではないけれど、ピラミッドに付随した存在みたいです。私は宇宙船を見て嬉しく感じています。必需品（珍しいものではない）を落としてくれるからです。滅多に来ない物資の供給源がやって来て、ホバリングして必要なものを落としていくというシーンです。着地する必要はなく、必要なものを置くべきところに収めていきます。それが何だかわかりませんが、私はここにひとりでいてよかったと感じています。宇宙船はこうしてやってきては私の様子を訊ねます。たいしたことではありませんが。

D： あなたは宇宙船に乗り込んで対話するわけではないんですね？

R： 乗りません。宇宙船の中の誰かと話をしている感じがしません。

D： 毎日起きることではないという意味で、このシーンは重要なんですね？

R： その通りです。でも宇宙船が去るとき、名残惜しくもありません。宇宙船が来るのを見るとうれしいですが、去って行ってもうれしい気持ちは続いています。ここで私は幸福なんです！（驚いて）私は健康です。笑顔で、ただ楽しんでいます。人生を謳歌しています。

この後、何度か時を進めて別のシーンに誘導したが大差なく、どれもありふれた単調な暮らしばかりだった。曰く、「ここは楽しいところで、他に誰もいなくていい。不思議に聞こえるかもしれませんが、誰も必要がないんです」

毎日毎日代わり映えのしない日々のように聞こえたが、ひとりでいることを楽しんでいたので、退屈することもなかったのだろう。特に汲み取るべき経験が見当たらなかったので、この人生最期の日へと誘導した。

R：突然、空から光線が差し込んできて、私は打たれました。どこかへ連れて行かれて、おしまいです。いきなり何もない空から来たんです。宇宙船ではなくて。唐突に来たけれど、私には準備ができていました。不意を食らっていません。なぜなら私は両手を広げ、光を見上げて、それは空から降りて来て私を掬い上げました。そして私はいなくなりました。どこへ行ったのかわかりません。

D：光はあなたの肉体を掬い上げたんですか？

R：それがね。そうじゃないんです。そう言われて振り返ると、抜け殻のような肉体が地面に横たわっています。

D：肉体には何か問題がありましたか？

R：皺だらけになっていたから、老衰かもしれません。とても長く生きたと思います。ああ、これは面白い！

D：空に舞い上がったあなたがどこに行ったか、見てみましょう。

R：長老が居並ぶ評議会の部屋にいます。

彼は明らかに霊界にいて、今終わった人生の評価を受ける評議会に直面していた。これについては死後のことについて詳細に書かれた私の他の著書をご参照いただきたい。

R：私は着席した人々の前にひとり立っています。彼らの顔はよく見えませんが、私は質問を受けています。「楽しかったかね?」「はい、楽しかったです」「よく頑張ったね。しばらく休息するといい」と言われました。彼らは全員で私に笑顔を向け、「この次も同じような人生を送ることになるよ」

と言いました。

D：あなたはどう感じましたか？

R：私はにっこりしています。いつものようにハッピーです。ああ、でもいつでもハッピーって言うのも退屈ですね（笑）。私たちは友達、古い友達同士なんです。再会を喜び、話をしています。なぜか私は暗い赤のガウンを着ています。実に興味深い。今は明るい赤になり、彼らが着ているのは白いガウンです。それが何を意味するのかわかりませんが。

D：どういう意味があるか訊ねてみたら？

R：聞こえてきたのは、「あるレベルを卒業すると、次のレベルに入るんだよ」ということ。何のことだかわかりませんが。

D：同じような人生をまた始める前に、どれくらい休息するんですか？

R：聞こえてきたのは、20年。1年がどれくらいの長さかわかりませんが。

D：休んだあと戻ってきて始める人生は、リチャードと呼ばれる人のもの？それともその前に何か別の転生があるんですか？

R：これです！　次は今の人生です。

D：リチャードが地球という惑星に来たのはこれが初めてですか？

R：彼らはイエスと言っています。そうです。

D：これまで地球に一度も来たことがなかった？

R：一度もありません。

D：この惑星に来ることは彼にとって衝撃だったのではないですか？

R：　彼らが言うには、君はひとりでいることに慣れているし、エネルギーの扱い方を知っているから問題ない、と。じゃあ私はなぜ地球に行ったんですか？　「守るために行ったんだよ。地球の人々は気づかないが、君の周囲の人々は守られている。君が行くところはどこであれ、何らかの形で守られているんだよ」

D：　ピラミッドのところで暮らした人生であなたがしていたように？　光が守っていましたね？

R：　ああ！（気づいたように）そうかもしれません。「君の存在そのものがヒーリングなんだ。ただ歩き回るだけで、そこにいる人々は何らかのいいエネルギーを受け取るんだよ。意識レベルではわからないが無意識レベルでは感じている。何かをね」……リチャードは安全です。彼は人々を守っているけれど、人間が考えるようなやり方ではありません。人知を超えたやり方で起きています。彼がここに来たのは、ただいるだけで人々を癒やすためです。彼の存在が、人々の理解を超えた形で彼らを守っているのです。彼自身も何をしているか自覚がありません。

D：　地球のエネルギーは他の星とかなり違っていませんか？

R：　「そうですね。でもこれから郊外であるものをつくることになりますよ。まだ本人は知りませんが。それはいずれわかるでしょう。今はまだ教えられません。それはとても大きなもので、物理的に大きいという意味ではありませんが、この星を守るためのものです。それはある種のエネルギーで、高次元のエネルギーが地球を守る助けとなるのです。地球自体のエネルギーはあまりいいとは言えませんが、それでも大丈夫です。彼なら扱えるでしょう。扱えないようなものではありません」

D：　じゃあ彼はそのエネルギーとともに地球で暮らし、カルマを蓄積しないということですね？

R：　その通り！「彼はカルマを一切つくらずに地球で生きていけるのです」

D：もし時期尚早なら彼に知らせるべきではありませんが、それは彼がここに来た目的ですか？

R：彼が地球に来た第1の目的は地球人とともに生活する経験をするためでした。しかしもっと大きな目的は、あとであるものを建設し、何らかのコントロールを通じてこの惑星を助けることです。これが本来の目的です。「これからも彼はひとりです。現世ではひとりでいることを楽しみなさい」

D：リチャードがこれまでの人生のほとんどをひとりで過ごしてきたのは、一部にはそれが理由ですか？

R：その通りです。彼は過去世の多くをひとりで過ごしてきました。彼にとってはそれが普通で、心地よいのです。地球には彼と同じようなことをする人々がもっと必要です。ただそこで過ごす、それをただ楽しむ。遊んで、好きに過ごせばいいのです。しかし地球人はそれができるほど成熟していません。他の星のお世話をするのと同様に時間がかかるのです。……将来的に人類に役立つ何らかのネットワークが生まれるでしょう。彼が言うには、まだ多くの人々は自分の人生の轍にはまって身動きが取れずにいるとのことでした。SCがこう言っています。「あなたはそれよりずっと進化しています。彼らが理解できないことがわかるのですから。しかし心配は無用です。あなたには高次の目的があり、いずれ明らかになるでしょう」

リチャードはこれまでの人生で繰り返しUFOの夢を見ていたので、それについての質問があった。SCが答えて言うには、「その夢は彼の出自を思い出させるものです。彼が空の上からやってきたことを決して忘れないためです。彼は地球出身ではありません。この惑星を助けるためには彼のような人材が必要なのです。ここは過酷な場所ですが、たくさんのことを試すための場なのです。ここは波動が低いですが、あなた方地球人がその波動を作っているのです。わざわざ言わなくてもおわかりですよね。リチャードの波動はもっと高く、今この地球には彼が必要で、彼が何をするかはあとでわかるでしょう。これから5年以内に、彼がなぜここに降りてきたのか、何をするべきかがはっきりするでしょう。そのときすべてが変わるでしょう」(このセッションは2009年12月に実施した)。

私は2012年のことについて質問した。「2012年のこと。……あなた方は心配し過ぎています。それよりもっと自分の人生に取り組むべきでしょう。SCは、人類には浄化が必要だと言っています。これから地球の波動が上昇していくので、自分の波動を上げない人にとってはどんどん厳しくなっていくでしょう。つらくなっていく人が増えるので、地球から去る人々も増加するでしょう。新しいエネルギーの扱い方がわからないからです。それは2012年に限ったことではありませんが、近いうちに起きることです。その年号は誰かがつけたしるしのようなもので大きな意味はありませんが、だいたいその辺りがピークになるということです」

D：何かが起きたら、人類はそれと気づきますか？

R：はい。現時点でいつとお話しできませんが、それが起きれば誰にとっても明らかでしょう。

D：聞いた話では、取り残される人々がいるということでした。その人たちはエネルギーに対応できないということですか？

R：そうです。たくさんの人が取り残されることになるでしょう。でも心配は要りません。

D：リチャードは新しい地球とともに働くことになるのですか？

R：その通りです。

D：私も地球に残り、新しい地球の出現をサポートできますか？

R：ええ、もちろんあなたもですよ。

D：たくさんの人々に訊かれる質問があるんですが、地球を去る人々は突然消滅するのでしょうか？

R：突然消滅することはありません。あなた方が考えるような消え方ではありません。まだお伝えできないので、しばらく待つ必要があります。せっかちになる気持ちはわかりますよ。みんな何が起きるか早く知りたいのでしょうが、まだ起きることはありません。その前に整わなくてはならないことがあるからです。ＳＣに「何か災害が起きますか？」と訊ねてみたら、答えは、地球の多くの大洋や水辺が荒れて、陸地に洪水が起きるだろうと。これは地球温暖化とは無関係だそうです。

D：南極の氷が解けるのとは無関係ですか？

R：無関係です。恐らく隕石が落ちてくるとか、そういったことです。今言えるのは、水に関するトラブルが起きるということだけです。

D：そのときたくさんの地球人が死ぬということですか？

R：間違いなくそうなるでしょう。人々は2種類に分かれます。変化を受け入れて地球に残る人々と、変化に対応できず地球を去る人々です。地球に残る人々にとって、最初は厳しい経験になりますが、それは彼らが望んだことであり、乗り超える力を持っています。準備ができているのです。

D：残る人々にとっても最初は大変なのですね。

R：変化が予想外のタイミングで唐突に起きるため、不意を突かれて取り乱すというだけです。

D：その際、新しい地球をサポートする私たちの仕事は、起きていることを人々にわからせることですか？

R：そうです。自分自身が問題を抱えていては他人のお世話ができません。自己管理が正しくできなければ、地球のために働くこともできません。不要なものを手放すことを学ばなくてはなりません。地球の人々はすでに意味をなさなくなったことに縛られ過ぎています。自分で自分の首を絞めているのです。思考停止しているし、許容度が狭いのです。強引に思い通りにしようとするのではなく、物事が起きるに任せ、現場の声に耳を傾ける必要があります。もっと心を鎮め、瞑想するべきです。騒がしい心を鎮める必要があります。ひとりの時間をつくり、静寂の中に身を置くことの価値を知るべきです。ひとりになることを怖れる人があまりに多すぎます。わかっていない人が多すぎて地球の足を引っ張るのです。彼らの波動の影響は由々しい問題です。波動の高い人々が与える影響がある一方で、波動を上げて進化したくない人々が与える影響も根強く、それらの二極化が変化を起こすのです。ちょうど磁石のように。

リチャードが覚醒した後、私は録音を再開し、彼が覚えていたことについて記録した。

R：地球の波動、周波数が高速化しているという説明がありました。それが圧力となっているので、地球の人々はそれに合わせて自分の波動を速くしていくか、あるいは波動を上げずに身動きが取れなくなるかの2択だそうです。地球にいるほとんどの人々は自分の波動を高めることを拒否しているため、低いほうの極と、上昇していく極の間の緊張が高まっています。双方はどんどん遠ざかり、最終的に地球上で何らかの出来事が起きるのです。

D： ふたつの磁石の反発のように？

R： ふたつの磁石のS極とN極が引き合うのではなく、同じ極が強烈に反発し合うように。その力が低い波動の側の人々にネガティブな現象を起こします。そして高い波動の側にいる人々には、ポジティブな現象となるのです。

どうやら第1波と第2波のボランティアソウルには、ただ**そこにいる**という以上の役目があるようだ。彼らのエネルギーは別の目的にも使われる。このケースでは、彼らの近くにいる人々を守るために使っている。実際に何が起きているかを顕在意識で理解できる人がひとりもいなかったとしても、大いなる存在たちがそこにいることは私たちを安心させてくれる。

第6章

疲れ切ったボランティア

サリーにはセッションで解決したい問題の長いリストがあった。その筆頭が、支配的で愛のない夫との結婚生活を終わらせることだった。彼女には支配的な母親がいて、夫との問題はサリーの人生で繰り返されてきたパターンと言える。至極当然の結果として、そのような苦痛の継続は身体にダメージを与える。彼女には治療を必要とする症状がいくつもあった。彼女には（サウンドヒーリングで）人々を癒やしたいという強い希望があり、借金をしてホリスティックヒーリングセンターを開設した。しかし経営がうまくいかず、金策に悩んでいた。

サリーが雲から降りると、そこには不思議な風景があった。「大都会。街がひしめき合っていて、それがドームの中にあります。ケーキのショーケースのような丸いドームが街を覆っているような感じです。いろんな高さの建物が見えます。囲われた街の上にはドームがあって、私はドームの外から街を見下ろしています。

ドロレス（以下D）： 街には建物だけですか？　人や乗り物などは？

サリー（以下S）：　建物だけです。外には誰もいません。みんな建物の中にいます。ドームの外には誰も出ていません。

D：　ドームの外には何があるか、わかりますか？

S：　外は宇宙空間のように見えます。惑星から外を眺めているみたいです。私はドームの外にいて、中を覗き込んでいます。夜の空、星が見えます。ガラスで囲まれた街の外に立って天の川を見ているような感じです。ちょうど『オズの魔法使い』のエメラルドの都のようです。

D：　その街は浮かんでいるのですか？

S：　そうですね。宇宙空間に浮いているようです。

D：　それは興味深いですね。ドームの中に入って街の様子を見てみましょうか？

S：　そうしましょう。私は今、人々がどうやってドームを出入りするのか見ています。出入口は開くと格納されるようです。旅行したときはここが開閉し、このポータルから出発します。この街の人が外の世界に行こうとすると、ここが開くのです。——今私は広い部屋の中にいます。笑い声が聞こえる……テーブルがあります。テーブルをエネルギー体が囲んでいます。私は評議会に来たようです。椅子は12脚あり、これは〝光の評議会〟だと彼らは言っています。

D：　そこにいる人たちは光の存在なんですか？

S：　そうです。それぞれに異なる色の光です。

D：　それは美しいですね。あなたの身体について教えてください。どんな姿をしていますか？

S：　私に身体はありません。エネルギーの塊のようなものです。

D：　それに色はありますか？

S：私はラベンダー色です。下が赤で、上に行くほどグラデーションのようにラベンダーに変化します。炎みたいに。彼らは私より背が高く、身体の構造が違うようです。彼らはテーブルを囲み、言葉で会話していて、こんなことを言っています。「実験を開始したときの創造の火花」そこは生命の計画が始まり、旅の始まりが生まれた場所。ここが私の故郷。初めに火花があって、それは神が作った火花。神が人生の計画、学びと契約の人生を創造したのです。

D：この場所ですべてを決めるのだと？

S：彼らはそう言っています。

D：それは今回の人生のこと？それとも今までの過去世の全部？

S：ここはすべての人生が作られるところです。すべての旅、すべての伝説。私も理解しようと努めているんですが……はっきりと。

D：彼らは何と言っていますか？

S：私を見送っています。彼らは私を解放しました。突然真っ暗になりました。また大気圏に戻ってしまいました。（混乱している）

D：彼らから何か指示がありましたか？

S：何も聞こえませんでした。

D：ただ出発を促されたのですか？（はい）あなたはどんなふうに感じましたか？

S：あまりいい感じはしなかった……わからない……混乱していて、その任務を受け入れたくなかった。彼らに行くように言われた場所に行きたくないんです。もう任務は終了したと思っていたんです。完全に終わったと。

D：別の人生で経験してきたのですか？

S：はい。たくさん経験したから、疲れているんです。もう引退だと（笑）。あの密度が濃くて、重たくて、時間に縛られるところにもう行きたくない。

D：あなたはもう任務は終わったと思ったのに、彼らはまたあなたに別の任務を与えたのですか？

S：刺激や覚醒の経験をしたいと決めたのは私の意志でした。でも疲れてしまった。衰弱してしまって、もうあそこに帰りたくない。たどり着くまで身体が持つかどうかもわからない。まだ十分回復していないんです。時間が足りなくて。

D：普通は回復するための時間が十分あるのですか？

S：そうです。十分な時間をかけて回復します。地球のあの濃い密度、学びは、とてもきつくて、過酷。どれほど頑張ってもなかなか進まない。早く還って元の自分に戻りたかった。故郷に還って休みたいと。休息のための旅は始まっていたんです。でもこれから覚醒のときが来ると、今度こそ実現するというので、私はそれを経験しに行きたかった。その変革のときを自分で見て経験し、助けたかったんだけど、私はひどく衰弱していたんです。

D：あなたは自ら選んでここに来たんですね。

S：彼らが言うには、私が嫌々ながら選んだことだって（ふたりとも笑う）。彼らに、最後にもう一度だけこの変革実験に立ち会う気はあるかと問われました。地球の覚醒、変革という実験が成功したら、その後休息できるからと言われました。終わったらようやくゆっくりできると。

D：あのまま休息を続けていたら、地球でのイベントを全部見逃していたということですか？

S：休息を渇望している自分と、あの密度から抜け出す方法がわからない自分が混在していました。

物理的な身体を持っていると、エネルギーレベルがとても低くて。波動を上げるのも大変だし、生命力が弱いのです。

D：そうでしょうね。でも「実験が成功したら」とさっき言いましたね。それはどういう意味ですか？

S：地球が次の生命の形、新しい次元へと移行する途上にあるということです。

D：それはつまり、地球も生きているということですね？

S：そうです。地球は、これまでの何十億年もの間、あるいはかつて宇宙で一度も行われたことのないようなことをやろうとしていたんです。すべての存在にとって歴史に残る大イベントで、すべての生命体がその様子を見守っていたのです。

D：彼らにそう言われて、あなたは地球に行く決心をしたんですね？

S：そうです。そのビッグイベントに参加したかったから。それがうまくいくようにアシストしたかった。私は地球のどこで誕生するか、自分で決めることができた。新しい世界、創造主のイメージ通りの世界をつくることもできた。光のエネルギー、新しいエネルギーとか。……または故郷に還ることもできたんです。

D：それで一番良い選択肢はどれだったんですか？

S：創造です。私の魂は創造を熱望していました。新しいもの、新しいやり方、あの濃い密度にやられることなく軽々と、素早く移動できる、ポータルを通って旅をする移動手段、そういう新しいものの創造を見届けたかった。

D：そう選択してあなたは今地球に生きているんですね？（はい）それはサリーとしての人生のこ

とですか？（はい）彼らはあなたを信じていたからこそ送り込んだんですね？

S：でも、今のサリーは自尊心を失ってしまった。

D：彼女は自分で今の家族（支配的な母親）を選んだのですか？

S：そうです。心、選択の自由についての学びを必要としていたんです。それが彼女の最後の試練でした。

D：彼女の家族とはカルマの関係があったのですか？

S：彼女はあの名前を選んだのです。名前が持つ波動が必要でした。彼女の内面にある……名前であの家族に決めました（プライバシーに配慮してここでは仮名）。その名前の波動パターンが彼女の細胞構造に結びついています。その名前が呼ばれるたびに、新しい生命が吹き込まれ、新しいエネルギーを感じられるのです。

D：つまり名前の選択は誰にとってもとても重要だということですね？

S：その通りです。人の細胞構造の中にある行動様式というか、プログラミングの一種で、覚醒とその過程にかかわりがあります。彼女は今の身体を選択し、その身体に合った名前を持つことに強くこだわったのです。彼女の母親はそのことを知らないし、母親が家族の縁を決めたわけではありません。サリーがあの家に生まれたのは、その名前を持つ魂にとって避けられない宿命でした。

D：誕生については占星術的影響もあると聞きましたが？

S：そうです。とても強い影響があります。彼女はきっかり1959年12月を選んでポータルとして誕生しました。彼女自身がエネルギー活性化の入り口《ポータル》となっています。彼女の誕生日は通路です。

D：通路とはどういう意味でしょう？

S：　魂や意識体が移動する際に通る門のような場所です。人となりを決める細胞構造を活性化するための扉が開かれているようなものです。彼女と接する人はみなこの活性化の機会を得て、夏至や冬至、日蝕や月蝕といった天体エネルギーとの付き合い方を習得するのです。さらに彼らのＤＮＡに内在する光に覚醒していきます。彼女自身が覚醒したのはついこの数週間前のことでした。体内の変化、自分の身体を使って光にフォーカスする能力と、光の中心にしっかりとどまる能力に、彼女自身も気づいたでしょう。これが始まったのは４か月前です。彼女が光の中心にとどまり、もっと多くの光を取り込むことを続けていけば、周りの人々にとっても頼もしい存在になっていくでしょう。

D：　つまり彼女の近くにいるだけで、人々は影響を受けるということですね？

S：　彼女が作り出す磁場によって、彼女というポータルが拡大していきます。周りの人々にとって、それはヒーリングをもたらすポータルとなるでしょう。それぞれの魂の軌道を進む人々を支える癒しを提供するのです。

D：　つまり彼女は象徴的な意味でポータルであるということですか？（はい）では人々は癒やしを求めて彼女のところにくるといいんですね？

S：　彼女が力を増していけばそうなるでしょう。彼女が自らの中心にポータルとしての力を定着させれば、人々は自然に引き寄せられてくるでしょう。

D：　でもサリーは個人的にたくさんの問題を抱えていますよね？

S：　彼女は身体のメンテナンスがうまくできていません。自分自身と闘っています。彼女はまず自分の中にある怖れを克服してから、人々の怖れの克服を手助けしなくてはなりません。が、それができていないのです。拡大していくことへの怖れ、愛されていないという怖れがあるからです。

D：サリーは幼少期に怖れを経験したそうです。どうして彼女は今回の人生に怖れを持ち込んだのですか？

S：彼女が地球に行ったとき、怖れを一緒に持って行ったのです。私たちのところから出発する際、うまく今度の使命を完遂できるか疑問を抱いていたからです。そのために必要な要素がそろっているか確信がなかったのです。感情面でも家族についても、あまりに過酷な環境でした。彼女は曇りのない、開かれた心を持つ共感体質《エンパス》でしたから、あの環境に簡単に打ちのめされてしまいました。その衝撃は、当初の彼女の予想をはるかに超えていたのです。

D：共感体質とはつまり、他人の感情をくみ取りやすいということですか？

S：そうです。それで憔悴してしまったのです。彼女は心を閉ざしてしまい、長い間前に進むことができませんでした。周りのエネルギーにおびえていたのです。彼女には何の予備知識もなかったので、理解できなかったのです。彼女の魂はソースの近くにいたのですが、ソースから心を閉ざしてしまいました。ただ故郷に還りたいと望んだのです。還してくれと、私たちに願い出ました。

D：あなた方との契約を忘れてしまったのですね？

S：その通りです。

D：還りたいと言われたとき、あなたは彼女に何と言ったのですか？

S：時間はあると。私たちがそばにいて、あなたはひとりじゃないと伝えました。彼女には、乗り超えるための道具も能力も備わっていたのです。彼女にとって、これは意識の限界を超え、それまでできなかったことを成し遂げられる、絶好の成長の機会でした。彼女の魂の道は、そこでの経験を自分の目で見て、耳で聞き、臨場感を持って体感したことをソースに伝えることでした。地球で感じたエネルギーを評議会に伝える証人となることでした。

D： でもその使命を彼女は果たせていませんね？

S： 彼女は怖れと不信感で身動きが取れなくなってしまいました。それは現実ではなく、彼女がそう感じているということで、古い習慣からそう思い込んでいるだけです。その声を心の中で何度も何度も繰り返し聞いているのです。彼女は失敗することを怖れています。それは彼女が克服しなくてはならない障害であり、課題です。

D： その怖れは現世で生じたものですか？　それとも別の過去世からですか？

S： この魂が元々持っている傾向によるもので、魂が神の火花から生まれたときからです。何とか少しずつ克服してきましたが、今回の人生では環境が変化・発展するため、彼女も大きく飛躍できるチャンスなのです。

D： それでは彼女の魂が初めてソースを出たときからうまくいかせる自信がなかったということでしょうか？

S： いいえ。彼女は現世で自分の魂を再び完全無欠にするために、この魂が持つすべての要素を集め、あと3年かけて統合しようとしているのです。

D： あと3年とはどういう意味ですか？

S： 彼女に残された時間枠があと3年だということです。この使命をあと3年で全うしなくてはならないし、そうするでしょう。それが彼女の交わした契約ですから。現世の目的のひとつは、欠けてしまった部分を取り戻し、再び完全無欠の魂に戻ることでした。

『入り組んだ宇宙』シリーズの中で、私たちの魂が大いなる魂の一部であることについて解説している。大いなる魂とは彼らが言う〝完全無欠の魂〟、ハイアーセルフという概念のことだ。それは私たちの本来の姿ではあるが、大きすぎて個別の肉体に入ることができない。この大いなる魂を構成するエネルギーがひとりの身体に収まろうとすると、エネルギーが大きすぎてその身体は壊れるだろうと言われている。たとえるなら、この魂はたくさんの面を持つブリリアントカットのダイヤモンドのようなものだ。短期間で最大限の学びを得るために、ダイヤモンドの面ごとにばらばらの破片にして、自らの分身がそれぞれの可能性を探る旅へと送り出した。これはすべての時間が同時に存在するという概念に基づいている。私たちは過去世、現世、未来世を今という永遠の中で同時に生きているからだ。こうして大いなる魂は、分身である私たち一人ひとりがそれぞれに経験して得た知識を統合することができる。新しい地球が生まれた暁には、個々の魂はソースに呼び戻され、再び大いなる魂と一体の存在へと還るのだ。

D：彼女が使命を果たすのにあと3年あるんですね？

S：そうです。それが彼女の置かれた本当の姿です。

このセッションは2009年12月に行われた。

D：もし彼女が怖れに屈した場合、どうなりますか？

S：私たちの元へ還ります。地球に残っている理由がなくなりますから。

D：では彼女が使命を思い出し、するべきことをしたらどうでしょう？

S：時間と空間の制約を超えて自由に移動できる、豊かさと本質の世界へと移行します。彼女は元々永遠の存在へと帰還し、惑星や新たな生命、新たなシステムを創造することになっていたのです。

D：あなたが言うように新しい地球ができたとき、彼女はそこにいるでしょうか？

S：使命を完遂できなければいないでしょう。完遂できれば新生地球を助け、進化の証人となるでしょう。今のところ彼女は大いに抵抗しています。彼女の夫も、目の前の課題を乗り越えなければ新しい地球には行かないでしょう。

D：人々がそれぞれのカルマを手放せなければ新しい地球に行けないと聞いたのですが。

S：その通りです。手放さない人々は密度の濃い地球にとどまり、引き続き課題をこなしていきます。彼らは新しい光、新しい意識の世界へは行けません。彼女は古い地球から新しい地球へと移行する架け橋の役目を果たす必要があるのです。それには両方の世界に片足ずつ残しておかなくてはなりません。現状で彼女は新しい世界に片足を踏み入れることができていません。濃い密度の世界にとどまり、日々の、時間の波動に圧倒されているのです。彼女が地球に持ち込んだツールを発動するために、あと一回意識改革が起きなくてはなりません。この文明を次の段階に進め、大きな変革を実現させるために必要な波動や情報をもたらすには、人類はもう一度解放されなくてはならないのです。まだやるべきこと、決断すべきことがいくつも残っていますが、多くの人々が決断できずにいます。怖れに囚われて、自分の中に芽生えている道しるべに従えずにいるのです。

D：それでは今話している新しい地球というのは最終的なものではないんですか？

S：実験は遅れています。計画通りに進んでいないのです。この時空でほとんど急ブレーキをかけるように止まってしまった変化の過程を助けるために、ガイド役の魂が地球に降りてきています。始めにあった螺旋状の進化の動きを再開させるために、複数の次元で再評価が進んでいます。外から私たちが観察している限り、それは今停止状態です。多くの点において止まっているのです。

D：　停止の原因は何でしょうか？

S：　地球上に響き渡り、覆い尽くしている怖れの波動です。怖れのエネルギーがじわじわと地球の中心にまで浸透しています。あまりにも多くの人々がこの波動に屈してしまい、地球の進化という一大イベントの進行を遅らせているのです。でもこれは一時的なことです。私たちは人類が再び気持ちよく呼吸できるように、そして彼らが宇宙に向かっていくときにエネルギーが何とか巡るように、地球を覆っている恐怖のヴェールに風穴を開ける人材をたくさん送り込みました。地球を覆っている停滞に風穴を空けられる、人間の姿をした存在たちです。彼らは地球人がポータルを開けて宇宙に出ていくことへの怖れを取り除くという仕事を始めています。

D：　あと一回起きなくてはならないのは、どのような意識改革ですか？

S：　地球が拡大するためには、地球をすっぽり覆っている濃密な怖れを取り除く必要があります。怖れに囚われた人々が今起きていることを理解し、地球とともに働く態勢を取るための知識をもたらすには、怖れのヴェールを剥がさなくてはなりません。地球が溜め込んでいる恐れを外に放出しなくてはならないのです。まず地球がこのエネルギーを動かすのです。

ここで私はサリーの身体のことに話題を変えた。彼らは「彼女がここでするべきことをするのに耐えられる身体ではありません」と答えた。彼女は化学薬品に過敏なうえ、肝臓、心臓に問題があり、子宮筋腫もあります。

D：なぜそのような身体になったのでしょうか？

S：彼女に送られたメッセージに耳を傾けなかったからです。たくさんの人々同様、彼女もまた負担や不安をもろに背負い込み、それらに飲み込まれてしまいました。それらを手放す代わりに怖れを抱え込み、細胞構造の中に堆積していったため障害物となって機能を阻害し始めたのです。そしてそれらがさらに堆積してどんどん代謝が悪くなり、この人の体内でエネルギーがほとんど流れなくなってしまった様子を見てきました。それでもなお彼女は身体を苦しめている元凶を手放せずにいます。身体に溜め込んでいるものを外に放出しなくてはなりません。外に流すための道筋と勢いをつければ、それはダムから水が放出されるように解消するでしょう。一回のセッションでできると考えています。細胞構造の中に代謝の流れが入って行くようにすることを私たちが許可しましょう。ただし彼女がヒーリングを選択し、希望すればです。なぜかと言うと、彼女は健康体になることを怖れているからです。彼女が使命を果たすには健康な身体が不可欠です。今は怖れによって身動きが取れずにいるので、健康になることへの怖れを手放し、癒やされることを選択し、望む必要があるのです。彼女は、もし健康になったらどんな人生が待っているだろうという怖れを抱いています。癒やされたら彼女は使命を果たし、人生を先に進めなくてはならないからです。

そこで私はサリーが怖れを手放し、ヒーリングをもたらすための視覚イメージを求めてみた。

S：天界の神聖な存在たちが見守る中、そこから水晶のように透明な川の流れが、地球創生の時空を超えて流れ込んできます。それはクラウンチャクラを開き、第3の眼を通って、顔全体へと流れていきます。第3チャクラを通り……ハートの中心へと流れていきます。胴体を流れ、腰へと進み、川の流れのように両足へとそれぞれ流れていきます…．そして身体の中心へ、母なる心臓へと流れ、聖なる流れの道筋が開かれていきます。

D：これはエネルギーの川ですか？

S：その通りです。

D：ヒーリングエネルギーの流れですね。

S：水晶のエネルギーで満たされた流れです。

D：とてもパワフルですね。エネルギーが通った場所でヒーリングが起きるんですか？

S：エネルギーが通ることで、細胞に酸素が入ります。呼吸がうまくいっていなかったので、肺に生命エネルギーを流しました（ここで深呼吸）。

D：心臓はどうですか？　彼女は心臓に不安がありました。

S：心労からくる負のエネルギーです。これから使命を果たしていくにあたり、十分なサポートが得られるでしょう。これから緩やかにエネルギーの流れが開かれますが、その前に彼女自身でその部分のヒーリングを終えなくてはなりません。この修復は彼女の仕事です。流れを閉ざしたのは彼女ですから、自分で開かなくてはならないのです。彼女の身体にこの生命の川が流れるように、そしてエネルギーを増幅させ、自由に使えるように私たちはサポートします。しかし、彼女自身が光のエネルギーを選択しなくてはなりません。体内の各臓器にエネルギーを流し、エネルギー体である彼女が肉体の中に入らなくてはなりません。それが人間であり、このエネルギーのフローによって、臓器や細胞、すべてのものが生きていることを悟る必要があるのです。それを生命力のエッセンスだと理解しなくてはなりません。高次の次元から流れ込んでくるエネルギーの息吹を認識しなくてはなりません。それはソースから、またソースを通して降りてきます。これが流れると羽のように軽くなり、それはヒーリングでありギフトです。それを感じることが、身体の開放や受容が起きる唯一の手段なのです。

D： その視覚化訓練は、一日のうちでいつするのがいいですか？

S： 肉体の癒やしはすべて睡眠時に行われるので、就寝直前がいいでしょう。

D： そのタイミングなら顕在意識の横やりが入らないですね。

S： 入れないでしょう。

D： あなた方は彼女がこのエネルギーの川の流れ、水晶の川がクラウンチャクラから下に降りていき、他のチャクラを満たしていく様子を視覚化するよう望んでいるのですね？

S： そう、身体の中心部まで浸透するように。

D： これを毎晩寝る前にやるのがいいと？

S： そうです。危機的状況や心が乱れたときだけでなく、静かに穏やかな心で毎晩行ってほしいのです。平穏な精神状態のときにしか身体のヒーリングは起こりません。そうなれば、彼女にはこの流れを自分の体内を始め、自分の身体を通して他の人へと流す能力が備わるでしょう。彼女の手から他の人のクラウンチャクラへとエネルギーが流れ、そこからエネルギーが彼らの体内を巡るのを感じるでしょう。

これは大変貴重で効果の高いヒーリングテクニックで、誰でも簡単にできる。視覚化も容易なので、私のワークショップでも使うことがある。この水晶の川のエネルギーの視覚化は非常にパワフルだ。

私は彼女の肝臓の問題について訊ねた。答えは以下の通りだった。「肝臓はまるで、汚れを溜め込んだ汚いスポンジのようです。彼女が肝臓に溜め込んだ怒りを外に放出していけば、この生命エネルギーのエッセンスが少しずつ肝臓を浄化していくでしょう。私たちは彼女の各臓器に最初の火花を起こし、光のエネルギーによるヒーリングを開始しました。この光を消すことがあってはなりません。ヒーリングはすでに始まっているので、彼女はそれを完了させなくてはならない。

D：それは彼女がしなくてはならないのですか？

S：それを選択したのは彼女自身です。

D：彼女が怖れに加えて怒りを溜め込んでいると言いましたね。怒りはどこから来るのですか？

S：彼女は自分が別の場所に行かなくてはならないことを知っています。そこにまだ到達していないことに対して怒っているのです。魂のレベルでは自分の使命がわかっていて、本人が思っている以上に気づくことが多くなっています。自分が今いるべき世界はここではないと、本心ではわかっているのです。彼女は怒り、苛立ち、怖れています。彼女はこんなところに来たわけではないと思っています。本当は地上の楽園に来たのです。こんなところに来るつもりはなかったと、とてもとても強い怒りを自分に対して募らせています。ソースは彼女を負のサイクルの中に送り、彼女は二元性のサイクルを壊し、地上の人々にお手本を示すはずでした。

D：彼女にはするべきことがたくさんありそうですね。

S：　その通りです。彼女は私たちが〝霊的停滞〟と呼んでいる状態に陥っています。概念としては理解しているけれど、日常の行動に落とし込むことができていません。他の人にやり方を教えるのは上手にできるけれど、それを自ら実践できていません。

D：　あなた方は彼女を助けるためにいるけれど、彼女が自分でやらなくてはならないということですね？

S：　そうです。それが彼女の学びですから。

私は次にサリーの子宮筋腫について訊ねてみた。彼女の身体にはたくさんの問題があった。

S：　彼女はそれを取り除いてほしいと私たちに何度か頼んできました。私たちは細胞構造に進入し、ミトコンドリアに入り、細胞腫の核の構造を変える方法を教えました。それを彼女は何度かやりましたが、彼女自身が病気の元凶だということがわかっていません。彼女は自分の身体のＤＮＡを変えられること、この筋腫の構造変化を起こせることを信じなくてはなりません。私たちはそばにいてサポートし、そのための道具を与えました。これも彼女が毎日するべき仕事のひとつです。細胞構造の中に進入し、対話をし、理解して手放すことです。

D：　子宮筋腫ができた原因は何ですか？

S：　意に反してここに生まれてきたという自分自身への裏切り。そこに生まれた痛みや苦しみを子宮に溜め込んでいました。そして家族の裏切りもありました。これはいくつもの過去世体験が関わっています。その結果、彼女の創造性の炎が消されてしまいました。その経験が彼女の創造性を曇らせ、負のエネルギーが増幅していき、聖なる女性としての能力を遮断してしまったのです。

これはＳＣがサリーに望んでいるもうひとつの課題だった。私はこれまでこのような病気をＳＣが一瞬にして完治させるさまを度々目にしてきたが、なかにはクライアント本人が自分で対処しなくてはならないというケースもあった。それにより、完治していく過程を本人が理解し、その知識を他の人のヒーリングに役立てられるからだ。

Ｓ：　サリーは彼女の創造性の中心である子宮に流れ込むエネルギーのフローを起こし、完成させるために筋腫を縮小させていかなくてはなりません。ヒーリングが始まるようにしたのは私たちですが、完了させるのは彼女自身です。それは彼女が辿るべき道であり、克服するべき課題です。毎日ヒーリングに意識を向け続けていれば、３か月で完治するでしょう。嘘偽りない心の底から臨まなくてはなりません。

Ｄ：　そして、それが可能だと信じること。

Ｓ：　そう。彼女自身の中に身体を変化させる力があると知ることです。それは、そのようにして自分の人生を変えるという手法を認識するきっかけなのです。それが自分の力で達成できると学習しなければ、その他の変化を起こす力が自分にあると信じられないでしょう。これまで彼女は怖れに囚われてきたために、その扉を開けることができずにいたのです。何度も扉の所まで行きましたが、今の彼女ではその外に一歩踏み出すことができません。扉の向こうに行かなくてはならないのですが、そのためのエネルギーも体力もない。でもそう言い聞かせているのも彼女自身です。やがて彼女が自信を取り戻し、このヒーリングテクニックを活用すれば、身体に力と光が宿るでしょう。そうなれば、もう医者の薬に頼ることなく、自らの光で身体を維持できると信じられるようになるでしょう。この力は誰にでも備わっています。それを彼女も知っています。それを教えるために降りてきたのです。彼女の変化が進めば、もう薬ではなく自らの光によって肉体を維持できるでしょう。これは時間の経過でもあります。光が彼女の身体の細胞に浸透し、エネルギーが満たされていくと、身体は植物ベースから水晶のライトボディへと変容し、光は水晶の身体にエネルギーを注入します。私たちはいつも彼女とともにいますが、彼女が私たちに対してオープンではありません。もういい加減私たちの存在を感じ、私たちが彼女を望ましい方向へと導くことを受け入れてほしいものです。閉ざされていると思い込んでいる扉は私たちがすべて開放しています。彼女の怖れは自らのヒーリング中枢を無力化してきたのです。

D：　重要な決断を迫られているようですね。

S：　決断しなくてはなりません。彼女が地球にとどまるべきか、去るべきか、決断できずにいる間中身体は弱り、エネルギーの場は不安定な領域を彷徨い続けることになるでしょう。彼女の物理的な肉体に錘《おもり》をつけ、制限しているのは地球の密度です。まるで決断しないことで自分の身体を痛めつけ、首を絞めているかのようです。

D：　もし違った決断をした場合、地球にはとどまっていられないということですか？

S：　そういうことです。彼女の旅はそこで終わるでしょう。もう地球に残留する理由はありません。地球人とともに濃い密度の中にいる必要はなくなり、ソースに戻ります。前進することに何の意味もなくなり、ここですべき仕事はなくなります。彼女にはここで進化していくことを決断するまでに3

年の猶予期間があります。今が正念場です。何とか壁を乗り越えなくてはなりません。彼女はソースに還らないでしょう。私たちが彼女に伝えたことに彼女は耳を傾け、自覚しています。私たちはあらん限りの愛を注ぎ、全身全霊でこれ以上ないほどのサポートをしているのです。

D： 彼女が見た、ドームで覆われた街は何だったのですか？

S： あれは彼女の故郷で、アトランティスと呼ばれているところです。といってもあなた方がいうアトランティスではありません。新しい次元のアトランティスで、ここは新たに蘇っているのです。そこにいた魂たちも生き続け、次元上昇し、まったく新しい時間空間の次元へと移行しました。彼女はこの新しい次元を訪れたのですが、彼女が生きていた頃のアトランティスとは違います。

D： でも今回、彼女のアトランティスでの人生を探ることは重要ではなかったのですか？

S： 今回重要だったのは評議会に戻ることでした。評議会での真実だけが、彼女の受け入れられることだったからです。評議会が、ある重要な使命を果たすために彼女を地球に送ったということを思い出してもらうために、評議会に戻したのです。私たちは彼女がそれを完遂できる力を持っているし、実際そうするだろうと信じています。その言葉を彼女自身が聞く必要がありました。彼女はそのための力を持ち合わせているし、そうしなくてはならないのです。そのように記録されているし、宣言されているのですから、そういうことなのです。それを耳で聞き、身体で感じ、それを体現しなくてはならないのです。そうすれば決断はたやすくでき、彼女のために創出された空間に移行していけるでしょう。

ボランティアソウル第1波、第2波にとって重要な問題は、自らの怖れや、地球にとどまりたくないという思いが強力な心理的ブロックとなり、前に進めなくなってしまうことだ。ここにいたくないと話す人はたくさんいた。あまりにも過酷な環境のため、とにかくここを出たいと願うのだ。もし彼らが本当に〝故郷〟に還りたいのなら、自らの怖れや帰郷願望と真剣に向き合わなくてはならない。そうでなければ地球で身動きが取れなくなり、高次の次元で交わした崇高な約束を果たせなくなるからだ。

第7章
子供たちを見守る

いわゆる普通の退行催眠セッションについて本を書こうと思えば、数え切れないほどの本が書けるだろう。数千回に及ぶ退行催眠セッションの中で、どこかの転生にたどり着けなかったケースは一度もなかった。長年にわたり、クライアントたちは地球上のありとあらゆる環境で展開するありとあらゆる人生を追体験してきた。私はただSCが本人にとって最も**ふさわしい**時代と場所へと導くのに任せるだけだ。それがどんな時代のどの地域なのか、私は知る由もない。したがって私の仕事は質問を通して本人の抱える課題との関連を探るべく努めることだ。今でもごく普通の過去世を辿るセッションをするクライアントは少なくない。そしてありきたりの過去世が俎上に上る理由は、彼らが解消すべきカルマを抱えているからだと今ならよくわかる。

本書で紹介しているセッション例からわかるように、自らのカルマ解消とは違った使命を持って地球に降りてくる魂たちもたくさんいる。この人々の大半はこれまで地球に転生した経験を持たないため地球環境に馴染めず混乱し、居心地が悪い。私は彼らのことを〝地球初回組《ファーストタイマー》〟と呼んでいる。それ以外の人々は別の転生で優れた成果を上げた特殊能力を買われてやってくる人々だ。これまで教師や保護者といった役割を持つ人々や、無意識のうちにその存在のエネルギーが周囲に良い影響を与えるという使命を持っている人々などについてみてきた。本章では、また違ったユニークな存在、つまり宇宙の中枢部が今の地球に役立つと考えた特殊な能力を持つ魂についてみていきたい。

ローラは中くらいの大きさのピラミッドの前に降り立ち、なぜそんなところに来たのか戸惑っていた。そこでの彼女は、屈強な若者で丈の短いスカートのような服を身にまとい、革ひもで編み上げたサンダルを履いていた。首からは大きな金属のペンダントを下げているのが見えた。そのペンダントには、全方向に光線が放射した太陽のようなデザインが彫られていた。「たぶんこれは宝飾品ではなく、私が持っている、あるいは身につけなくてはならないものという気がします。これをつけていることには意味があって、いつも必ず身につけています」

質問をすると、その意味が明らかになった。「これは星の門《スターゲート》で、これがあればいろんなところに行けます」その男性はピラミッドの中にいて、その使い方を思い出そうとしていた。「奇妙なことに、周りには誰もいない。やり方を思い出そうとしているところです。このペンダントはどうやらピラミッドに関係がある。以前は使い方を知っていたんだけど、全部は思い出せない」

私は彼に、ペンダントを使っている自分の姿を見るように指示した。そうすれば思い出せると。

ローラ（以下L）： ペンダントの表側をピラミッドの中心に向けて掲げている姿が見えます。ピラミッドの頂点の中心と一直線になるようにしています。ペンダントを水平に持ち、頂点に向けて……そうだ、こうするんだった。エネルギーだ。そうです。今光がピラミッドから降りてきて、私の親指に当たったのが見えました。そう、こうやって他の場所に移動するんだと思い出しました。どこに行くのかわかりませんが、こうすれば行けるってことがわかりました。

ドロレス（以下D）： そのやり方は誰かに習ったのですか？

L： 元々知っていました。でも今はちょっと戸惑っています。だって今は周りに誰もいなくて、いつもはたくさんの人に囲まれているから。私たちはみんなで、集団で、教室で学んでいるんです。たぶんこれは私の旅で……ひとり旅なんでしょう。私は自分のことや自分の力について学ぶ旅の途中です。

D： みんなといたときはどんなことを学んでいたんですか？

L： いろんな星のこと、世界の広さ、多様なシンボルについて、など。たぶん私は学んだことを教える役目があるのですが、まだ教えるには十分な知識が足りないと感じています。

D： 今あなたはひとりでピラミッドにいるということは、学習の過程を終えたということですか？

L： そうでしょうね。終わったのでひとりで活動を開始したんでしょう。自分の力を試すんだと思います。教わったことをどこまで実行できるかを。

D： どこに行って力を試すのですか？

L： どこに行くべきかはペンダントに委ねるんだと思います。ピラミッドのてっぺんから光が降りてきて、ペンダントを活性化しました。でもどこに連れて行ってほしいか、自分で決めないといけないような気がします。

D：それで行先はどこにしますか？
L：銀河系を一周できたら、いいだろうなあ。
D：かなりの広さではないですか？
L：確かにそうですね。
D：それをする目的はわかりますか？
L：子供たちが安全か、確かめに行くんです。いろんな場所で。ちょうど、生徒たちがいい子にしているか教師が確認するような感じです。
D：それがあなたの仕事なんですか？
L：どうでしょう。それができることがとても幸運だと思っているので、たぶん仕事ではないですね。
D：確認しに行くのは子供たちで、大人ではないんですね？
L：私は人類全員を子供たちだと思っているようです。あなたが言うとおり、これはきっと私の仕事です。
D：そう感じるならそうなのでしょうね。見回りをした結果をどこかに報告するのですか？
L：報告するという感覚はありませんね。もしかしたら休暇中で、ただあちこち訪問して観察しているだけかもしれません。
D：先ほど言った教室はどこにありますか？　どんな場所ですか？
L：屋外で、生徒たちはみな足を組んで座り、ちょっと変なんですが、生徒は全員男性で、スカートを履いています。女性がいません。先生がひとりで、彼はすごく光を放っています。すごく進化した人物で、私たち生徒は彼をとても尊敬しています。

D：その先生があなた方に星のことなどを教えてくれたのですか？（はい）その先生があなたにペンダントの使い方を教えたのですか？

L：そうかもしれません。誰だったかよく覚えていません。ペンダントはずっとあったんです。生まれたときから知っていたような気がします。

D：教室であなた方はいろんな星について学んだんですね？

L：そう、いろんなタイミングであちこちの星に行ったり来たりするために、とても重要な情報です。タイミングがとても重要なんです。適切な時間を選んでいかないと、時間には亀裂があってとても危険なんです。教室では移動の仕方について教わりました。（うまく説明できず苦心）

D：移動するのに危険な時間について、誰かに聞いてみることはできますか？

L：先生に訊いてみます。彼は知っています。彼の言っている意味が理解できません。彼は物知りすぎて、私には十分な知識がありません。

D：これはあなたにとって重要なことかもしれません。やさしい言葉で説明してくれるよう頼んでみてください。

L：（教師にささやく）彼が言うには、銀河系にはポータルが複数あって、それぞれの銀河系はある一定の様式に整列し、特定の時間軸と一致する必要があるということです。それをしないと別の次元に行ってしまい、迷子になるんだそうです。元の教室に戻ってこられないし、自分の時間軸から外れてしまうんだって。亀裂とはそういうことだと先生が言っています。

D：戻ってこられなくなるんですね？（はい）それは困りますね。そうならないためのコツを聞いてくれますか？

L：私たちは星のことや整列の仕方、いつ移動して、いつ戻ってくるべきかなどについて学ぶ必要があると言っています。それはたとえるなら急流を渡るようなものだと。正しい知識がないまま渡ると簡単に流されて、戻ってこられなくなるんだって。

D：なるほど。ところであなたはポータルがある場所を知っていますか？

L：今勉強中、勉強中。そのためにこの教室にいるんです。クラスには女の子がいないんだ。どうしていないんだろう？　このクラスにはどうして女の子がいないのか？（沈黙）リスク。リスクが大きすぎるからですって。女性の人口が少ないので、減らしてはいけないんだ。もっと赤ちゃんを増やす必要があるんだそうです。女性は貴重で、男性はたくさんいる。男女比が不均衡で、もっと女性の人口を増やさなくてはならない。

D：つまり時間を旅するのは男性の仕事なんですね？（はい）彼らはどうしてあなたにタイムトラベルを習得してほしいのですか？

L：私たちは子供たちを見守らなくてはならないからです。彼らが無事か、着実に成長しているかを確認するんです。

D：子供たちは大切な存在なんですね？

L：そうです。でも子供と言っても年齢は関係ありません。進化の途上にある種族はみんな子供たちと呼ばれています。人類《ヒューマン》とは、〝進化の途上にある存在〟という意味です。

D：人類はまだ未分化な子供たちなんですね？（はい）人類は宇宙の未来だから、あなた方がチェックしているんですか？

L：その通りです。それが私の仕事です。見に行ってわかったことを教師に報告します。彼が私たちにそのやり方を指導したので、彼の元に帰ります。

D：あなたがもたらした情報を、先生がどう使うか知っていますか？

L：いいえ、まだよくわかりません。彼は大変聡明で、ときどきまぶしい光の存在に見えます。

D：その情報をどうするのか、今訊いてみることはできますか？

L：情報は整理して表にします。いろんな表があって、テーマ別に作っています。情報収集しているのは私ひとりではなくて、たくさんの人が情報を集めてくるので、それを彼が表にまとめているんです。

D：集める情報は人によってそれぞれ違うんですか？ それとも全員が子供たちの情報担当ですか？

L：子供たちをチェックするのが私の仕事です。他の人のことはわかりません。でも彼らも地球に行っています。みんな正しい時間を選んでいくことの大切さを知っています。

D：あなたは移動先では物理的な肉体を持たないのですか？

L：旅行先では身体がある感じがしません。いろんなところに自由に行けるし、見渡せる。ちょっと怖いくらい。

D：つまり肉体を持つ必要がないんですね。（ありません）最初にピラミッドの前に立っていたときは身体がありましたか？（はい）あのときはどうして身体を持っていたのでしょうか？

L：学びのためです。

D：肉体を持たなくてはならないときもあるということですか？

L：　そうです。あの場所では全員が身体を持っています。

D：　でもそこからどこかに旅行に行くときは肉体を持って行かないんですね？

L：　肉体があると色々と面倒だから。

D：　それはよくわかります。出かけるときはそのペンダントをつけていくんですか？（はい）行先はペンダントが示すのですか？

L：　そのはずなんだけど、何も指示が聞こえません。考えるとわかるものなんだけど、埋め込まれているのかも。知識はペンダントの中にある。でも惑星の情報はそこにはなかった。だから教室で教わる必要があったんです。教師がポインターを使って全部の星について指導したんです。教師たちはとても聡明です。

D：　地球に行くように言われたことはありますか？　地球の場所はわかりますか？

L：　行ったかもしれないけれど、わかりません。

D：　ではあなたの出身星はどこか別の場所ですね？

L：　出身がどこかわかりません。大地があり、地形があるような場所です。でもそれがどこだか知りません。

　ここで私は彼の一生の中で何か重要なことが起きた日に移動してもらうことにした。すると彼は卒業の日に移動した。生徒たちは学ぶべき課程をすべて修了し、出発のときを迎えていた。

L：　私たちは全員で広間に立っていて、教師が私たち一人ひとりの額に触れています。そこに第3

の目があると言っています。そしてもう旅立たなくてはならないと。

D： 何をするために？

L： わかりません。何らかの仕事があるのかも。でももう集団でいることはなくなります。この学校は卒業です。ここで学んだ知識を他で分かち合うんです。

D： 誰と分かち合うんですか？

L： 人々、農民や羊飼いとか。

D： その人々はあなたの知識が理解できますか？

L： 少しずつね。そこにしばらくいるので。彼らはとても強く大地とつながっているようです。自分の羊たちと一緒にいなければならないと思っています。そんな制約はないのに。どこでも好きなところに行けるのに、彼らはできないと思っています。

D： あなたの役割はそこで彼らに教えることですか？

L： よくわかりません。混乱していて、私は家族を作りません。ただ彷徨《さまよ》います。

もうこれ以上引き出せる話はなくなったようだった。彼は恐らく残りの一生をその地で過ごすのだろう。自分の進むべき道を見つけたのなら、それはいいことだ。それで私は彼をその人生最後の日へと導いた。「何が起きていますか？　何が見えますか？」

L： 原っぱにいます。巨大な猫に襲われました。でも私は長い年月を生きてきました。私はまだ独身で、この猫に対して怒りは感じていません。それでよかった。心は穏やかです。

私は彼を死後の世界へと引き上げ、今終わった人生全体を違った視点で俯瞰できるところへと導いた。そしてこの人生で何を学んだかについて訊ねた。

L：振り返るだけで幸せな気持ちになります。

D：なぜ幸せな気持ちになるのでしょう？

L：うまく言葉で表現できません。そういうエネルギー……光のエネルギーです。ただ信じることを学びました。心を振り向ければ何でも実現するのだと。不可能なことは何もありません。

ここで私はSCを呼び、なぜこの人生をローラに見せたのか訊ねた。

L：彼女には力があるとわかってもらうためです。その力の使い方を習得できると。

D：一度学んだことは決して失われないんですよね？

L：そうですが、埋もれることもあります。

D：現世でローラが活用できる知識はありますか？

L：一部は使えますよ。いろんな場所へ移動するときに使えます。

D：意識だけ飛んでいくという意味ですか？

L：身体ごとです。あちこちへ出かけていき、子供たちの様子を調べるのです。

D：それをどんなふうにするのですか？

L：子供たちを集めます。全部まとめて、教えるのです。

D：どうやって集めるのですか？

L：召喚します。それは彼らに通じるでしょう。子供たちを呼び集めるのです。

D：子供には普通両親がいて、家族がいます。子供たちだけ呼び出すのは難しいのでは？

L：子供と言っても、年齢の上での子供ではありません。大人です。

D：ああ、そういうことでしたね。

私はSCにローラが今後するべきことへのアドバイスを求めた。

L：山が真ん中で真っぷたつに割れるのが見えます。人々は変化に備える必要があります。これから人生が変化します。準備には時間がかかります。母なる地球が変化しています。地上に住む人々も地球の変化に合わせて変わらなくてはなりません。覚醒しなくては。子供たちは年を取り、何ひとつ成長しないまま死んでいこうとしています。彼らの生活環境が変わるので、彼ら自身もまた変化を迫られています。火山の噴火や土石流、その他地球の表面が変化していくシーンがたくさん見えます。

D：ローラには何をしてほしいですか？　彼女の役割は何ですか？

L：人々が地球の変化に適応できるようサポートすることです。本人はまだ気づいていません。

D：顕在意識でわかっていないと。（そうです）彼女に必要な知恵を授けてくれますか？（はい）

L：彼女が元々持っていた知識、使っていた能力を思い出すために。

L：わかりました。必要なときに思い出せるでしょう。それを人々と分かち合うのです。無知な人々と。

ローラが聞きたかった質問のひとつに、彼女の人生を変えることになった自家用機の事故がなぜ起きたのかというものがあった。彼女は優秀な土地開発業者で、裕福な資産を形成していた。彼女の人生は仕事が中心で、子供をつくらないことに決めていた。関心事はもっぱらお金と事業の成功だったが、ある日飛行機事故に遭って死にかかり、回復するまでの長い期間を病院で過ごした。SCの答えは、「彼女は魂の軌道を外れていました。彼女は頑固で、こちらの声に一切耳を貸しませんでした」飛行機事故はいろんな意味で彼女の人生を変えた。最初に考えたのは子供を持つことで、初めての試みで妊娠した。彼女には年子の娘がふたりいる。

L：娘たちは降りてくるのをずっと待っていました。予定よりずっと前に降りてくるはずでした。

D：ローラは仕事に熱中していたので、子育てをする暇がありませんでした。

L：この子たちは別の家族のところに行くように段取りが進んでいましたが、本人たちが「いいえ、待ちます」と言ったのです。（ローラ泣き出す）

D：そして飛行機事故が起きて、人生が一変したことで、今は魂の軌道に乗っていますか？

L：まだ完全ではありませんが。

D：軌道に完全に乗るために、彼女に何をしてほしいですか？

L：子供たちが助けを必要としているということに気づいてほしいだけです。

D：彼女が次に何をするべきか、あなたからメッセージを送りますか？
L：そうですね。計画にはありませんが、すべてがすごい速さで変化しているので。
D：まだ彼女に伝えられないということですね？
L：その通り、まだ確定事項ではないのです。
D：では指示があるまでの間、スタンバイしていればいいのですか？
L：この人には忍耐力というものがまったくありません（笑）。準備していればいいのです。彼女の教師はずっとそばについています。彼がここにいて彼女の準備を整えているのですから、怖れることは何もありません。
D：誰にも決まった役割があって、あなたが言うように今は激しい変化のさなかです。私も新しい地球のことや、すべてが変化していることについて聞きました。そういうことも関係していますか？（はい）新しい地球へと移行するための準備ですね？
L：ステーションに行く場合もあります。地球が再生している間、待機ステーションに行く人々もいます。
D：機が熟していないため、新しい地球に直接行かない人々がいるということですか？
L：そうです。彼ら自身の準備が整っていないからです。
D：聞いた話では、新生地球に行くにはそこに合った波動や周波数でなくてはならないそうですね。そういう問題ですか？
L：行先は複数あり、行く場所によって準備の仕方が違います。行先によって人々を振り分けて、それぞれに適した場所に送るのです。

D：　たくさんの人々が待機ステーションに行くのですか？　それは肉体を離れた後ですか？　それとも前ですか？

L：　肉体を持ったまま行きます。

D：　では地球に災害が起こったとき、ステーションに移動するということですか？（はい）彼らがそれぞれに行くべき場所に行く準備をするために？

L：　そうです。遠からずそうなるでしょう。

D：　彼女は人々が準備を整えるよう助けなくてはならないのですね？

L：　そうです。子供たちを……子供たちを救うために。

SCからのラストメッセージ：　ただ夢を見て、それを実践することです。夢に注意を払ってください。

D：　あなたは夢を通してコミュニケーションをとるのですね？

L：　そうです。とにかく愛し、愛情深くいてください。

これもまた、地球での使命を顕在意識で理解していない地球初回組の魂の一例だ。この魂は宇宙のそこかしこで〝子供たち〟をチェックし、様子を見守ってきたという実績を持っていた。そして子供たちがこれから直面する出来事を乗り切るためにするべきことに気づかせ、準備をするようサポートしてきた。したがって、彼女には地球で果たすべき使命が明確にあったのだが、仕事に熱中し、横道に逸れてしまった。そこで彼女の関心を取り戻すため、ほとんど命を落とすほどの飛行機事故が起こり、本来の軌道に戻そうとした。ＳＣたちが語ったように、時間の余裕がないときは強引な手段を使ってでも人生の方向転換をさせることがある。

第8章 国外追放

ドリスの最大の悩みは、この先の人生をどうすればいいか決めかねていることだった。これまでいくつかの事業で成功を収め、次はメタフィジカルセンターを開設する構想を持っていた。彼女には多彩な才能があるという自覚があったが、それをどう活用すべきか、アドバイスを得るためセッションにやってきた。

セッションを始めると、ドリスは何も見えず、どこにいるかもわからず苦労した。彼女が見たのは暗闇ばかりで、広い空間にいる感覚だけだった。質問を重ねていくうち、ようやく広くて寒い場所にいるという感覚が降りてきた。そして両腕に痛みがあり、動かせないということにも気づいた。「たぶん縛られているみたい。よくわからないけれど、動けない」そこで私は身体的苦痛を感じないよう暗示を与えた。彼女の腰から下は麻痺したように何も感じなかった。「身体が何かに押し込められているようで、身動きが取れません」

少なくともセッションは何とか動き出したが、依然として得られる情報は限定的だった。そこで私は、彼女がこの抑制された環境に陥る前に時間を戻し、なぜそうなったのかという理由を探ってみた。

ドリス（以下Do）：　何かを知っていたんです。知り過ぎてしまったので、邪魔になったんですね。予言することができたんだと。これはどこか別の時代、中世のような、でも中世ではなさそう。黒の長衣を着た人々が見えます。が、人間じゃない。

ドロレス（以下D）：　人間でなくて何者ですか？

Do：　わかりません。黒装束で、人々を痛めつけるんです。広場で。人々はやるべきことをやっていないって。それで黒装束が彼らを、何らかの方法で支配しています。何かをさせようとしています。追い払っています。助けてはいけないことになっていたのですが、私は人々を助けています。でも人々は知りません。

D：　あなたは男性？　それとも女性？

Do：　どちらでもない。そういうことじゃなくて、私は私なんです。自分が何かよくわからないけれど、あの人たちとは違います。黒い服装の彼らと似ているけれど、彼らのようになりたくありません。人々を傷つけたくありません。

D：　自分の身体が見えますか？

Do：　とても長くて、身長が高いです。鉛筆みたい。彼らと同じように黒装束です。

D：　彼らはなぜ人々を傷つけるのですか？

Do：　やるべきことをやっていないから。彼らは人々を支配し、仕事をさせたいんです。

D：　あなたはその人々と長い間一緒にいるのですか？

Do：　はい。とても長い間ここにいます。人々は私の友人で、私はここの人々を助けています。指導しているんです。（自嘲的笑い）私はずっと教えてきたんですが、その結果彼らは今痛めつけられている。知り過ぎてしまったから。

D：あなたはその人々に何を教えていたんですか？

Do：農耕の仕方や、生きていくための知恵について。

D：それのどこがいけなかったのですか？どちらもいいことですが。

Do：私もそう思いました。そこへ行って人々に知恵を授けるのが仕事だと思っていました。

D：黒装束の一団は初めからそこにいたんですか？

Do：いいえ。彼らはただ様子を見に来ただけです。私はずっとここにいたんですが。

D：そこに行って人々を助けるように、誰かに指示されたのですか？

Do：ここに来なくてはならなかった。理由はわかりませんが。人を助けるのが私の仕事なので。

D：そこに初めて着いたとき、人々は今とは違っていたのですか？

Do：はい。とても粗野で粗削りな人々で、自分の食料も十分に確保できていませんでした。食料といったら果実《ベリー》や木の皮、昆虫などしかなくて、食物を育てる方法を知らなかったんです。私には彼らの進化を助けるという使命がありました。私は自分のするべきことをしていると思っていました。そこに黒装束の一団が来て、私が教え過ぎていると言ったんです。人々の進化が速すぎると。これほど早く進化するべきではない、それはよくないことだと……でも人々は学んでいたんです。

彼が初めてここに来た頃は、本当の姿を隠すために黒いローブを着ていた。彼の身体は大きな緑色のバッタのようで、出身星では誰もがそのような容姿だった。そのままの姿では人々を怯えさせるのがわかっていたため、姿を隠さなければならなかった。出身星を出てここに来るように指示した者はいなかった。「それは私の仕事でした。いつもこうして、人助けをしてきたのです」

D： それではここに来る前にもどこか他の場所に行っていたのですね？

Do： そうです。でも今回はうまくいかなかった。私たちはあまりにも多くを、あまりにも早く進め過ぎたと言われました。彼らは着実に学んでいたので私も教えたのです。彼らは理解しているようでしたから。私はお互いを大切にすることを教えました。土地や水、木々、植物について教えました。栄養の摂り方や記録のつけ方も教えました。食物について教えるのはよかったんですが、記録の取り方は教えるべきではなかった。でも時間や季節、世界の営みに注意を払い、記録することはとても重要です。季節を知ることで栽培時期が分かりますから。その方法を知る必要があったんです。季節の知識がなかったら、植物をいつ植えたらいいか、どうしてわかるでしょうか？　自分たちが何者かを記録する必要もありました。

D： 家の建て方なども教えたのですか？

Do： はい、彼らは学びました。材木や樹木の使い方を覚えました。そして屋内で暮らすことを覚えました。個々に暮らすのではなく、集団で暮らしたほうがずっと楽に生きられることも学びました。そこへよそ者がやってきて、私は間違っていると言い出したのです。ここの人々が知識を得る量もペースも度を越えていると。

D： でもあなたはそれを知らなかったんですね？　あなたは正しいことをしていると思っていた？

（はい）そして他所から来た集団が人々を傷つけたと？

Do： そうです。黒装束の集団が戦争をけしかけ、人々はお互いに傷つけ合うようになり、学んだことを忘れて、それで進化が止まってしまいました。

D：戦争は進化を止めるためだったのですか？（はい）あなたが教えたことを忘れさせるため？

Do：そうです。彼らの人生がうまく行き過ぎたのです。学びも成長も早すぎるという脅威があったのです。

D：それがなぜ問題なのでしょう？

Do：わかりません。私もなぜそれが問題なのか理解できません。彼らはそれが間違っているとしか言わなかったので。

D：今は何が見えますか？

Do：光が見えます。宇宙と、星を見ています。私は宇宙空間に出て、故郷に戻りました。

D：縛られて、動けないと感じていたときは何が起きていたのですか？

Do：彼らによって閉じ込められていました。宇宙に連れ去ろうとしたのです。私は何かに入れられて動けませんでした。あの人々から私を遠ざけるためです。私は彼らに愛情を注ぎ過ぎました。それから彼らは私を解放しました。宇宙空間で乗り物に乗っていて、星がたくさん見えて、とても美しいです。でももうあの場所に戻ることはできません。

D：また帰りたいですか？

Do：わかりません。ちょっと怖いです。人々は深い傷を負ってしまった。もう帰りたくないです。

D：身体の様子はどうですか？

Do：解放されて、ゆったりしています。

彼女が乗った乗り物には彼女以外に誰もおらず、完全にひとりだった。「とても静かです」見えるのは宇宙と星だけだった。どこに向かっているのか、彼女にはわからなかった。そこで私は到着した日にまで時間を進め、何が起きているか訊ねた。

Do： わかりません。どこだかわからないけれど、とても重い。どこにいるんでしょう？ 荒れた土地のようで、何も、木々もないし、美しくない。空気が重いです。

D： その乗り物はあなたをここへ運ぶようプログラムされていたんですね？（はい）今、身体はどんな感じですか？

Do： すごく変な感じ。両足、両手がとても細い。滅茶苦茶細い。手足には指がなくフラットな形。身体は丸くて……大きい。身長が高くて丸い形です。身を隠すためのローブはもう着ていませんから、バッタの身体が露出していて、直立姿勢でいます。

D： 顔はどんな様子ですか？

Do： 目が大きい、とても大きいです。ここでは黒いローブを着る必要がありません。だって私以外誰もいませんから。岩にところどころ穴が開いていて、出たり入ったりできます。他にやることもなさそうです。

D： 食物を摂取する必要がありますか？

Do： 必要な栄養は空気から得られます。とても重たい場所ね。こんなところに長居はできないでしょうね。

D： これからどうするんですか？

Do：ただここにいるしかないと。

D：ここを出る方法はないんですか？

Do：ありません。彼らが私をここに追いやったんだから、もう私は彼らとはかかわらない。ここを出ることもできないから、いるしかありません。

D：あなたが初めてあの人々のところに行ったとき、どうやって行ったんですか？

Do：ただ行くことを選択した。ずっと彼らのことを観察していて、彼らには助けが必要だとわかったんです。だから行って助けてあげる、と自分から名乗りを上げたのです。私たちは長い間観察していて、いろんな場所に出向いていくんです。

D：では他のお仲間は、あなたが行って助けている様子を観察していたんですね？

Do：はい、恐らくそうだと思いますが、彼らは私のすることに干渉しません。ただ観察するだけです。ボランティアで行ったのは私なので。

D：でも今あなたは荒れ果てた何もない場所に送られてしまったんですよね？

Do：本当に何もない。元いた場所のほうがいい。美しいところでした。でも私はここにいる。他にどうすることもできない。

この地で生きる存在は食物を摂取する必要がなく、恐らく生命が尽きることもない。そのような場所では何も起きないまま永遠のように長い時間が流れる。そこで私は何か異変が起きた時点まで時間を進めることにした。すると彼女は突然解放感に包まれ、歓声をあげた。「ああ、身体がない！もういないわ。もうここにいなくて済む。出られるわ！

D：いったい何が起きたんですか？

Do：何かを感じて、次の瞬間あの場所を出たんです。出たんですよ。あそこにはずいぶん長い間いたけれど。

D：その間、誰にも会わなかったのですか？

Do：誰にも。重たい場所だったけど、美しかった。星を見て過ごしていました。星たちはまるでオーケストラのように、美しいハーモニーを奏でていました。ああ、本当にきれいだった。

D：あの地に送られたのは国外追放のような形だったんですよね？

Do：はい。でも結果的に悪いことではなく、美しい経験でした。

D：ではあの地をどうして出ようと思ったんですか？

Do：わかりません。ただ自分を解放したらいなくなった。ただそこからいなくなったんです。

D：今のあなたの姿はどんな感じ？

Do：星のような光のような。小さい星みたい。

D：あの地での経験を振り返ってみると、どう思いますか？

Do：ふたつの人生を同時に生きているような感覚でした。

D：その経験から何を学びましたか？

Do：物事は見かけによらない。すごくいいことが実は悪かったり、すごく悪いことがいいことだったということもある。つまるところどっちでもいい。最終的には同じなんですから（笑）。

D：渦中にあるときはなかなかわからないものですね。それでこれからどちらへ？

Do：さてどうでしょう？　でも大丈夫です。光を発散しているような感覚です。

この時点で彼女が次に向かうべき場所の指示を出す人物も見つからなかった。そこで私はこの一生の最後の日にまで進めることにした。

Do：光の元へ行きます。私たちはみんな光に還ります。

D：他にも誰かいるのですか？

Do：はい。私たちは全員輝く光の存在。みんなで光の元へと還るんです。

D：光とはどんなものですか？

Do：最高で、美しく、暖かいものです。

D：光とは何なのかわかりますか？

Do：すべてです。ああ、素晴らしいわ。故郷に還ってきたのです。光とはすべてです。全部を包み込んでいる。

D：里帰りしてホッとしているんですね。

Do：最高よ。でもみんながノーと言っています。あんまり長くここにはいられないと。また出かけなくてはならないって、私も薄々わかってはいたけれど。

D：ここにいる時間は楽しめるんでしょう？

Do：そうですね。そうすべきだと思います。他にやるべきことが、何だかわからないけれど、学ぶべきことがあるのです。

D：それは故郷の星ではできないことですか？

Do：ここには何でもあるから、すべて用意されていては学ぶことができないんです。

D：ではまた新しい何かを学びに行くんですね？

Do：そう。学ぶことはいくらでもありますから。

ここで私は彼女が再び別の場所へと移動する決心をしたシーンへと時間を進めた。ドリスの身体に宿っている魂が今ここでセッションをしているのだから、彼女が光の故郷を出たことは明らかだった。

D：今度は何をするか、誰かの指示がありましたか？

Do：いいえ、ただわかるんです。そのときが来たって。何かが始まるのを感じて、行動開始します。

D：光の元を去るんですね？

Do：そうです。もうそこにはいません。彗星のように飛び出しました。ちょうど彗星のように、星たちの間をものすごい速さで光を放ちながら移動しています。とてもきれいです。まるで滑車のようにクルクル回転して、誰かに引っ張られているみたい。でもそれが誰かはわからない。移動しているんだけど、どのように移動しているのかわからない。周りを見渡しても誰もいない。それはたとえるなら軌道に乗せられて、そこから逸れることができないような感覚です。

D：でもすべてはうまくいくと思っているんでしょう？

Do：そうよ。いつでもうまくいくもの。

D：あなたは宇宙空間を移動していて、周りには美しい星たちがたくさん見えるんですね。

Do：そう、それが旅の一番いいところ。

私は彼女が移動を終えたところまで時間を進め、何が起きているか訊ねてみた。

Do：これは何でしょう。ここには来たことがありません。炎の中にいるみたい。炎の中に立っているけれど、熱くはありません。空は、いろんな色をしています。周りじゅういろんな色に囲まれています。火のようなんだけど違うものだから、大丈夫。重くも熱くもありません。

D：そこには他に誰かいますか？

Do：はい、複数いますが、彼らに私は見えないようです。彼らの風貌は、皺が寄っていて年を取っているように見えますが、岩みたいな？ 岩じゃないけれど、大きくてゴロゴロした塊のようです。彼らには私が見えません。

D：先へ進んで、ここであなたが何をするのか見てみましょう。

Do：街がいくつかあります。彼らには助けが必要で、私はそのために来ました。来た当初、彼らには私が見えなかったので、見えるように私は姿を変え、彼らに近い姿になりました。要するに、波動なんです。彼らとは波動が違うんです。彼らの波動をよく調べて、自分の波動を変えたんです。私は彼らを助けに来たんですから。この惑星は何らかの問題を抱えていて、このまま現状の何かを変えないと、彼らは死んでしまいます。どうやら彼らはこの星にダメージを与えるようなことをしているようです。

D：どのように助けるんですか？

Do：何かを教えるんです。まず彼らが何をしているかを突き止め、それを改めるよう導く。私の役目は彼らが何をしているのか、何が必要かを探ることです。

私はその問題とは何かを知った時点にまで時間を進めた。

Do：この星の内部に関すること。星の真ん中のほうまで行き過ぎているために、軌道が変わってしまうということみたいです。何かを掘っている、採掘しているんですね。それがこの星のすべてに影響するような変化を起こしてしまうんです。これを止めなければ。彼らが必要だと思っていることが間違っていると気づかなくてはならないんです。聞いてもらえるように、私は慎重に動かなくてはなりません。もう惑星を失いたくありません。うまくやらないと。

ここで私はこのシーンを離れ、対話の相手に向かって、今セッションをしているドリスの肉体を通して対話をしていることを自覚しているか訊ねてみた。答えは「そう感じます」だった。

D：ドリスと呼ばれる肉体だとわかりますか？（はい）他の惑星を渡り歩き、住民を助けた後に、今回この身体に宿ることにしたのはどうしてですか？

Do：その星の住民と同じ容姿でないと、何もできないからです。

D：あなたの仕事は次から次へと惑星を渡り歩くことなのですね？（はい）ひとつの星で仕事を終えたとき、どこか別の場所に行くのですか？（はい）地球へ行くようにと誰かに言われたのですか？

Do：はい。助けてあげてほしいと依頼されました。それが私の仕事ですから。

D：それで今回は地球人の身体を得たというわけですね？（はい）どうして彼らは今回は肉体が必要だと思ったのでしょうか？

Do：前回うまくいかなかったので。
D：今回は人間として動けることでうまくいくと？（はい）それについてどう思っていますか？
Do：やるべきことをやるだけです。前回よりもうまくいっています。仲間が増えているし、これからもっと増えていくでしょう。傍観者たちが大挙して降りてきています。
D：あなたのような人たちがもっと増えるんですか？
Do：はい。すでにたくさんいます。みんなで協力し合っています。
D：前回はそれほど来なかったんですか？
Do：私たちの多くがこの星に来ましたが、これまでは単独行動でした。
D：ではどうして今回は一斉に降りてきたのですか？
Do：大事な時期だからです。単にこの星だけでなく、宇宙全体の、すべての星たちにとって重要なときです。これは波動の問題です。惑星間を移動するときの波動です。すべての時空を貫く波動があり、それが変化するのです。
D：あなたは波動に何かするためにここに来たのですか？
Do：そうです。この惑星を助けるためです。
D：物理的な身体があったほうがよりよく行動できると思いますか？
Do：今回は他に選択肢がありませんでした。
D：でもこの星に降りてきたら、それまでの記憶をなくしますよね？
Do：はい。それは大変でした。何が起きたのか理解できませんでした。
D：人間の身体に宿ったのは今回が初めてですか？

Do：私はバッタでした。

D：そうでしたね。地球での学びについてどう思いますか？

Do：難しいです。

D：身体に宿っている間、何か制約はありますか？

Do：人々の生活にかかわりたくありません。

D：かかわらないとはどういう意味ですか？

Do：人々に何か言ってもわかってもらえません。

ここで私はSCを呼び、ドリスが持参した質問などについて訊ねることにした。最初に訊いたのは、なぜこのような過去世を見せたのかについてだった。

Do：ドリスは、自分が考えている通りの存在だと自覚する必要がありました。

D：彼女はとてもパワフルな魂ですね？（はい）とても多才な能力の持ち主でもあります。（はい）地球で人間として生きた経験は持っていないのですか？

Do：2、3回はあります。多くはありません。

D：彼女のように、自分から志願して地球を助けに降りてきた魂があると聞いたことがあります。彼らは大いに役立っていますね？（はい）このような魂にもカルマの蓄積が起きるのですか？

Do：いいえ。カルマをつくることもありますが、必要はありません。

D：ドリスはなぜこのように困難な人生を選んだのですか？

Do：助けるためです。助ける方法を知り、理解することで、前回のような失敗を回避できるので。

D：どういう意味ですか？

Do：必要以上に手を差し伸べることです。

D：人々に教え過ぎたときのことですね？

Do：そうです。やり過ぎました。

D：今回の人生で彼女は幼少期に大変苦労しました。

Do：はい。人間であることを学ぶためでした。

D：欠点や問題だらけの人間になるということ？（はい）それがわかれば他人を批判しなくなりますね？

Do：そう、彼女は批判や決めつけをしません。

ドリスには元々霊的能力があり、いろんなことができる人だった。普通の人が知り得ないことを知る力があった。人を見るだけでわかることがたくさんあったので、なぜそのような力が備わっているのか、知りたいと望んでいた。

Do：それは私たちが助けているからです。彼女がなぜここに降りてきたのかを理解してもらうためです。使命を忘れないために、彼女にはそういう能力を持つことを許されているのです。

D：彼女の使命とは何ですか？

Do：変化……変化を起こすこと。この星を救うことです。

D：でも彼女はたったひとりです。それとも一緒に降りてきた仲間の総力で、ということですか？

Do：グリッドを支える一助としてです。彼女はグリッドを支えているたくさんの仲間のひとりです。彼女には光が内在し、彼女と話をした人はそれを感じるでしょう。理解はできなくても、他の人との違いがわかるのです。実際違いますから。彼女は人々と話し、種を蒔いていきます。蒔かれた種を育てるかどうかは本人に委ねられています。彼女はこれをずっとやってきたんですが、わかっていないですね。

D：使命を持って降りてきた特別な魂たちはみなグリッドの一部なのですか？

Do：そうです。彼らはみなこの星を救うためにいます。そして奏功しています。ドリスはここの人々を導かなくてはなりません。宇宙にいる他の生命、他の惑星について。宇宙や星のことをもっと教えなければ。宇宙には他の生命体もいるということを。

第9章
評議会から来た魂

日々セッションをしていると、私は宇宙の評議会に縁がある、またはメンバーだった過去世を持つクライアントにしょっちゅう遭遇する。大宇宙《コスモス》には太陽系、銀河系、各単一宇宙《ユニバース》など、エリアごとに多種多様な評議会があるらしい。宇宙には万物が調和して共存するために一定の明確な規則や制約が存在する。偶然性に委ねられたものなどひとつもない。霊界には、地球人の記録を管理するという別の種類の役割を果たす評議会も存在している。これらの評議会は知識や情報の蓄積に比類ない関心を寄せている。このような知的管理が行われていることに、私は感謝の念を抱いている。もしそれがなければ、世界はカオスとなっているだろう。

スーザンが雲から降りると、広い海の暖かい水の上に立っていた。海の中から陸へと上っていく階段が近くにあったので、そこは海岸付近だとわかった。階段の上には神殿があり、右側に女性が3人立っていた。すると左側にも3人現れて、スーザンを歓迎していた。

スーザン（以下S）： 女性たちは明るい色のシンプルなガウンを着ています。階段の下にいる人は膝上まで水に浸かって私を招き入れようとしています。そこを通って中に入るには何か言わなくてはならないようです。ここは誰でも入れるところではありません。ここの人々が使う言葉があるのです。

ドロレス（以下D）：何と言えば中に入れるのかわかりますか？

S：私はここの規則をよく知っています。たぶんこの人たちは私を待っていたのです。私とは階級が違いますが。

D：階級とはどういう意味ですか？

S：同じ対象に関心を寄せる集団のことです。

スーザンは複雑な手ぶりを始めた。それは何のためかと訊ねると、こんな答えが返ってきた。「エネルギーを交換するための合図です」

D：それは彼らがあなたを受け入れるための一環ですか？

S：私が名乗るだけで彼らは私を受け入れます。私が来ることをあらかじめ知っていたので。

D：彼らはあなたが来ることを知っていた？（はい）どこから来たのですか？

ここでスーザンはまた手のジェスチャーを始め、上を指さした。「何を指さしているの？」

S：（驚きながら）わーお（笑）星の基地でした。

D：よく知っているところ？（はい）どうやってそこに行ったのですか？

スーザンは自分の答えに驚いていた。自分で言いながら信じられないという様子で、楽しそうにこう答えた。「私はポータルを通って水の中に入りました。すごいわ。彼らは私が来ることを知っていました」

D：あなたが属する階級というのは、星の基地での決まりごとですか？

S：銀河系全体に共通するものです。私たちは介入する時代の文化に自然に馴染むよう、表面的な要件に従って自分の物理的外見を調節しなくてはならなかった。それで、女性っぽい服装をした人間の女性になったんです。

D：あなたの素の姿はどんなものですか？

S：光です。私は光の存在《ライトボディ》です。

D：あなたの故郷の星の住人もみな光ですか？

S：まったくその通りです。私たちはみな助けるために出かけていきます。

D：助けに来た場所では、そこの人々に溶け込む外見にならなくてはならないのですか？

S：今回はそうです。でないと混乱を招いてしまうので。

D：階段のところでは、彼らがあなたを受け入れ、歓迎していたのですね？

S：星や天文学者たちが前兆を告げていました。前もって指定された日付でしたから。

D：誰かがやってくるとわかっていたのですね？

S：定期的に情報交換のために派遣団が訪問するのです。

D：では過去にもあったことなんですね？

S：はい、何度もね。私は一定の周期で来るだけですが。

D：さっき交換と言いましたが、何の交換ですか？

S：情報の交換です。今しなくてはならない懸案事項へのサポート集結に関することです。

D：どんな懸案事項ですか？　情報を悪用している人がいるのですか？

S：兆しが見え、強欲の種が育ち始めています。私たちはそれに気づいています。影響力を行使しようとしている人々がいます。今回は強欲の種が発芽する前に事態を収束できそうです。

D：あなた方がもたらした情報を悪用された経験があるのですか？

S：別の時代にありました。

D：その情報は、たまたま出会った人に渡されたのですか？（ノー）誰に渡したのですか？　今回の集団、それともまた別の集団？

S：別の集団です。この星で大災害が起きたのは今回が初めてではありません。

D：これまでの大災害は何が引き起こしたのですか？

S：物質の操作です。自然界や物質界の法則を操作して人類にとっての利益を求めたのです。

D：その時代に生きていた人々ですか？

S：そうです。あなたもご存知でしょう。地球がかつて氷に覆われていた氷河期のことを。あれはその一例です。

D：あれが起きたのはあの時代の人々の行動を制止するためですか？

S：再スタートするためです。

D：何度もやり直しているんですね？

これはこれまでに何度も聞いた話で、私の他の著作物に書いてきた。地球の古代史を辿ると、これまでいくつもの文明が進化の頂点に達したのち、人類が元々持っている権力への欲望によって滅亡を余儀なくされている。

D：氷河期の他にはどんな形で文明破壊が起きたのですか？

S：大爆発です。この太陽系には失われた惑星があります。爆発して消滅しました。

その惑星は火星と木星の間にあったが、爆発して小惑星帯を形成したとのことだった。これについて私は別の著作に書いている。

D：その話は以前聞いたことがあります。大混乱が起きたんですね？

S：自然の法則はいたずらに操作してはいけないということです。

D：その時代の誰かが自然の法則を操作したのですか？（はい）その大爆発は地球にどんな影響を与えましたか？

S：甚大な被害がありました。空から炎の雨が降り、地球は火の海になりました。

D：過去にいくつも消滅した文明が存在していたということですね。（はい）そして今回地球でこれから何かが起きるから、ということで地球の人々に会いに来たのですね。

S：私たちの心配は、この人々の思考の中に渦巻いている欲望の種です。

D：でも今回は破滅を招かないと？

S：今回は起きません。私たちが助言や情報を届けに来ているからです。

D：地球の人々は耳を傾けるでしょうか？

S：大いなる希望を持っています。

それから彼女は神殿で人に会うとのことだったので、時間を進めて神殿の中のシーンへと誘導した。

「そこでたくさんの人に会うのですか？」

S：いるのは使節団のメンバーだけです。私の父はこの神殿の長である司祭で、影響力がある人です。

D：地球人に対する助言とはどんなものですか？

S：自然の摂理や法則に逆らうような実験をやめること。

D：自然の法則に反する実験とは具体的にどんなこと？

S：遺伝子の操作……遺伝子操作です。

D：どうしてそういうことをしているんでしょう？

S：できてしまうから。彼らは高度な能力をつけました。

D：どんなふうに遺伝子操作をしているのですか？

S：それはお話しできるものかわかりません。

D：私が知るべきではないと？

S：あなた個人のことではありません。

D：彼らが実験を続けると何が起こりますか？
S：破滅します。
D：彼らは気づいていないと？
S：気づいていません。今分離が始まっています。これまでは自己管理の範囲に収まっていましたが、ここにきて政治的な問題が発生し、光の道を目指そうとする集団が別の集団との軋轢《あつれき》を起こしています。
D：彼らが耳を傾けなかったら、あなた方は止めることができますか？
S：聞き入れなければ自滅の道を進んでいくでしょう。
D：あなた方が介入し、彼らの実験を阻止できないものでしょうか？
S：それは自然の法則に反します。私たちは助言することしかできません。
D：では彼らが助言を聞き入れなければなすすべがないと？
S：なすすべがありません。
D：それが起きるのをこれまでにも見てきたということですね？
S：いくつもの星で何度となくね。
D：もし彼らが聞き入れなかったら、またゼロから文明を築き直さなくてはならないんですよね？同じ周期を初めから？（はい）でも今回は聞き入れるだろうと思っているんですね？
S：大いなる希望を持っています。

この後彼女は司祭に情報を届け、司祭はそれを持って過ちを犯す人々の元に行き、説諭するということだった。彼女はこの地にとどまることはなく、必要に応じてたびたび訪問している。

D：彼らが何をしているかわかりますか？

S：はい。私たち全員が把握しています。

D：私たちとは、あなたの出身星のお仲間のことですか？

S：評議会です。評議会のメンバーが見守りを続けています。

D：あなた方はポータルの向こう側にいるんですね？（はい）で、地球で起きていることに干渉はできない？（できません）

ここで私は彼女を次に何か起きた時点にまで時間を進めた。

D：司祭は問題の人々に話をしましたか？（はい）話は聞き入れられましたか？

S：しばらくの間は……。それから962年以上経ち、地球は再び彼ら自身によって破壊されてしまいました。

D：何が起きたのですか？

S：爆発しました。欲望の種が成長したのです。自然界の法則が限界まで操作され、耐えきれなくなって大爆発が起こり、またしても彼らもろともはじけ飛んでしまいました。（泣く）

D：もう少し様子を教えてください。見るのはつらいですが、傍観者として教えてください。

S：エネルギーが波状に反響し合い、惑星を駆け巡ってから、爆発して、あとには燃えカス、炎、水が残りました。

D：その衝撃波を起こした元凶は何ですか？

S：エネルギーが反響してぶつかり合った結果です。

D：彼らはそれを予測できましたか？（はい）でもやめなかった？

S：支配欲というものは……私たちは助言し、相談に乗ることしかできません。

D：その様子を見てどう思いますか？

S：破滅……完全なる崩壊。とても悲しいことです。煙、焼け焦げた肉体、炎。

D：生存者はいますか？

S：はい。何人かいます。

D：その人たちはどんな様子かわかりますか？

S：再編と再建。集団の組み換えをしています。

D：彼らはこの経験を教訓としていると思いますか？

S：だといいけれど。私たちにできることはありません。ワーオ！　私たちは戻っていきます。偉大な高等評議会へ。

D：ポータルを逆進して？

S：そうです。これは実際ポータルというよりスターゲートです。

D：そこを通って行ったり来たりしているんですね？

S：はい。14932－11です。

D：それは何ですか？

S：スターゲートの名称です。

D：ずいぶん長い数字ですね。ということは、スターゲートはたくさんあるということですか？（はい）その数字はどう使いますか？

S：識別するためです。

D：そこを行ったり来たりする？（はい）人間もそこを通れますか？

S：通れますよ。光の身体《ライトボディ》になっていれば可能です。

D：物理的な肉体は通れないと？

S：現時点では無理ですね。

人間は肉体を抜け出して霊体となってそのゲートを探さなくてはならない。簡単に探せる場所ではなさそうだ。

D：高等評議会はどんなところにあるのですか？

S：美しいところです。（ため息）私たちは光の存在です。ここには光の存在、つまりエネルギー体がたくさんいて、いい香りがします。

D：何の匂いですか？

S：光の香りです。地球は悪臭が漂っています。

D：高等評議会で、あなたは何をするのですか？

S：支援が必要なところに支援を届ける計画を立てます。私たちは助言と支援をするためにいるんです。

D：あなたは主に地球を担当しているのですか？

S：その地域を任されています。

D：あなたは時間のほとんどを担当地域のために使っているのですか？

S：主に教えています。人々はアストラル界で私たちを必要としています。人類の暮らしがよくなるために知るべきことを教えています。

D：それなら前回のように肉体を持つ必要はないのでは？

S：彼らの日常に介入する必要があるときのみ肉体が必要となります。

D：あなた方はアストラル界で地球の人々に指導しているのですね？　それはつまりたとえば夜眠っているときに魂が身体から離れて浮遊している間を指すのですか？

S：そうです。人間の魂はいろんな時間にいろんな場所に行くことができます。その状態にあるとき、私たちは最も効率よくサポートできるのです。その次元でなら人間を助けられますが、本人の自由意思を侵害することはできません。それが自然の法則だからです。

D：もし人間があなた方に助けを求めるなら、それは自由意思の侵害には当たらないのですね？

S：その通りです。

D：肉体というものは何かと不自由なものですよね？（はい）人々が夜眠っている間に肉体を離れる話はよく聞きます。

S：それと、あなたがするように催眠により変性意識状態にあるときもです。私たちは地球のアストラル界であなたがしてきたことを以前からずっと見守り、支援の手を差し伸べてきました。あなたは大変意欲的でよく学ぶ、素晴らしい人です。

D： 私がたくさんのサポートを得ていることは自覚しています。このワークは私ひとりでできることではないからです。あなたは私のクライアントたちにいろんな不思議な場所を見せたいのですね？

S： まったくその通りです。

D： 物理次元は一番優先順位が低いんですよね？

S： そうですね。でも学びのためには必要です。

彼らは人が夜眠っている間、そして催眠などにより変性意識状態にあるときにコンタクトを取っていると認めた。そこで多くの情報をダウンロードしているということだ。そろそろ話を先に進めるときが来たと判断し、話し手に対し、今スーザンの肉体を通して話をしていることがわかっているか訊ねてみた。そしてわかっているとの返事を得た。

D： 私が催眠療法をしたとき、たいていは過去世へと退行することはご存知ですよね？

S： はい。それがあなたのヒーリングの手法です。あなたはあなたの魂のグループに対し、物理次元でのヒーリングを行うという契約を交わしています。退行催眠はそのための料理法《レシピ》だと捉えています。材料はみな良質ですね。

D： でも彼女は過去世に行きませんでした。肉体を持った人生という典型的な経験がありませんでした。

S： いいえ、それは必要なかったのです。必要な人もいるけれど、彼女には不要でした。これを言うと彼女は嫌がるでしょうが（笑）。

D：どうして嫌がるのですか？

S：この人は星の世界を信じたくないのです。

D：どうして信じたくないのですか？　それが真実だと私はわかっています。

S：ノー！　それを言ってはダメなんですよ。彼女には通じません（爆笑）。天使の話をすれば納得するでしょう。

D：天使ならよくて、光の存在ではダメなんですね（笑）。

S：そういうことです。

D：ではあなたを天使の一種だと考えればいいのですね。

S：それでかまいません。

D：セッションの始めの頃、彼女はあなたと重なっているような印象でした。あなたは彼女の一局面ということですか？

S：そうです。よくおわかりですね。

D：わかります。では彼女をサポートしていただけますか？　少し調整が必要なものもあります。

S：私たちはしばらくそれに取り組んでいますよ。（まだ楽しげに）彼女の準備がようやく整いました。だから今日のセッションが実現したのです。

D：私のところに来るように彼女を仕向けたのはあなたですか？

S：もちろんです。

D：彼女は私のことなど聞いたことがなかったのに、と驚いていましたよ。

S：　私たち、頭がいいので！（笑）

D：　うちの娘はあなた方を私の仕事の〝PR部隊〟と呼んでいます。

S：　お役に立てて光栄です。

D：　あなた方はしょっちゅうそうやってたくさんの人を私の元に送り込んでいるんですね。ところでこのセッションはスーザンの予想したものとは違いましたね。

S：　そう、全然違いますね。でももう彼女の準備が整ったと私たちは考えました。一定の調整期間が必要ですが、私たちのほうで十分なサポートを整えたので、話を聞いたら彼女のペースで消化していけるでしょう。

D：　受け止められないほどの情報を与えるのはよくないですよね。

S：　まさにおっしゃる通り（笑）。私たちはあなたのことを長い間見守ってきました。彼女はあなたに親しみを感じているので、あなたの言うことなら聞く耳を持っています。あなたの言葉を理解でき、あなたに気持ちを打ち明けられるでしょう。あなたなら彼女をサポートし、魂の軌道に乗れるよう慈しみを持って導けるでしょう。それが今回のあなたの役割です。彼女は幼少期に植え付けられた低い自己肯定感を払しょくしたいのです。そして彼女が評議会からやってきたということをわかってほしいのですが、彼女は信じていないのです。

D：　今あなた方が彼女に語りかけているということについて、彼女はどう解釈するでしょうか？

S：　彼女の声として、耳を傾けるでしょう。私たちは彼女の声を操作し、彼女もそれを知っています。彼女自身の声には権威が備わっていることに気づくでしょう。

D：　要するに、もうそろそろ彼女は自分が思っているより偉大な存在だということに気づくべきだ、ということですか？

S：まったくその通りです。スーザンが無邪気に笑いを振りまいているだけでは何も始まりません。人々は新しい地球に対応するために調整や変化をすることが急務なのです。それが最重要課題です。変化はもう始まっているので、人々は次元上昇のために助けが必要です。そのためにあなたやスーザンのような人がとても重要なのです。新しい地球に対応するべく人々が調節できるよう手を貸せるあなた方が必要なのです。

D：そのように言われました。変化が加速する中、以前のようにすべてを台無しにしてはならない、と。

S：そうなってはならないのです。あなたにもおわかりでしょう。破壊が起きてはならないし、起きることはありません。

D：何度もゼロから作り直すには途方もない時間がかかってしまいます。だからこそ今、新しい地球を創造しているのですね？

S：あなたに危険は及ばないとおわかりですね。スーザンも同じです。

D：でも、全員が新しい地球に移行するわけではないと私は聞いています。

S：それは正しい情報です。あなたには亀裂が見えていますね。分離があることをあなたは理解しているでしょう。

D：理解しようと努めていますが、なかなか複雑です。

S：非常に複雑です。だからこそ誰にでも簡単にわかる料理法が必要になるのです。

D：小さな一歩から少しずつ積み上げなくてはなりません。あなたはなぜ彼女に最初にあの破壊のシーンを見せたのですか？

S：あのとき、あの場所での記憶が細胞に残っているからです。あなた方が言うところのパラレルワールドですね。それから彼女はあの大爆発に直接かかわっているわけではありません。あれを目撃した際に細胞に刻印された記憶があるのです。

D：それをなぜ彼女が知る必要があるのですか？

S：今回彼女が地球にもたらすために与えられた道具の持つ力を彼女が過小評価しているからです。この壮大な覚醒のときに、新生地球創世のときに、地球と一体となるための道具です。それを彼女は正しく評価していません。彼女が持ち込んだ光を地球の人々と分かち合うことがどれほどかけがえのないことかを、彼女にわかってほしいのです。今このタイミングの地球に光を広めることがどれほど重要かを。

D：でも彼女は善行をたくさん積んでいますよね？

S：はい。彼女はよくやっていると思いますが、まだまだ足りません。もっと大々的にできるようになるには、自分自身を信じなくてはなりません。

D：もっと大規模な善行をしてほしいということですか？

S：それは彼女の肉体が快適な状態になってからのことです。

スーザンは長い間、目に見えない存在が彼女に語りかけるのを聞いていた。声の主は天使たちだと思っていたが、実際には評議会のメンバーだった。彼らは「彼女はそれをきっとひどく嫌がりますから、あなたからやさしく話してあげてくれますか？」と言って笑った。

S： 彼女が交わした契約は、人々をソースの光と結びつけることです。彼女が聞いたのは、その仲介者の声だけです（笑）。まあそれでもかまいませんが。

スーザンには他にも度重なる身体問題が起きていた。曰く、「気づいてもらうためです。かなり強烈な合図でしたがね。他に手段があれば必要ないことでしたが、それを彼女がいささかでも罰として感じたのは、申し訳なかったと思います」

ＳＣは彼女のボディスキャンを速やかに済ませ、スーザンがリストアップしていた身体的症状をすべて解消した。

ＳＣからのラストメッセージ： 怖れとはこの世の幻。ただそれだけのこと。

第10章
惑星の破壊

2009年、私は初めて南アフリカを訪問したが、ヨハネスブルグで私のワークショップ開催を企画し、招聘してくれたのがキャシーだった。ワークショップ最終日に、私はデモンストレーションの被験者としてキャシーを指名した。ヨハネスブルグでは精神世界の情報に触れる機会が少ないため、参加者はみな非常に熱心だった。この地ではその分野の講演やワークショップがほとんどなく、彼らの情報源は書籍のみだった。したがって参加者の知識は限定的で、ワークショップで教えたすべてが目新しく受け止められた。私のレクチャーも同様だった。彼らが驚き、畏怖の念に駆られ、熱心に耳を傾ける姿を見るのは私にとっても新鮮な経験となった。ワークショップはすべて順調に運び、私は私の催眠療法、前世退行とヒーリングの基本的手法を伝授した。そしてデモンストレーションにおいても、ごく単純な過去世体験を参加者に見せる予定だった。この分野の理解度が初期段階の彼らにはそれが限界だった。ところがデモンストレーションが始まると、それは思わぬ方向へと進み、彼らを驚かせることになった。私にとっては扱い慣れた内容だったが、彼らの顔を見れば、それが前代未聞の衝撃となったことが明らかだった。それは私が教えた内容とあまりにもかけ離れていたため、彼らはたびたび私の顔を見ては反応を探ろうとした。私はこのセッションはありきたりの過去世体験ではなく、まったく未知の領域に踏み込んだことに（しかもこれは地球を救うために来たボランティアの話だと）気づいていた。私がセッションを途中で終わらせず、あたかも異常なことは何ひとつ起きていないかのように続行したことは、彼らにとって驚くべきことだった。当然ながら私には至って普通のセッションだった。終了後に説明すればいいとわかっていたので、私はセッションを続けながら「大丈夫ですよ」という顔を参加者に見せた。このセッションが始まる前に、こういう話に関する説明をする機会はなかった。〝彼ら〟は、世界のどこであろうと地球の人々はもうこの話を受け止める準備ができていると判断したのだろう。

セッションの導入でキャシーは心地よく雲に乗っていたが、降りるよう促すと、それをためらった。そして感情が高揚し、泣き出した。この時点でまだ何も見えてきていないため、高揚の理由を判断する要素は何もなかった。しかしクライアントが感情的になるときは、必ず何か重要なテーマがからんでいることは経験からわかっていた。この場合では、これから重要なことが起きるというサインだった。感情の発露には意思が介入せず、本人にも理由がわからないこともしばしばだ。「どうして泣いたのかしら？　理由がわかりません。いったい何に動揺していたのかしら？」といった具合に。

とにかく雲から降りなければ何も始まらない。そこで私は、もしどこにでも行けるなら、雲にどこに行ってほしいかを考えるよう指示した。

キャシー（以下C）： 上に行きたい！（深いため息）家に帰りたい。

ドロレス（以下D）： もう一度考えてみましょう。何をしてもかまいません。どっちのほうに行きたいですか？

C：北へ。星が見える。とてもきれいよ！　眩しくて、回転しています。ピンクの大地が見えます。薔薇色の大地。遠いところ。私はそこに住んでいます。今接近しています。風が吹いていて、空には雲がたくさん。雲は淡いピンク色です。光もある、星が光を放射しています。

D：高度を下げて大地に降りてみましょうか？（いいえ）どうしてダメなんですか？

C：だってもうそこに何もないから。ただの埃っぽい土地。すべて消えてしまった。

彼女は大声で泣き出した。参加者たちはみな当惑し、私の顔を覗き込んだ。

D：その土地で何があったのですか？

C：わかりません。ここには生命が何もない。あるのは砂塵の大地と熱い空気だけで、近づくことができません。拒絶されているみたい。危険すぎる。

キャシーはなぜ危険なのか説明できなかったが、一定の距離を保って上空に浮かんでいた。見えるのは雲と砂塵だけだった。そこには生命の兆候がなく、建物はおろか植生もなかった。そこは荒れ果てた不毛の星だった。キャシーは深い悲しみに暮れた。「もう帰るところがありません。すべて失われてしまいました。すべて消えてしまった。誰もいない。何もかもなくなってしまいました」何らかの大惨事が起きたときキャシーはそこにいなかったが、かつて人々が住み、豊かさを享受していたことを覚えていた。キャシーはこの星に短い期間住んでいた。これ以上の情報が出てこなかったので、私は時間を遡り、大惨事が起きる前に移動してもらい、その当時の様子を探った。彼女もそれを望み、すぐに移動した。「子供たちが見えます。水遊びをしています。水がたくさんあります」

D：そこはピンク色ですか？

C：いいえ、白です。大地は緑に覆われています。子供たちが遊び、ダンスを踊っています。

子供たちは人間のように見えると彼女は話した。私が彼女自身の姿を確認するよう訊ねたが、見ることはできなかった。そこで私は、自分の身体を感じることができるか訊ねてみた。「はい、感じます。穏やかな気分です。街が見える。白い街です。灰色の、大理石の高い壁。回廊があって、笑いがあふれている。輝いている。光がいつでもあふれているところ」

D：そこに少しの間住んでいたんですか？

C：たぶんここを訪問していたんです。ここは我が家ではないけれど、少しの間住んでいました。

D：何の目的で訪問したのですか？

C：教えるためです。子供たちに愛と幸福を教えるために。

D：行くように誰かの指示があったんですか？

C：はい。素晴らしい経験でした。素朴で善良な人々でした。

彼女は気の向くまま行きたいところ、彼女の教えを必要とするところを訪問する旅を続けていた。

D：それがあなたのやりたいことですか？

C：わかりません……（ため息）もう違います。（泣き始める）だって心が痛むから。

D：この星が破壊されてしまったから心が痛むということ？

C：そうです。あれが起きてしまったから。私がいなくなったら残された彼らはどうなるのかわかりません。

彼女は直感的に何かが起きる兆しを感じたが、人々にはわからなかった。そのため彼女は大惨事が起きるよりずっと前にその星を後にした。破壊が起きた原因は、今でもよくわかっていない。「私はただ必要とされるときに行って教えるだけです」

D：必要とされないときはどんなことをしていますか？ちょっと見に行きましょうか？（沈黙）教える他に、あなたは何をしているでしょう？

C：何も。呼ばれるまではただ待機しています。

D：どこで待機するのですか？　見えてきますよ。

C：何と説明したらいいかわかりません。

D：何とかやってみて。

C：完璧な平和。やさしいところ。

D：そこは実体のあるところですか？

C：いいえ。ほとんど流れるような、歌のような。

D：素敵なところですね。近くに誰かいますか？　それともあなたひとりですか？

C：ひとりじゃないけれど、物理的な存在はここにはいません。見えないけれど、いつも周りに誰かいるのを感じます。

D：その場所が好きですか？

C：好きなときもありますが、ここを離れて違う環境にいたいときもあります。この場所は、どこか助けが必要なところに行って教えるために待機するところ。そして終わればまたここに帰ってきます。

D：物理的な身体を持ったことはありますか？

C：覚えていません。ここしか覚えていません。純粋な平和と美の星。

D：とてもいいですね。愛を教えるためには、あなた自身が深い愛を持っていなくてはなりません。あなたはやさしい人ですね。素晴らしいことです。——ところであなたは今、物理的な肉体を持つ人を通して話をしていることに気づいていますか？（はい）その場所がそんなに美しいところなのに、どうして肉体の中に入ることにしたのですか？

C：どうしてでしょうね（笑）。

D：どうしてか突き止めたい？（笑）できますよ。知っておいたほうがいいのではないですか？

こうして私はその決断がされたところまで時間を移動した。それはあの美しい星を去ったときだった。「何が起きていますか？」

C：行くときが来ました。彼らは手配をしなくてはならなかった。私の仕事はまだ終わっていませんでした。もっと教えなくてはならなかったのに。

D：誰かに何か言われたのですか？

C：全員で話し合いの最中です。どうするのが一番いいかを議論しています。

D：何について決めているのですか？

C：誰がやるか。

D：他の人たちも行きたいのですか？（いいえ）（ふたりで笑う）どうして行きたくないのですか？

C：課題が大きすぎるから。ハードルが高すぎるのです。今は行くべきじゃないと考えているのです。

D：理由はありますか？

C：彼らは必要とされていないのです。（泣き始める）

D：でもあなたは必要とされている。

C：ええ、もちろん！

D：何をする必要があると思われますか？

C：変化を起こす。ゆっくりと。シフトのために。人々に大丈夫だということを思い出すのを助けるため。

D：人々は何を忘れているの？

C：自分が誰かを。彼らは自分たちが本当はどういう存在か忘れています。肉体に入ると忘れてしまうのです。

D：ではそれを彼らが思い出すようサポートするんですね。

C：それは仕事の一部です。

D：他には何をするの？

C：変化を後押しするんです。流れを、潮流のような、流れを変えるんです。

D：何の流れですか？

C：すべてです。すべてが間違った方向に向かっているから。

D：間違った方向に向かわせている元凶は何でしょうか？

C：忘れていること。愛することや楽しむことを忘れてしまっています。

D：人々が愛することや楽しむことを忘れたために、すべてが間違った方向に行ってしまったのですか？（はい）そのままの流れが続くと、その先にどんなことが起こりますか？

C：魂が滅びるでしょう。（すすり泣く）

D：それであなたは一肌脱いでここへ降りてきて、役に立とうと？

C：小さな、小さな貢献ではありますが。

D：それは大変な決意でしたね。（はい）決心するには勇気が要ったでしょう。

C：愚かさもないとできませんね。

D：それで貢献できそうですか？

C：わかりません。肉体をまとうことがどういうことか、来るまではわかりませんでした。

D：以前の星での同僚のみなさんはあえて貢献しようとしなかった？（しませんでした）ではここ

であなたはたったひとりということですか？

C：いいえ。ひとりではありません。

D：あなたのような存在が他にもいるのですか？（はい）その人たちとキャシーは面識がありますか？（いいえ）その人たちも顕在意識レベルでは自覚がないかもしれませんね。

C：少しずつ覚醒しています。

D：あなたは故郷が恋しいと言いましたね？

C：はい。故郷の星で幸せでしたから、それが懐かしいというのもあります。

ここで私は彼女が挙げた質問の答えを得るためにSCを呼び出した。まず、なぜ今見たようなシーンを見せたのか訊ねた。「過去世を辿るために退行しましたよね？」（はい）「でも過去世に至らなかったのはどうしてですか？」

C：彼女は思い出せないのです。忘れることになっているので。

D：彼女はどうやら霊体としていろんな場所を次から次へと訪問しているようですね？（はい）そして善行を積んでいる？

C：そのように努めています。

D：地球に来たのも同じ使命感からですか？（はい）それを彼女に知らせたかったのですか？

C：本人は知っています。

D：顕在意識では知りませんでした。（はい）自覚することは重要ですか？

C：はい。重要なことです。

D：セッションで経験したことは彼女に起きたことを理解するのに役立つと？

C：はい。だから彼女をここに連れてきたのです。

D：彼女は私が出会った多くのボランティアソウルたちの一員ですか？

C：彼らとは違います。

D：どう違うのですか？

C：彼女は普段はこういうことをしないので、私たちが依頼したのです。

私はSCに、例の〝永遠の〟質問を投げかけた。「彼女が降りてきた目的は何ですか？　現世で彼女は何をすべきなのでしょうか？　彼女に伝えたいですか？」

C：いいえ、そうでもありませんね（笑）。あまりにも大きいことなので。彼女は魂の軌道に乗っています。準備ができたらわかるでしょう。

D：つまり今はまだ、壮大な計画を理解する準備ができていないと？（できていません）それはきっととてつもないことなのでしょうね。

C：ノーコメントです（笑）。

SCが全体像を明らかにしなかったので、私は彼女の物理次元の人生の目的へと話題を替えた。彼女はこれまで仕事一筋に生きてきて、それに幻滅して撤退した。「彼女は人間になろうと、人間社会に馴染もうとしていたのです。地球にとって最良のことをしたいと願い、実際それができると考えました。でも取り組むべき人が多かったのです」仕事に打ち込んでいた頃はひどく身体を壊した。それが撤退を余儀なくされた主な理由だった。身体を壊したのは彼女が不幸だったからだと彼らは言った。私は彼女の身体のヒーリングとボディスキャンを依頼したが、彼らはすでに取り掛かっていた。彼女は血液に問題があるという医師の診断を受けていた。SCによると、彼女は重度の貧血のため弱々しく、突然気絶したりしたのだとのことだった。

C：修復しています。本人もそれを感じるでしょう。実感できるはずです。

D：血液のどんな問題があったのですか？

C：たいしたことではありません。循環の問題だけです。彼女が血流を止めていたのです。

D：彼女は流れについて話していましたが、私は世界の潮流と解釈しました。血流とも関係があるのですか？

C：すべてつながっています。フローという意味では同じです。

D：医師の診断では、かなり重篤だと言われていました。

C：重篤でした。でも彼女は私たちに耳を傾け、仕事を辞めました。

D：今血液をどうしたのですか？

C：エネルギーを注入しています。

D：どうやって？

C：ただ注入しています。これでよくなりますよ。ずっと楽になるでしょう。あなたと話をしている間中やっていましたから。からくりは言わないでおきましょう。

医師は肝臓にも問題を指摘していた。SCによると、それも同じ流れの問題から来ているとのことだった。血流の悪さから血液の質が劣化したのだと。

D：終わりましたか？

C：もう少し待って。結構時間がかかるので。

次にSCは彼女の腰に焦点を定めた。この部分の不調の原因は、彼女が手放すことをためらい続けたからだった。人々とつながっていたいという欲求が原因だ。「片方の足はこちら側に、もう片方はあちら側に置いているような状態です」SCは治療を行った。「流れを調整し、過去の彼女を手放し、現在の彼女とのつながりを強化しました。もう少し時間が必要ですが、完治します。ただ一歩ずつ段階的に進めたいのです」他のすべての問題（首や足）は、初めの問題から派生したものだ。SCはセッション後も治療を続けるらしい。

キャシーは、今の人生で出会った人々との契約やカルマの関係について知りたかったが、地球での転生が初めてなら、そのようなものは存在しないはずだ。「彼女には生き方を教えてくれる師が複数います。彼女をこの世にもたらした両親は、教えるためだけに存在します」キャシーは成長に伴い、怒りや攻撃性が増していったが、それらがどこから来たのか知りたかった。曰く、「哀しみです。あの荒廃してしまった星の喪失感です」

D：あの星では何が起きたのですか？

C：彼らは自らを見限ったのです。

D：大惨事が起き、すべてが破壊されたとき、彼女はそこにいなかったと言っていました。

C：私たちが彼女を避難させたのです。本人も見たくなかったでしょう。見るに堪えない光景でしたから。

D：破壊の原因は？

C：あの星の住民自身です。地球とあまりに勝手が違うので、うまく説明できませんが、彼らはよりよくするための闘いを放棄したのです。愛するということを。彼らは自らのやるべきことを忘れたのです。

D：その結果すべてが破壊された。

C：そうです。彼らがそう選択したのです。

D：それで彼女は今回地球に来ることになったのですか？

C：そうです。ここの人々は自滅の道を選択しているからです。

D：そしてあなた方は地球もあの星のようになってほしくないと？

C：私たちは彼らにチャンスを与えようと、ベストを尽くしています。

D：もう繰り返してほしくないと？

C：喪失を好まないので（笑）。

D：キャシーも地球人があの星と同じ轍を踏んでほしくない。彼女は大役を志願したのですね。

C：私たちが依頼しました。そして彼女も最終的に合意しました。星の運命を変えるために何が必要か、彼女にはわかっています。それに挑もうとする彼女を私たちは誇りに思います。それは初めからわかっていました。彼女には実績がありますから。

彼女が用意したもうひとつの質問は、幼少期のある晩に異界からの訪問を受け、怖い思いをした経験についてだった。

C：それは彼女が両方の現実を生きているからです。片足を物理的現実に、もう片足は非物質界に置いています。彼女は手放すことができずにいて、今もソースとのつながりがあります。

D：なぜ怖い経験と捉えたのでしょうか？

C：実際恐怖だったのです。とても怖いことでした。負のエネルギーに直面すること、それから、何と言ったらいいでしょうか。悪魔ではないのですが、理解できないものだった。それを彼女は物理的に受け止めたのです。それは物理的エネルギーでしたから、彼女はエネルギーとして感じたのです。その訪問者は人の姿でしたが、彼女が思うような形ではなく、霊界からの使者でした。

D：彼女は今も訪問を受けているそうです。

C：彼女には別の次元の現実が見えるからです。

D：ベールの向こう側ですか？（はい）それらを怖れるべきではないのでは？

C：その通りですが、彼女の気持ちもわかります。次回それが起きたとき、本人にもわかるでしょう。

D：ものの道理がわかっていれば、それを怖れることはなくなりますよね？

C：そうです。まったくです。

D：もうひとつ質問があります。子供の頃、彼女は自分が空を飛べると感じたそうです。本当に飛べたのか、それとも想像に過ぎないのか？

C：ええと、誰でも飛べますよ。誰でもね。

D：どうしてそれを誰も知らないのでしょうか？

C：忘れているのです。

D：（笑って）地球に縛り付けられていると思い込んでいると？

C：私たちはそう信じています。子供の頃、彼女は飛べることを知っていた。だから飛んだのです。

D：では私たちも思い出したら今からでも飛べるのですか？

C：はい。自由な心を習得すればね。私たちには遊びが必要です。無心に遊ぶ……喜びと愛と受容です。あなた方は深刻になり過ぎています。喜びを失くすと魂が死んでしまいます。もっと日常に楽しいことを取り入れるべきです。人々は遊ぶのは悪いことだと考えているようですが、それほど悪いものではありません。もっと遊んで、もっと楽しみましょう。そうすれば流れを変えられます。空を飛ぶとどんな気分になるか、思い出してください。

D：（笑って）今、みんなが飛んでいる光景が見えました。

C：それは起こり得ることです。

D：ついにそのときが来たのかもしれません。

C：そう願っています。心から。

D：ところで、あなた方は私たちに、自分の出自を思い出してほしいと思っているのですか？　故郷の星がどんなだったか、なぜここに降りてきたかという理由などを？

C：それを見つけるのはあなた方の仕事です。私たちは関知しません。自分で気づいてください。

D：私たちにも貢献ができますか？

C：もちろんです。誰もがその軌道を歩んでいます。

D：そうしないと、あの星と同じように死に絶えると？

C：もっと悲惨かもしれません。そうなってほしくありません。

そろそろセッションを終えようとしたとき、SCはからずも「何かあなたが知りたいことはありませんか？」と訊いてきた。私がセッションで最優先するのはクライアントが持参した質問や関心事なので、SCに私の関心事を訊ねるのは稀なことだった。私はとっさに思考を巡らせ、「私が知りたいことですか？　それではなぜ私は南アフリカに来なくてはならなかったのか？　この国には初めて来ましたが、なぜ私が必要だったのですか？」

C：バランスのためです。

それ以上の説明がなかったので、私は真意を推測するしかなかった。恐らく、私が持っているエネルギーが、この国には不足しているということだろう。SCはこれまで多くのセッションで、私たちがどこかに行くと、自分のエネルギーをその地に残すため、私たちが考えるよりずっと大きな影響をその地に残すのだと何度も話している。

昼食後、私は参加者の知識レベルに合わせて極力わかりやすく、力を尽くしてキャシーのセッションの解説をした。セッションで話した内容をまったく覚えていなかったキャシーに説明するのも困難を極めた。

今回のケースは、私が第2波と呼んでいるグループの一例だ。彼女は観察者として地球に降り立ち、同時に人々に魂の記憶を取り戻す教師の役割を持っていた。このケースでは本人の志願ではなく、高次の存在たちが彼女に地球に行くよう依頼し、不承不承応じたという形だった。

このセッション直後に、不思議な出来事があった。この時期の南アフリカは暑く、雨はめったに降らない。ところが私たちのいる建物の上空で、突然激しい雷鳴がとどろいた。割れんばかりの雷の音に強風、豪雨に襲われたのだ。参加者たちが言うには、この季節にこんな天候は普通ならば起こり得ない。その日のセッションを終え、宿泊先に戻った私は、キャシーの兄弟ジェイムズに先の嵐について訊ねてみた。彼は、この日この地域に嵐は起きていないと答えた。どうやら私たちがワークショップをしていたあの建物のある、あの通りの付近限定で起こった局地的自然現象のようだった。それはあのセッションで覚醒したエネルギー、あるいはあのSCが起こしたものだろうか？

異例の気象現象は、他で開催したワークショップでも何度か起きていた。アラブ首長国連邦のドバイでは講義の最中に突然砂嵐が起こり、私たちがいた建物の周りで吹き荒れた。また地元アメリカのアーカンソー州で実施している変容会議《トランスフォメーションカンファレンス》のひとつでは、突如竜巻警報が流れ、見ると会議場の真上に竜巻があった。これまでで最も驚いた怪奇現象は、2010年11月にオーストラリアのシドニーで開催したときだろう。ワークショップには60名を超える参加者があり、会場は満席だった。ワークショップ最終日のデモンストレーションで、私は催眠誘導する前のカウンセリングをしている最中だった。突然天井から文字通り滝のような大量の水が参加者数名の頭上に落ちてきて、教室内は大混乱に陥った。水は天井の照明の辺りからどっと落ちていて、参加者たちはずぶぬれになって悲鳴を上げて逃げ回り、なかにはどこかから巨大なゴミ箱を持ってきて机の上に置き、水を回収しようとした者もいた。すぐに建物の管理者を呼びに行ったが、大騒ぎの中で講義は中断したままだった。はじめは雨漏りではないかと考えたが、教室は5階建ての建物の3階で、外は快晴だったので、それでは説明できなかった。恐らく最も理に適った説明は、天井裏の水道管の破裂だろう。それから放水は5分以上続き、勢いが収まってはまた激しくなるという繰り返しだった。私はこの事態を面白く観察していたが、とうとう笑いながらこう言った。「オーケイ、君たち、もう十分でしょう。気が済んだらやめていいですよ！」確証はないものの、これは人懐こいグレムリンたちのいたずらに違いないと私は考えた。ほどなくしてビルの管理担当者が到着すると、口をあんぐり開けて、天井から振る滝の水がゴミ箱を半分満たした様子を眺めて立ち尽くしていた。「こんなことは一度も起きたことがない。この天井に水道管などありません。こんなこと起こるはずがないんです」と彼らは必死に弁明した。その後、水の落下が収束してきたので、彼らはこの洪水の後始末を今したほうがいいかどうか訊ねた。これはワークショップ最終日で、私はこれ以上時間を奪われたくなかったので、このままでかまわないと答え、参加者たちは洪水で濡れなかった机と椅子のエリアに移動した。それから数か月後、別のセッションでこの騒動についてあるSCに訊ねた。SCが言うには、あのときクラスの中に少なくとも3人、疑り深い人々がいたので、私がセッションで本当に高次の存在たちとつながっていたことを信じてもらうための証拠として起きたということだった。

他にも説明のつかない不思議現象はワークショップでも、個人セッションでも頻繁に起きた。そのような現象は偶発的なものではないと私は考えている。参加者の集合意識に加え〝彼ら〟や特定のSCといったエネルギーが相俟って引き起こされたものだと思う。その目的は、私たちが本来どれほどとてつもない力を持っているかを物理的に示すため以外にないだろう。私たちがこのとてつもない力を操れるようになったらどんなことができるか想像してほしい。世界を救えるだろうか？　空だって飛べるに違いない！

第11章 破壊されたもうひとつの星

テリーは自分が一体誰なのかを知りたくてセッションを受けに来たひとりだった。地球は彼女にとって居心地が悪く、自分の正体を知ることで何とか折り合いをつけようとしていた。彼女も他の多くの魂同様、地球に違和感を覚え、生きにくさを感じていた。

このセッションはアメリカ、ニューメキシコ州サンタフェ郊外のゲストハウスに滞在中に実施したものだ。私はノースウェスタン大学ニューメキシコ校エルリトキャンパスで講義をするため当地を訪れていたが、その滞在中に数人の個人セッションをした。

テリーが雲から降りたとき、そこは〝何もない空間〟だった。様子を説明しようとしても、本人もよくわからないようだ。「見たことがない場所。広くて、大きい空間。以前は何かがあったけれど、今はなくなっているという感じがします。たぶん壊されてしまったんだと。そして打ち捨てられて、命あるものは何もない。焼け野原のようだけど、以前は木々のような植物や、建物もあったのではないかしら。かつてはそんな景色だった気がしますが、今は何も残っていません。不思議ですね。何というか、喪失感があります。ひとりぼっちの感覚です。みんながいなくなって取り残されたような」

私は彼女に自分の身体を見るように言った。彼女は滑らかで縫い目のない服を着ていた。質感はスウェードに似ているが、布は何層にも重なっていた。体型は細身で軽く、質量の少ない身体。手を見ると、それは思った以上に大きくて、指は不思議な形をしていた。頭部の様子を訊ねると、彼女はぴったりしたフードを頭にかぶっていた。顔は「整った顔。輪郭は楕円形で、口がすごく小さく、鼻も小さい。目も小さいけれど幅があります。水平に線を描いたような、切れ目のような目です」こんな荒れ地にいても普通に呼吸ができることに驚いていた。

テリー（以下T）： 前にも来たことがある気がします。以前知っていた場所。ここで何かが起きたという話を聞きました。

ドロレス（以下D）： あなたが知っていた頃の様子はこんなではなかったんですね？

T： 違いました。何でもあるところでした。たくさんの人でにぎわっているような場所でした。自分の目で見たわけではないので……悲しいことです。何が起きたかについては諸説あるんですが、私が考えるに、ほとんど自滅のようだったと。何らかの外的な圧力によって破壊されたという人もいますが、私は違うと思います。あれは不可抗力だったと。何か手立てはあったかもしれませんが、彼らにはどうすることもできなかった。

D： この星はあなたの故郷ですか？

T： そうだと思います。長く住んでいませんでしたが、ここには知り合いがいて、彼らはここから出られなかったのです。彼らもろとも、すべてが破壊されたか行方不明になってしまった。

D： 逃げられた人々もいたんですね？

T：どうしてかわかりませんが、私はそこを出たのです。大惨事が起きたとき、私はそこにいませんでした。

テリー曰く、この場所を訪れる理由は何もなかったけれど、どうなっているかと思った瞬間、そこに移動していたのだそうだ。

D：そこに移動する前はどこにいたんですか？　いったんそこに戻りましょうか？　その場所が見たいとどこで思ったんですか？

T：宇宙です。星ではなく宇宙空間。すべてが一体の場所。

D：どういう意味ですか？

T：ただの……空間です。

D：宇宙船とか乗り物の中でなく？（いいえ）じゃあどうやってそこにいられるんですか？

T：特に必要なものはないので。

D：どういう意味ですか？　あなたには身体があったようでしたが？

T：宇宙空間では身体がありません。ここでは物理的な存在ではありません。一点の光のような存在です。どこかの星を出ようと思ったとたんに身体が消失します。宇宙ではもう必要ないので。

自分は一点の光のようだと話したとき、彼女は実際に光の点を見ていた。私たちはみな、一番初めに創られたときは小さな閃光で、それぞれの経験を積み、学びを得るために各自の場所に送られている。人として生活するためにまとっている肉体という制限の多い着物を脱ぐと、あとに残る私たちの真の姿とは、永久不滅の光の玉なのだ。

D：あの星で大惨事が起きる前にあなたはそこを出たと言いましたね？（はい）そこに住んでいた頃の様子を見ることはできますか？　その頃は肉体があったのですか？

T：あったようです。何かの乗り物に乗っています。

D：あなたの他にも誰かいますか？

T：たくさんいます。宇宙船は手狭です。

D：星を出たとき、これから何かが起きると知っていましたか？

T：よくわかりません。何かが起きるから出発したわけではないです。でも何か起きても不思議はないというのは感じていました。

D：あなたと一緒にあの星を出た人々はいましたか？

T：いました。でも彼らも何かを予測して出たわけではありません。常に人の出入りはあるので。

D：どんな仕事をしていましたか？

T：この宇宙船で移動するのは仕事の一環です。どこか遠くに行って長期滞在するけれど、必ず戻ってきます。そうやって何度も往復しています。

D：この星を最後に出たときのことを教えてください。どこに向かいましたか？

T：とても遠いところに行った気がします。私たちは他の星や、そこの住人たちを観察しているみたいです。それであの星のある宇宙の外、外宇宙に出かけて行ったのです。

D：訪問先で、あなたの役目は何ですか？

T：ただ見ているだけです。観察して情報収集しています。私たちの星の外で何が起きているのかを知るためです。

D：それがあなた方の仕事ですか？

T：仕事の一部です。いろんなところを探検して、情報を持ち帰るんです。それからその情報をみんなで分析します。そしてまた旅に出ます。

D：あなたはその仕事が好きですか？

T：はい。面白い仕事です。

D：外宇宙に行くような遠出の際に乗る宇宙船は大きいものですか？

T：小さいと思います。

D：対象の星に着陸するのですか？　それとも外から見ているだけ？

T：ただ観察するだけのようです。着陸した記憶はありません。

D：それならその星の住人たちと触れ合うこともないですね？

T：ないです。遠くから見ているだけ。私たちは遠くからでもそこで何が起きているか、かなりのことがわかるのです。

私はこの人生の全体像を把握するため、何か重要な出来事が起きた日へと時間を進めた。

T：（混乱して）普通ではない惑星が見えます。オレンジの液体でできていて、形が絶え間なく変化しています。

D：普通でないというのは、形が変わることですか？

T：そうです。こんな惑星をこれまで見たことがありません。誰も住んでいるように見えないけれど、形が変化して不安定なので、その現象にどんな意味や目的があるのか探ろうとしています。この先何か周辺環境に混乱を与えるかもしれないので。ああ、すでに近隣の星にも悪影響が及んでいるようです。誰も住んでいない星にも何らかの目的があるようです。この星はちょっと手に負えない状態です。決まった形を持たず変わり続けることで周辺の秩序を乱しているのです。

D：天体変動ですね。（はい）何か打つ手はありますか？

T：私たちは普通はただ観察するだけなんですが、ここは危機が迫っている感じがします。戻ってこの様子を上層部に伝えなくてはなりません。緊急事態が起きています。いつもと違う胸騒ぎがします。たぶんこれが私の星に起きたことの原因でしょう。

D：遠く離れているのに？

T：こんなに遠く離れているのに、です。大惨事を起こしています。

D：大宇宙全体に影響を及ぼしているのですか？

T：そうです。すべての星たちに大なり小なりの影響を及ぼしています。何がどうなっているのかはわかりませんが、すぐに何とかしなくてはという緊迫感があります。私たちの住む宇宙や、他の世界に悪影響が及ぶので、帰ることにしました。ここにいてもできることは何もないし、これ以上の情報も得られませんから。早く帰ってこの情報を伝えないと。

D：わかりました。では時間を先に進めて、あなたがその情報を伝えるところに行きましょう。そこはどんなところですか?

T:何とも形容しがたい建物があります。私たちが作ったものです。自然の形ではありませんが、自然に見える構造です。そして内部はと言えば、だだっ広いです。建物に違いありませんが、地面から生えているみたいです。

D:それはどこにあるのですか?

T:あの星です。私の故郷の星。私は情報を伝えに戻ってきました。上層部はこの建物の中にいます。彼らは心配しています。科学班をこれから派遣して、この惑星に何が起きているのか調べます。彼らは私たちとは違ったやり方で実験や情報収集をします。私たちは先遣隊、探検隊です。これから行くチームは別の調査ツールを使う人々です。

D:彼らと一緒にまた行かないのですか?

T:行きません。私たちはしばらくここにとどまります。ひとつの場所に長い間滞在することはないので、またすぐに次の任務地に派遣されるでしょう。

私は再び次の重要な出来事が起きた日へと時間を進めた。長い沈黙の後、彼女はゆっくりと悲しげに話し始めた。

T:私はまた宇宙船に乗っています。他のチームのメンバーもいます。私たちの星の話をしていますが、ほとんど不明です。破壊が起きたことは聞いたんですが……(言葉選びに苦労しながら)どうしたらいいか、わかりません。

D：あなたが見たあの星が原因ですか？

T：（大きなため息）まだわかりません。ただ、それが一番考えられる原因ではないかと思っています。でもどうすればいいのか、どこへ行けばいいのかまったくわかりません。私たちは宙に浮かんで途方に暮れています。私たちのしたことは無意味でした。これからどこへ行ったらいいのか……有事の際にどうすべきかを教わっていません。他にも私たちのような存在がいると思いますが、近くではありません。

D：連絡を取る方法はないのですか？

T：なさそうです。でも彼らのほうが私たちを見つけたみたいです。

D：で、あなた方にメッセージを送ってきた？

T：はい。でも私たちは誰ひとり見つけられません。

D：きっと彼らもあなた方同様、途方に暮れているのかもしれませんね。

T：きっとそうなのでしょう。

D：宇宙船には何人いますか？

T：私たちふたりだけです。

D：あなた方は食物を摂る必要がありますか？

T：ないと思います。

D：ではしばらくそこで暮らしていけそうですか？

T：はい。そういう心配はありません。問題は何をすれば、どこに行けばいいのかわからないことです。

D：わかりました。それでは時間を先に進めましょう。簡単にできますよ。時間を少し進めた先で何が起きたか見てみましょう。どこへ行きましたか？（沈黙）結局どうすることにしたのですか？

T：探検することにしました。どこか上陸できるところがないか探して、できたら仲間を見つけたいと。

ここで録音に大きな雑音が鳴り始め、言葉が一部聞き取れなくなった。セッション中には何も起きていないので、録音を聞きながら文章にしたときにだけ起きている現象だった。これはよくあることで、そこに何らかのエネルギー障害が生じたためだと理解している。たまに録音速度が早送りになって〝リスの会話〟のようになったり、逆に低速で低く間延びした声になることもある。このような現象は通常の録音機材の構造からは決して起こらない。

D：で、今何をしていますか？

T：星の探検をして、地図を作りました。ある意味では何となくやるべきことは見つけましたが、計画らしいものは特にありません。このまま探検を続けますが、今は自分たちのために行動しています。

この探検の途中で、彼らはセッションの初めに話していた星を訪れ、そこが荒涼とした生命のない場所になっていたのを確認した。

D：では時間を先に進めましょう。その後、あなたは行くべき場所を見つけましたか？（長い沈黙）探検するのをやめて、どこか落ち着ける場所に移動しましたか？

T：（沈黙）そうではないようです。その代わり私たちは形を変えました。

先ほど唐突に始まった雑音は、ここで唐突に終わった。

D：え？　それはどういう意味ですか？

T：（困惑しながら）どうやったかはわかりませんが、私たちは宇宙船に身体を残し、宇宙空間に出ました。

D：つまり光の玉の存在になったと？

T：そうだと思います。

D：どうしてそうすることにしたのですか？

T：それが可能だと知っていたからだと思います。それに戻る星がないのなら身体があってもたいした意味はありません。

D：別の星が見つかるとは思わなかったのですか？

T：あまり探す気になりませんでした。探してみようかとは思ったけれど、そのときはそれほど重要でも必要でもなかったのです。もう戻れなかったし、他の星に行っても、私たちふたりだけでは孤独を感じるでしょうから。

D：それでふたりでそうすることにしたんですか？（はい）これはある種の死ですか？　死という

概念がわかりますか？

T：（大きなため息）はい、わかっているつもりです。私たちはそう望んだのです。

D：宇宙船に残してきた身体はどうなるのですか？

T：身体は必要なくなりました。ダメになったわけではないけれど、もう持っている意味がなくなったのです。

D：あなた方はずっと探索の旅を続けることもできたと思いますが、もう無意味だと？

T：そうです、意味はないと思いました。新しい家を探すことができたとしても、そこは元の故郷のようにはいかないし、悲しみが募るだけだから。

録音テープが終わりに近づいた頃、再び雑音が始まった。私はテープを裏面にした。

D：これからどうしますか？

T：今はいい感じです。ずっと続いているようです。観察しています。

D：探索が続いているんですか？

T：探索というほどではなくて、待機中……かな。落ち着いています。

D：これから何をすべきかを指示する人か組織のようなものはあるのですか？

T：ええと……自分で何となくわかるんですが、指示があったこともありました。（沈黙）以前の私は動き回っていたけれど、今は静止した一点の光のようです。こうしていると、より高次のサポートが得られるのです。私は小さな一点の光でありながら、非常に大きな光だとも感じます。とても確かな存在で、ゆるぎない安定感があります。宇宙の中の確固としたポジションにとどまって万物があるべき形で機能するよう導いているような存在です。

D： 万物の秩序を保ち続けて、そこに長くとどまっているのですか？

T： そうです。秩序の安定化を進め、万物があるべき軌道を外れないように目を配っています。

D： それは惑星のことですか？　それとも宇宙にある何か別のもの？

T： 新しいものです。

D： それをやめて物理的な肉体を持ちたいと思ったことはありますか？

T： ないと思います。これが好きなんです。

D： 今やっていることについて、どこかから指示が来るのですか？

T： 最初に指示はありましたが、今はそれほどありません。指示がなくても何か普段と違うことをするべきときが来れば、どうすればいいか自分でわかります。変更はあり得ますが、それも必要な範囲です。

D： あなたは今、人間の身体を通して私と話していることに気づいていますか？

T： はい。わかっているような、いないような（笑）。ここに横たわっている人がいることはわかっています。

D： そうです。この人を通じて話をしています。（はい）でもあなたは今も宇宙で秩序を守っている。（その通りです）あなたに混乱してほしくないのです。

T： 混乱しそうです。

D： それではあなたが最初に肉体を持つことにしたところまで時間を進めていきましょう。身体に入ったとき、何が起こりましたか？

T： この身体ですか？（はい）そうですね……たぶん私の希望ではなかったですね。

D： それはどこかからの指示だったのでしょうか？

T： はい。それは必要なことでした。身体を持つ身としてやるべきことがあったのです。私は以前の自分が気に入っていましたから、肉体の扱いに慣れるのにはちょっとてこずりました。それに、光では経験できないことを経験したかったのもあります。

D： でも肉体を持つようにという指示があったんですよね？

T： そうです。光でいたほうが快適ですから、私が望んだものではありません。

D： これまでに肉体を持ったことはあるんですね？（はい）地球の人間だったことはありますか？なぜかというと、今あなたは地球人を通じて会話しているからです。

T： そうですね。（沈黙）よくわかりませんが、問題はありません。思い出そうとしているんですが……彼らに行くように言われました。確かに、何かやることがあると。その仕事は私にとっても意味のあることだったと。密度の経験に関することだったと思います。密度の濃い世界で生きる方法を学ぶこと。元いたところと全然違うので。

D： 他の星と違いますか？

T： はい。私たちの世界でも形はありますが、どれも密度はずっと薄いので、物理法則がまったく違います。

D： この身体を通じて経験するのは簡単そうですか？

T： そうでもなさそうですが、覚悟を決めています。これが正しいことだとわかっていますが、楽しいことではないです。奇妙な感じです。

D： あちらではすべてが自由でしたからね。

T： そうです。いろんな探検はどれも楽しかった。

D： でも彼らがここに来るように言ったということは、何らかの理由がありますよね？（はい）何か重要な理由が。

T： 彼らもそう言っていました。

D： 肉体に入るにあたり、何か準備はしましたか？

T： たぶん画像や映像をたくさん見たと思います。この星での生活紹介ビデオのようなものを、早送りで。超高速で膨大な情報を受け取りました。

D： 地球に来るにあたり、知っておくべき情報ですか？

T： そうです。ここでの仕組みなど。

D： 事前に何も知らずに降りてきたら困ってしまうでしょうね？

T： そうです。準備は大事なので、そのためのクラスがあります。学ぶことは楽しいし、新たな情報に触れるのも楽しいです。

彼女はオリエンテーションの刷り込みの話をしていて、これについては他の著書に詳説している。これは初めて地球に降りていく魂が戸惑わないための準備を、普通は指導役の魂が行う。したがって、彼女は地球に初めて来た魂ということになる。

D：では来る前から地球がどんな所か把握していたんですね。

T：勝手が違うけれど、言うほど悪くもないかな、と（笑）。来たすぐの頃に比べればそれほどきつくなくなった。

D：最初に肉体を持ったときはどうでした？

T：（沈黙）ううん、大変では、なかったかな。しっくりこない感覚があって、よくわかりませんが、あまりにも違うので。調節をするのが大変だった。

D：そうでしょうとも。だから聞いてみたんですよ。あなたは今この身体を通じて話をしていますが、身体の持ち主から質問があります。なぜ地球で身体を持つことに違和感があるのか？　なぜ今見たような過去世を見せられたのか？　破壊された星を探検したあの人生を。

録音テープの裏面ではずっと雑音が続いていたが、ここに来てますます音量が上がってきた。

T：（大きなため息をついて）彼女は地球外でも生きた経験があることを知る必要がありました。

D：出身のことですか？（はい）なぜ知る必要があったのですか？

T：恋しがっているから。

D：でもあの星はもうなくなってしまったんですよね？

T：そうですが、過去のことを知っておく必要があったのです。あの星の生まれだということを。彼女はできることならあの星に戻りたいと願っています。

D：でもそれは不可能ですよね？（はい）それで、宇宙にずっと漂っていることもできた？

T：彼女はそれを望んでいました。でもこの地球人としての人生が必要だったのです。今の地球に、彼女が貢献できることもあります。

D：今の人生で彼女がするべきことを知っていますか？

T：はい。新しい形のヒーリングを開発しなくてはなりませんが、本人はもうその道を進み始めています。

D：彼女はこれまでずっとわからなかったことについて聞きたいと思っています。自分が何者かわからず、探し続けています。自分がわからないので、ゼロからキャラクターを作ってみたりもしてきました。（はい）どうしてそんなふうに感じたのか、理由を教えてください。

T：ちょっと面白い話ですが、本人にとってはそれどころじゃないでしょうね。彼女は地球で生きていく方法を知らないのです。それでいろいろ試行錯誤をしてみたところ、どれも合わなかった。それで途方に暮れてしまった。つら過ぎて、ますます自分がわからなくなってきた。正しい方向ではありますが、完全に自分を見失ってしまいました。

D：そもそも自分が誰かわからないから？

T：その通りです。それですっかり弱ってしまいました。

D：でもあなたが彼女に理解させることはできたんですよね？

T：そうですね。彼女を助けるためにしかるべき人々を送りました。

D：それで彼女は肉体にうまく収まるようになると？

T：変わってきています。自分が本当は何者なのか、そしてそれを物理次元で表現する方法を少しずつ思い出しています。

D：自分が誰で、ここで何をしているのかわからなくて、自分を見失っていたんですね。

T：彼女は戸惑っていたのです。本人が望んでいるので、私たちは協力します。本人にもいいことなので、私たちにできることをします。地球がどんなに生きづらくても、彼女はここにいなくてはならないのです！

D：いずれ適応できますよね？（はい）彼女が自分のアイデンティティを見つけ、適応できるように支援してくれるんですよね。（はい）もうひとつ彼女を悩ませていることがあります。この身体に入ってからずうっと、不調が続いています。（はい）どうしてそれが起きるのでしょうか？

T：不調のほとんどは調整の一環です。物理次元に適応するというのは簡単ではありません。本人もときどき地球からいなくなろうとしていましたし。降り立ったところはあまりきれいなところではなく、汚染されていました。新しい身体に不釣り合いな環境だったため、初めは苦労が大きかったですね。自分が誰だかわからないというのも、物理的な支障をきたします。

D：よくわかります。他のクライアントのSCにも、同じようなことを聞きました。エネルギーがあまりに違うので、肉体に入るときには調整が必要だと。

T：調整はしましたよ。事情がとても困難で、両親にも誕生にも問題があり、私たちができることにも限界がありました。

D：何が困難だったのですか？

T：彼女の両親はかなり異質なエネルギーの持ち主で、彼女より格段に密度が濃い人々でした。家族になるべき人々ではありますが、エネルギー的に不釣り合いでした。でもそれこそが求められていたのです。彼女は両親に悩まされましたが、よく頑張りました。

D：彼女は人生の大半を身体の不調にも悩まされてきました。もうそろそろ体調不良は卒業したいところですが。

T：そうですね。行くべきところに行って、仕事をするためにはね。少し前にも調整が必要となり、頭痛や倦怠感が起きていました。私たちの側で調整をしたものもあれば、彼女自身が自分のスピリチュアルな成長のために調整したときもありました。でも今は明らかに次のステージに行くべきときです。いろいろ背負ってきましたから。まだ完全に適応できてはいませんが、私たちは今彼女がしていることができるよう協力しています。それに身体が反応しています。この先は肉体の苦痛を感じることなく進化していけるでしょう。やっとそのときが来ました。

それからSCはボディスキャンを行い、どんな治療が必要か、全身をチェックしていった。

T：脳でちょっと何か起きていますね。何と言ったらいいのか、連携がよくありません。つながりをよくして、調整しています。

D：改善できますか？

T：今やっています。これでよくなるでしょう。脳にかかっている圧力を取り除いています。全身の各組織系統にかかっている大きなストレスを和らげています。

D：他に彼女が留意すべきことはありますか？

T：副腎、腎臓、肝臓ですね。ほとんどの臓器は毒素を含んでいます。病気ではなく汚染です。臓器は疲弊しているので、健全な状態に戻しています。彼女がこれからやるべきことを全力でできるように、完璧に機能する身体とスタミナを授けましょう。彼女は頭痛とともに目覚め、夜は不眠に悩まされていますが、このヒーリングでよくなるでしょう。各臓器が再建されていますから、もう倦怠感はなくなるでしょう。

D：体調不良は、もしかしたら彼女自身が身体を持つことを望まなかったからかもしれませんね？

T：それも不調の原因のひとつですが、事情は複雑です。彼女はときどき地球から脱出する方法を探っていました。問題があまりにも多かったからです。しかし私たちは彼女が病気を発症するとは考えていませんでした。本人が考えるより彼女は強靭だからです。それに彼女にはここで取り組むべき重要な任務があったので、地球を去るのは今ではありません。まだ逝かれないことは本人もわかっていますから、逃げ出しませんでした。これからはずっと生きやすくなるでしょう。今全身の組織が生まれ変わるように、光のエネルギーを循環させています。本当にもう再生不能のところまで来ていました。

D：だいたい終わりましたか？

T：はい。今終了です。

ここで大音量の雑音がぴたりと止んで、それ以降ノイズが戻ることはなかった。

D：全身の再生を今終了したんですか？

T：そうです。今私たちが始めた再活性化は、これからも続くでしょう。今彼女の体内には、以前よりずっと多くの光が入りました。かなりパワーアップしています。

SCからのラストメッセージ： 私たちはいつもここにいて、あなたを助けています。いつでも呼び出してください。いろんなレベルで望み通りの協力をしてあげますよ。

D： テリーがあなた方を呼び出すときは、どのように呼べばいいのですか？

T： 私たちのこと、〝すべてのもの〟について考えるだけで大丈夫です。

D： テリーがあなた方と話したいときは、〝すべてのもの〟について考えるだけでいいんですね。素晴らしいことです。帰る前に彼女に伝えたいことは以上ですか？

T： はい。それと、今日私たちが彼女にしたことを、一抹の疑念もなく信じることです。

第12章 さらなる破壊

エレンは雲から降りるとき、しばらくためらった後でこう宣言した。「下に降りたくありません。上に行きたいわ」私はエレンに、どこへでも好きなところへ行けますよ、と言うと、彼女は地球から空に向かって舞い上がりながらくすくす笑った。しばらく宇宙遊泳をした後で、突然地中を彷徨《さまよ》い、洞窟から外に出てきた。どこまでも平らな地平線が見え、大地は砂が混ざった赤土で覆われていた。

エレン（以下E）： 赤茶色、ほとんど赤っぽい。初めはセドナかと思ったけれど、違います。色はあんな感じで、ただ岩と砂ばかりで、植物はなし。私は洞窟の入り口に立って外を眺めています。目の前には切り立った崖があって、私はそこから浮かび上がって広い場所に着いたところです。外があまりに明るいので目が慣れません。

私は彼女自身の身体を観察するように指示したが、彼女の顕在意識が、目に映るものを否定し続けたためうまくいかなかった。それでも問い続けていると、こんな答えが返ってきた。「太くて……

ちょっと太くて短い脚（笑）。何と説明したらいいかわからない。靴は履いていません。そこの大地は熱くて、砂地に立っているようです。ちょっと意味がわかりません。人間じゃないかもしれません。小麦色の肌なんだけど、人間の日焼けという感じではなくてベージュっぽい色で、何というか、わからないけど、変な身体。想像上の生き物のような小さな身体です。ちょっと不思議で、ベージュのふにゃっとした質感の、太くて短いもの（笑）。身長はなくて、小さいんだけど、腕は長い。脚は太くて短い」私はその身体に何か身に着けているものがあるか訊ねた。「衣服は要らないようだけど、裸という気はしません」

ドロレス（以下D）： 男性か女性かわかりますか？

エレン（以下E）： どっちでもない、か、どちらかというと男性っぽい。女性という気はしません。

D： 顔はどんな感じ？

E： 頭が大きくて、目も大きいです（笑）。大きなサングラスをつけているみたいです。毛髪や体毛はどこにもありません。

D： 何か持っているものはありますか？

E： 何かの道具を持っているんですが、何の道具かよくわかりません。

D： どんな形の道具ですか？　説明してもらえたら、わかるかもしれません。

E： 長い筒状で、持ち手が付いている。銃のようだけれど、銃ではない。土壌を調べる道具なんじゃないかしら。洞窟から出て、外の土壌をチェックしに来た気がします。筒の中に土を入れるんだと思います。長さは2フィート（約60センチメートル）くらいです。

D：ああ、それならそれほど小さくないですね。

E：そんなに大きくないかもしれません。自分が小さいから大きく見えるのかもしれません。

D：その道具でどうやって土壌を調べるんですか？

E：ああ、ただ土をちょっと掬って筒の中に入れるだけです。そして土の質を調べて、大気中の汚染物質がどれほど混ざっているかを見るんです。

D：土だけじゃなくて大気も調べるんですね？

E：大気にあるものが土にも影響するので、空気がきれいかどうかを土で調べるんです。ここにはもう何もない（泣き出す）。

D：感情的になっているのはなぜですか？

E：以前は洞窟にいる必要などなかったんです。私たちは外にいたんだけど、何かが起きたのです。

D：あなたの他にも誰かいますか？

E：下の方にいます。地中に住んでいます。私は土壌のチェックのために上がってきたんです。浮かび上がったのは、地上に出るためでした。でもすべて失われてしまった。

D：土壌の中にあるどんなものをチェックしているんですか？

E：放射線です。安全レベルをチェックしています。上に上がって来られるくらいには改善されました。一時期に比べてだいぶんよくなりました。地下に住むようになってずいぶん経ちます。

D：地上に住んでいた頃の様子はどんなふうでしたか？

E：地球に似た感じでした。植物があって水があって、人々や、およそ文明と呼べるすべてがありました。以前にあったものって、幸福だった頃の地球にそっくりで、不思議です。でもそれもずっと昔のことで、今の私の身体は、以前の身体とは違うようです。あまり昔のことを思い出せません。喪失感が勝ってしまって。

D： それがいつ起きたのかわかりませんが、そのとき、あなたはその場にいましたか？

E： ここが以前町だった頃に土壌のチェックをしていた人は、当時ここに住んでいた人々とは違う種族です。わかりにくいですね。その人がここに土壌サンプルを取りに来るようになる前にも長い時間が経っています。ずっとそれを続けていて、あるときここを見つけたのです。地下に住んでいる人々は、地下で暮らせるからそうしているんです。でも彼らは元々ここにいたわけではなくて、何かが起きていなくなった種族の後からやってきた人々です。地下の人々は何かが起きたことを他で聞きつけて、ここに来たいと望み、この星が破壊されたことについて情報収集をしています。この星が再び生命を宿せるかどうか見ているのです。

D： ではあなたや地下の人々はよそから来たんですね。（はい）破壊の原因を誰かに聞きましたか？

E： たぶん核爆発か何かの大規模な大惨事だったようですが、具体的に何だったのか見えません。私たちはこの星の人々を見守ってきたんですが、（動揺し始める）私たちはこの人々のことを大切にしてきたのに、みんな死んでしまった。戦争があり、ここの人々は無防備で、攻撃されたのです。

D： 悲しいことですね。（はい）あなたと一緒にたくさんの人がこの星に来たと言いましたね？

E： 地下にいる人々がどのくらいいるのかはわかりません。が、ここでやるべきことをやるのに十分な人数です。

D： ではここに来る前にいた星について思い出してみましょう。そこはどんなところでしたか？

E：ここには宇宙船で来ました。船内にはあまり多くの人はいませんでした。船自体が小さくて、私はその一角しか知りません。船内にはスクリーンやパネル、照明とか、そんなようなものがあって、私たちは宇宙空間にいました。その前にどこにいたか、思い出せません。

D：この星に行くように誰かに指示されたのですか？

E：わかりませんが、干渉してはいけないとは言われていました。

D：何しろこの星に着いたとき、すでに破壊された後だったのですね？（はい）でもあなたは地上には放射線があって住めないと知っていた？

E：何らかの有害物質があると。でもわざわざ地上に何か建てなくても、私たちが住めるような洞窟に至る自然の入口があったのです。

D：地上には住めないとわかっていたんですね？

E：地上はあまり居心地がよくなかったのです。まぶしくて暑くて、地中のほうが快適でした。洞窟は自然にできたもので、そのまま住むことができました。ちょうど実験室のような居住空間となり、私たちは実験に必要な道具をそこに持ち込みました。

D：そこには何人くらいいるのですか？

E：たくさんはいません。うまく言えませんが、6人か、12人程度です。よそへ行って何かしている人もいます。

D：あなたは食糧を必要とする生命体ですか？

E：そういうものは見当たらないので、食事は摂らないみたい。睡眠も必要ありません。

D：ではそこに長期間いられますね。それであなたの仕事は地上に出て土壌の質を調べることなんですね？

E： そうです。それをやっていました。ちょっと変ですが、私たちの今の身体は、この環境に合っています。シェルターがあるのはよかった。私たちの身体は環境に溶け込んで目立ちません。

D： 破壊された後の姿を見るのは悲しいと言いましたね？

E： 私（現世のエレン）は悲しかった、という意味で、**彼**（別人格として体験している過去世のエレン）もそうかどうかはわかりません。

私はこの人物にとって何か重要なことが起きた日に時間を進めた。

E： 私たちは地中の研究室にいます。サンプルを収集し終わったので、ここを出発する準備をしています。

D： 大気は変化したのですか？

E： 改善されたようですが、私たちはもう出ていきます。風景は以前と変わらない、今もただ砂混じりの岩場しかないところです。この土地に生命は宿せません。以前と比べて放射線量は減りましたが、何か植物を育てられるような段階ではありません。

D： ではそこでのあなたの仕事は終了ですね？

E： はい。ここには機材を大量に残していくので、あとでまた必要ならいつでも戻ることができます。誰かが機材を見つけることはほぼ考えられませんから。

D： これからどこへ向かいますか？

E：会議があります。私たちは宇宙船にいますが、他の場所の誰かと交信しています。

D：何についての会議ですか？

E：二度と同じ轍を踏まないようにすることはとても重要です。研究の成果の多くが失われてしまいました。私たちの分析では、この星は補填や再生の見込みがないということでした。許容範囲の期間内で生命が住めるようになるまでの再生は不可能なので、今後は近寄らないということになりました。すべてが破壊し尽くされたのです。

D：その星はただ打ち捨てられたと？

E：破壊されたあの星はそうなります。そして他にもこんなことが起きてほしくないところがいくつもあります。

D：それについてどう思っていますか？

E：私たちの力不足だ、と。

私は再び、この人にとって何か重要なことが起きた日に時間を進めた。

E：地球に行く機会をもらいました。

D：どうやってその機会を得たのですか？

E：志願したんです。行きたいと自分で。

D：ボランティアを募集していたのですか？（はい）地球行きが決まったときはどこにいたのですか？

E：宇宙船です。私の上司、リーダーが、あの破壊が地球で起きないようにするために誰かが行く必要があると言ったんです。

D：地球でもあの星と同じような破壊が起きることを心配していたんですね？（はい）それであなたは行きたいと？

E：はい。とても怖いことになりそうな感じはしましたが。私は怖れというものに馴染みがありませんが、自分の目で破壊された様子を見たときはとても怖かった。

D：宇宙船には、あなたと同じように地球に行くことを志願した人たちはいますか？

E：いますとも。私たち全員、役に立ちたいと願っています。宇宙船の乗組員には、行く人たちと、船に残る人たちがいます。残る組は、行く人たちをサポートします。地球に降りると、使命を覚えていることが難しくなるので、私たちが思い出せるよう助けてくれるのです。

D：宇宙船を出ると、身体はどうなりますか？

E：地球人のようにならなくてはなりません。

D：宇宙船にいるときの身体の話です。船に残るのか、出発後は消滅するのか……。

E：ああ、それはほとんどスーツとか乗り物のような、実用的なものです。宇宙船では地球の人たちが考えるような日常はありません。ここから他の場所に移動して仕事をするための拠点だから、いつも身体は変化します。

D：つまり、あなたの身体は触れるようなものではないと？

E：触れれば手応えはありますよ。でも、ある種の生物的な合成素材でできているんです。

D：では、その身体を抜け出したときはどうなるんですか？

E：そうですね。死なないし、生きてもいない。身体というより機能的な生体衣服《バイオスーツ》と言ったらいいかもしれません。

D：抜け出した後、それは劣化しますか？

E：しないと思いますが、確信はありません。私が抜け出している間は他の人が使うのではないでしょうか。

D：あなたが地球に行ってプロジェクトに参加したら、宇宙船の人たちはあなたに指示を出すのですか？

E：思い出すようサポートします。地球に降りると難題が多く、理解できないこともたくさん起きるので、幸せでいることを思い出させるのです。楽しむこと、ハッピーでいることは非常に重要です。

D：そこの人たちは、地球で幸福に過ごすことは簡単だと思っているのですか？

E：いいえ。その逆で、地球には不幸なことが横行していると認識しています。地球には悲しみに沈んでいる人がたくさんいて、私たちは彼らに悲しんでほしくないのです。一番大事なのは幸福でいることだと彼らは言っています。曖昧な概念ではありますが。だって私たちは幸福がどんなものかよくわかっていないので。

D：ということは、特にするべき仕事があるわけではないんですね？

E：するべきことはただ生きていること、そして観察することです。

D：地球には難題が多いとさっき言いましたね。

E：私たちが経験したことがないようなことが多いという意味です。

D：それでも志願したいのですか？

E： そうですね。エキサイティングだからです（笑）。土壌のサンプル収集よりよほど刺激的で、ワクワクしますから。地球に行った人たちはみんな当初の計画を忘れてしまって、お互いに間違ったことを教え合っています。お互いに痛めつけ合わないように、私たちが行って思い出させてあげたいのです。忘れてしまっている人たちに思い出してもらわなくてはなりません。

D： その仕事をしに地球に行ったら、肉体をまといますか？

E： はい。私は女の子になります（楽しそうに笑う）。

D： それはあなたの選択ですか？

E： はい。そうだと思います、がちょっと不思議な気がします。

D： 何ですか？

E： 女性を選んだのは、地球での立場が男性より弱いからです。劣勢にある性、被支配性で生きるとは、優遇されない性とはどういうものなのかを経験してみたかった。私たちは女性には多くのハードルがあると考えています。男性も大変ですが、女性は赤ちゃんを産むことができます。女性は地球の変化を支える性、なぜなら出産するからです。女性は戦争や破壊行為を回避するのに特に力を発揮します。新しい命を生み出す経験をすれば、それを壊したくないと思うからです。

D： 赤ちゃんの身体に入れば、何をしにきたか覚えていられる？

E： 初めはね。でも降りてくると、宇宙船の仲間は周りにひとりもいない。いたとしても覚えていないからわからない。混乱しますね。

D： サポートしてくれる支援者がひとりもいないところに自ら降りて行って仕事をしようとするあなたは、とても勇敢ですね。

203 ‖ 第12章　さらなる破壊

E：支援者は何人かいるのですが、それを見分けるのが、何というか、よくわかりません。

D：あなたと同じ星から来た人はひとりもいないんですね？

E：出身星にかかわらず私たちはみな同じような存在ですが、まとっている身体がそれぞれ違うということです。宇宙船に残っている人たちとはいつでも交信できます。彼らは誰とでも交信できますが、交信相手が聞く耳を持たないケースもあります。

D：聞く耳を持たないとは？

E：きちんと受け取らないのです。メッセージが聞こえたとしてもそれが何だかわからず、怖がってしまうから。

D：彼らが人間となったあなたと交信できるなら、孤独ではないですよね？

E：それはそうですが、肉体の中に入ってしまうと、他の存在ととても隔離されたような感覚になります。この切り離された感覚が私は嫌ですね。

D：宇宙船に残った人々は人間のあなたとどのように交信するのですか？

E：波動を上げるために肉体を変化させます。それは言うなれば身体のアップグレードをしてくれるような感じで、身体に新しいプログラムをインストールするんです。そうすると、周りの人々が同様にアップグレードする手助けもできるのです。

D：アップグレードして、プログラムをインストールですか？

E：たとえば身体の機能のひとつとか、複数に手を加えると、同時に上位メカニズムにも影響します。ちょっとうまく説明できません。

D：彼らはあなたが身体に入る前にそれをするんですか？

E：入る前にも一部を変化させるかもしれませんが、大半は入ってからのことです。

D：では、常時アップグレードが続くということですね？

E：はい。しばらくは降りてきたことを忘れるだろうと言われました。でも忘れない人も中にはいます。生まれた環境によって違うそうです。

D：あなた方が地球で迷子にならないために、アップグレードやリプログラミングが必要なのですか？

E：迷子になることは決してないと言われています。ただ、地球人になると人間の部分と宇宙人《エイリアン》の部分の葛藤があり、宇宙人としてはただリラックスして、他の人やものに干渉せずにいたいのですが、人間の部分はありとあらゆることに翻弄され、完全に混乱しています。私はもういろんなことを全部理解したくないという気持ちです。詰め込みたくないんです。私の中の混乱は人間の部分で起きていて、真実はそうでないということに気づけない。本当に不思議な感覚で、まるでふたりの人物がひとつの身体に収まっているようです。

D：人間の身体にいるうちに思い出せると彼らは言っていましたか？

E：最終的にはね。エレンは部分的に思い出しています。でも心配事が多すぎる。

D：あなた（SC）が人間の身体に入ったときは、何かするのですか？　あなたはエレンをサポートすると言いましたよね？

E：ここにいるだけで助けになります。生きていくサポートに。

D：ただ生き延びるということ？（はい）それ以上のことはしなくていいのですか？

E：ただ生きて学んだこと、経験したことに従って生きる。そして得られた情報は宇宙船に届きます。宇宙船のチームはその情報を分析し、適宜修正します。

D：情報はどのように宇宙船に届くのですか？

E：ただいるだけで、生きているだけで、宇宙船ではすべてを読み取ることができます。

D：あなたは今肉体を通じて私と話していることをおわかりですか？（はい）この肉体の持ち主は混乱しています。（はい）彼女はなぜここにいるのか理解していません。

E：彼女は事態を必要以上に複雑にしています。物理的に身体を動かしてどこかに行き、何かしなくてはならないと思い込んでいるのです。

D：たったひとりで世界を変えなくてはならないと気負っているのですね。

E：それは、彼女には味方がひとりもいないと長い間思い込んできたからで、その重圧によって心に負担がかかっているのです。

D：本人は人の役に立ちたいと言っています。

E：役に立っていますよ。心の奥底では理解しているのですが、まだ不十分だと思っています。

D：過去に地球を去ろうと（自殺しようと）しましたよね？

E：彼女は自分が孤独だと思っていたし、生きることがどういうことかもわかっていませんでした。苦痛が理解できなかったのです。

D：彼女の人生にはいくつか過酷なことが起きましたね。

E：はい。彼女は愛しかない世界を強く望んでいたのです（笑）。彼女はそこにいるだけで地球の役に立つということを理解していませんでした。おそらくここでの一生はもっとすぐに終わると思っていたのではないでしょうか。もう故郷に帰って二度と関わりたくないと考えたのでしょう。状況は変わらないように思えたけれど、変化していることに気づいたと思います。

D：地球をさっさと去っていたら、彼女の使命は果たされなかったということですね？

E：その通りです。あきらめていたら、今いる場所で最後まで見届けることは不可能でした。去ったとしても、またすぐに地球に行かなくては、と考えたでしょう。（笑）

D：「契約をまだ満たしていないから」と言うでしょうね。

E：そうですね。ちょっと奇妙ですが。

D：彼女は、地球はキツイところだと言っています。（はい）ここにいるのは大変だと。

E：大変ではあるけれど、魅力もあるのです。

D：自分がなぜここにいるのかを理解したら、この先彼女の人生は楽になるでしょうか？

E：そう思います。彼女は人生をうまくいかせようと長い間努力してきました。何か大きな仕事を探していたのですが、彼女はすでに大きなプロジェクトの一員なのです。これ以上何かを探しに行く必要はないのです。

D：聞いた話では、地球に来たボランティアたちはここに生きているだけで周りの多くの人々に良い影響を与えるそうですね。

E：その通りですが、それを彼女は怖れています。彼女は感情、特にネガティブな感情が理解できません。不幸な人々を見て自分が心を痛めていることに気づき、彼らの抱く感情にも違和感を持ち、そういうことを怖れているのです。つまり彼女は地上に愛をもたらすためにやってきたのに、苦しみを見て心を痛めている自分は、愛ではないものをまき散らしていると感じるからです。

D：それでは、彼女を苦しめる人たちでも愛さなくてはならないと？

E：そうしています。

D：それは大事なことですね。私たちは彼女が負のカルマを蓄積してほしくないからです。でないと、ここを出られなくなってしまうので。

E：その通りですね。彼女はもう出られなくなったのではないかと怖れています。

エレンが持参した質問の中に、繰り返し描いている不思議な幾何学模様に関するものがあった。この図形はいったいどこから来るのか、という質問だった。長年の活動を通じて私は人々が象徴的図形を描かずにはいられないという状況に接してきた。このため私は大体のシンボルの意味を知っているが、一応SCに訊ねることにした。常に確認は重要だ。

E：その幾何学模様はDNAをアップグレードするための情報の一部です。

D：では宇宙船で起きていることとは関係ないのですか？

E：宇宙船は、彼女に向けて情報がもたらされる発信地のひとつです。これはあなた方の言語に翻訳できない概念かもしれませんが、彼女が描いているシンボルは、他の世界で見たものや、地球の古代文明からのものの合成と思われます。害はありません。ある意味では強い力を発揮するポジティブなものですが、無理につくるべきではありません。しかるべきときに自然に降りてくるものなのです。もう少し地球でのエネルギーについて学ぶ必要があります。

D：彼女の中の宇宙人の部分では、何のシンボルかわかっているんですよね？

E：部分的にはね。少しわかるから興味を持っているのです。それが何かネガティブな作用をするのではないかと怖れていたのですが、もう怖がっていません。あれが一体どこから来るのか疑問に思っていただけです。シンボルは高次元レベルの意識に働きかけていて、顕在意識には上ってきません（笑）。顕在意識で理解しようとする必要はないのです。いずれ同じシンボルを持っている人々との出会いがあり、彼らが説明してくれるでしょう。

エレンにはこれまで不幸な男性遍歴があり、将来的に良い異性との出会いがあるかという質問を持参していた。ＳＣの答えは、近々出会いはあるが、出会ったときの自然な反応を損なうという理由で、詳細について語ることを控えた。楽しい経験になるとＳＣが言うので、エレンには遠からず良い出会いがあると私は確信した。エレンは息子についても聞きたいことがあった。

D： 聞いた話では、あなた方のような存在が人間の身体に収まった場合、子供をつくるのは稀だそうですね。

E： エレンはそういう経験をしたかったのですが、同時に怖れを持っていました。自分で望んだにもかかわらず、準備が整っていなかった。調整が不十分だったのです。現在も調整が進んでいて、だんだん良くなっていくでしょう。息子も我々と同様の魂です。

D： だからふたりは相性がいいんですね？（はい）でも子育てはしないことになっていたんですか？

E： 彼女が育てると、彼にとっては１００％地球人として育てられる経験にはならなかったでしょう。

D：ああ、それで祖父母が彼の面倒を見なくてはならなかったのですね？
E：ある程度まではね。でもこれからは違ってくるでしょう。
D：エレンは息子の養育権を取りたいと思っていますが、可能でしょうか？
E：それは問題ではなくなるでしょう。いろいろ変化していますから、養育権を争うことはなくなるでしょう。すべてはタイムライン次第で、私たちは変化を起こしています。新しい地球に移行すれば、そういう問題はなくなります。今のところ彼に問題はありません。
D：新しい地球へ移行したとき、ともに移行しない人もいるから問題ではなくなるという意味ですか？
E：全員が新しい地球に行くわけではないからです。
D：息子はエレンと同じボランティアソウルだから、息子も新しい地球に行けますね？（はい）息子も同類だったから、子供を持つことができたのでしょう。
E：そうですね。エレンがもう地球にいたくないと思っていたときに踏みとどまれたのは、息子がいたからです。彼の存在は重要です。

エレンは幼少期に起きた数々の不思議な経験について知りたかったのだが、SCは答えることを拒否した。それらについては掘り下げずにそっとしておくのが良い、聞いたら動揺するだけなので、本人に心配させたくない、とのことだった。知っても本人のためにならないし、前に進まなくてはならないからだ。「あの部分は、別の人生のようなものです。まだ地球の適応訓練が盛んに行われていた時期で、地球人を理解しようと努めていた頃でした。あの部分はほとんど眠っている状態で起きたことです。眠っているとは、つまり顕在意識での自覚なく生きていたという意味です。その様子を顕在意識がキャッチしたのが、彼女が記憶している出来事です。彼女は出会ってもいない人々をたくさん助けています。彼女のようなボランティアソウルたちも彼女を助け、思い出させようとしています。物理的な接触を必要とするものではないのです。問題は周波数で、魂が困難な状況に直面したとき、他の人の進む道を上昇させるのです。主として苦しみの中にあるとき、そういう経験に直面すると、他の人のために扉を開くことになるのです。彼女の場合、依存症に取り組むことを選択しています。課題としてはなかなか大きいものです。克服が困難であるだけに、それに取り組むことで依存症に苦しむ人々の助けになるのです」

私はエレンの身体について訊ねた。「彼女は体調管理をうまくやっています。そうでない時期も過去にはありました。限界まで追い込んで、壊れかかったこともありました」

SCからのラストメッセージ：　私たちはエレンを落ち着かせようとしています。私たちが離れていくことを悲しんでいますが、離れるわけではありません（笑）。私たちは彼女に悩んでほしくありません。彼女はいつでも大切にされています。

ある星が消滅したときにその場にいた経験を持つ人々の話は、私の他の著作の随所に散りばめられている。実際にその星の大地にいた人、宇宙船から見た人、帰還したらすべてが消え去っていたという人など、さまざまだ。彼らにとってそういう経験は強く感情を揺さぶられるものだ。それは地球での転生にも、潜在意識のレベルではあるが、深い痕跡を残している。言葉に表せないほど深い悲しみをぬぐえないが、論理的根拠が見つからないという人は少なくない。なかには幼少期からそのような深い悲しみが付きまとっていると訴える人もある。彼らは、家族からも笑わないばかりかちっとも幸せそうでなかったと言われる、と証言している。

また、理屈に合わない怖れに常に悩まされ、人生をまともに生きられないという人もいる。当然ながら、このような潜在意識レベルの強い負の感情は現実の人生に悪影響を及ぼす。それは地球の歴史上最も重要な時期に、あえて降りて行って力を貸したいという強い意志を持って志願した魂である証でもある。彼らは自分の故郷の星が無残にも破壊される様子を目の当たりにし、こんなことが他の星で起きてほしくないと願っている。だからこそ宇宙の上層部から、地球が危機に直面しているから、誰か行ってほしいという募集がかかれば、真っ先に手を挙げるのだ。しかし地球に降りるとすべての記憶を失ってしまう上、地球独特の困難がどれほどのものか、自覚しているわけではない。セッションを通じて、彼らには重要な任務(特に何をするというドラマチックな使命ではないにしろ)があると自覚することは、心が救われることではある。地球にとって必要な変化を促進するために、彼らのエネルギーがどれほど貴重かは言うまでもない。彼らの仕事はただ地球に住んで、生きていることだけだ。

第13章 樹木の一生からレムリアへ

マリアンは自身が経営する牧場で馬を育てている。数年前に結婚し、子供はない。彼女の人生に特に問題はなく、生まれてきた理由を求めてセッションにやってきた。好奇心以上の課題を持たないクライアントに対し、私は常々、退行催眠では求めている答えよりはるかに多くの情報がもたらされると説明する。そしてこのセッションは、その代表例だ。私はいつでも予想外を予想することを余儀なくされる。

雲から下に降りる代わりに、マリアンは空高く舞い上がり、宇宙空間まで達した。その位置から青緑色の美しい地球が見え、周りには無数の星々があった。漂っているうちに、近くに宇宙船があることに気づいた。どこに行きたいか、また何をしたいか訊ねると、マリアンは「宇宙船に行って暮らしたい。宇宙船という自由な場所のほうが地上で暮らすより好きなんです。銀河系を縦横無尽に駆け抜けて、いろんな星に行けるから。もう地球には帰りたくない」私は宇宙船内の様子をチェックしてはどうか訊ねた。「宇宙船がどうなっているか、よく知っています。私はここにしばらく住んでいて、何らかの理由で地球にも行っていました。だから故郷に帰りたいんです。宇宙船で帰れますから」私は彼女に、何でも好きなことをするよう指示すると、宇宙船に乗ることを選択した。

ドロレス（以下D）： オーケー。では、どうすれば宇宙船に乗れるのかしら？

マリアン（以下M）： たぶん意識を向けるだけで移動できるんだと思います。着いたと思うだけで……（驚き、笑う）。今はホロデッキ［訳注：リアルな仮想現実を作り出す装置］のところにいて、レッドウッド（別名セコイア）の森にいます。美しい森と夕日が沈む海が見えます。でも実際は宇宙船の中にあるホロデッキに浮かぶ景色です。私はホログラムの映像の中にいます。とてもきれいで、セコイアの木々は私の家族です。

D： どうしてそう思うんですか？

M： ある時期、とても長い長い間、私はこれらの木の中に住んでいたからです。あるとき、木になりたいと思ったんです。ものすごく大きな木になった経験をしてみたかった。でも最初は小さな苗木だったので、周りの巨木が私の両親や叔父や叔母だったんです。森全体がひとつの大きなファミリーでした。私は小さな木の実からスタートして、発芽して実生《みしょう》になり、ぐんぐん成長していきました。大いなる太陽の癒やしのエネルギーをいっぱい吸収しました。やがて葉っぱが茂り、この星にエネルギーをもたらす存在になりました。ただそこにいるだけでとても幸せでした（感情がこみあげてくる）。

D： では、大きな木として長い間そこにいたんですね。

M： そう、何千年もの長い年月を過ごしました。でも木は死なないので、私はそこを抜け出したんです。

D：　木として生きることを経験し尽くしたんですね？（はい）それで、木であることとはどういうことでしょうか？

M：（深いため息）ああ、素晴らしいです。リスや鳥がたくさんやってきました。私は意識体で、リスや鳥が私の中に住んでいるような感じです。私は彼らを愛し、はぐくみ、彼らも私を愛していました。

D：　そうしているうちに、木として生きる経験から学べるものがなくなったのですか？

M：　言われたんです。誰だかわかりませんが、次の仕事があるから宇宙船に戻るようにという指示が来たので戻りました。

D：　宇宙船で次の仕事の指示が出るんですか？（はい）で、今はホロデッキで過去を思い出しているということですか？

M：　そうです。私がなぜ木にとても親しみを感じるのか、その理由を思い出す必要がありました。なぜ木の絵を描くのか、なぜ木々が私に話しかけるのか。

D：　つまり、ひとつの存在としての学びを全うしたから次のステージへと移行するのですか？（はい）それで、次のステージとは何ですか？

M：　私は地球に送られました。場所はレムリア、今で言うとハワイ諸島がある辺りです。

D：　次の指令の前に帰郷できなかったのですか？

M：　できませんでした。前の仕事から直接次の任務へと送られました。行き先はレムリアです。もう長い間、とても長い間故郷に帰っていません（感情がこみあげる）。

D：　故郷はどこですか？　知っていますか？

M：（しくしく泣きながらささやくように）太陽だと思います。とても明るくて、愛があふれている場所です。（感情が抑えられず）物理的な身体を誰も持っていません。全員が光の存在です。愛がいっぱいのところです（泣く）。

私のクライアントの多くが、神や源泉《ソース》、つまりあらゆる生命が初めに誕生したところをこのように表現する。多くの場合まばゆい太陽のような光を放つ星として語られ、「グレートセントラルサン」とも呼ばれる。そこはいつでも筆舌に尽くしがたいほど豊かな愛の場所だ。

D：でも、故郷を出なくてはならなかったんですね。

M：はい。そうするようにと指示があったので。それが私の仕事で、終われば帰れると言われました。私は出て行って光を広めなくてはならなかったのです（泣く）。

D：たくさんの任務地に赴いたのですか？

M：はい。（ため息）ありとあらゆるところに行きました（泣き続ける）。

D：任務地は地球だけ？　それとも他の星もありましたか？

M：ほぼ地球でした。地球が一番いいと思ったのです。

D：それであなたは今里帰りを望んでいるけれど、任務が完了するまで帰れないのでしょう？

M：近々帰れると思います。この一生、マリアンの人生が終われば帰れるのではないかと思っています。それだけ働いてきたと。

D：そこで学ぶべきことをすべて学んだのですか？

M：　はい。でも今度は乗り物に乗って帰ります。マカバのような光と色でできた、ひとり乗りの宇宙船みたいなものです。

旧約聖書によると、エゼキエルをはじめとした多くの預言者によってマカバが目撃されていて、その姿は燃え盛る馬車のような乗り物と表現されている。これを現代に置き換えれば、さしずめＵＦＯとなるだろう。

私は彼女が話したレムリアについてもう少し情報を得たかった。レムリアとは、太平洋のどこかに沈んだ、失われた大陸のことだ。その文明はアトランティスと同じ末路をたどったとされ、アトランティスより古い文明だと言われる。

M：　ううん、ムー大陸です。私はヒーラーの役割を持っていて、男性でした。今でいうカフナのような役割ですが、村のシャーマンです。エネルギーを岩に注入していました。

カフナとは、今はハワイ諸島の聖職者のことを指す。岩にエネルギーを注入している様子について訊ねた。

M：　私は村に住んでいました。水辺の美しい場所に、モノリスのような大きな岩がいくつか立っていました。本当に巨大な岩です！　私たちが置いたのではなく、宇宙船が置いていったのです。でも、私はそこに行って岩にエネルギーを注入しました。（沈黙）手を岩に当てて、岩にエネルギーを注ぎ込みます。岩に触って、最大限の力を込めてこのエネルギーに意識を集中させていると、エネルギーが岩に入っていって、そこに留まるのです。具合が悪い人はその岩のところに行って、エネルギーを引き出すと、元気になるのです。

D：では岩の中にエネルギーが蓄積されて、あとで引き出せるんですね。

M：そうです。今もです。岩は海底に沈んでいますけれど。

D：それらの岩は誰かが運んだと言いましたか？（はい）どうして運んだのですか？

M：宇宙船で、空からおろしました。

D：他の場所からですか？

M：そうです。とても重いので、他の場所からです。陸の方から空中に浮かべて運んできました。なかなか見ごたえのある光景でした。

D：幸運にもその場に遭遇したのですね。どんな様子でしたか？

M：（クスッと笑い）私は見慣れているので驚くこともないんですが。みんなが見ることを許されていたわけではなかったですね。彼らは普通人々がまだ寝ている明け方にやるのです。円盤形の宇宙船が、ズズズ〜……と振動しながら葉巻型の長い岩を持ち上げるのです。そうやって地球に運びました。

D：地球に持ってきて並べたのですか？

M：穴を掘って、そこに突き刺したのです。それから岩に彫刻を施し、顔をつくったりしていましたが、それは私の担当ではありません。私の仕事はヒーリングエネルギーをその岩に注入することです。

D：彼らはどうして岩を地球に持ってきたのですか？

M：彼らの能力を示すためのものだったと思いますが、同時に私たちを助けるためでもありました。私たちは思考を使ってものを動かす方法を学んでいたので、それを教えるためのものだったのかもしれません。私たちも、小さめの岩なら動かすことができました。といっても全員ができたわけではないですが。自分もまた、動かせる人々と同じなんだと本当に心の底から信じる必要がありました。

D：思考の力だけで巨大な岩を動かせると、あなたは信じられなかったということですか？

M：そうです。でもあと20人、30人くらいいればみんなの力でできたかもしれません。

D：全員で意識を集中させるの？（はい）そして彼らはあなた方に、それができるということを示したかった。（はい）でも彼らは宇宙船の力を使ったんでしょ？

M：宇宙船が動かしたのではなく、乗員たちの思考の力です。

なぜか録音テープのスピードがここから早くなり、最後のほうではさらに加速していた。音声はシマリスのおしゃべりのような早送りになり、聞き取れなくなった。私はそのときの話題、エネルギーを物質に込めるということと何か関係があるのかもしれないと考えた。

D：船がエネルギーを生み出せるのかと思ったんですが。

M：船と乗員は全体でひとつのような存在です。磁力を使ってやるので、彼らは磁力に意識を集中させたのです。

D：彼らは全員でひとつの意識となって機能したのですか？（はい）それで大きな岩を動かした。

（はい！）そして岩にエネルギーを注入するように彼らに言われたのですか？

M：言葉で言われたわけではありません。彼らは言葉を使わないので。彼らはひとまとまりの思考として送ってきました。それは私の特技でしたから、いい気分でした。

D：彼らに会ったことはありますか？（はい）彼らはいつも宇宙船にいるわけではないんですね？

M：ときどき出てくることがあります。でも見た人を怖がらせてしまうんです。彼らは光の存在で、美しい色彩の光を放つ球体の形をしています。彼らは愛と叡智を周り中に惜しみなく放射しているので、周りが怖気づいてしまうのです。たまに人間の姿になることもありますが、本質的には光です。彼らは光の存在で、手足などはありません。彼らは身長が高く、発光性の透明なダイヤモンドの輝きのような存在です。

D：それはきっと美しいんでしょうね。

M：太陽から来ている存在たちです。

D：彼らがそう言ったんですか？

M：私もそこから来ているので、知っていたんだと思います。彼らは私たちの様子を見に来たんです。同じ故郷の者同士ですから。

D：太陽から出てきたときの記憶がありますか？

M：何となく。覚えているのは赤ん坊の身体にするりと入り込んだとたんに「しまった！」と思ったこと。そしてものすごく重くて密度が濃くなった。

私は地上に降りて人間となった彼自身、そして周りの村人の風貌について訊ねた。彼は背が高く、ふさふさとした黒髪に琥珀色の肌の持ち主だった。首と頭には羽や石、岩の飾りをつけていた。服装はスカートのようなものを着ていた。村の女性たちは美しく、巻き毛のロングヘアで、現代のネイティブアメリカンかハワイの先住民のようだ。

D： あなたはシャーマンとしての訓練を受けたのですか？

M： 生まれたときから知っていたようでした。両親、特に母はメディスンウーマンでした。彼らはもういませんが、彼らがやっていたことを私はもう終えています。私は他のこと、たとえば狩猟なんかをしていて、村人が私のところに相談をしに来ます。私は彼らにいろんな話をして、身に着けるとよい石を持たせたりします。

D： どうして石を渡すのですか？

M： 石が彼らの周波数を変えるからです。物理の法則です。身に着けていると感じ方が変化して、気分がよくなります。そして石の効果を信じるのです。彼らが信じるという行為によって、体調がよくなります。

D： じゃあそれはただの石ころなんですか？

M： 違いますよ。基本的にはビーチで拾った明るい色の小石や準貴石《ジェムストーン》の類です。それに私がエネルギーを注入するんです。

D： 巨岩にエネルギーを入れたときのように？（はい）つまりあなたはそうやってエネルギーチャージした石を村人に渡すと、村人が元気になる。（はい）でも、あなたは巨岩にエネルギーを注入するようにと、思考が飛んできて指示されたんですよね？

M：そうです。あれは地球を元気にするためのものです。地球も村人もエネルギーを得て回復するのです。

D：巨岩に入るエネルギーには何らかの形や構造がありますか？

M：アンテナのようなものです。形は直線ですけれど。

D：アンテナ、というと？

M：そこから太陽系に向かって波動を送信するのです。太陽系に住むすべての存在たちに、地球がどれほどかけがえのないところかを知ってもらうためです。

D：光の存在たちはあなたと一緒にいるのですか、それとも宇宙船に？

M：いろんなところに行きます。至るところに神出鬼没しますが、ただ私の様子を見に来たんです。瞬間移動するように、変幻自在に移動します。でも私は彼らとともに行動しなくてはならなくて、彼らを呼べば来てくれます。彼らは家族ですから。でも本当に必要なときしか呼びません。

D：彼らをなぜ家族と呼ぶのですか？

M：同じ太陽から来ているものはみな家族ですから。

同じ太陽から来た者はすべて相互につながりあっていて、それは以前セコイアの木だった時代に、木々が森や自然と一体だったのと似ている。それはすべての生命が同じ太陽から生まれているからだ。彼にも初めは家族がいたが、散り散りになってしまった。しかし、この村には子供たちがたくさんいて、村人たちは幸せに身を寄せ合って生きている。彼がヒーリングを施すため村人に病気はほとんどなく、あるのはせいぜい怪我くらいだ。ここにとどまっても何も起きそうになかったので、私はその先の人生に起きる重要な出来事が起きた日へと時を進めてみた。

M： 島全体が押し流されました。大洪水が起きました。島全体が沈んだのです。それで私は死にました。死ぬと言っても魂は死にませんが、みんな海の底です。

D： それは唐突に起きたのですか？

M： そう、まったく突然に。ある朝いきなり津波が来たのです。

D： 何か予兆か警告のようなものは来なかったのですか？

M： 来なかった。でも大丈夫です。

宇宙船の彼らから何か知らせがなかったか訊ねたが、彼らは近くにいなかったと言う。おそらく彼らにもどうすることもできなかったのだろう。あまりに突然起きたので、島は丸ごと海に沈んでしまったようだ。

M： たくさんの人が命を落としました。と言ってももちろん魂は死なず、他のところに流されていっただけです。でも正直怖かった。とても大きな島でしたから。何千、何万、何十万という人々の命が奪われました。正確な数字は見当もつきません。大陸が人々もろとも沈んだのです。

D： 島というより大陸が沈んだのですか？

M： 大きな大陸です。私たちが島だと思っていたのは大陸の端の部分でした。遠出したこともなかったので、どれだけ大きいのかも知らなかったのです。でも、肉体を離れて空から見下ろしたとき、レムリアがどれほど大きいか初めてわかりました。ものすごく大きな大陸でした。私たちは大陸の片隅に住んでいた小さな集団でした。身を寄せ合っている方が安全だったからです。空の上から、大陸が丸ごと海の中に沈んだのが見えます。地震が起きたときのように、大きな地割れができました。実際あれは地震だったのだと思います。海底に大きな亀裂ができて、大陸をそっくり飲み込んでいきました。そこにあらゆる方向からそこに向かって水が流れ込んでいったのです。太平洋はとてつもなく大きいですから。

D：沈んでいく大陸にいたとしても、彼らなら何か手を打つことができたのではないですか？

M：おそらく彼らは傍観していて、貴重なもののいくらかを宇宙船に運んだと思います。大陸の喪失は計画のうちだったのだと。

D：それなら止める手立てはなかったのでしょうね。

M：なかったと思います。母なる地球の意思ですから。地球が自分でひずみを調整したのです。地球の反対側でも調整が起きていました。

D：今、何が見えていますか？

M：太陽の巨大フレアのエネルギーが地球に迫っている様子が見えます。これも調整です。私にはよくわかりませんが、地球を包むエネルギーの網目《グリッド》のバランスをいじって混乱させた集団がいて、それが地震と津波の引き金でした。

D：レムリアの反対側では何が起きたのですか？

M：別の実験をしていたのだと思います。そこでも何らかの調整の実験をしていて、それが失敗したのだと。

D：　あなたのいるところではいくらでも情報を入手できます。その実験をしていたのはどういう人々ですか？

M：　地球出身の人々ではありません。外宇宙から来た人たちです。姿が見えないので誰だかわかりません。彼らは集合意識のような存在で、太陽から来た人たちではありません。私たちのグループは決して地球に……私たちは太陽から来た人々だから、地球を愛しています。太陽出身だから地球とそこに生きる生命を守ってきたのです。助けてきたのは私たちだけではありません。地球が彼女本来の豊かな楽園になるように、みんなでサポートしています。私たちのグループは今も地球を愛しています。

D：　その実験の概要についてもっとわかりませんか？

M：　たぶん彼らは好奇心から、地球のグリッドをいじったら何が起きるか知りたかったんだと思います。ただやってみたかったんだと。（ため息）どこから来た人か特定できません。

D：　大丈夫です。でも彼らには実験が許されていたのですか？

M：　彼らは自由意思が尊重される圏内にいたので、誰にも止められませんでした。彼らは地球上のすべての生命がその影響を受けることに何の配慮もしませんでした。悪意でしたわけではないのですが、ただ冷淡に観察していたのです。ちょうど、「じゃあ、こうしたらどうなるかやってみよう」という感じでした。

D：　その結果として破壊が起きたのを見て、彼らがどう感じたのかわかりますか？

M：　人間が感じるような自責の念を持たない人々です。慈愛の心や後悔といった感情の遺伝子がないのです。その場をただ立ち去り、別の実験に向かっていきました。そして故郷の星に経過報告をしに行ったのです。

D：そこから地球を見下ろしてみると、再生には時間がかかりそうですか？

M：ああ、何十万年もかかるでしょうね。地球はしばらく眠って癒やされる時間が必要です。太陽のヒーリングエネルギーに任せましょう。

D：地上の人間は全滅したわけではありませんね？

M：生き延びた人たちがいて、外から入植した人たちもいます。宇宙から助っ人の一団が来て、これもまた実験ですが、種まきとは違った形で、既存の人種のDNAの組み換えをしました。「9人評議会」がイニシアチブを取り、地球の人口増加計画に着手しました。

D：なぜDNAの組み換えが必要だったのですか？

M：人類のDNAは2本しかなく、レムリア人には12本あったからです。

D：それは何がどう違うのですか？

M：レムリア人は自然と同化できますし、全員が宇宙意識とつながっていました。

D：ああだからエネルギーを扱えるのですね？

M：そう、彼らには力がありました。

D：それはDNAのせいですか？

M：それも一部にはあります。私たちは太陽から来た人々だからです。

D：DNAが12本あることとはどういうことなんですか？

M：人間のより太いし、次元を超えるスケールの大きさがある、つまり創造主の力です。彼らは愛があふれていて、善意の塊のようです。

D：　破壊でほとんどが死滅し、彼らは人口を再び増やそうとしたんですね。どうして以前のようにDNAを12本にしなかったのですか？

M：「9人評議会」ではその方がいいと判断したのです。これまで人類に、あまりに早くすべてを与え過ぎたという反省がありました。使いこなす準備がまだできていなかったからです。それでらせんの数を2本にして、進化の過程を遅らせました。

D：　退化させた方がよいと考えたのですか？

M：　そうです。不合理に思えるかもしれませんが、穴居人《けっきょじん》やネアンデルタール人などはみな2本で、レムリア以降の人種です。彼らの脳はレムリア人と違って、まるで動物の脳です。彼らが介入し、DNA構造を改造し、それからとても複雑になり、人類は初期段階へと後戻りせざるを得なくなったのです。そして彼らは帰っていきました。

D：　つまり彼らは人類が退化して、ゼロからまた始めたほうがいいと考えたのですか？（はい）人類はそれまで持っていた力を全部なくしたんですね？（はい）それでよかったのでしょうか？

M：　私は判断できる立場にありません。私は監視役なので。

D：　DNAが二重らせんに戻った後の計画はどんなものだったのですか？　そこからまた進化が始まると考えていたのですか？

M：　今は状況が変わりました。

D：　どう変わっているんですか？

M：　ただそうなっているという以外にうまく説明できません。新しい周波数の領域に全員が行けるように、ただ自然に、自発的に変化するに任せるという計画でずっときました。でも全員がいけることにはなりません。全員が12本のＤＮＡを持つことはありません。

Ｄ：それには時間がかかりそうですね？

Ｍ：すでにかなりの時間がかかっています。

Ｄ：ＤＮＡ構造の再編にですか？

Ｍ：そうです。前よりペースが上がっているので、もう少しです。

Ｄ：なぜペースが上がっているのですか？

Ｍ：地球を取り巻くエネルギーのグリッドの調整ができたからです。壊れたところの修復が進んでいます。

Ｄ：それでＤＮＡ再編が進んでいるんですか？（はい）人々がその変化を現実としてどんなふうに認識できますか？

Ｍ：そうですね。認識できるかは感度によりますが、気づく人は「万物」とのつながりを感じるようになるでしょう。感覚が鋭くなり、身体が軽く感じられ、より透明な存在になります。

Ｄ：そのように変化した人を見て、周りも気づきますか？

Ｍ：気づく人もいるでしょう。それ以外の人は以前と変わらず夢遊病者のように覚醒しないままでしょう。

Ｄ：もし身体が透明になったら、それは一目瞭然ですよね？

Ｍ：いいえ、完全に透明になり、見えなくなります。

Ｄ：（これには驚いた）最終的に消える、ということですか？

Ｍ：そうです。でも、いなくなるわけではありません。それはたとえるならテレビのチャンネルが変わるようなものです。

D： もし視界から消えてしまったら、周囲の人には彼がいることがわからないですよね？（はい）彼らはどこに行くんですか？

M： 別のチャンネルにいるのです。

D： 別次元ですか？（はい）それは自覚できますか？（はい）本人も何かが起きたと感じるのですね？（はい）でも周りの人にはわからない？（そうです）ＤＮＡの再編によって霊的能力が備わりますか？

M： はい。テレパシーで会話するようになります。そうなればもう言葉は不要になります。ハートで対話できるようになり、言葉を紡ぐのではなく、ひとまとまりの思考として想念を送るのです。このやり方では嘘をついたりだましたりできなくなります。その必要もなくなります。

D： みんなが共有できるのですね。

M： そう、それはいいことです。

D： そうですね。でも、なぜ今なのですか？　そういう能力がどうしてこのタイミングで解禁されるのでしょうか？

M： 時期が来たので、そうするべきなのです。長い時間が流れ、ガイア（地球）は、その優等生だけを引き連れて卒業するときが来たのです。破壊や腐敗、負のエネルギー、暗闇は古い地球に残されるのです。言うなれば地球がふたつに分かれ、新しい地球と古い地球ができるようなものです。新しい地球、新しいエルサレムには核戦争が起きることはありません。これはすべて大宇宙の偉大なる光の指導機関、「９人評議会」の計画のうちです。

D：新しい地球に行く人々には12本のDNAが備わるのですか？

M：行く人たちはそうです。行ける人の中には古い地球に留まることを選択する人もいます。古い地球に属する人々がとても怖がるので、彼らを助けるためです。古い地球では阿鼻叫喚が起きるので、犠牲的精神で残った人々と運命をともにする人々もいるでしょう。悲しいことですが。

D：古い地球に残った人々のDNAは進化しないのですか？

M：しません。許されていないからです。どういうシステムかよくわかりませんが、人は自分の進む道を選択し、光を望まない人もいるのです。

D：では、それは個人の選択にゆだねられているということですね？（はい）わかりました。その位置からあなたにはすべてのことがわかります。あなたはさっき、レムリアは今ハワイがあるところだと言いましたね。（はい）大陸で残っているのはそこだけですか？

M：はい。それと、日本とシンガポールの一部もあります。大陸はものすごく大きかったので。カリフォルニアのバハ半島まで海岸線がありました。膨大な大陸でした。

D：他にも残っている土地はありますか？

M：ありますが、名前を知りません。

D：太平洋上の島ですか？

M：はい。西の端は日本まで届いていました。本当に巨大でした。

D：つまり太平洋のほとんどを覆うほど大きい大陸だったのですね？

M：そうだと思います。

D：アトランティスについては多くの情報があります。それはレムリアの後に起きた文明ですか？

（はい）レムリアが消滅したときの生存者はいたのですか？

M：数名はアトランティスの初期に行っています。善良な人々です。宇宙の同胞たちが、のちにアトランティスになった場所に宇宙船で運んだのです。

D：それで地球の別の場所でゼロからまた新たに文明を作り始めたのですか？（はい）そういうことは今の文明ではまったく情報がありません。

M：知っている人は多いですよ。

D：アトランティスについて語る人は少なくありませんが、レムリアはほとんどわかっていません。（はい）ＤＮＡのことも知りません。それでこのような情報を広く公開するのが私の仕事でもあるのです。（はい）いずれにしても最終的にマリアンとして肉体を得て地球で暮らすよう指示があったのですか？（はい）この時代の地球に戻り、人間として生きる決心をしたのはなぜですか？

M：地球の変容の一部となりたかったからです。

このように、問いかけには明確な答えが返ってくるので、ＳＣを呼び出す必要性を感じなかった。承認を得て私はマリアンの質問へと話題を替えた。もちろん第1問は「永遠の疑問」、現世の目的、何をしに来たのかだった。「現世でマリアンは何をするべきなのでしょうか？」

M：彼女は太陽から来た光の存在で、ただこの地の波動を上げるために来ました。水を浄化して波動を高くすると、人々の心が軽くなっていきます。

D：彼女は地球で暮らした経験が少ないように思えますが？

M：500回以上転生していますよ。

D：地球でですか？　（はい）そんなに経験豊富だとは知りませんでした。

M：ただ誕生と死亡を経験するだけの短い一生もありましたが、彼女は経験豊富です。それでも何百万年というときの流れを考えれば、それほど多いとも言えません。

D：そうですね。彼女はどうして地球での経験を望んだのですか？

M：（笑いながら）彼女は突っ走るのが好きだし、本当は出身星を自覚していますから。愛を追いかけ、与え、受け取ることが何より好きなんです。地球が大好きなんです。ここで楽しくやりたいんです。深刻な状態に陥ることを望んでいません。心が読めるので、周りの人々が悲しんでいると、とても悲しくなってしまいます。

マリアンの質問の中に、現世で解消すべきカルマがあるかというものがあった。ＳＣの回答は、「かなり頑張ってきました。とても長い時間がかかりました」とのことだった。マリアンは基本的に完璧な休息の人生を送っている。やりたいことができ、健康上の問題もない。彼女は周りの者や人々、動物、地球に光を送っている。聞いた情報から判断すると、マリアンはいわゆる「第2波」――ここに観察者として降りてきて、ポジティブエネルギーを発信し、拡散する人々――に属する。そして立派にその責務を果たしている。

セッションを終える前に、いくつかの質問が浮かんだ。「レムリアにあったあの、エネルギーを注入された岩はまだ現存していますか？　海底に沈んだままですか？」

M：一部はハワイ島にありますが、隠されています。溶岩の中に埋もれています。

D：あの島は溶岩だらけです。（はい）ではハワイ島はその岩のお陰で今もたくさんのエネルギーを得ているのですか？（もちろんです）

第14章 評議会

キャロルは雲から降りるなり混乱していた。「間違ったところに降りてしまいました。経験したいのは地球での転生ではない気がします。私は今、別の次元にいます。宇宙が見える。星と銀河系と。雲は乗り物という感覚でしたが、穴を抜けて行ったのです。すごいスピードで抜けていって、雲は光の玉みたいでした。いろんなものが見えています。銀河系の中のどれかに行こうとしています。地球での人生よりはるかに長い時間を過ごした、太陽系のひとつに向かっています。星はいくつもあり、太陽系も複数ありますが、これから行くのは私の故郷で、友人たちが私に会いたがっています」

ドロレス（以下D）：　宇宙のどこかの太陽系のひとつに向かっているんですね？

キャロル（以下C）：　はい。今見えました。ある太陽系の星のひとつに今着陸しました。とても大きな建物があります。人もたくさんいて、忙しそうに動いています。この建物は何かの本部で、これから歩いて中に入ります。

D：　そこが本部だとどうしてわかったのですか？

C：私のオフィスがあるからです。私はエネルギーとしてここに行くんですが、それに気づいている人も何人かいます。ここで長い時間過ごしていました。

D：オフィスに行きたいのですか？（はい）どんな場所か教えてください。

C：最上階にあって、全面ガラス張り。遠くには山脈が見えて、街の至るところに噴水があります。

D：オフィスの中はどんな様子？

C：たいしたものはありません。とても大きくて広い空間です。デスクの上にはコンピュータが置いてあって、デスク自体がすべて私のデータベース。デスクの上にはモニター画面があります。

彼女に身体を見るように指示したところ、人間のような姿ではあったが、どこかが少し違っていた。男か女かを訊ねると、「どちらでもないような、両方のような」との答え。服装はズボンにシャツ、風にはためく軽いジャケットを着ていた。年齢を訊ねると「とても老齢で、若くもある。年齢はないみたい。私は人間のようだけど男女の性別はなく、若者とか老人とかの年齢もない。とても進化した人々の社会です」

机全体がコンピュータになっていること以外にも、オフィスには奇妙なものがあった。天井からガラスが下がっています。これらは窓であると同時にデータベースを映すスクリーンでもあります。指さすと動き出します」

D：では、ガラス張りの窓から外を見ていたわけではないんですね？

C：そうです。ガラス窓ではありません。ガラスパネルと言ったほうがいいかもしれませんね。それに向かって指さすと起動して、ほしいデータが映し出されます。パネルによって機能がそれぞれ違います。

D：そこであなたはどんな仕事をしているのですか？

C：何かを仕切っているディレクターで、私は評議会のメンバーです。

D：それでデータベースが必要なのですか？

C：そうです。私たちはいろいろな太陽系のモニタリングをしているので。

D：自分の属する太陽系以外ということですか？

C：そうです。他のいくつかの星にもこのような建物があって、ネットワークでつながっています。これは善意に基づく政府組織です。あちこちの星に同じ建物があるんです。（泣き出す）この場所にずっと来たかった！　友達や、家族もみんなここにいるんです。私は地球でのプロジェクトにつかまって動けなかったので。

D：地球でのプロジェクトとは何ですか？

C：地球で実施中の実験にかかわっているのです。私たちがその立案者なので。と言っても私たちだけではなくて、他にもいろんな種族が関わっています。私たちは地球で人類の実験に携わっていて、課題を与え、プロジェクトの進捗を監視しています。

D：そのプロジェクトの立ち上げ当時から参加しているのですか？　（はい）とても長い期間続いているのでしょうね？（はい）でもあなたは他の太陽系の監視もしていると言いましたね？

C：宇宙ではそれぞれの太陽系で、いろんな実験が進行しています。地球だけじゃありません。もっと悲惨なのもあります。

D：地球での実験は悲惨な部類なのですか？
C：地球自体に問題はないのですが、人類が完全に軌道を外れています。
D：他の太陽系でも軌道を外れたところが多いですか？
C：そんなことはありません。素晴らしく進化しているところもありますよ。
D：地球がおかしくなってしまった理由は何ですか？
C：妨害が入ったからです。
D：それはどういうことですか？
C：今それを見ています。データベースで……歴史をチェックしています。生物的バクテリアの類が地球に入り、ＤＮＡを破壊したのです。それで私たちはそれに介入することなく、そのまま実験を見守ることにしました。

この話は『この星の守り手たち』に書いたフィルの話に酷似している。地球創世期に隕石が地球に衝突し、地球にはないバクテリアがもたらされて病気が生まれたのだと。結果的に完璧な人類を地上に育てるという壮大な実験が台無しになった。評議会の作った計画が無に帰してしまったことを関係者はとても悲しんだという彼女の話には裏づけがある。初めの計画で描いていた完璧な人類の創出はもはや実現不可能とわかった上で、すべてを壊してゼロにするか、このまま放置して様子を見るかというふたつにひとつの選択を迫られた。ここまでにあまりにも多くの時間と労力をかけてきたので、彼らは実験の続行を選択した。これは現在もＥＴ（地球外生命体）によって続いている実験の裏づけともなっている。彼らは、人類を自ら準備ができたときにのみ死が訪れ、決して病気に侵されることのない種を作り出すという本来の計画へと導く試みを続けている。

D： 隕石が本来の計画を台無しにしたのですか？

C： はい。でも私たちはどんな事故であれ、すべて必然だと信じています。

D： 人間の体型は最も機能的な形だと聞いたことがあります。人型生命体が宇宙に多いのはそのためですか？

C： そうです。人間の形は複数の生命体の構造が合成されたものです。レプティリアン（爬虫類型生命体）やシリコン（ケイ素生物）などたくさんの生命体が人類の意識の入れものを作る際に貢献しています。

D： その実験の立案当初からのメンバーだとすれば、あなたは年を取らないのですね？

C： 私たちの世界に時間はありません。あなた方のような時間はね。

D： 人間の世界では、ひとつの細胞から今のような人類が完成するまでには膨大な時間が必要です。あなた方にはそのような時間の概念はないのですか？

C： 物事はすぐに顕現します。思考の世界に存在するものはすでにもう生まれているのです。

D： あなたは評議会のメンバーとして幸せだったのですよね？（はい）それでどうしてそこを去ることにしたのですか？

C： 外から眺めるのではなく、中に入ってすべてを経験してみたかったからです。それが過酷なものになることは初めからわかっていたし、たくさんの人たちに止められもしました。彼らは私を必要としていましたから、私を失いたくなかったのです。それでも行くことに決めたのは、私なら現地で状況を修復できるからです。私は大師《マスター》です。

D：大師《マスター》ならきっと何でもできるのでしょうね。

C：そうですが、思うようなやり方ではできませんでした。

D：評議会の反対を押し切ったのなら、あなたはかなりの頑固者ではないですか？

C：はい。それは私の長所のひとつです。私は発明者で、発明や創造を遂行するには創造というものをすべての観点から知り尽くしていなくてはなりません。私は創造主です。

D：あなたは地球の生物をゼロから育てることにかかわっていると言いましたね？

C：あれは大きなチームでのプロジェクトで、私はその一員として協力しました。

D：それでもあなたは実際に降りて行って経験したかった？

C：はい。自分を小さくして、小宇宙に入りたかったのです。

D：ゼロから始めるということですか？　趣旨がよくわからないのですが。

C：そうですね。小宇宙というのはモノの最小単位で、一定のルールに従って分子からスタートします。まだ形ができる前の段階です。

D：地球に行くには、そこから始めなくてはならないのですか？

C：そうではないですが、私はそうしたかったのです。そうする必要がある人もいますが、私は違いました。

D：それで最初は小宇宙の、最小単位になったのですか？

C：素粒子です。意識の粒子というか、電子よりも小さくて、原子核より小さい。もっと小さい単位ですが、それを表す言葉が人間界には存在しません。

D：その最小レベルで何を経験したかったのですか？

C：エネルギー、ただエネルギーになってみたかった。ものの最小単位になるって相当楽しいことです。

D：地球から故郷に帰れるようになるまで、長い時間を過ごさなくてはならないのですか？

C：いつでも帰れますよ。

D：純粋なエネルギーからスタートして、後にどんな形になったのですか？

C：全部試してみました。電子、素粒子、波状の光、それから原子核。星にもなりました。惑星です。広い海、水、動物、爬虫類、人間、そして私。岩。石ころ、いろんなものになりました。

D：そんなにいろんなものになってみて、何を学びましたか？

C：学びは何もありません。ただなってみるということ。これは学びのためではなく、ただ経験のためです。

D：でも地球に降りてくる必要はなかった。これはあなたの選択なのですか？

C：そうです。何としても進めたかったのです。彼らは道をふさぎましたが、私は「どいて！」と言ったのです。

D：それで彼らは諦めた？

C：はい。自由意思は常に尊重されますから。

D：じゃあ、あなたはそんなふうにあらゆるものになる経験を経て今回人間になろうと思ったんですね？

C：はい。しばらく人間をやっていたんですが、そのあと休んでいました。当時の暮らしはあまりに原始的だったので。

D：人間として何度も転生して、多様な経験を積んだのですか？

C：全部の生命、あらゆる経験をしました。何が問題なのか知りたかったからです。人間の設計のどこが間違っているのか。バクテリアがどこをどう損傷し、それを修復するにはどうすればいいか。

D：悪い部分を修復しようと？

C：悪い部分は、進化の方向性が狂ったことです。この場合、修復できるのは内部からのみです。外から観察していても手を下せません。

D：それであらゆる生物になる経験が必要だったのですね？

C：そうです。すべてを知る必要がありました。

D：なかにはネガティブな生命もありましたか？

C：ネガティブというのは幻想です。ネガティブもポジティブもともに建設するために必要な素材です。ネガティブであることは進化を促進するツールです。

D：人類は、ネガティブとはよくないことと捉えています。

C：ネガティブなものは進化の触媒として歓迎すべきものです。進化を早めるために意図的に投下された要素なのです。ネガティブに見えるものがいろいろありますが、それらはすべてあえてそこに持ち込まれたものです。

D：あなたは地球にとても長い間いるので、地球の事情がおわかりかと？

C：ずっといるわけではなく、行ったり来たりしていますが、人類のプロジェクトよりも前から知っているし、他に似たようなプロジェクトもあります。地球では氷河期以前にはもっと多くの実験がありました。6番目の、いくつもある中の6番目の実験で。

D：6とは何のことですか？

C：地球にはまったく生命が存在しない時代が何十万年とあります。その合間には複雑な構造をした生命体が生まれた時期がいくつかあり、そのたびに私たちはその期間を使って実験をしました。

D：6つ目の期間ということですか？

C：期間ではなく、実験です。人間のような複雑な存在が地球に降ろされる可能性があった6つ目の機会です。人間や植物、動物が存在できたかもしれない機会でした。最初の2回は、人間ではありませんでした。今のあなた方の世界には存在しない生物です。そうやっていくつかの生命体の交配実験を繰り返し、いくつかの実験を組み合わせた結果、人類が登場しました。人類をつくったのは最も素晴らしいアイデアでした。

D：今の人類のことですか？（ノー）それは第6段階のことですか？

C：いいえ。段階ではありません。ただの実験の羅列です。ここでの6つの実験のうち、人間としての存在が最後の4つの実験に登場しているのです。といっても私たちは以前から他のたくさんの銀河系でも人間の実験をしていて、地球人は歴史の新しいほうだということです。でも欠陥があるので、私たちはもっと高度な意識の乗り物となれる生命体をつくろうとしています。どんな物理的肉体がよりよく意識を受け入れ、導くことができるかを模索しています。私たちはまだこの実験の完成形を見ていませんが、そのための時間は無限にあります。

D：完璧な肉体を求めているのですか？

C：求めるのは完璧ではなく、さらなる経験です。完璧を求めて手に入れても、すぐさま不完全が見つかります。よりよいものを求める欲求には終わりがないので。

D：(笑い)でも地球の人類は何度か絶滅していますよね？

C：その通りです。地上からすっかり消えて、またゼロから始まった。

D：絶滅したのは計画通りに運ばなかったからですか？

C：計画通りとか、計画が失敗したとかいうことはありません。私たちはもうこの先どうにもならないと思えるまで手を下さずに傍観することがよくあります。それも、その実験があまりに常軌を逸して迷走し、他の実験に悪影響を及ぼすことが予測されたときにのみ、その実験を終了させるのです。

D：それは大規模なプロジェクトなのですよね？

C：宇宙規模ですが、外宇宙もありますので、全宇宙ではありません。

D：実験は互いに他の実験に影響を及ぼすので、全部の実験のモニタリングが必要ですね？

C：はい。ひとつの実験の失敗が別の実験に波及しないように……他の実験の進化を阻害しないように留意しています。人類の実験でも、人類が科学技術を進化させて他の実験に影響が及ぶまでになると、介入せざるを得ません。

D：あなたのような立場で地球に来ている存在は他にもいますか？

C：たくさんいますよ。特に今の時期は。

D：その人たちは自分の星にとどまっていることもできたのですよね？(はい)それなのに志願して地球に来たのですか？

C：強制されて来た人はいません。

D：これまで地球の進化のために志願してきたボランティアソウルに数多く出会ってきました。あなたの使命はどんなことですか？

C：人類の「配線」を完全に入れ替えることです。

D：人類全部のですか？　それとも特定の人々？

C：特定の人々です。私たちが接触しない大多数の人々が自力で配線を替えるために働きかけられる人々です。私たちはそれを教えるために来ています。誰でも自分で配線……神経系の配線が損傷しているので、その配線を修復できます。神経系の配線の変更というのは、それぞれが自分でしなくてはならず、誰かにやってもらうことはできません。これは実験なので、望ましい方向に進化するように私たちは手助けをしているところで、これが終われば帰ります。

D：人類はどうして配線を変えなくてはならないのでしょうか？

C：意識がよりよく身体に収まるためです。

D：より多くの知識を得るためではないんですね？

C：違いますよ。技術的な面から言うと、心《ハート》と慈悲心の進化が欠落しているのです。精神面が進化する前に技術面での進化ばかりが進み過ぎたため、ハートとテクノロジーのバランスを崩したのです。それが破滅的な災害を引き起こしています。それで私たちは、知識の進化に追いつくところまで心の進化を促すために来ているのです。

D：人類はなぜ、もっと意識を高める必要があるのですか？

C：力の賢い操り方を習得するためです。人類の失敗は力の誤用だからです。生物学的バクテリアが神経系を損傷させたのは、まだ人類が十分に発達する前のことです。

D：では配線し直してネガティブな活動を止めるのですか？

C：というより、ネガティブな活動の向かう方向性を変えることです。ネガティブな要素はポジティブな要素と同じくらい必要不可欠なのです。どちらも単独では存在できません。光と影は織物の縦糸と横糸で、その両方があって初めて現実を織りなすタペストリーが完成するのです。ポジティブなものでも間違った使い方がありますから、両方をうまく使いこなす方法を学ばなくてはなりません。

D：この時期の地球に志願しており来た魂を私はたくさん知っていますが、あなたの目的は彼らと少し違うようですね。

C：私たちは人類を救うために来ているわけではありません。彼らの未来の可能性を見に来ているのです。

D：そのためにキャロルの肉体に入ることを選択したのですか？

C：そうです。なぜ、私が最も配線を間違った肉体を選んだか。それはその配線を組み替えるためです。他の人々にこれほど根強い生物学的ダメージの配線の組み替え方を教える方法は、これしかないからです。

D：あなたは赤ちゃんとして彼女の体内へ入ったのですか？

C：はい。この身体で誕生しました。

D：人間として別の人生を過ごしたこともあるのですね？

C：それらはすべて私のひとつの命です。どれも同じひとつの生命を生きています。

D：キャロルの目的は、キャロルの配線を組み替えて、彼女が他の人にやり方を教えることですか？

C：はい。聞く耳を持った人たちに。

D：キャロルはスピリチュアルなテーマを教える学校を持っていて、そこで人々を指導しようとしていることを知っていますよね？

C：はい。私もその学校の創始者のひとりです。この学校の創設には1000人がかかわっていて、私は言うなれば運営の頭脳です。

D：では、あなたがキャロルに学校をつくるという考えを植えつけたのですか？

C：いいえ。集団で彼女を導いています。が、学校の創設は彼女の運命で、生まれたときからその考えがありました。

D：いい考えでしたね。そうやって彼女は人々を助けています。（はい）でも彼女の学校は今問題を抱えています。

C：彼女は人間目線で物事を見過ぎています。

D：今行き詰まっていると感じています。思うように集客できていません。

C：それはその通りです。もっと多くの人々に知らしめなくてはなりません。もっと気軽に考え、自然の流れに任せる必要があります。人間の価値観で捉え過ぎています。

D：もっと生徒を増やすために何かいい方法を教えていただけますか？

C：今態勢をつくっています。私たちは彼女が言うように「一体」ですから。

D：彼女は今インターネット上でやっています。それもおわりですよね？

C：はい。私たちの星からすればごく初歩的なものです。インターネットは、集合意識情報が全員からアクセスできるインフラの誕生でした。これは第1ステップですが、人類が頭脳とハートのバランスを欠いたままでいるならば、私たちが進化を停止させるでしょう。

D：どのようにして実験を止めるのですか？

C：私たちは大宇宙を破壊する力を持っています。ただ大宇宙のエネルギーの流れをちょっと変えるだけです。このまま精神の成熟が進まないまま技術ばかりが発展すれば、破壊が起こるでしょう。

D：それは地球人もろとも破壊されるということですか？

C：いいえ。何も破壊されません。

D：実験のすべてが破壊されるのでは？

C：また一からやり直しですが、続いていきます。これまでにも破壊されたものはありません。ただエネルギーに戻るだけで、エネルギーは再生可能です。そして誰も殺すことなく別の使い道に充てられます。そもそも人生とは幻想で、現実ではありません。

D：実験を一からやり直すというのは、敗北を認めることではありませんか？

C：いいえ、敗北ではなく、方向が間違っていたことを認めるということです。この先方向を正すことができることには確信があります。以前のように外からでなく、今は内側から実験に手を加えることができているので。これは内面から拡大していかなくてはなりません。正しい方向付けはまだ道半ばです。誤った方向に導かれている人間が残っていますから。

D：それは、新しい地球が生まれているという話に関係がありますか？

C：地球はひとつしかありません。この地球が変容するかしないかという話です。

D：それについて諸説あるように聞いています。地球の波動が上がるということかと。

C：地球に違う次元がいくつかできるということです。ひとつではなく、もっとたくさん。ふたつどころではありません。地球のニューバージョンがたくさん生まれます。

D：そのバージョンのひとつには依然としてネガティブエネルギーが存在するのですね？

C：そう、それもあなたが想像するよりもっと暗い現実となるでしょう。私たちは人間という乗り物がどこまで行き得るかをテストしています。行きつくところまで見守っているので、地球の地獄バージョンもあるでしょう。

D：ネガティブな波動の持ち主は高い波動の次元には行けないと聞きましたが？

C：それぞれ自分の波動に合った場所に落ち着くことになります。自分の居場所の波動に合わせられなければその人は死ぬことになります。私たちは劣性の種を淘汰させることで、種の浄化を図っています。自分の内なる声に従って選択することさえできれば、行くべきところに行けるでしょう。

D：あなたの仕事は人々に何かが起きることに気づかせ、準備を促すことですか？

C：何かが起きていることに気づかない人はいないでしょう。多様なやり方でさまざまな可能性が示されるのです。キャロルがしているのはそのうちのひとつです。違ったやり方が合う人もいるでしょう。

D：違ったやり方とはどういう意味でしょうか？

C：覚醒に至る道のことです。目指すべきゴール地点はひとつですが、そこに至る道筋はたくさんあるので。

D：辿るべきルートはひとつではないということですね。

C：起きなくてはならないことはひとつだけあります。人類がこれ以上進化するには、人の精神が進化しなくてはならないということです。私たちは人類の実験で、精神が未熟なまま技術革新だけが今の段階まで進化する様子を放置してきました。どこまで行くかを見るために、収拾不能になるまで野放しにしてしまいました。限界まで来てしまったので、もうこれ以上観察する必要はありません。精神を洗練させて方向転換するか、すべてを失うか、ふたつにひとつです。

D：こういう状況になった後、どんなことが起きるのですか？

C：スターウォーズの話は本当です。あれは地球から遠く離れた銀河系で実際に起きたことです。

D：では今地球で行われることがそのまま進んだら、それが地球を破滅させるということですか？

C：地球だけでなく太陽系全部が吹っ飛ぶかもしれません。人間に手を付けてほしくない別の実験もあります。

D：人類がそっちの方向に行かないようにあなた方は監視しているのですか？

C：実験が手を付けられない状態になる前に阻止するということです。

D：人類にはそういうことがわからないので、愚かなことをするのです。

C：彼女は自分の人生とどの人生につながりがあるかを知りたがっていました。私の人生がそれです。

D：あなたは別の星に住んでいたのに、わざわざ志願してこの狂った世界に降りてきたのですね。

C：降りたんじゃなく、ちょっと立ち寄っただけです（笑）。

私はここでキャロルのSCを呼び、なぜこの過去世を見せてくれたのか訊ねた。

C：彼女が集合意識《グループソウル》だということを知るためです。この人は個人の魂ではありません。先程はある星で暮らす彼女の一側面を見ましたが、他にも彼女の一部が存在している星がたくさんあります。

D：そのひとつがあなたの言う「評議会」のメンバーなのですね？

C：はい。評議会もひとつの存在です。

D：どうして彼女にそのことを知ってほしいのですか？

C：彼女の学校が実際にはどこから始まっているかを認識するためです。彼女もこの設立趣旨には集団のエネルギーがかかわっていると薄々気づいています。わかってはいても、このプロジェクトがそれほど大それたものだと考えたくなかった。なぜなら自分を特別視したくないからです。ある意味、彼女はそういうことを考えたくなかったのです。

私は彼女の抱える身体の問題（特に甲状腺に問題があり、服薬中）について訊ねた。症状は重篤で、SCによるとそれは怖れによって起きていた。「原因の一部には怒りもあります。信じられないほど強い怒りです。怖れより怒りによって症状が出ています」

D：何に対する怒りですか？

C：いろいろ辛い目に遭ってきたことに対してです。

D：本人曰く、人生に起きた諸々のこととはすでに折り合いをつけたということでしたが。

C：それはいろんな意味でその通りです。思考レベルで手放し、感情レベルで赦してきました。しかし身体のレベルではそれができていません。それは細胞記憶によるものです。そこには自殺願望もありました。無意識レベルに宿っている自殺願望です。

医師たちは、薬を服用しなければ彼女は死ぬだろうと宣告していた。私はSCに甲状腺の治療を依頼し、どのように治療するのかについても訊ねた。「緩めています。ただ緊張を解き、人間の身体の中に収まっていることに違和感を覚えないように、そして地球にあと40~50年は留まっていられるようにしています」SCはまた、彼女の学校は拡大し、世界中に広まるだろうとも言った。「あなたはまだ何も目にしていません。彼女はここに来てすでに40年です。地球を故郷としない魂にとっては非常に長い年月です」

SCからのラストメッセージ：光を放つことを怖れないように。パワフルな存在であることを怖れないように。今よりもっと特別な存在になることを怖れないように。キャロルは他の人々よりも特別な存在になることを怖れている。彼女は一般的な魂ではない。彼女はエゴを非常に恐れている。エゴは堕落と考えているので、何よりエゴを怖れている。エゴがこれまで多くの善行を破壊してきたのを見てきたので、自分のエゴによって自らの善行を壊すようなことがあってはならないと考えている。自分のエゴを抑え込むために、自分を卑下し、小さいところに収まろうとしている。活動の成果が目に見えてくれば、エゴの対処の仕方について導きが降りてくるだろう。

大師の魂までもが、周囲の反対を押し切ってでも地球に志願してやってくることがある。魂のひとかけらや化身《アバター》であっても、地球の泥沼のぬかるみに足を取られ、目的を見失ってしまうことは珍しくないという。

Part Two: ETs and Light Beings

第2部
ETと光の存在たち

第15章
さらなるボランティアソウル

新しい地球に向けての次元シフトとボランティアソウルの3つの波の話を、UFOやETの話と同列で語ることに少し違和感を覚える人もあるかもしれない。しかし実際両者は極めて相性がいい。そもそも違和感の原因は、宇宙人《エイリアン》やETを巡る一連の情報が当初から怖れや不信感をベースに作り上げられてきたことにある。これまで宇宙人を探求する人々のほとんどが、宇宙人の中に悪魔や恐怖を想起させるテーマばかりを探してきた。これは彼らの信念体系の結果であり、彼らが最も怖れるものを自ら作り出してきたと言える。彼らには私が見出した宇宙人の概念など想像もつかないことだろう。私が見出した概念とは、**私たちは彼らであり、彼らは私たちだ**ということだ。私たちは宇宙人によってつくられたのだから、自分の子供たちに危害を加えようと思うはずがない。自由意思と不介入の法則があるため、彼らは子供である私たちが未熟で愚かな行動を起こす様子を、ただ呆れつつ見ているしかないのだ。

普通、探究者たちが被験者に催眠をかけて情報を得る場合、（私のように深いレベルまで誘導することなく）浅い催眠状態で行う。軽い変性意識状態の被験者は、多くの場合感情に囚われるため、怖れに支配されやすい。ETは自分たちの外見や行動が人間に必ずしも良い影響を与えていないことを熟知しているため、ETとかかわった記憶を一切相手に残さないほうがいいと考えている。彼らは明確な目的をもって地球に来ているが、生まれた瞬間にそれ以前の記憶をすべて消される人間にはETのことなど到底理解できないだろうと考えている。ほとんどの人は自らが宇宙とつながりがあるということを忘れているが、現世でしかるべきタイミングが訪れたときに思い出し、ETや自分のルーツが理解できるようになる。そのタイミングが来る前に知られると、宇宙人の進める実験が台無しになりかねない。ET曰く最も望ましいのは、ETが接触し、実験を行う相手の人間がまったくその自覚を持たないことだという。ETとかかわったことで、その相手の人生の邪魔をしたくないからだ。

しかし食品添加物や大気汚染、また医療用であれ趣味であれドラッグを常用していたり、アルコール摂取などの影響により、脳内の化学物質の変化が起きている人々がいる。このような人々はETとの遭遇（物理的・夢でを問わず）を、ゆがんだ形で思い出すことがある。その出来事は顕在意識での理解の範疇を越えているため、感情に色付けされ、何か恐ろしいことが起きたかのように受け止めることになる。そのため、接触の記憶はETに消してもらった方がいいということになる。怖れは人間が抱く感情の中で最も強い感情だ。人は理解できないものを怖れ、その怖れによって記憶がゆがめられていくからだ。

私が開発した催眠療法では、すべての叡智を持つSCと対話する際、本人の顕在意識を介入させずに行っている。これにより真実の情報へのアクセスが可能になり、SCが適当と考える内容・量の情報を入手できる。SCは本人の人生がどこまで進んでいるか、現世の使命をどこまで満たしているか、そして本人がどの程度の負荷を受け止められるかを熟知している。SCの情報提供が本人の受容限度を超えることはなく、理解できないものを押し付けることもない。私はセッションをする際にSCの意向を尊重するようにしている。たとえばSCがこれ以上の情報は与えられない、あるいはそれはまだ知らないほうがいいと言えば、それに従う。どんな場合でもSCには最大限の敬意をもって接することを鉄則とし、私はクライアントのSCたちと良好な関係を築いてきた。他の宇宙人探究者たちが知り得ないような情報をたくさん引き出してこられたのは、ひとえにこの信頼関係のお陰だと考えている。

ETの話とボランティアソウルの3つの波の話を同等に語れる理由は、ボランティアたちの多くが地球の外の次元や惑星、宇宙船から来た存在だからだ。すでに書いたとおり、彼らはこの時代にあって人類が新生地球への移行を無事に成し遂げられるように助けるために駆けつけた、純粋で汚れのない魂だ。彼らのほとんどが人間として生きた経験を持たないため、カルマの輪に囚われていない。『入り組んだ宇宙』シリーズにも書いたが、彼らの多くは神あるいはソースから直接地球に来ていて、肉体を持った経験がない。彼らは常に神と一体で、神の叡智を拡大するための実験や学びの長い旅へと送り出された経験を持たない。彼らは神とともに完璧な愛の世界で暮らしていたが、地球を救うという目的のために行くことに合意した魂たちだ。『入り組んだ宇宙』シリーズにあるように、彼らの多くは霊界やその他多様な場所で開かれた会議に出席したという話をしている。

それらの会議で彼らは、地球が危機に瀕していて、外部からの支援が必要だという話を聞かされる。地球に行くボランティアを募集していると言われ、彼らの多くはその困難な依頼を受け入れている。ある人はこんなふうに語っていた。「私は愚かにも手を挙げて、行きましょうと言ったのです」彼女が「愚かにも」と言ったのは、彼女が合意した旅がどれほど過酷なものか理解していなかったということを指している。これらのやさしい魂たちは、ただ純粋に地球を助けたいという慈愛の心から、自ら進んで降りてきている。そして地球で暮らすようになって初めて、地球が宇宙で最も過酷な環境だと言われる所以を思い知らされる。また本書でも紹介しているが、これらの魂の中にはただ探検や冒険をしている途中の霊体やエネルギー体がいて、肉体を持ちたいと考えたこともないという面々もいた。これらの魂たちが地球という敵だらけの異質な環境に適応できずに苦労するのは言うまでもない。彼らは勇敢にも、このような手ごわい任務を引き受けた存在として称賛を浴びている。

それでは、これから宇宙船や他の星、他次元で生活した記憶を持つ、地球探索を意図しなかった魂たちの経験について掘り下げていきたい。私の著書『人類の保護者』に、私の4半世紀にわたるUFOや宇宙人による誘拐の事例の探究がまとめられている。この本の出版で、およそこの分野で知りたいことのすべてが語り尽くされたと思っていた。しかしそれは間違いで、紐解くべき新情報はまだたくさんあった。この本を書いた時点で、私にはまだボランティアの存在と、地球での過酷な使命についてのつながりがわかっていなかった。そのような視点から見れば、ETは侵略者ではなく人類の庇護者だ。彼らは自らが作り出した人類を保護し、見守っているにすぎない。これらのボランティアソウルに自覚はないかもしれないが、彼らは決して孤独な存在ではない。彼らの故郷の同胞たちは、彼らを見守り、地球の慣れない環境にうまく適応できるように手を差し伸べている。これらのケースのいくつかはすでに『入り組んだ宇宙』シリーズに書いたが、当時はまだ全体像が見えていなかった。本書ではその後明らかになった情報を続編として紹介していく。

失われた時間

私の仕事はいつでも紆余曲折を通り越して、突飛な方向に飛んでいく。このためＵＦＯやＥＴにかかわる内容が方向転換したとしても、もはや驚くにはあたらない。これまで私は失われた時間のエピソードや、圧縮された時間の出来事（『人類の保護者』に収録）などについて探求してきたが、それらは必ず宇宙船にいる物理的な存在によるものという理由を見つけることができた。ある意味でそれらは人が論理的に理解しやすい範囲であり、わかりやすかった。しかしその後のセッションでは、物理的な形のない存在や宇宙船が多く登場するようになった。その異質な概念は、クライアントの顕在意識では理解し難いものの、ＳＣにとってはごく普通のことと捉えていた。結果として私たちの意識は拡大し、それに伴い私の仕事のすべてが変化した。私はこのワークに対する考え方を完全に変えることになった。

ジャッキーのセッションは、２００１年9月11日の、いわゆる９・１１事件直後にネヴァダ州ラフリンで開かれたＵＦＯ会議の中で行われた12のセッションのひとつだった。ＵＦＯをテーマとしたイベントだったことから、その手の経験があったかどうかを確かめたいという人が多く集まり、ジャッキーもそのひとりだった。私はバーバラ・ラムの協力を得て、会議期間中の毎朝〝ＵＦＯ体験者のためのミーティング〟を開いた。ジャッキーには記憶のない時間があり、それが何だったのか気になっていた。ジャッキーと友人のエレインは、車でアリゾナ州セドナを目指し、早朝３時に出発した。セドナまでは車で通常4時間なので、何もなければ朝7時頃には到着するはずだった。

しかし実際の到着はそれより遅れ（失われた時間は2時間）、セドナに着いたとき、ふたりは不思議な高速道路上にいた。ふたりが夜中に出発していたことから、私はふたりが途中で仮眠をとっていたのではないかと確認したが、絶対に違うとジャッキーは断言した。ふたりが移動した時間帯の交通量は非常に少なく、それが夜中の出発の主な理由だった。到着が遅れた論理的な説明はつかなかったため、そこがセッションの主なポイントとなった。ジャッキーが、それが起きた正確な日時を記憶していたのは助かった。彼女はその出来事を日記につけていた。

彼女が解明したかったもうひとつのポイントは、鼻腔に何か埋め込まれたのではないかという疑惑だった。彼女は健康診断の際に医師が撮影したX線画像を数枚持参していた。そのうちの一枚に、鼻腔上部の小さい白い点が映し出されていた。そして数か月後に撮影された別の画像にはもう写っていなかった。その数か月の間に鼻の孔から何かが取れたという。何だかわからなかったので、取れたものは捨ててしまったという。彼女の鼻に何か入れられていたのか、そして身体の別の場所にまだ何か入っているかを確認したかった。

私はまず失われた時間について調べることにした。ジャッキーを変性意識状態《トランス》に誘導すると、彼女を1993年7月1日の早朝の自宅へと向かわせた。


ドロレス（以下D）： まだ夜明け前ですが、あなたは旅の準備をしています。あなたはその朝の自宅の室内に降り立ち、出発の時間が来ました。今は1993年7月1日の早朝、まだ夜明け前です。あなたは何をしていますか？　何が見えますか？

ジャッキー（以下J）：　電気を消して、ドアの外に出ました。

D：旅行の荷物はすべて持ち出しましたか？（はい）誰の車に乗り込むのですか？

J：私のフォードです。

D：運転するのはあなた、それともエレインですか？

J：私です。すごく早い時間、午前3時5分です。外はまだ真っ暗で、エレインと私は車に乗り込みました。車内で私の好きな音楽が流れています。音楽が時間を忘れさせてくれます。

D：セドナまでの運転時間はどれくらいですか？

J：4時間くらいです。これまで何度も行きました。でも今日はいつもと違うルートを考えています。17号線に乗って、そこからリンズパーク経由でセドナに入ります。山道だけど、距離はこっちのほうが短いです。このルートで行ったことはありません。

早くも新しい情報が判明した。ふたりが初めて行くルートでセドナを目指していたことを、ジャッキーは覚えていなかった。

D：そのルートのほうが早く着くのですか？

J：いいえ、いつもより遅くなります。

D：なぜ新しいルートで行くことにしたのですか？

J：約束があったから。行くと言ったんです。あの人たちに会うために。

D：その人たちはその高速道路で待っているのですか？

J：はい。そのルートの方が彼らと会いやすいので。無意識では彼らが待っていると知っていましたが、顕在意識では知りませんでした。

D：約束とはどういう意味ですか？　何か計画があったのですか？

J：私の仲間が、（悲しげに）彼らに会いたいです。

ジャッキーは感情を高揚させ、泣き始めた。私は彼女を元気づけ、状況について説明を促した。彼女は泣きながら話し始めた。

J：彼らは完全なる……光です。純粋な光でできています。会いたかった。すごくね。ここは異様なところだから。

D：その人たちはどこか別の場所にいるんですね？

J：（ため息をついて）そうです！

D：あなたはいつその人たちと会う約束をしたのですか？

J：私が睡眠中に、どこに行けばいいか知らせに来ました。（すすり泣きながら）どこかの道路の上で会うことになり、私は場所がよくわからなかったんですが、時間がなかったんです。決められた時間までにたどり着かなくてはなりませんでした。

D：それであんなに早く出発することになったんですね？（はい）待っている人たちはあなたの知っている人なんですよね？　どこで知り合ったのですか？

J：光。（まだ泣きながら）彼らは光の存在です。彼らは光。光のエネルギー。

D：どうやって知り合ったの？

J：私は彼らだもの！　私は彼らと一心同体なんです。

私は誘導尋問を避けながら、より詳しい説明を求めた。

D：あなたが地球に来てから彼らとコミュニケーションをとっていたんですね？

J：いつでもね。でも私が理解できないときもありました。彼らのことを忘れてしまうんです。彼らは凝縮された光だということを。究極に青く、密度の濃い光です。私もです！

D：あなたは彼らと一体なんですね。では少し時間を先に進めましょう。彼らと会う約束をした場所に着くところに行きましょう。その場所は遠いのですか？

J：その前にガソリンを入れなくちゃ。スタンドに寄ります。とても気分がいいです！　生き生きして、すっかり目覚めています。エネルギーが漲《みなぎ》り、ワクワクしています。でも給油した途端に眠くなりました。数分もしないうちに意識が朦朧としてきました。私は車を回って助手席に行き、エレインに運転を替わってもらいました。瞼がくっついてしまったので。

D：まだ夜明け前ですものね。

J：そういうことじゃないんです。眠りとは違いました。彼女が運転していて、シートベルトをつけています。私はスピードメーターを見ました。時速75マイルです。それが私の見た最後の景色でした。そのとき、到着まであと20分だと思いました。

D：道路は空いていましたか？

J：ええと、対向車が一台、中央分離帯の向こうを走っていくのを見ました。

D：それから何が起きましたか？　あなたの無意識は知っていたんですね。無意識は眠っていませんから、何が起きたか説明できますよ。

J：私たちは止まりました。道路の右に車を寄せて。そこは舗装されていない道でした。農場か何かのフェンスがありました。車の窓を開けました。まだ真っ暗です。

D：エレインが車を道路脇に寄せたんですね？　あなたに訊きもしないで？

J：いいえ。彼女は微笑んでいます。私は右のほうを見ています。何か、銀色のドーム型の、水のタンクのようなものがあります。でも水のタンクではないわ。ふたりの〝人物〟がこちらに向かってきます。ひとりが私の側の、もうひとりがエレインのドアのところに来て、私たちは歩き出しました。

D：その人物の風貌は？

J：グレイです。

D：あなた方は車を降りたんですね？

J：はい。エレインは大丈夫です。静かに歩いています。

D：彼らはどこに連れていくのですか？

J：船です。その部屋の中にいます。

銀色のドーム型の物体とは宇宙船のようだ。

D：あなた方は部屋の中にいるんですね。それで何が起きていますか？

J：私はこのロボット、グレイに何か教わっています。彼らのほうから声が聞こえてきます。私は、使者だと。（泣きそうになり）私はまた取り残されるのだと。もう戻りたくない。戻りますけど、本当は彼らと一緒にいたい。本当に一緒にいたかったんです。私は光の一部です。光の、一部分。帰りたい。

D：一部分とはどういう意味ですか？

J：彼らとつながっていた光を切り離して、私ひとりで地球に戻っていくのです。降りていかなくてはならないんです。でも彼らと一緒にいたい。愛がいっぱいの人たちです。分子の一つひとつに光が満ちている。彼らが求めるようにできるかどうかわかりません。

D：彼らはあなたに何をしてほしいのですか？

J：光を広める。光を広めること。地球に降りて、光を広めて神の威光を増大させることです。

D：どうすればそれができるか、彼らは教えてくれましたか？

J：私がやり方を知っていると言われました。

この話は『入り組んだ宇宙』第1巻で書いた、光を広めるために地球にやってきたバーソロミューのストーリーを想起させた。

D：宇宙船にいるのはあなたに話をした人たちですか、それとも別の人ですか？

彼女がロボットと呼んだのは正しかった。それらは生物学的につくられた機械で、プログラミングされた仕事をこなすだけの存在だ。このため彼らは通常自分のことを考えたりしない、単純作業用マシンだということを私は知っていた。グレイたちはどこから指示を受けているのか知りたくなった。

J：電話で話すみたいなものです。彼らは遠く離れた相手と話しています。

D：彼らが聞いた伝言をあなたに話しているということですか？

J：彼ら自身が電話なんです。彼らがメッセージを発信しています。彼らもまた光の星から来ています。ここは素晴らしいわ。でも地球に戻ると、私は不完全な破片になったような気持になるのです。

D：彼らはなぜ早朝にあなたをここに呼んだのですか？

J：私が……道具を必要としていたのです。ある装置です。彼らは私の脳内にある装置を埋め込みました。（まだすすり泣いている）

D：どのようにして入れたのですか？

J：金属の棒で、私の右の鼻の孔から入れました。

D：それはあなたの脳に埋め込まれたのですか？

J：脳の近くです。私が彼らと一体であるということを思い出すために入れられました。これで彼らが私に投影する概念を受け取れるようになります。私が生きていかれるように、私が人々を指導できるように助ける道具です。送られる概念は私の心のプロジェクターに映し出されます。言葉もイメージとして届きます。

D：その道具があれば、あなたは人々を導くために何を言えばいいかわかるのですか？

J：はい。でもときどき私は役に立っていないと感じます。

D：どうしてですか？

J：マネキンに向かって話しているみたいで（笑）。

D：脳に入れられたのは迷惑ですか？

J：いいえ、あれは私に必要なものです。私の……テレフォンカードのようなものですから。

D：それのおかげで彼らとコミュニケーションができるんですね。それはマインドコントロールのようなものではないですよね？

J：違いますよ。私は彼らです。彼らと私はひとつです。

D：彼らがあなたに何か情報を伝えたいときのための電話機のようなものなんですね。

J：私を助けるためです。私が被害を受けないように。何か危険が迫っているときに私に警告するためのものです。

D：あなたも彼らに情報を送るのですか？

J：ええ、もちろん。私が話す相手全員に対して、いろんな概念やアイデア、価値観、経験、すべて伝えます。それによって彼らも私たちも成長します。

D：彼らは情報をもらってどうするのですか？

J：水晶に入れるように、情報を蓄積していきます。神のソースにストックされます。神のソースの情報庫で、光の知識の一部になります。神の役割を創造するんです。神は役割を果たさなくてはならないので。

D：彼らの情報源はあなただけですか？

J：いいえ、彼らは私のような分子を無数に送り出していますから、情報源はたくさんあります。

もし私がやらなくても他の人ができます。

道理で、私が接するたくさんのクライアントがそろって同じ話をするわけだ。地上でこんなふうに仕事をしている〝分子〟にこれからも多数遭遇するのだろうか？　もしそうなら、このような人々は世界中に散らばっているようだ。もし情報収集が目的なら、世界中に彼らの分子が散在している理由も納得できる。

D：　彼らが情報収集する手段というのは、脳に埋め込まれた小さな道具だけですか？

J：　いいえ、他にもありますが、全員に装着されているわけではありません。私たちが何かについて考えると、同時に全員で共有できるというものです。存在の知識が遠くにいる別の人、そのまた先にいる人にもわかるのです。光の存在全部が同じことを同時に共有します。でもこれは私が地球にいる間の、より物理的な連絡方法です。

D：　それがあなたの身体に装着されていたことはありますか？

J：　はい。でも今はついていません。

D：　あなたが若い頃のことを聞いています。（はい）彼らはどうしてふたつも埋め込む必要があったのですか？

J：　ときどき身体が吸収してしまうからです。また、ときどき機械の更新が必要になることがあります。必要な情報を全部受信するためにそうします。

D：　つまり子供にも装着されることがあって、ときどき新しい装置に更新されることがある。

J：私が7歳のときでした。私はすごく孤独で、私が寂しくないようにとつけてくれたんです。彼らは、私はひとりじゃないよって、言ってくれたんです。それでも孤独感は消えませんでした。地球は本当に不思議なところ。人と話をするのが難しいですね。人に話しかけるのがとても苦手でした。今は慣れてきましたが。

D：あの朝に話を戻しましょう。あなたが宇宙船にいるとき、彼らは他にどんなことをしましたか？

J：彼らに先延ばしをやめるように言われました。でも私はやるべきことをしなくてはならないから。別のところにいた頃の私はもっとずっと完璧でした。青い光だった頃、青い光の塊だった頃のことです。大きな青い光の塊だったんです。

話がちんぷんかんぷんで、私は理解しようと努めた。

J：彼らと一緒にいた頃の話です。彼らと一緒のときの私はいつでも完璧だった。時間は存在しません。私が青い光だった頃、密度の濃い光の塊だった頃が一番幸せだった時代です。

私の質問からは理解可能な回答を引き出せなかった。

D：それはあなたが若い頃の話ですか？

J：地球で言うところの、想像上の時間軸で言えば、おそらく50万年くらい前のことです。あの頃の私は幸せだった（笑）。心地よい、濃密な青い光だった頃です。

D：それから何が起きたのですか？　その光の場所を去らなくてはならなくなった？

J：神の役割を助けるためです。地上に降りてくると、私たちは自らの行いによって神の光を増強していくのです。悪い行いをすると、光が衰えます。行いによって私たちはエネルギーを創造し、神のソースのエネルギーを増大させます。新しい、より良い宇宙をゼロからつくるときはいつも、光の塊からスタートします。始まりはなく、終わりもありません。物理的な惑星では、暗く冷たくなることがあります。重く、暗く、孤独になります。

D：青い光の塊とは何だったのですか？

J：神！　神のエネルギーです。私たち一人ひとりが独自の形をした、凝縮エネルギー体です。あのときは私が神のもとから初めて、離れて？　以来、最も神に近い転生でした（どう説明したらいいか迷っている様子）。神のソースから飛び出した光になって以来とでも言ったらいいでしょうか。暗闇にいると自分の光も弱くなります。私は切り離されて孤独だった。本当にひとりぼっちでした。でも本当はそうじゃないということをどこかで知っていた。もっと楽だったらよかったのに、とは思いますけど。

D：あなたは志願して物理的な存在となったのですか？

J：はい。責任感です。私たちが学ぶべき資質で最も困難なのが責任感です。私たちはみな、自分の輝きに対する責任があります。神のエネルギーの一部であるその光を増大させる責務があるのです。それはなかなか理解しにくいことだから、それを助けるために私がいるのです。でもときどき疲れ切ってしまいます。

D：それは今のジャッキーとしての人生での話ですか？　それとも、これまでの旅路全体の話？

J：全体の話です。

D：どうして疲れ切ってしまうのですか？

J：スピードが足りないからです。

これは以前にも聞いたことがあった。地球の次元では物事の展開がことごとく遅すぎるということだ。特に霊的世界などの別次元では、思考は瞬時に現実となるなど、すべてのペースが桁違いに速い。密度が濃く展開の遅い地球の物理次元は、何でもすぐに現実化してきたエネルギー体をイラつかせる、思うに任せない場所なのだ。

J：別の惑星、別の場所でもかつてはペースの遅い時期がありました。

D：そこは地球とは違っていたのですか？

J：地球ほど暗くなかった。

D：それは学びのためではないですか？　学びを得るために地球のような場所に行かなくてはならないのでは？

J：そうです。すべては成長するためだとみんなわかっています。でもこの惑星は当初の計画とは違う方向に行ってしまいました。地球の人々は疲れた足を引きずって嫌々ながら生きるという人生を許してしまいました。魂の成長の軌道は垂直に上昇しなくてはなりません。物質的なことは関係ありません。現実ではないのですから。現実のように見えるものと、本当の現実を見極めなくてはなりません。見せかけの人生と本当の人生も区別しなくてはなりません。今の人々の人生は本当の人生とは言えません。だから、ここにいるとときどき怒りを覚えます。でも神のソースの光をこの地に広めなくてはならないのです。この結晶を作らなくてはならないのです。

D： そこをジャッキーは理解したいと思っています。なぜそういうことが彼女に起きているのか、彼女の目的を理解することは本人の役に立ちます。

J： 目的は理解しています。ただ、わからないのは、なぜ私がこんなに疲れる事態を許しているのかです。

D： ジャッキーの身体には、他に何か埋め込まれていますか？

J： 左手の指にも入っています。

D： それは何のためですか？

J： 〝健康〟目的ですが、血液のためだと彼らは言っています。地球は密度が濃すぎて、私の血液には酸素が不足しています。そのため十分な量の酸素が全身に行き渡らないのです。バランスが悪いため、白血球が増加します。レーザー光線のような光が身体に入ってくる様子が見えます。身体に埋め込まれているのはものすごく小さいものですが。

D： その小さいものが血中酸素のバランスをとっているのですね？

J： はい。でもメカニズムはわかりません、理解できません。光が……推進する？　光が分子を蹴飛ばして動か……みたいな（笑）。何しろ私に必要なものです。向こう20年くらい、私が強くいられるように。

D： あと20年？　その道具がジャッキーの身体のバランスと調和を維持するのに役立つんですね。

その他に知っておくべき埋め込みはありますか？

J：左耳の後ろにもあります。

D：それは何のためですか？

J：コミュニケーション用です。耳の後ろには複数入っています。7歳のときに入れられたのは高い位置に、別のものは最近です。

D：7歳のときに入れられたものの目的は？

J：彼らからの情報をちゃんと聞くためです。信念の話とか。降ろされた情報を聞き、脳内で真実を識別できるように、です。真実とそうでないものを正しく選別できるように。

D：ジャッキーがX線画像で見つけたものも埋め込みですか？

J：あれは鼻腔に入れたものです。

D：それは何の目的ですか？

J：それもコミュニケーション用です。彼らが何かを知りたいとき、見たいときに使うものです。彼らは私が見聞きしたすべてを共有できます。彼らが私に何か伝えたいときは、脳内に直接発信してきます。それを私はときには画像で、ときには言葉で受け取ります。X線画像に映っていたものはコミュニケーションの道具です。

この話はセッションで身体に埋め込まれたものについて訊ねたクライアント全員から聞いたものと同じ内容だ。『人類の保護者』でも一部解説している。ETは、埋め込みの機能について私たちが理解することはとても重要だと指摘した。それらについて非常にネガティブな意味合いが持たれることが多く、発見して除去した人もいるほどだ。鼻の辺りに埋め込まれたものの機能は一貫している。それは本人の脳が受信したすべての情報を送信する道具だ。送信された情報は直接データベースに保管され、地球や人類の文明の記録の一部となる。また、本人の居場所を特定し、必要に応じて保護するための監視装置が埋め込まれている場合もある。その他にも、徐放性薬剤［訳注：薬の成分が少しずつ長時間放出され続けるように加工された製剤］のように、その身体の機能不全や疾病を治療するために薬剤が放出されるものもある。私が知る限り、ETによって埋め込まれたものは非常にポジティブなものばかりだ。本人にとって少しでも害のあるものは一例も聞いたことがない。否定的な事例は、事の全体像を把握できていない場合に限定される。

D：ではそれは脳内に入っているものとは別物ですね？

J：同じものです。脳の近くにあります。耳の後ろのものも脳の近くです。7歳のときに入れられて、1995年に気づいたものです。1993年のものが鼻腔にあるものです。

D：X線画像に映ったものですか？

J：それは1993年に、セドナに行ったときに入れられました。

D：どうして今はもう映らないのですか？

J：1996年に、また失われた時間がありました。そのときも早朝で、彼らがやってきました。埋め込みが緩んでいたので、除去するか調整しにきたんだと思いました。でもその翌日取れたんです。多分彼らが剥がれ落ちるように調整していったのでしょう。

D：なぜ、そのようにしたのですか？

J：私は彼らがしていることに気づいていたし、それはきちんと機能していませんでしたから。
D：それがジャッキーの言っていた、小さい緑色の四角いものだったんですね？
J：はい。（クスッと笑って）子供が補助輪付きの自転車で乗り方を覚えるとき、補助輪に頼りますよね。少ししたら補助輪を外しますが、あの埋め込みは補助輪にあたるものでした。取れてからは自力で運転できたのです。私は補助輪が取れたことに気づきませんでした。（この気づきは驚きだったと同時に知りたくないことだった）独りぼっちなんですね。
D：その埋め込みが取れてしまった後は、ジャッキーとどのようにコミュニケーションをとっているんですか？
J：水晶です。一番活発に使っているのが水晶の電報システムです。この頃はさらに効率が向上しました。補助輪なんかもう要りません。補助輪がなくてもコミュニケーションが取れています。
D：つまり、ジャッキーはひとりぼっちではないということですね。今でも彼女は誰かとつながっている。物理的な存在を介してはいないけれど。
J：非物質の、スピリチュアルな存在としての在り方をもっと教えてくれるべきでしょう。魂で教える、人々に、魂を持ったまま死ぬということを（感情が高ぶってくる）。
D：それは大事なことですね。ジャッキーは今それをしているんですね。とても貴重な貢献だと思います。彼らはジャッキーに、人々をどんな言葉で導いたらいいかを指導しています。

ジャッキーは介護施設で介護助手として働いていたため、日常的に高齢者や寝たきり老人との接触があった。

J：まだよくわかっていません。

D：まだ始まったばかりですからね。彼らが言うように、ジャッキーにはこの先まだ少なくとも20年という人生があります。その間にはたくさんの出来事があるでしょう。ところでジャッキーが知りたいことがまだいくつかあります。彼女はカルマの浄化について訊ねています。家族や、彼女を理解しない人々に対するネガティブな想念についてです。

ジャッキーは家族との問題を抱えていた。原因は彼女のスピリチュアル系の活動に対する誤解だった。このようなことは人が生き方を変えたとき、とりわけその新しい方針が家族の信念体系に反している場合にはよく起きる。夫婦のどちらかが精神的に進化して生き方を変えたために離婚に発展したケースは多い。新たに見つかった関心事を追求するパートナーを受け入れ、愛し、理解するのは並大抵のことではないからだ。

J：私が失った家族……それは小さな家族でした。それは私が失った大家族を象徴するものです。このせいで地球の暮らしはとても孤独です。これも実験の一部で、私は家族がいなくてもつながりを切ることなく、補助輪のステージをクリアできるかどうか知りたかったんです。光の家族のように。あの光の星の家族にように。

D：彼女が恋しがる本当の家族とは、その光の家族なのですか？

J：ここで失った家族は小さな一例です。彼らは私から補助輪を奪い、責任について教えてくれたのです。私には責任があるし、誰にも何にも依存する必要がないということを（すすり泣く）。

D：そして彼女には大家族とコミュニケーションを取るための電話システムがあるんですね？

J：正確には電報システムです（笑）。

D：ジャッキーは病を抱え、死んでいく人々に対してかけがえのない仕事をしています。これは彼女がこの先ずっとやっていくべきことですか？　答えられる人はいますか？

J：わかっているんです。めそめそしていないで責任を自覚しなくてはならないんです。やれ！ただやりなさい！　神の摂理を人々に伝えなさい。新しい、もっと素晴らしい宇宙をたくさん誕生させるために、神の力を広めなさい。おバカさんたちに説明しなくてはならないんです。

D：ジャッキーが教えるべき内容は明確に伝えられていますか？　教えるには、まず自分がわかっていなくてはならないので。

J：悪い質問です。能動態でなくてはいけません。いずれ知らされるでしょう。明確に。これ以降すべて能動態／肯定文で話してください。……でも私も苦労しています。私が肯定文で話すと、理解できない人たちは私に怒りを感じるのです。命令されているように感じるからです。

D：でも、いろんなレベルの人々がいるので、怒る人は避けられないのでは？

J：情報は光の星の人々からやってきます。彼らは卒業した魂です。彼らは劣等的な魂から分離された存在です。彼らはすべてを理解しています。時間があまりありません。卒業生たちは悟りを開いた魂たちです。彼らは光の中を移動していました。その彼らが戻ってきて他の魂を教えるのです。この魂たちが卒業生です。

D：卒業生とは、コースを修了した人たちです。そういう意味ですか？

J：卒業生たちですら初心者なのですが、未熟な魂には到底理解できません。たとえばある部屋で縞柄の猫が生まれると、その猫には一生涯縞柄しか見えません。別の模様は目に入らないのです。これが真実。心とはそういうものです。だから私は理解できない人たちに何も教えることができないのです。

D： （話題を替えて）彼女は過去世で教える経験を持っているか、知りたがっています。

J： はい。彼女には過去世がたくさんあって、古代エジプトでは加速教育を指導しようとしていました。しかし彼女は脳なしに教えているようだと感じていました。

D： 人はなかなか理解しませんからね。

J： でも愚かな人はそれほど多くはないです。

D： 彼女が教えなくてはならないのは当時と同じ概念ですか？

J： 光対闇、光対星たち。ネガティブ対ポジティブ、といったこと。やらなくちゃ。やらなくちゃ。

セッションで降りてきた存在たちが、クライアントに対して〝彼ら〟の目的は光、情報、理解を広めることだとこれまで何度となく聞いてきたのは驚くべきことだ。多くの場合、このメッセージはクライアントの顕在意識の思考パターンには含まれないものだった。それが好ましいことだと受け入れることができたとしても、ではどうすればいいのか、と問われれば見当もつかなかった。もしかしたらそれを指導するためにコミュニケーション促進用の埋め込みが施されているのかもしれない。埋め込みを介して彼らは、クライアントにどう伝えればいいか、どんな行動をすればいいかを話しているのかもしれない。それに従うとごく自然に、ほとんど本能的に言葉や行動が出てくる。（このような話を私はいったい何回聞いたことだろう？　お手上げの状態に陥ったとき、まさに当意即妙の言動がすらすらとできたという話は数えきれないほどある)。

ジャッキーの質問に、あるとき自分の手を見たら真っ赤だったのはどうしてか、というものがあった。「あのときは何が起きていたのでしょうか?」

J:人々への奉仕にはヒーリングも含まれます。それが私の仕事です。手と心を使ってヒーリングをするのです。あのときの私の手の色は私の心の色、深い赤でした。熱はなく、エネルギーです。死んでいく人々を癒やすエネルギーです。(くすっと笑い)ちょっと変ですよね。死んでいく人を癒やすなんて。

D:少しも変じゃないですよ。恐怖ではなく愛に包まれてあの世へと旅立つ手助けをしているんですね。

J:ああそうですね。素晴らしいことでした。92歳や96歳の美しい魂。彼らは本当に信じられないほど美しいんです。

D:それで、赤い手はヒーリングのためだったんですね?

J:私の手が触れる人にエネルギーを届けるためでした。彼らの額に触れたり、手を握ったりします。そして機械が通電するように、身体にエネルギーを注入するのです。そしてその電気を体内で機能するエネルギーに変換します。手が赤くなっていたのは、私がするべきことをしていると知らせるためでした。

次にご紹介するのは、複数の過去世を辿った長いセッションの記録の一部だ。ヴァレリーは長期にわたり病院に勤務している看護師だ。彼女も2001年ラフリンで開催されたUFO会議で、私が毎朝行った〝UFO体験者のためのミーティング〟の参加者だった。彼女もETとのコンタクトを疑っていたが、具体的な記憶はなかった。以下は彼女のSCにその疑念について質問している部分だ。

ドロレス（以下D）： ヴァレリーはこれまでの人生のどこかで、いわゆるETと何らかの関係があったのではないかと思っています。これは事実でしょうか？

ヴァレリー（以下V）： まずわかってほしいのは、人の人生の綾は複雑に絡み合っているということです。宇宙には数えきれないほどの種族や生命体が存在します。ヴァレリーは、かつてこれらの生命体として何度も転生した経験があります。それらの経験はすべて魂の進化のためでした。異なる種族同士は互いに相手から学びを得ます。ETとのコンタクトにはたくさんのレベルがあります。複数のレベルで、それぞれに目的がありますが、これは合意によるものでした。ひとつのレベルにおいて、その目的は幼少期から接触を持つことにありました。それにより、世界とは目の前にある物質界だけではないことを本人が少しも疑うことなく理解するためでした。そして、より広い視野に基づく疑問、「なぜ私はここにいるのか？」「どうすればよりよく生きられるのか？」そして「他の人がより良く生きるために自分に何ができるか？」という問いを持つことへと導くためでした。幼少期からのコンタクトがなかったら、彼女はこれらの疑問を抱くことはなかったでしょう。コンタクトは彼女が自分は何者かを思い出すためのアラームクロックのようなものです。人生のごく早いうち、子供の頃からアラームクロックが鳴る人々は祝福された人々です。自分が誰かを思い出し、何をしに来たかを思い出すのは容易ではありませんから、幼少期から接触があることはかなり有利です。今目の前で起きていることにしか関心のない人々に囲まれて、その次元を超越するきっかけすらない人に比べれば。

D：夢に出てくる赤ん坊についても質問があります。彼女はあの子たちを妊娠したのですか？

V：そうです。

D：それはどういうことでしょうか。

V：これは多くの人々にとって困難な問題です。しかし地球の歴史上遺伝子が続くことは非常に重要です。単に継承するだけでなく、ＤＮＡの修正があります。あなた方は遺伝子と呼んでいます。地球では将来的に、あなた方がＥＴと呼ぶ存在と人間との混血種が必要になるでしょう。未来には人間とＥＴの両方の性質を持つ人種が求められるときが来るでしょう。彼女はそれをすることに合意しています。潜在意識レベルではそれが何を意味するか理解しています。そしてまったくの自由意思で、このプロジェクトに貢献しています。

D：あの子たちがどうなったのか、彼女は知りたがっています。

V：彼らは安全なところにいて、彼らなりに幸せにしています。彼らを巡る状況のすべてについて今知ったとしたら、おそらくそれは適正な生き方ではないと、幸せとは言えないと考えることでしょう。ですから今はただ、彼らは安全で幸せにやっているということにしておきましょう。安心して大丈夫です。彼らの生活環境を詳しく知ってしまうと、顕在意識がそれは子供にふさわしくないと考えるので、彼女が知る必要はありません。

D：それは、彼女が知っている生活とかけ離れているんですか？

V：かなり違っています。彼女の知っている世界からは想像もつきません。でも、それは子供たちが選択したことでもあるのです。彼女が今の人生を選択したように、あの子供たちもそのような人生を選択しています。彼らの選択であり、カルマでもあります。彼らは自分が選択した人生を生きているのです。なかなかうまくやっています。

D：彼女はあの子たちに会えるでしょうか？　また会いに行くことは可能でしょうか？

V：いいえ、会えません。彼女は彼らの人生を始める手助けをするという契約をしました。あなた方が言うところの〝養育〟が必要なときは、そういう契約をした別の女性が担当します。それは彼女らにできることですし、それに喜びを感じる人たちです。ヴァレリーはあちらの世界に行くと、またこちらに戻ることはできないと感じているようです。彼女の場合はそういうことになっています。

D：では、子供たちの心配は不要だと。万事問題ないということですね。

V：すべてうまくいっています。

D：わかりました。では次の質問です。彼女は朝起きたときに、身体に三角形のマークがついていることがときどきあります。あれは何ですか？

V：私たちには学んでいることがたくさんあり、身体を違った環境に適応させ、統合する方法を探っています。それで人に対していろいろ実験をさせてもらっています。人を宇宙船に連れて行き、違ったものにどう反応するかを試しているのです。だいたいは地球にあるものですが、それが彼らの身体にどう影響するかを知りたいのです。彼らの食べものや飲みもの、サプリメントなどの他、大気汚染や食物汚染などについても調べています。私たちにはそれらを計測するための道具があり、それを使った跡が身体に残ることがあります。それらに害はまったくなく、長く残ることもありません。実際身体に悪影響が起きているのを見つけた場合はそれを取り除くことも少なくありません。このようなテストをして、身体に起きている〝悪いもの〟や汚染物質を取り除くには何が必要かについても調べています。実験はよい目的のものです。

D： では彼女は気にしなくていいんですね。ただ身体に何か印がついていたので、興味を持ったというだけのことでした。

私はこれまでにも多くの人から、朝起きたら不思議なマークが身体についていたという話を聞いていた。彼らのSCに訊ねた際にも同じ説明が返ってきた。ETが船内で、何らかの機械や道具を使って彼らの身体を調べた痕跡だという話だった。悪影響がないことは承知していたが、このように確認できるのはいいことだ。何かが理解不能なとき、人は最も怖れを抱くものだからだ。

別のクライアントのセッションでも、不思議な話が話題に上った。そのクライアントが知りたいことのひとつにETとの接触があったかというものがあった。ETとのコンタクトがあった場合のセオリーとして、皮膚に何らかの痕跡が残るが、それは蛍光灯に照らしたときのみ視覚化される。ETとの接触の有無を確かめるために、この方法を採用しているET研究者もいる。このクライアントの身体に残った痕跡も、蛍光灯で明らかになった。

D：その痕跡の原因は何ですか？　どうやってついたのですか？

M：この人はとても忙しい人です。ＥＴたちは彼女が夜眠っているときにやりました。いいえ、あのときも眠っていませんでした。彼女は誰かと仕事をしていました。この人は休むことを知りません。

D：光に照らすと見えるのはなぜですか？

M：ＥＴとの接触があると見えるようになります。ＥＴが彼女に触れると、それが身体に残ります。たとえるなら油のような、皮膚に付着する物質です。彼女はとても好奇心が強いので、蛍光灯に当ててみたのです。照らしてみて、痕跡を見つけたということです。それがあったのは彼女がＥＴと接触したからで、彼女にはＥＴと共にするべきことがあるのです。ＥＴと接触するとそのような印が付きますが、そのうち消えていきます。

D：それが人の身体に悪影響を及ぼすことはないですか？

M：まったくありません。大丈夫です。

D：研究者のなかには、これを悪い兆しだと主張する人もいます。

M：自分の力を誇示したいという人がたくさんいますよね。彼女が身体についた印に気づいたときは、接触があったということです。本人は眠っている間だと思っていますが、眠っていません。

D：彼女がＥＴと共にするべきこととは何ですか？

M：人々から怖れを取り除く手助けをしています。いま彼女はいろんなことを学んでいる最中で、それらはあとで使うためのものです。彼女にはたくさん学び、それを人々に教える役目があるのです。

地球の人々は怖れに憑《と》りつかれています。彼女は人々が怖れているものをすでに経験しているので、怖れる必要はないとわかるのです。経験豊富なので、大丈夫だと知っているのです。それが彼女の役目のひとつ、得意な仕事です。そのような手助けをしながら同時にいろいろ学んでいます。それもうまくいっていて、彼女はそれを覚えていたいと願っています。寝ている間にたくさんのことが起きていて、空にはたくさんのことがありますから。

D： 学びの過程はもうそろそろ終わりですか？　それともまだ続きますか？

M： まだまだ続くし、終わることはありません。実際のところ、これはまだほんの序の口です。いずれ彼女に明かされますが、それを知ることになるのは彼女だけではありません。でも大丈夫、すべてうまくいきます。彼女は勤勉ですから。

というわけで、蛍光灯に照らすとＥＴにつけられた印が浮かび上がるという説は正しかった。そして、その印があればＥＴとの接触があった証拠となる。証拠が欲しい人には便利な調べ方ではあるが、その印はＥＴに何か傷をつけられたというような悪いものではない。この印には誰にとってもネガティブな要素は含まれない。

第16章
家族

このセッションは、私がまだ3つの波という理論に気づく前の2002年の初頭に行われたものだ。質問の仕方を見ると、ボランティアソウルのことよりETに関心を寄せていることがわかる。ヴィクトリアは高校教師で、毎日多くの若い生徒たちと接している。退行すると、彼女には、時代に先行した情報や思想を広めようとした罪で数人の仲間とともに殺害されたという悲劇的な過去世があった。この人生が終わったとき、彼女は昇天し、仲間たちと融合してひとつの美しい光となった。その場所の平和がたまらなく居心地がよく、彼女はそこにずっととどまっていたいと願ったが、地上に再び知識や思想を広めるという目的で今の地球に降りてきた。

ヴィクトリアは地球で不幸だった。〝天上の世界〟の家族が恋しかった。光や精霊の世界から遠く離れていると感じ、説明のつかない悲しみに囚われていた。しかし学校の教室や廊下で生徒たちに愛を送り、広めることで、彼らをサポートしようと努めていた。彼女は生徒たちに愛を届けることが、彼らを助けることになると信じていた。生徒たちが愛を受け取る様子を見ることで、たとえ意識下のことであってもヴィクトリアは自分が何かいいことをしているという喜びがあった。しかし顕在意識レベルではこのような認識はなく、ただフラストレーションを抱えるばかりだった。

ヴィクトリア（以下V）：　子供たちが愛の光を必要としているのがわかったので、私はそれを広めようと努力しました。彼らにはわからなくても、私は愛の光を送っています。それが彼らの人生に影響を与えるけれど、いつどんなふうに起きるのか、彼らにはわかりません。至るところに人がいて、私は全部の人々に愛を送ります。私はこの愛を送り続け、みんなと分かち合わなくてはなりません。私のような人々はここにはあまり多くいません。私は仲間が恋しいです。魂を融合させて一体になれる仲間に会いたいです。故郷の星で私たちはひとつの魂のようでした。でも、離れ離れにならなくてはならなかった。ここに降りてきて、光を広めなくてはならなかったのです。ここは酷い有様です。だから、今私たちにできることをして事態を改善しなくてはなりません。少しでも早く愛を広めなくてはならないのです。そして彼らが愛し合わなくてはならないということを理解してもらう必要があります。彼らに必要なのは愛し合うことだけです。彼らが心を開くことさえ学べば、手遅れになる前に世界を変えることができるのです。

ドロレス（以下D）：　でも、ここにはネガティブなものがずっとありました。

V：　ええ、わかりますよ。でも、あまりにもネガティブに偏り過ぎている場所があります。そういう地点を一つひとつ潰していかなくてはならないのです。どこかから始めなくてはならないので、私たちはバラバラに分かれて手分けして進めることにしました。そうするうちに、光を広める人が他にも増えていきました。彼らは自覚することなく、ただ光を放っています。

そして、この特別な任務に携わる人々は護られているとヴィクトリアは語った。誰が護っているのか訊ねると、こう答えた。「彼らです（笑）。彼らとは私のことで、私は彼らです。彼らはいつでも私とともにいます。以前は故郷の星でずっと一緒でした。そしてまた地球に戻ってきました。ここでも一緒です」

D：あなたはその集団のひとりという意味ですか？

V：そうです。離れている仲間もいますが、今一緒にいる仲間はずっと一緒にいます。

D：地球外生命体、ＥＴの話をしているように聞こえますが。

V：その呼び方は好きじゃありません。まったく好きではありません。私は彼らのことを友達と呼んでいます。彼らは彼ら自身で私たちです。そして私たちは何年も前から彼らです。彼らは以前にもここにいましたが、いなくなりました。そして今、再びここに戻ってきて、できることをしようとしているのです。

D：彼らは肉体を持っていますか？

V：持っている人もいます。私のような、肉体を持つ人たちは世界中に散っています。

私は護っている存在について訊ねたのだが、彼女は地球に降りて仕事をしている面々のことだと勘違いしたようだった。

D：わかりました。でも、ただ情報を与えてくれる存在もいるんですよね？

V：それは私の友達です。

D：肉体を持ってどこかにいるんですか？

V：はい。でも地球にはいません。地球で肉体を持っている存在は多くはありません。

D：彼らはどこからコンタクトを取ってくるんですか？

V：すぐここにいるのを感じますよ。でも見えないですよね？

D：見えませんね。

V：でもいるんですよ。ここにね。

D：この部屋にいるということですね？

V：ええ、私と一緒にいます。私が呼べばすぐに来るんです。

D：私は宇宙人《エイリアン》や地球外生命体のような存在が宇宙船に乗っているのを想像していました。

V：彼らは彼らの次元を移動しますが、今はこの次元に私とともにいます。彼らは私の家族です。私たちは任務のために来ているので、仕事があるのです。仕事上必要であれば私は彼らを呼び、彼らはすぐにやってきます。

D：そして情報をくれるのですか？

V：私は物事が明らかになる必要があると知っていました。（声色が変化）彼女はまだ真実を知りませんが、いずれわかるでしょう。心の深いところでは任務を理解していますが、当面は自覚することはありません。まだ準備段階にあるのです。

ヴィクトリアが聞きたかったことにひとつに、地球外生命体が関わっているのではないかと思われる経験があった。私はこの機会に訊ねてみた。

D：ヴィクトリアは1995年の夏に起きたことについて知りたがっています。空が明るくなって3人が現れたことです。

V：彼女は一部しか記憶していませんが、すべてを理解しています。真実がわかっています。

D：顕在意識のレベルでの理解を求めています。

V：そうですね。そろそろ顕在意識のレベルでも知らせるべきなのかもしれません。そのときが来ました。

D：それは彼女にとって安全なことですか？

V：もちろん。彼らは友人ですから。彼らは愛すべき家族です。

D：それでも彼女の人生を損なうようなことはしたくありません。

V：いいえ。もう彼女は準備ができています。とっくに整っていたのです。彼女は大丈夫、私たちの一員ですから。もう残された時間がなくなってきましたから、今が伝えるべきときだと思います。

D：では彼女に起きたのは現実で、宇宙からコンタクトを受けたということですか？

V：全部がそうではありません。でもそれは問題ではありません。彼女には常にコンタクトしていますから。やるべきことがあまりにもたくさんあるので、いつでもしょっちゅう連絡を入れているのです。

D：彼女にとって害になるようなことが起きてほしくありません。

V：はい。彼らはあなたがクライアントを守ろうとしていることについて評価しています。彼らは全員計画によって動いていますから、あなたの配慮に感謝しています。彼ら全員がそれぞれの計画を遂行中です。彼らは接触した人々を助けようとしているし、あなたの活動も助けになっています。

D：あの晩何が起きたのか教えてくれますか？

V：はい。外で何かブーンという音が聞こえたので、起き上がって外を見ました。それからトイレに行ってベッドに戻りました。それからまた起きて、ベッドから出て、手を伸ばして彼につかまって、彼らと一緒に出かけました。

D：あの3人とですか？

V：ええと、それは3人でした？　あの晩は確か4人いたはずですよ。

D：どんな姿の人たちですか？

V：彼らはその3人とは別の存在です。あの晩、来たのは、ただエスコートしただけのヘルパーたちでした。私はどこに行くのかわかっていたからすごくうれしかった。彼らはたくさんの人を連れて行かなくてはならないから手伝いをしているんです。

これもセッションで共通するテーマのひとつだ。宇宙船に誘導される際には、ヘルパーのような、たいていは小さい存在にエスコートされている。宇宙船にたどり着くためには本人の両脇にひとりずついなくてはならないようだ。人間が単独で宇宙船に乗ることができないのは明らかだ。人間でも肉体を分子レベルにまで分解し、単独で壁を抜けたり天井を突き抜けたりできるが、空中を上昇して宇宙船に乗る際は、必ず第三者によるエスコートが必要だ。私の著書『人類の保護者』で、このような場合では2つの過程が起きていると〝彼ら〟は話している。

D：彼らと一緒に行ったと言いましたが、どこに行ったのですか？

V：あっちの方向です（と言って左を指さす）。光があった方向です。私たちは上昇し、どんどん登っていき、さらに高く舞い上がり、広いところに出ました。中に入り、着席して、教室のようなところで。そこには大きなスクリーンがあって、これから私たちがするべきことについて話し合いました。あとどれくらい仕事が残っているか。それをすべて終わらせなくてはならないんです。はい。やらなくちゃならないんですよね。わかります。もちろん同感です。今やらなくてはならない。ええ、わかっています。はい、お兄さん、私、やる準備ができていますから。

彼女はその教室のような場所で、明らかに誰かと話をしていた。教室については『人類の保護者』にも書いた。私のクライアントの何人かが同じ経験をしていて、その教室は大型の母船の中にあるようだ。

D：彼らは追加の指示を出したんですか？

V：はい。次にするべきことについて話していました。計画を立てるんです。私も夜中に活動しています。行くべく場所、するべきことがあるのです。私が世話をしなくてはならないこともあるし。そしてこの場所は、今夜私がするべきことの中継地点みたいなところ。なので、私はここから出発してあちらへ行って……どこへ行ったのでしょう。あの晩の私には、何か特別な任務があったのです。

私たちは毎晩身体を抜け出しているが、それを自覚している人はほとんどいない。身体は疲労を感じ、夜睡眠をとって休息しなくてはならないが、あなたの本質は魂（霊体）であり、魂は疲れることがない。魂にとって、身体が睡眠から目覚めて活動を再開するまでただ待っているのは死ぬほど退屈なことだ。したがって、あなたが眠っていると思っている時間帯に、あなたの本質部分はどこへでも行きたいところに行き、ありとあらゆる冒険をしている。世界中を飛び回り、魂の故郷に還って新たな使命について指示を仰いだり、別の惑星の探検に行ったりしている。眠っていると思っている時間に実はとても重要な仕事をしている人は少なくない。肉体を離れて、戻って来られなくなることを心配する必要はない。魂と肉体は〝銀のコード〟で結ばれていて、その肉体に死が訪れるまで切れることはないからだ。朝になって肉体に戻る時間になると、銀のコードがリールを引くように巻き取られ、魂は肉体に引き戻されていく。夜の間に魂が経験したことは一切記憶には残っていない。

D：仕事をしているときは肉体を持ったままするのか、それとも霊体での話ですか？

V：肉体の話ではありません。これは私の本来の次元でのことです。私がいつもいる領域です。身体はここに残しておいて、私はあちら側で誰かに指示を出しています。そこで私のやっている仕事があるのです。そしてあの晩何か特別なことがあったのです。だんだん思い出しました。何か普段と違うことをしなくてはならなかった。そしてヘルパーたちにエスコートされて帰ってきたのです。理由がわかりません。どうして彼らの助けが必要だったのか。ああ、わかりました。私が身体から出るのを助けてくれたんです。そうでした。肉体から抜け出たり、また戻ったりするのに助けが必要なんです。私はこの身体に慣れなくてはならず、しょっちゅう出入りするのが大変だったのです。

D：肉体は窮屈で重たいとよく言われています。

V：そう、鬱陶しいですね。この忌々しいちっぽけな肉体……あ、でもこれは素晴らしいギフトですよ。誤解しないでほしいのですが、でも不便です。これまでとあまりに違うし、あまりにも閉じ込められた感があります。でも私たちはヴィクトリアの面倒を見ます。まだ彼女にはするべきことがたくさんあるので。

D： でもヴィクトリアは何ひとつ記憶していません。そのほうが良いということですか？

V： （笑）彼女が記憶しておいたほうがいいと私たちが考えた分だけの記憶があります。これまでほんの一部だけ教えてきましたが、もう準備が整ったようです。彼女のほうもあちらこちらで学習してきましたから。準備が整って、もうわかっています。今日あなたに会いに来る前に、彼女には真実がわかっていました。私はときどき人間の様子を聞いて悲しくなります。でも変わらず人間を愛さなくては。愛さなくてはなりません。ヘルパーたちを初めて見たときは少し怖かったかもしれませんが、もう彼女は準備ができたと思います。これからはもっといろいろ共有しようと思います。これがスタートになるでしょう。

D： でもゆっくりやってください。彼女を怖がらせないように。

V： そうします。衝撃を与えないように。でも問題はないでしょう。彼女は以前にも私たちのことを見たことがあります。それは顕在意識には残っていませんが、潜在意識には刻印されているし、いずれにしても私たちは何が起きているのかすべて承知していますから。

D： 小さいヘルパーたちは悪者でないことを知っていますが、初めて見る人には恐怖を与えてしまいます。

V： そうですね、あの小さい子たちについては気の毒に思います。悪い子たちではないんですが。

D： 私もいつも人々にそう伝えています。グレイの評判はよくないですから。

V：彼らはただ指示されたとおりに動いているだけの存在です。人間はときとしてあまり好意的ではありませんし。

D：私はこの仕事を通じて人々にグレイは悪い人たちではないということを極力知らせるようにしています。悪い要素はひとつもありませんから。

V：（笑）彼らは本当に小さくてかわいい子たちです。彼らのことを見慣れてくると、親しみが増していきます。

D：私も彼らはとてもかわいいと思います。でもとても悲しそうに見えます。私には何の抵抗もありません。

V：（笑）なんてかわいそうな子たちでしょう。

D：お別れする前に何か彼女に伝えたいことがありますか？

V：（低く、やさしい声で）いいえ。もう行かないと。

第17章
もうひとつの遭遇

過去世探訪には興味がないが、現世で起きた論理的に（少なくとも彼らの考え得る）説明のつかない不思議な出来事の真相を突き止めたいというクライアントが数多く私の元にやってくる。**何か**が起きたという記憶や感触は彼らを虜《とりこ》にして放さず、決して忘れることができない。これまで4半世紀にわたりこのような事例に取り組んできたが、そのほとんどは典型的なUFOやETによる誘拐・拉致体験によるものだった。その一部は私の著書『人類の保護者』に収められているが、近年ではこれに当てはまらない事例が増え、いわゆる普通の宇宙人との遭遇ではなくなってきた。それらの事例の一部については『入り組んだ宇宙』シリーズでも書いたが、あくまでも特異な、例外的事例だと思っていた。しかし今となってはそれらが大勢を占めつつあり、以前の典型的事例は減少傾向にある。それは私の仕事全般に言えることで、新しい主流が増加し、進化・発展を続けている。何か新しいことを発見し、消化できたと思うが早いか、すぐに次の新しい概念が提起され、私の探究は前人未到の未開領域へと分け入っていく。

ジャネットがセッションを通じて知りたかったことは、不思議な光景の記憶について、そして1974年に起きた、記憶が途切れた時間に関することだった。私は彼女を、その出来事が起きた日へと誘導した。降り立ったのは、夜の11時頃、高速を運転している彼女自身だった。後部座席にはふたりの子供たちがいて、ジャネットは行先も決めずにただ漠然と車を走らせていた。彼女は夫に対してひどく怒っていて、思わず家を出たところだった。「夫の顔も見たくなかったんです。とにかくその場を離れたかった。彼は私を裏切った。信じていたのに」高速道路は空いていて、たまに車が通るくらいだった。暗くてほとんど何も見えない状態だった。そのとき何かが彼女の目にとまった。「何かが光ったんです。何だかわからなかったけど、とても奇妙な感じがしました。今まで見たこともないような光でした」そして震え始めた。「寒い」彼女の顔を見ると、明らかに何かを見て不快に感じていることが表情からうかがわれた。私はそれについて話すよう促した。

ジャネット（以下J）：　今、浮かび上がっています。空にのぼっています。寒い。円盤。回転しています。回りながら私たちのほうに向かってきます。私は車を運転していて思い切りスピードを上げています。これ以上速く走れません。車がポンコツだから。……こっちに向かってくる。すごい低空飛行です。もっと速く走りたいのに走れない。子供たちを乗せているのに。右から来ました。こっちに迫ってくるので、私は反対方向に逃げています。私は南の方向に走っているんだけど、速く走れなくて追いつかれそう。その方向にしか行かれないんです。捕まってしまうわ。（感情があふれ出して）怖い！　何が起きるのかわからない。ヘッドライトが消えました。音楽も消えました。それは車の真上にいます。エンジンも止まったわ。回っている。光が回っています。今モーターが止まりました。私は動けません。子供たちは眠っています。**彼ら**が眠らせたんですね。

ドロレス（以下D）：　彼らとは誰のことですか？

J：　宇宙船の中の人たちです。

D：　どうしてわかるのですか？

J：　ただわかるんです。子供たちを怖がらせないように眠らせたのでしょう。私は本当に寒い。何が起きているのかわかりません。今私は浮かび上がり、光の中に来ました。

D：　光はどこから来るのですか？

J：　宇宙船から。でも覚えていてはいけないの。

D：　今は覚えていても大丈夫？

J：　一部ならね。

D：　彼らが望まないことをここでしたくないのですよ。彼らもわかっていますよね？

J：　わかっています。

このような考え方や対話ができるのは、私が彼らと頻繁にセッションを通じて共同作業をしてきたことで、私を信頼してくれているからだ。怖れるべきものなど何もないとわかっていたし、私もジャネットもただ情報がほしいだけだ。それで彼らに情報をくれるよう促した。

D：全部覚えていてはいけないのは、どうしてですか？

J：あまりに多すぎるからです。

D：それはわかります。ただジャネットが知りたい情報だけ提供してほしいのです。（はい）ではお聞きします。ジャネットは車を降りたのですか？

J：いいえ。降りたのではなく、車の屋根を突き抜けて舞い上がったのです。

D：そんなことがどうして可能になったのでしょうか？

J：光の身体《ライトボディ》が上昇したのです。

D：物理的身体ではなく？

J：肉体ではありません。そろそろ彼女も知るべきときが来たようです。物理的な肉体は車内に残っていました。ライトボディが彼らと一緒に行ったのです。私たちと。

D：どこに連れて行かれたのですか？

J：宇宙船です。

彼らによると、宇宙船に呼ばれたのはこれが初めてではなかった。ジャネットは子供の頃肉体を持ったまま何度も宇宙船に連れて行かれていた。その詳細については重要でないということで教えてくれなかった。

D：そのときはどうして肉体を持ったままで連れて行ったのですか？

J：彼女を監視・調査するためです。彼女にとって地球での暮らしは容易ではありません。過酷な体験が多すぎるのです。でもそのときが来ました。彼女の活動を進めるときです。これからはすべて覚えていて、本格的に稼働するのです。

D： 子供の頃に宇宙船に連れて行かれたときは、何があったのですか？

J： 調整です。意識と身体の調整をして、よりよく理解できるようになりました。受け入れることができるようになりました。

こうした記憶があると、地球での生活がさらに困難になることから、ジャネットは一切記憶していなかった。ジャネットは地球に来ることに合意していた。「ここに降りたのは、彼女の希望、意思です」

D： ジャネットには、地球で生きた経験がたくさんありますか？

J： いいえ、いいえ、全然違います。彼女は初めは意識の仕事をしていたのです。意識、意識の創造、種蒔き、それから……。

D： 意識とはどういうことか、彼女に説明してくれますか？

J： 種蒔きです。この惑星の原初意識の種蒔き。地球創造の初期に、それから地球の重要な局面で。主要な変化が起きたときにもです。

D： 〝主要な変化〟とはどのようなことを指しますか？

J： アトランティスです。長く続いたアトランティスの時代。エジプトもそうです。

D： それらのときにどうして彼女は地球にいる必要があったのですか？

J：そういう時期にその場にいるのが好きだからですよ。この星の根本原理が変化するときなど、主要な変化とはこの惑星の進む方向が変わるタイミングです。

D：では、彼女はここにきて一般人の生活をする必要はなかったと？

J：ないですね。

D：来るのは何か重要なことが起きているときだけ？（はい）ではこの人はいつ地球に行きたいか自由に選択できるのですね？

J：そうです。あるとき彼女は地球に行きたいと望んだ時期がありましたが、それは失敗でした。

D：地球にいつ行くかについて、誰か彼女に助言する存在はいるのですか？

J：（笑）強情なんです。ものすごく強情な人です（笑）。はい、たくさんいます。そういう集団があります（笑）。

D：物理的存在ですか？

J：いいえ違いますよ。彼女は連邦で働いているのです。それは意識体で、彼女の専門分野です。

D：連邦とはどういう意味ですか？

J：はい。世界の集合体です。たくさんの世界の。新しい生命を創造し、新しい世界を創る。

D：そういうことをしてきた人なのですか？（はい）そしてしかるべきときに地球にやってくる？（はい）それ以外のときはどこにいるのですか？

J：他のことをしています。創造のための新しい土地を探しています。たくさんの場所がありますから。

D：彼女が肉体の外にいるときはあなた方と一緒に活動しているのですか？

J：あなた方の理解力には限界がありますね。

D：だからこうして学ぼうとしているのです。

J：私たちが学びます。あなた方の思考回路には制限がありますから。すべてはひとつの、今という時間の中にあります。同じひとつの時間内でたくさんの場所に行き、たくさんのことができるのです。線形の時間の概念に沿った質問では、ここにいるのか、あそこにいるのか、となりますが、実際はあらゆるところに同時にいるのです。なので、彼女はここにいるし、他のあらゆるところにもいるのです。この人はあなた方の考える線形の時間軸の空間にはいません。

D：そのような概念は他のクライアントのセッションにも多数登場しています。しかしそれはまだ人間の頭では理解しきれません。（はい）要するに彼女はそちら側にいながら、同時に地球で任務をこなしていると、そういうことですか？

J：（笑）そうですね。彼女は画面上で見ています。地球の仕事はそうやってこなしています。

D：彼女自身が地球で活動している様子を画面で見られるのですか？（はい）そのような自分を見てどう思っているのですか？

J：気に入っています（笑）。

D：〝存在〟という表現が妥当かどうかわかりませんが、彼女はそちら側にいるときはどんな存在なのですか？

J：人間の姿の小柄な女性です。他の姿をしているときもあります。多種多様な姿になれるのです。あなたの想像を超えるほどにね。人間の想像力の限界を超えて、それをもっと超えて、さらにその先があります。神が経験し得るすべてのものの数だけね。

D：でも人間にはそのすべてを意識することはできません。

J：彼女はときどきできています。ときどきですが、ある瞬間につながったりすることがあります。

D：原則として、人間は物理的存在としての自分以外が見えないようになっています。

J：いいえ、あなた方全員そんなことはありません。違います。これからもっと別の自分の存在に気づくようになります。物理的なあなた以外のあなたがいることに気づき、本来の自分として統合していけるようになります。

D：でもそれは人間にとって混乱を招きませんか？

J：現在のあなた方からすればそうかもしれません。でも全体としてあなた方はどんどん本来のあなた方を認め、それらを統合しつつあります。たとえば、幼少期、青年期、現世以外の転生の経験、物理的でない経験、そして未来の可能性など、すべてをひっくるめてあなたとして統合していけるでしょう。

D：でも、人間の思考回路や社会の仕組みからすると、非常に混乱します。自分という概念が拡がり過ぎて。

J：彼女が今まさにそこにはまっています（笑）。だから混乱しているのです。彼女は多次元で活動していて、顕在意識に記憶は残らないかもしれませんが、実際は理解しています。別次元で精力的に動いているのですが、顕在意識に記憶されないため、何も覚えていないと感じています。彼女は同じ時間に複数の場所で、異なる次元の自分が活動していて、そのすべてとつながっているのです。

D：そういう活動をしているとき、物理的な彼女は何か感じるのですか？

J：ときどきはあります。

D：そういう活動を顕在意識レベルで認識できるように、どんな感覚があるのか教えてくれますか？

J：ちょっと待ってください。あなた方にわかるように解説しましょう。あなたは他の人のセッションからこのことをすでに聞いています。たとえばあることをして、次に別のことをしているときに前のことを忘れてしまいます。一度は記憶していても、次の瞬間には消えています。これはわかりますよね？

D：人間の記憶が短期記憶だという意味ですか？（そのとおり）そういうときは何が起きているのですか？

J：別の次元やレベルに移動しているのです。これを経験している人は多いと思いますよ。この頃の人々は同時にたくさんのことを記憶できなくなっています。バランスについてもっと経験が必要です。

これについては『人類の保護者』でも触れているが、たとえば何かを取りに別の部屋に行ったのに、着いてみると何を探しに来たのか忘れると言ったことだ。一瞬混乱した後で、「ああそうだった！」と思い出す。彼らによると、このようなとき私たちは別の次元に行って、戻ってきているのだという。それほど身近で短時間に、そういうことが起きている。

D：彼女が宇宙船に行ったあの晩の話に戻りますが、なぜ、それが起きたのですか？

J：あのときのことを思い出すときが来ました。あのとき、彼女は初めて夫とのしがらみから離れたのです。夫の支配から初めて飛び出した瞬間でした。夫とともにいなくてはならないという思い込みから解かれたのです。彼女は夫の元を去ることをずっと怖れていましたから、あの晩が完璧なタイミングとなりました。人生にはもっといろんなことがあるということを思い出すときが来たのです。だから私たちはあの晩彼女と会ったのです。それが始まりでした。

D： あなた方の目的は彼女で、子供たちではなかった。

J： 子供たちには、それぞれの経験があります。特に息子のほうにはね。娘のほうは怖がりですが、本人が自覚しているよりずっと力を持っています。あの晩のコンタクトの目的はジャネットでした。彼女の覚醒を促す合図でした。彼女は自分の人生は終わったと思っていましたが、そうではありません。彼女はすぐに打ちのめされてしまうので、定期的に彼女の人生に介入しなければなりませんでした。地球生活の経験値がないことが彼女の弱点です。

D： 肉体の調整のために彼女を連れて行ったこともあったと言いましたね？

J： 肉体の調整のときもあったし、精神のときもありました。

D： なぜ、連れて行く必要があったのですか？

J： 物理的な経験に関する限り、彼女は壊れる寸前にいました。

D： 幼少期にですか？

J： はい。子供の頃にも崩壊寸前でした。底知れない孤独感に苛まれ、虐待にも苦しんでいました。物理世界できちんと生きていけるように、肉体のバランスを調整する必要がありました。

D： ジャネットはこれまでETと対話してきたと思っていますが、私たちの知識には限界がありま す。ジャネットが任務をこなす際に、誰と話してきたのか教えてくれますか？

J：彼女はこれまで多様な次元の多様な人種とともに活動してきました。そして彼ら全員が協同しています。その中には光そのものの存在もいます。あなた方と同じような肉体を持つ存在もいます。それ以外の相手もいますし、概念のような観念的存在もあります。光も、神も、ありとあらゆる存在と付き合いがあります。

D：では私はそのすべてと対話していると捉えたらいいですか？

J：まったくそのとおりです。よくおわかりですね。

D：多次元の概念について、人間にはまだ馴染みがありません。ETや宇宙船といった物理的な対象に関心が向いています。

J：多次元とは何でしょう？　多次元とは、すべての人生、過去、現在、未来を同時に認識することです。ひとつの存在は同時に無数の存在でもあり得るのです。あなた方全員に言えることです。あなた方は自らの多次元的性質に気づいていません。物理的な自分というひとつしか見ていません。

D：そんなふうに全部が見えてしまったら、収集不可能になってしまいます。

J：今はそうでしょうね。将来的には変わってくるでしょう。今は、多次元とは、ひとつの存在が同時にたくさんの別の存在でもあり得るということにしておきましょう。そして、こう考えることはできますか？　あなたの人生の他にもたくさんの別の人生を望むだけ経験できるということです。想像できますか？

D：でもそれぞれの人生同士のつながりが見つけられません。

J：まだないですね。

D：この頃のセッションで、多くのクライアントが変性意識状態で語るところによると、過去世はもうあまり重要ではないと。過去世でどんな人物だったかはどうでも良くなっていると言われます。

J：過去世の影響力は以前ほど重要ではなくなっています。減少傾向です。人々は徐々に夢や幻から目覚め始めているのです。そして宇宙家族意識へと移行しています。

D：〝夢から覚めている〟とはどういう意味ですか？

J：分離された存在だという幻想から抜け出しているということです。生物学的にあなたの住む惑星だけしかない世界に隔離された、孤立した存在だという幻からの脱却です。その認識の影響は以前ほど強くなくなっています。あなた方のDNAは開放されているし、RNAも開かれてきています。

D：私たちは過去世の経験が現世の自分の人生に影響しているという考えに慣れ親しんでいます。

J：時間が過去から未来に流れるという概念に基づいて捉えればそのとおりですが、あなた方はもう以前のように線形の時間を生きているのではありません。あなた方は新しい次元に移行しているところなので、過去世で起きたことは以前ほどの意味をなさなくなっているのです。

D：私には、まだ古い世界観で生きているクライアントがいるのです。

J：そうですね。その人たちが線形の時間を生きているのなら、それに合わせる必要があるでしょう。そういう人々はまだスイッチが入っていないのです。それはそれで問題ありません。

D：みなそれぞれが、あるべき段階で生きているのですね。

J：そのとおりです。全員が同じレベルにいる必要はありません。もしそうなら多様性が失われてしまいます。世界の美しさも喜びも失われてしまいます。

D：そのとおりですね。ですから私はそれぞれのクライアントのレベルに合わせて仕事をしています。

J：そうすべきです。

D：もうひとつ、カルマの概念も変化していると聞きました。これについてはどうですか？

J：まったくそのとおりです。この期に及んでカルマとは選択なのです。カルマの経験という世界に踏み込むか否か、という選択です。今でもカルマの世界に入ることを選択する人々はいます。

D：ぬかるみに足を取られるように？

J：そうです！　あなたの惑星にはごまんといますね。

D：そのように聞いています。まるでハエ取り紙に絡め取られるような人々がいると。

J：そのとおりです。それを選択すれば、身動きが取れなくなるでしょう。

D：1996年にジャネットは自分が死ぬ姿を見たと言っています。重度の感染症に苛まれていて、卒倒して床に倒れた自分自身が見えたそうです。たぶん幽体離脱していたのでしょう。そのとき何が起きていたのでしょう？

J：彼女は死にました。

D：（驚いて）感染症が原因ですか？

J：はい。彼女は希望を失っていました。地球での自分の役割が見出せませんでした。彼女はあまりにも愛が深すぎて、それが自らを傷つけてしまったのです。それで調整が行われ、修復されました。でもその修復が顕在意識に影響を与え、記憶の殆どを失ってしまったのです。

D：あの日彼女は実際に死んだのですか？（はい）それで調整が済んですぐ身体に戻ったのですか？

J：いいえ、戻りませんでした。意識が完全に戻ったのは、あれから36か月近く経ってからです。

D：肉体が死を迎えたとき、生き返るためには意識が戻らなければならないのかと思っていました。

J：私たちは彼女の手当を続けていましたが、彼女はまだ……では、こんなふうに説明しましょう。肉体が機能し得る最低限の意識がかすかに残っていました。しかし3年近い時間をかけて、本来あるべき状態の彼女、高次の自己意識が、少しずつ統合されていきました。わかりますか？　このことについて彼女はあるレベルでは理解していますが、顕在意識ではわかっていません。ちょっと待って。待ってください。はい。ああ、彼女は人間が経験するあの白い光の現象について、まだ知らされてはいけなかったんだそうです。あの記憶は解放されました。でなければ、戻って来られなかったでしょう。

私は他のセッションで、臨死体験のケースを何度か扱ったことがある。彼らは生還したとき、死後の世界のことをほとんど、あるいはまったく記憶していなかった。死後の世界はこの上なく平和で美しいため、この経験をすべて覚えていたら、もう混沌としたこの世に戻りたくなくなるだろうと言われる。

D：つまり、魂や精神が完全にそこになくても、肉体は生き続けられるということですか？

J：人には肉体と魂を結ぶ絆があります。その絆がもっと強ければ、彼女の肉体の体温を高く保つことができたでしょう。ところが彼女が受けた衝撃が強すぎたため、肉体と魂のつながりが不十分でした。肉体が患った病からくるダメージに加え、心の痛手も大きかったのです。加えて彼女は地上での暮らしに適していないというハンディがありました。魂が負った傷はとても深かったのです。それで、彼女の肉体と魂を結ぶ絆に合わせた神経の調整が行われ、36か月続けましたが、本来の彼女を完全には取り戻すことができませんでした。この時期の彼女は以前のように普通の人間として機能できませんでした。わかりますか？

正直よくわからなかったが、彼らが引き続き苦心して説明するのを聞いた。

J： そしてここ2年の間にも精神と肉体の再統合の過程を進めるために、他次元で起きているさまざまな事象を顕在意識で受け止められないという葛藤が生じています。そこは彼女の中で統合できずにいる部分で、それを自分の人格の欠陥だというふうに捉え、自分でも〝欠点〟と呼んでいるのです。

『入り組んだ宇宙』第2巻では、一度死んだあと長い期間にわたり、魂の大部分が肉体に戻らなかったというケースを2例紹介している。どちらの例でも、魂が完全に肉体に戻り再び正常に機能し始めるまでに、長い時間がかかっていた。その期間のことを、当事者は夢遊病者のようだった、あるいは夢の中を生きているような感じだったと振り返っている。その間の彼らは物理的な環境に馴染めず、周囲の人々も彼らが普段と違っていることに気づいていたという。

J：　あなたにお伝えします。あなた方の中には、夢の中で、あるいは夢想状態で、顕在意識では想像もつかないような、地球についての壮大な計画の一翼を担っている人たちがいます。特定の情報を具体的に形にするために活動している人々や、真実を知らしめようと活動している人々もいます。真実を隠蔽しようとする勢力、歪曲して混乱させようとする勢力と闘っている人々がいるのです。したがって、そのような使命や性質をもって地球に来た同胞たちは、実際に思っている以上にお互いのことをよく知っています。

SCからのラストメッセージ：　ジャネットにお伝えします。自分のすることに最大限の信頼と情熱を持ってください。今と同じ意志を貫き、前に進んでください。あなたに必要なものは必要なときに必要なだけ届けられます。あなた方にも同じように届くことをお伝えしておきます。この惑星の懸け橋として力を尽くしているあなた方も、とても愛されているのです。ただし、そういう活動をしていない人々が愛されていないという意味ではありません。あなた方は惑星地球のために大変大きな貢献をしているとお伝えしたいのです。そのことを高く評価し、愛と感謝を送っている存在たちが多くいることを知ってください。意思を明確に持ち続けてください。必ずうまくいきますから。

イルカを介したコンタクト事例

これまでにETとの接触がテーマとなったものがもう一例あった。眩しい光を見て、あれは何だったのか確かめたいという女性のセッションだ。海が大好きな女性で、イルカと泳ぐことをとりわけ好んでいた。この一件は彼女がしばらくハワイに住んでいるときに起きた。現在はカリフォルニアの海辺に移住している。

〝彼ら〟が言うには、彼女にコンタクトを取り続けているということだったが、彼らはイルカとして姿を現していたため彼女にはわからなかった。一緒に泳いでいる間に、本人は知らないうちにたくさんのことをしているとのことだった。そのうちのひとつに埋め込みの除去があった。それで私は、埋め込みは悪いものではないと聞いたことがあると伝えた。彼らが言うには、埋め込みをするには理由があり、その目的が果たされたら除去しなくてはならない。もうその体内にある必要がないからだ。

イルカたちはまた彼女にテレパシーを通じて情報を送っているという。彼女がただイルカと泳いでいると思っている間に、多様なことが起きている。彼らがイルカとして彼女の前に現れた理由は、彼女もまたイルカのエネルギー体だからで、彼女が心地よく感じられるためだった。彼女は水の惑星の出身で、イルカのグループに属する魂の多くは水の惑星から来ている。彼女にはその記憶が残っているため、水に惹かれるとのことだった。その記憶を取り戻したことは彼女にとって大きな癒やしとなった。かくしてＥＴたちは彼女が怖がらずに受け入れてくれるようにとイルカの姿でコンタクトを取り、いろいろな仕事をしていた。これもまた、真実は見た目や思い込みとは違っているという例だった。

第18章
調整

ジャニスは3人の子宝に恵まれ、幸せな結婚生活を送っているソーシャルワーカーだ。彼女が私のオフィスに来たのは、UFOとの接触があったかどうかを確かめるためだった。彼女が覚えていた唯一の記憶と言えば、自分の寝室の天井を突き抜けていったという不思議な感覚だけだった。他には何ひとつ覚えていなかったものの、彼女の身体に何かされたという感覚、その不快感は残っていた。そしてもしかしたらそのときに何かを体内に入れられたのではないかと疑っていた。UFOに関する分野では、埋め込みを怖れるべきものだとする情報があまりにも多く流布している。私は自分が行ったセッションで得た情報について他のクライアントに話すことはない。クライアントが私の言葉に影響されないためだ。私は彼ら自身で経験し、情報を得てほしいと考えている。

現在の人生で起きた出来事についてセッションを通じて調べるとき、その出来事の渦中に誘導することは決してしない。私はいつも、その出来事が起きる前の時間と場所へと誘導するようにしている。そうすれば抵抗なくその出来事へと進んでいけるからだ。でないと曖昧にしか記憶していない出来事について思考が作り出した恐怖により、何か悲惨なことが起きるのではないかと怖気づいてしまうからだ。この手法を私は〝裏口メソッド〟と名づけている。この手法を取れば、クライアントは私が何をしているのか気づかないうちにするりと当該の出来事に入って行ける。怖れというものは人間が経験し得る最も強い感情だ。人は何かが完全に理解できないとき、そこに怖れという感情を持ち込む。すると怖れは記憶を色づけし、内容を歪めていく。私はこの現象を何度となく見てきた。変性意識状《トランス》態で語られる経験と、本人が顕在意識で記憶していることとの間には大きな隔たりがあるものだ。変性意識状態で語られる出来事のほうが理に適っていて、怖れや歪曲に邪魔されることなく振り返ることができる。私が職務上気をつけているのは、クライアントの人生を歪めることがないようにすることだ。

ジャネットを誘導したのは、1995年8月24日（本人の記憶）だった。私はその夜、彼女を寝室へと誘導した。ジャネットは寝室の様子について語り、いつものようにベッドの上で読書をした。階下では子供たちの声がした。しばらくして彼女は読んでいた雑誌をベッド脇の床に置き、照明を消して眠りについた。

それから私は彼女に、その晩は朝までずっと眠っていたか訊ねると、こんな答えが返ってきた。

「光のようなものが見えました。何かがおかしい。何だろう？　前の窓のところに光る何かが見えたんです。はっきりしていないんだけど。あんなものを見たことはありませんでした。私の中で、これが起きることをどこかで知っていたような気もしますが、でも予測したような展開ではないような。今、光が私を持ちあげています！　私を下から持ち上げています！　いったい何が起きているのだろうと考えています。軽くなったような気がします。ベッドから浮き上がっています。見下ろすとベッドや床が見えますが、どんどん遠ざかっていきます。ちょっと待って！　私が上がっているのか、何かが上がっているのか。上がっているという感覚はないのだけれど、下を見ると距離が遠ざかっているんです。私はどこか上のほうに向かっているんです。今、屋根の上に来ました。訳がわかりません。どこに向かっているのかもわかりません。どんどん上昇しています。私の家がどんどん遠くなっていく。（信じられない様子）ひとりで宇宙になんて行けるはずないのに」

ドロレス（以下D）：　今、ひとりですか？

ジャネット（以下J）：　泡みたいなものに包まれているような気がします。何も感じないのですが、周りに何かあるような気がします。ほんとに小さい何かに包まれている。シャボン玉みたいな。斜めの方向に上昇していて、家からどんどん遠ざかっています。

D：　今向かっている先が見えますか？

J：　光に向かって進んでいます。立っている感じも何もしません。ただ浮かんでいます。

D：　他に何か見えますか？

J：　何も見えません。何かが私たちと合流してきます。何かが開かれて、スロープが降りてきました。私はそこを上っていきます。何かの宇宙船のようだけれど、全体が見えません。何かが開かれて、何かが降りてきました。私はまだシャボン玉の中にいます。この泡が私を護り、運んでいます。泡の中で浮かんでいます。

D：　それから何が起きていますか？

J：　辺りが明るくなってきました。何かが明るく光っています。私が入って行った場所の明かりです。暗闇から光の中に入って行くみたいです。

ジャネットは混乱していて、目の前で起きていることについて説明ができなかった。彼女は背の高い人物の輪郭か影のようなものを見たようだ。次の瞬間、彼女はもう泡の中にはいなかった。自分の足で歩いていたからだ。「私はどこにいるんでしょう？　どこに向かっているんでしょう？　何もない廊下にいます。あまり広くはありません。誰もいないけれど、私は部屋に誰かと入って行くのだ、と話しているのが聞こえました。何かがぴかっと光りました。人間のようには見えません。もう姿は見えません。どこかしら。ここでは何かが行われていて、いろんな形のものがあります。自分の姿もどこにも見当たりません。誰かの影がちらっと見えました。今は暗い部屋にいて、外には星が見えます。今は夜だから、両脇の窓の外は真っ暗です。何かが何かを動かしているような」

私はこの状況について質問できるような誰かが近くにいないか訊ねた。「誰かが、私は質問してはいけない、と言っています。私は話を聞いています。あなたは知る必要はない、ですって。何だかわかりませんが、それはとても大きいことだから。何か、情報かしら、それが膨大だからと言っています。いったいこれはどういうことかしら。頭の中で声がするんです。どこから聞こえるのかしら。歯車がどうのこうのと言っています。私は小さな歯車のひとつというより重要だけど、大きな枠組みの中で働かなくてはならないんだそうです」今起きていることの情報はこのようにまどろっこしく、切れ切れにもたらされた。「女性のような存在がいます。防御、という言葉が聞こえました。彼女が防御です。正気を護るための防御、バランスを取るためです。私たち家族には計画があります。それは宇宙意識と関係があります。それは宇宙の一部で、いろいろ言われていますが全然理解できません。何かのトリガーになるらしいんですが」

D：それはジャニスが顕在意識で認識していないことですか？

J：「もちろんそうです」という声が聞こえました。頭字語で、アナグラム〔訳注：文字を並び替えることにより別の単語にする遊び〕のようでもあります。思考を整理するための手段。数学の公式。情報を取り込むための訓練。これが始まり。通路のようなもの。浄化で、公式。ピラミッドみたいなものです。

私はもっと意味がわかるような説明を求めた。

J：情報を入手するための膨大な空間、あるいは通路、小道のようなものがあって、そこから情報を集めて、乗り物……よくわかりません。

D：こういうことがジャニスに起きたのはその晩が初めてですか？　それとも以前にもありましたか？

ここで声が変わり、これでようやく混乱を極めているジャニスの顕在意識を経由せずに情報を語れる存在に入れ替わったと気づいた。

J：情報はジャニスの人生が始まって以来、常に流されてきました。

D：あの晩に起きた何かが彼女の抱く疑問のきっかけとなっているのですか？

J：彼女には読解力や好奇心、情報への渇望、知りたいという強い欲求がありました。

D：それがきっかけであの晩の異質な経験が起きたのですか？

J：ソースに招いたのは彼女への贈り物でした。

D：彼女は物理的な経験として記憶していますね？

J：物理的な経験でした。

D：物理的な肉体のままそこに行ったのですか？

J：はい。肉体ごと連れていかれました。あれは彼女の覚醒を促すための、不快感を伴う経験でした。あの経験は、彼女を守ってきた殻を破るもので、半ば強引に古い思考回路を壊し、現実に気づかせるものでした。巣立ちのときが来たようなタイミングでした。

D：彼女が行ったのは物理的に存在する場所ですか？

J：はい。宇宙船でした。

D：あの晩、彼女は宇宙船で身体に何かされたと思っていますが、それは事実ですか？

J：はい、そういうこともありました。彼女は自分がたくさんの存在の母親だということを知っています。それは大きな計画の一部です。彼女の肉体は大きな計画のために使われているのです。

D：たくさんの存在の母とはどういう意味ですか？

J：彼女の肉体は大きな計画の一部として使われています。彼女の意思として、身体を提供することで協力しています。彼女の肉体は他の文化や文明の助けになります。遺伝子やＤＮＡが化学的に合成されたり、改良その他の手を加えられています。それらはすべて大きな計画の一部で、彼女は自分の意思でそれに参画しています。本人の合意なしに私たちは何もできませんから。

D：それは以前にも聞いたことがあります。あなた方は本人の許可がなければ何もしませんよね？

J：そうです。これは彼女があらかじめ合意していることです。

D：いつ頃合意したのですか？

J：過去世のどこかで合意があり、今も続いています。このような協力は今の人生が初めてではありません。

D：過去世では何があったのですか？

J：今回と似たようなことです。本人の合意の下、必要な素材が彼女の身体から提供されました。今の世界で言うなら人道的に献血をするようなものです。自分の一部を提供し、自分の文化や文明、宇宙の他の文化や文明のために貢献しています。

D：宇宙の文化や文明がなぜ彼女の遺伝子を必要とするのですか？

J：死にかかっていたり、病に苛まれている文明があります。実験の最中のものもあります。使い方を改善しているものもあり、何というかあまりに壮大な計画なのでうまく説明できません。

D：その計画に彼女は賛同し、今の人生でもそれを続けているということですか？

J：そうです。他の人生でも彼女はこの科学的計画に協力してきました。彼女は提供する側と採取する側の両方の立場など、いろんなレベルで経験しています。

D：それで現世では提供する立場でかかわることに合意したのですね？

J：その通りです。

D：なぜ今そういう記憶が顕在意識にのぼったのですか？

J：彼女が問い続けたからです。自分がなぜここにいるのか、知りたいことがたくさんあるのです。ある程度まで覚醒するのはいいことです。

D：肉体の中にいると、全部を理解することが不可能ということですよね？　話が複雑すぎて。
J：そうですね。彼女はすべてを理解しているわけではありません。
D：そのほうが地球に生きていく上では望ましいのでしょうね。
J：彼女はときどき地球にいたくないと感じています。ここにいることが全然幸福ではないのです。
D：彼女は夫や子供、仕事にも恵まれていい人生を送っています。
J：彼女にとってそれでは不十分なのでしょう。平静を装ってはいますが生きていることの意味をもっと感じたいのです。
D：それでこのようなアプローチが可能になったわけですね？　今生きている理由の説明を聞くために。
J：彼女が思っている以上に重要な存在だと気づき、自分が大いなる計画の一部だと知ることができるでしょう。彼女は自分が関わっている計画のことを部分的にしかわかっていませんが、重要なプロジェクトの一端を担っているという自負が芽生えるでしょう。
D：そのようなプロジェクトに携わっている人々はたくさんいるのですか？（はい）その多くが、何か悪いことが起きていると感じているのでしょうか？
J：そうですね。彼女がそう感じたのと同じです。
D：その人々は何が起きているか知らないのですか？
J：ほとんどが知りませんが、なかには自覚している人もいます。
D：ジャニスは鼻に何か入れられたと言っていますが、それについて教えてください。
J：それはコミュニケーション用、バランスを取るために入れられました。そのツールは彼女と私たちにとって役立つものです。コミュニケーションとバランス、そしてエネルギーを取り込むプロセッサーのようなものです。コンピュータに内蔵されているマイクロプロセッサと同様のツールです。そういう説明が聞こえます。マイクロプロセッサです。彼女に埋め込むことで、彼らは感情の研究をしています。

D：彼らはなぜ感情の研究がしたいのですか？

J：人類の進化に関係するからです。進化の速度が加速していて、それに耐えられる人々と耐えられない人々がいます。感度の違いにもよるのですが、人間の意識に何が起きているのか、詳しく理解する必要があるのです。

どうやら彼らは来るべき地球の波動上昇、周波数が上がり、次元が上昇することについて話しているようだ。

D：人の身体には、どのような調節が起きているのですか？

J：身体だけではありませんよ。精神も感情も調節が必要です。変化を受け入れ、もっと感度がよくなっていきます。

D：私たちはエネルギーの変化に敏感になっていくと言われました。そういうことですか？

J：そうです。ほとんどすべてのものが変容し、加速し、前進しています。その流れについて行かれず苦しんでいる人々がいるので、コミュニケーションとバランスを通じて進化の動きがどのように人に作用するのかを理解しようとしているのです。これは監視装置ですが、同時に改善し、安定化するための、新たに発明された装置でもあります。対象となる人のバランスを整えると同時に貢献もできるのです。知識として蓄積できるし、変化の波に対応する人々がバランスを取り、調節する役にも立つということです。これには人類よりも進化したたくさんの種族もかかわっていますから、たくさんの学びの機会となっているのです。しかし、ひと口に進化と言っても千差万別です。進化の過程は全員同じではありません。それぞれの人種に特有の変数や課題があるので、彼らはその渦中にいる人々を監視し、支援し、調節のバランスを取っているのです。たくさんのサポートを必要としているところもあります。

D：ひとつの文明の中にもたくさんの変数があり、各人それぞれに違いがあります。そういうことを話しているんですね？（はい）あなた方はこの波動の変化によって精神が損なわれないように留意していますか？　それは監視装置に含まれていますか？

J：意識は成長して、拡張の過程にあります。障害物や混線もありますが、そのほとんどが感情によるものです。人々の人生経験のなかで虐待や、ネガティブな感情の発露を妨害されるような、歪められるような、何と表現したらいいかわかりませんが……。

ＳＣやＥＴがうまく表現できる言葉を見つけられないことはよくある。理由は主として、彼らがテレパシーを通じてコミュニケーションを取ることによる。私はいつも彼らに最善を尽くすよう依頼している。

J：そういう人々はすべての事象を感情エネルギーによって包み込んでしまうので、拡大発展することが難しくなります。彼らの学び、怖れも感情のフィルターを通すため、収集不可能になるのです。

D：精神や感情の問題により、波動の調整ができないという人もでてくるのですか？

J：はい。あなたもそういう人たちをたびたび見てきたでしょう。怒りや暴力の噴出があまりにも多く、自己破壊、自殺など自分で自分を壊す事例も枚挙にいとまがありません。ですから、みんなと一緒に進化できない人々もでてくるでしょう。彼らは調節ができず、前進もできません。彼らの進化を阻む重荷やブロックが多過ぎて、まるでごちゃごちゃに絡まったワイヤーでがんじがらめになっているようです。彼らの感情が事実を捻じ曲げ、歪めてしまうので明解な思考ができなくなっています。感情が多くの人々に問題を引き起こしています。あなた方はみな、身体のエネルギー系統ごとにエネルギーを受け取っています。その度合いは各人が受け取り、消化し、拡大できる度量によって違います。エネルギーが入ってくるルートに障害物がなく、それぞれのエネルギー系統にブロックがなければその分だけ多くのエネルギーが降りてくるでしょう。そしてエネルギーは本来の力を発揮できるのです。私たちは人間をいつでもサポートしているし、ほしい人にはほしいだけ与えられるのです。しかしどれだけ受け取るかは各人の意思次第です。

D：個人によるということですね。人によって考え方はみな違いますから。

J：ある程度はそうですね。

少しの間があり、SCとのつながりが切断されたようで、それ以降情報が降りてこなくなった。それで最後のメッセージがないか訊ねた。「聞こえるのは旅をして、経験を積みなさい。怖れることなく独自の道を歩みなさい。探求し、創造力を培い、直感に耳を傾けなさい。あとは本人がわかっています」

第19章

ETボランティア

ミリアムにはUFOと遭遇したという自覚があったが、それが記憶なのか、はたまた夢だったのか釈然としなかった。彼女はその一点を確かめたくてセッションをしにやってきた。私はその出来事の直前の時刻に誘導し、その夜ベッドルームにいるところからセッションが始まった。何が起きているか訊ねると、ミリアムは混乱し、戸惑っている様子だった。「どこにいるのかしら。何も見えません。ここは私の家じゃない」

ドロレス（以下D）： どんな感じがしますか？

ミリアム（以下M）： 身体に強い圧力がかかっているような感じがします。みぞおちの辺りから顎にかけて、とても重たく感じます。

彼女が不快に感じないように、私は身体への圧力に悩まされることなく話し続けることができるという催眠暗示を入れた。

M：身体の真ん中あたりに圧力を感じていたんだけれど、今は全身に感じます。身体全体が重い。両手も、胸の辺りも。まるで燃えているような感覚で、重圧を感じます。普段味わうことのない、不自然な感じです。そして何も見えません。

私は、彼女が状況をもっと明確に理解できるように指示を与え、説明できるようにした。「話をするうちにだんだんはっきりしてきますよ」

M：何かの容れ物の中にいて、そこから圧力を感じているようです。腰から上に圧力を感じ、下半身にはありません。何も見えないし聞こえません。

それが何だったにせよ、外の様子が何も見えなかったので、本当に箱のようなものだったのだろう。「とても重たい。何が起きているのか見当もつきません」私は時間を遡り、その箱に入る前の時点へと誘導したが、結果は変わらなかった。そこで今度は未来へと誘導し、箱の外に出られた時点へと移行した。彼女にかかっていた不快な圧力は消え、辺りが見えてきた。

D：何に入れられていたんですか？

M：ステンレスの箱のようなものでした。ステンレスではないけれど、そのような硬いものです。金属の箱ですが、横になれるだけの広さの、ちょうど聴覚検査室くらいの大きさです。酸素カプセルのようなシリンダー状で、私はその中に横になり、調和がとれています。すべてが金属でできていて、私はどうやってこの中に入ったのかわかりません。（混乱して）その装置が私の胸を〝均一化〟していると感じます。たぶん健全なエネルギーだと思います。いいエネルギー。ヒーリングエネルギーです。あまり心地よくはありませんでしたが。見えるのはそれしかないからわかったんです。痛くはなかった。私の体内のエネルギーを均一化して、バランスを整えたのです。ただ単純にバランスを崩していたのです。何故かわかりませんが、私は治療を受けたのです。

D： そのうち理由がわかります。降りてきますよ。

M： ああ、私が望んだんです。思い出しました。私はあの無関心な小さい人たちから治療を受けました。彼らには感情がありません。ただ仕事をする人たちです。なぜかわかりませんが、身体がバランスを崩していたんです。

D： その小さい人たちが見えますか？

M： 見えますが、話はできません。彼らはただ黙々と仕事をしています。

彼女はいわゆる小さいグレイのことを言っているのだと思った。グレイとは生体ロボット以上の何者でもなく、感情も関心も持たずただ仕事をこなす存在のことだ。ミリアムはこれまで見たことがなかったため、うまく説明できなかったのだろう。グレイは映画や文学に登場するETとは明らかに異なる存在だ。グレイとは、長身でやせ型の体型と動物のキャラクターを足して2で割ったような姿をしている。「はっきり見えないのは、私が見たくないからかもしれません。こんな奇妙な人たちを、これまで一度も見たことがないし、本や夢ですらありません。話ができるような存在ではないということです。彼らはただ仕事をする存在で、観察もしています。でも本当に異様な姿です。人というより動物に見えますね。毛皮のない動物、鼠色の生き物です。彼らには怖れというものがなさそうで、すごく不思議な生き物」

グレイに不快感を抱ているようだったので、私は関心を部屋に向けるよう指示した。「箱はクリニックのようです。向こう側には扉があって、キャビネットのような、箱の向こう側は……わかりません。巨大な機械かもしれません。何だか見当もつきません。すごく複雑で。部屋の大きさを数字で言うのは苦手なんですが、強いて言うなら一辺が40フィート（約12メートル）くらいの正方形です」

D： どうしてその箱に入ったのですか？　もし覚えていないなら、彼らに訊いてみてください。興味があるので、と言ってみてください。

M： 私の肉体は家のベッドに残っています。エーテル体（肉体の状態を良好にする機能がある）だけが箱に入っています。彼らは私の肉体を連れて行く必要がありません。箱の中でエーテル体を整えて、家の肉体の中に戻せば、物理的な肉体も整います。そういうことをしてくれたんだと思います。

D： それで、そこはどんな場所なんですか？　彼らが教えてくれますか？

M： どうやら私の家の近くのようです。（混乱して）彼らが言うには、人々が肉体の健康を維持できるようにモニタリングしていて、ときどきここに連れてくるんだそうです。簡易クリニックみたいな、移動式の診療所です。彼らが見守っている人々に何か問題があればここで治療します。ある一定の人々に対して、私にしたような、肉体のためのエネルギー調整をしています。これはいつものルーティーンだそうです。対象は彼らが知っている人、管理下にある人々ですが、彼らと私たちは似ていません。私とは違います。

D：そこは空中に浮かんでいるんですか？　それとも地上ですか？

M：空中です。

D：それで彼らは人々のエーテル体を連れて行くんですね？　これが最初だったのでしょうか？

M：以前から続いていることです。私が病気になったときもやってくれました。私がリウマチ熱になったときに連れて行かれました。まだ幼い6歳の頃で、とても具合が悪かったときです。

D：そのときはどんなことをしたのですか？

M：今回と同じようなことです。私を箱に入れて、あの筒状の容れ物に入れてエネルギーバランスを……あ、バランスではなく、悪いところを取り去りました。それからエネルギーを身体に戻しました。あのときも肉体は連れてきませんでした。

D：肉体を持ってこなくても治せるんですね。おかげで病気を悪化させずに済みましたね。彼らがあなたの面倒を見ているのはいいことです。

M：そうですね。

D：なぜあなたが対象に選ばれたんでしょう？

M：（驚いて）なんてことでしょう！　彼らが私も――ああ何ということかしら。彼らが、私も彼らの一員だと言っています。まあそんな！　彼らはほんとに奇妙な人たちよ。地球にはいないタイプの。すごく変な人たちよ。見たこともないような。

D：人間を驚かせるかもしれないような？

M：でしょうね。以前から知り合いだったんだけど、彼らはこっちに来られないのに、どうして私がかかわれるんでしょうか？　私は彼らと違うけど、以前は仲間だった。ある時期仲間だったから、彼らは今も私をモニタリングしているんです。彼らは地球を助けたいから私を助けているの。彼らが自分ではできないから、私の面倒を見るんです。

D：彼ら自身が地球に来て活動すると、人間を怯えさせるんですね？

M：そりゃ怖えるでしょうね！

D：それで人間が動かないといけないんですね？（はい）でもあなたは以前彼らの仲間だったのは、過去世でという意味ですか？

M：そうです。あの星で何度も転生しています。彼らが住んでいる、故郷の星にいたんです。彼らが見せてくれています。私が今見ているのは、あまり色彩のないところで、彼らみたいな灰色をしています。彼らはとても親切で善意あふれる人たちで、高い知性も持っています。社会は整然と、効率よく回っています。ただ感情がなくて、色彩がないんです。彼らが住んでいる惑星の、家とか建物にも色がありません。建造物はほとんどメタリックな感じです。ひとつの文明社会で、建物の形は円形や長方形、正方形ではなくて、斜めになっています。傾斜がついているというか、高さはあって、斜めに建っています。地球ではこんな建て方はしませんが、私はここに何度も転生しています。

D：あなたはそこで幸せでしたか？

M：しあわせ？　悲しくはなかったけれど。幸せだったのかしら？　とても安全で、護られてはいました。

彼らには感情がないということだったので、これは辻褄が合っている。そこで暮らす人種についてもっと情報を得るためにいくつか質問をしたので、答えを以下に要約する。男性と女性を見かけたので、性別がある。子供は見なかったが、どこか別のところにはいるのかもしれない。身体には消化器があり、光や太陽からつくられるペースト状のものを食べている。しかし、それは「特に楽しいこととは考えられていない。ただ食べるため、維持するために食べているだけで、食物は重要ではない」

D：住みやすそうな場所ですが、どうしてそこを出ることにしたのですか？

M：冒険がしたかったのです。あまりにも同じことばかりだったから、別のところに行きたくなったのです。

D：そこを出るにあたり、肉体の死がありましたか？

M：使いたい表現は、分解でしょうか。分解されて、消えるんです。

D：その次にどこに行くか、どうやって決めるんですか？

M：その星から地球が見えていました。選択肢はたくさんあったけれど、地球はカラフルで生き生きしていて、面白そうだった。地球を選んだのは、冒険、色彩、多様性、感情と、何でもありだからです。

D：地球に行くには許可が要るんですか？

M：必要でしたが、すべて受理されました。全部承認されました。

D：どうやって地球に行ったのですか？　何が起きたのか、その過程を教えてください。

M：身体がなくなります。身体はあちらの星で分解して、他の場所に行きます。そこは〝控え室〟のような……たとえるなら舞台や映画の俳優が出番を待つ楽屋のような場所です。セリフの確認や役作りをするところ。今度生まれたらどんな人になり、何をしたいかを決めるのです。それにはしかるべき時期があり、その時代でやりたいという意思があれば一歩進みます。そこで本当にやりたいとなると、微調整が始まります。住むところや、経験したいこと、そこでの学びなど、一つひとつ具体的に決めていき、控室にいる人は上との合意の下、行きたい場所を確定し、そこで赤ん坊として誕生します。

D：出産はどうでしたか？

M：わかりません。完全に準備が整うまで、出産が完了するまで行かないことにしていましたから。

D：それは賢明ですね。

M：でしょ？

D：それからどうしたのですか？

M：ふたつほど、わりに最近の人生の片鱗が見えます。面白いですね。

D：ミリアムの人生とは別の人生ですね？

M：はい。ウィーンで、とてもお金持ちで有名人だった、上流階級の人生です。私はレストランの外、テラス席で食事をしています。女性で、ほしいものは何でも手に入る……けど自分の人生を嫌っています。

D：まあ、どうして嫌っているのですか？

M：冒険がしたいんです。私には個性があり、主張があって、冒険がしたいのに、いつもお行儀良くしていなくちゃならない。お帽子をかぶり、服を10枚くらい重ね着してお上品に気取って歩かなくちゃならないなんて、うんざりなんです。

D：（笑）そんなことをしに降りてきたんじゃないんですね。

M：まあこの人生はゴージャスでそれなりに感じることもあり、いいところもあったんですが、冒険ができなかったのです。決まりごとにがんじがらめの人生でした。そしてもうひとつ見えたのは、その次の人生です。今度はボストンから新天地を求めて西海岸までの大冒険をした女性です。この人生には豊かさも華やかさもなく、音楽もなければ運もお金もない、無名の人生です。あるのは冒険だけです。

D：さっきの人生の真逆ですね。

M：正反対です。冒険に次ぐ冒険で、辟易しています。子供がふたりいます。旅の途中で赤ちゃんがふたり生まれたのに、ふたりとも死んでしまいました（泣く）。荷馬車のキャラバンでの移動の旅は過酷でした。永遠かというくらい、何年も続く旅でした。目的地にはとうとう辿り着けませんでした。私たちはオレゴン州まで行く予定でした。酷い話です。他の人々と一緒に途中下車して、そのまま住み始めました。ワイオミング州でした。そこで私はこう言ったの。「神なんていない！」って。そして、もう一度ここに来ることにしたのです。もう一回人生を生きて、神がいるか、神を知ることができるかを確かめたかった。今の人生がそれかどうかわからないけれど、今ここにいるのも神を知るためです。

D：それぞれの人生に違った目的があったんですね。

M：そうです。それに私はあの灰色の世界よりこの星、地球が好きなんです。

D：ここに降りてきた理由が他にありますか？

M：地球には何度も転生しているので、その他にこの上探究したいことはありません。人間の身体に収まったまま、神について知り得る限りのすべてを知りたいのです。そのほうが大事です。ここは私が元いたあの灰色の星とは違います。本当の、もっと前にいた私の故郷では、神のことをよく知っていた気がします。地球の人々にあの故郷について知ってほしいのです。

D：そこはどんなところですか？

M：色彩豊かなところ。喜びの感情にも色があるんです。日の出が見えます。毎朝見えるような日の出とは違います。歌が歌われ、生きとし生けるものが朝を祝福します。喜びがあふれているの。ああ何ということでしょう。それが私の故郷、私の家です。

D：それは物理的に存在する星ですか？

M：物理的に存在します。地球のような密度の濃い物質でできていませんが、ちゃんと存在します。建物や、円形競技場があって、建築素材は水晶です。物理的に存在する星ですが、そこにネガティブなものはありません。ここの住人はそれを知りません。存在しないので。

D：完璧なところのようですね。

M：私が知る限り最も完璧なところです。

D：それなのにあなたはミリアムの身体に入ってきました。その理由は何ですか？　何をするためにやってきたんですか？

M：神を探すために来ました。地球に来て自由になったら、そのときやりたかったのは、ここにいるみんなが自由になることだけでした（泣く）。自由になることがどういうことかを知るために。ああ！　どうすれば人々が自由になれるように手助けできるのかわかりません。

D：あなたの自由の定義は何ですか？

M：罪悪感や恥の感覚から自由になること、自分の力の解放、すべてのものからの自由。そんなことです。

D： 人々は自由ではないと？

M： 自由ではないです。自由に生きていません。生まれたその日から罪の意識を持っています。「これを壊すなんて恥知らずだ。〇〇を手に入れられないなんて恥を知れ。みっともない！　信心が足りない！　力不足だ！　罪深い！　地獄へ行け！」などなど。自由な人などひとりもいません。

D： それであなたは降りてきた。地球の人々を救うために？

M： 私自身が自由になるために来ました。そして他の誰かを自由にすることができればいいと思って。ああそうです。エジプトにいた頃、学校で、私は自由でした。どんな状況だったか覚えていませんが、私は黒人男性で、とても自由でした。自由がどんなものか、知っていたのです。（深いため息）そしてここにきて、また初めから自由を求めて。

　このやり取りがこの先どこへ向かうのか不明だったので、セッションの本題へと話題を戻すことにした。宇宙船での出来事についての詳細を知ることだ。

D： 話を戻しますが、あなたの身体はときどき宇宙船に呼ばれて調整されるんですね？

M： その通りです。今でもあるのか、この先もそういうことがあるのかはわかりませんが。

D： 心身のバランスを整えてエネルギーをチャージするんですね。

M： そのようです。

D： 彼らは地球での転生を選んだ仲間の経過を、自分のいる所から見守っているということですね？

M：はい。何と呼んでいいのかわかりませんが、あの灰色のメタリックな星にいた私の魂はいつももっと何かを欲しがっていました。今もその場所とのつながりがあります。あの奇妙な姿の人々とのつながりが。

D：彼らはあなたを見守る義務があると感じているんですね。

M：絆があります。

D：あなたの面倒を見ているんですね。

M：うれしいですね。

D：ところで、彼らにもう少し質問することはできますか？

M：あの奇妙な姿の人たちにですか？　いいですよ。

D：ミリアムは、彼女の身体に何か埋め込まれているかどうかを知りたいと思っています。それについて何か教えてもらえますか？　意味は伝わっているでしょうか？

M：伝わっています。彼らは相談しています。彼らが言うには、誰が話しているのかわかりませんが、埋め込みは存在するということです。

D：身体のどのあたりに埋め込まれているのですか？

M：ああ、何てことでしょう。たくさんあるみたいです。あり得ない話だわ。耳にいくつか入っているそうですが、気づきませんでした。それは私の耳に聞こえることを彼らも聞くためです。膝にも入っていて、これはずっと気になっていました。これまでずっと消化管が弱くて、これについても知りたかったのです。彼らが言うには、この埋め込みは私の消化器系の弱さを改善するための装置だということです。鍼療法で言う経絡のある脾臓にも埋め込みがあるかどうか知りたいです。

D：膝の埋め込みがミリアムの消化器系に関係しているのですか？

M：そのようです。

D：額にも埋め込みがあるのではないかとミリアムは考えています。それは本当ですか？

M：はい。要するに彼女にはまだ見えていないということです。ブロックされているのです。今見えていないものが見えてしまうと、地球にとどまっていたくないと思ってしまうので。ブロックが取れると広大な宇宙が見えてしまうのです。ああ、見たいのに！

D：そのブロックは第3の目の辺りにあるのですか？（はい）それはいずれ見えるようになりますか？（はい）ブロックはいずれ取れるんですね？

M：徐々にですが、溶けて消えていきます。すべてが取り除かれたわけではありませんが、取り除かれたものは問題ありません。

D：右腕にも何かあるのではないかと彼女は考えています。入っていますか？

M：活動を続けるためのトランジスタが入っています。彼女は内向的で、内にこもる傾向がありま す。これは体内の活動を保つためのもので、体内のエネルギーを循環させるものでしたが、もう必要ありません。これは何度も不快感や痛みを起こしてきましたが、それは私たちが望まないことでした。でももう彼女は罪悪感や恥の概念を克服し、独自のエネルギーを蓄えています。この埋め込みは彼女の身体機能を妨害しませんでした。もう彼女には不要のものです。

D：他に彼女が知っておくべき埋め込みはありますか？

M：ありません。埋め込みを気にするべきではありません。すべて彼女のためになるものばかりなので。

D：追跡機器のような機能のあると聞いたことがありますが、それはありますか？

M：あります。彼女の追跡ができます。そのお陰で彼女は宇宙船まで来る必要がありません。わざわざ宇宙船に呼ばなくても彼女の調節ができるのです。

D：健康についてもうひとつ質問があります。高血圧についてです。

M：彼女の血圧が高いときは、他人の責任を引き受けすぎていないかに気づくべきというサインです。彼女は世直しをしたいとか、周りの人全員の問題を解決してあげたいと考える癖があります。それを一時的に自分のカルマと思い込んでいます。しかしその重荷は彼女が背負うべきものではありません。血圧が高くなったら、誰の重荷を代わりに背負っているか考えるようにしてください。

D：それは彼女のクライアントのことでしょうか？

M：違います。彼女はサービスを提供し、報酬を得ているので、クライアントとはバランスが取れています（ミリアムはクリニックで看護師をしていたが、それとは別に鍼灸師の仕事もしていた）。しかし、友達が彼女の自由さや賢さ、やさしさを求めて頼ってくるのです。そういう人々に対して彼女は責任を感じ、手を差し伸べるのが自分の義務だと捉えていますが、そこが間違っています。自分の問題を彼女に押し付けている当人のためになっていません。彼女はそこを理解する必要があります。とてもシンプルな話です。他人の問題を引き受けて解決しようとしているのに気づいたら、客観的な視点を取り戻し、彼らの話を聞いても全員の悩みを彼女が解決しなくていいのだと軌道修正すれば、高血圧は著しく改善するでしょう。自分のしていることを観察するだけで、驚くほど大きな変化があるでしょう。彼女が自覚するべきなのは、友達が問題を抱えて頼ってきたら話を聞くけれど、ただ聞くことと相手の問題にかかわることの微妙な境界線を学ぶことです。これができれば魂の旅路は向上します。神を知りたいという彼女の願望は、この境界線を学ぶことだけでも進展します。そしてどこへ向かえばいいのかがわかるので、書物や講義よりずっと役立ちます。彼女の望む、神をもっと知りたいというテーマは拡大し、仕事にも深みが出るでしょう。

D： でも、彼女は医師が処方した薬を飲んでいます。

M： 様子を見てください。血圧が安定して、健全な血圧に戻ってきたら、少しずつ有害な薬物を減らしていけるでしょう。

D： あなた方は薬を認めていませんよね。

M： 極力避けたほうがいいでしょう。自然の中にある物質なら大丈夫です。そういう天然成分が奏功して、彼女はすでに回復の途上にあります。

ミリアムは、これまでに経験した奇妙な経験をいくつかリストアップして、それらについても知りたいと思っていた。ひとつは、彼女と兄弟たちと運転しているときに、3機のUFOに遭遇した事件について。彼女はそれを怖いと感じたが、あれは本当だったのか、それとも夢だったのか？

M： あれは現実に起きたことですが、いわゆる幽体離脱で、3次元での経験ではありません。本人も合意の上での体外離脱です。

D： その場に彼女の兄弟もいました。

M： 彼らとの合意の元であの場が設けられました。

D：彼らは運転していると思っていましたね？

M：実際に運転していました。そのように記憶しているはずです（笑）。彼らは車に乗っていたときの出来事だと記憶していますが、本当は車などありませんでした。彼らはアストラル体で会い、UFOを観察しました。彼らは長くとどまりたくなかったので、すぐに肉体に戻りました。

D：怖かったんだそうです。

M：そうですね。そこでは他のことも起こりましたので。

D：彼女はUFOは悪いものだと考えたようです。

M：悪いのはUFOではありません。彼女は急いで肉体に戻らなくてはならず、すぐに行ってしまいました。それとUFOとは別の話ですが、彼女の記憶の中で一体になっています。UFO体験はネガティブなものではありません。

これはいわゆる〝隠ぺい記憶〟、または〝重ね合わせ〟と呼ばれるもので、「あるものを見た」という記憶が実際はまったく違っているというケースだ。この場合、まったく異なる行動が「ある行動をした」という記憶に差し替えられているというものだ。彼女は車を運転しているつもりで、実際は体外離脱をしていたのだ。隠ぺい記憶はETが本人の潜在意識の協力を得て、本人にとって安全で脅威とならないものに差し替えている。この場合〝百聞は一見に如かず〟は正しくない。

彼女が確認したかったもうひとつの不思議な出来事は、彼女が山中の農場に住んでいた頃のことだった。何かのエネルギーが家全体を包み、家が揺れるほどだった。これが複数回起きていた。

M：どちらの出来事も実際に起きたことで、証人もいます。それは3次元の乗り物を見なければUFOだと信じないという彼女の思考回路を拡大するためのもので……（笑）、UFOというのは空飛ぶ円盤ばかりじゃないんです。生物学的組成を持つものもあります。高さが5フィート（約1．5メートル）くらいに見えて、その中に入って行くと、その先が5マイル（約8キロメートル）も続いているというものもあります。地球を丸ごと包み込む周波数のものもあるのです。

D：それは周波数の問題で、物理的な存在ではないと？

M：3次元の物質界のものではありません。ある周波数帯でできる乗り物です。

D：それが家全体を揺らしたんですね？

M：そうです。彼女は山中の農場の家の裏にUFOがいたと記憶しているでしょう。彼女はとても怖くなって家に入りました。そして再び外に出たのです。もし誰かが彼女に接触しようとしていたら、家の中に隠れていても彼らは難なく入ってくるだろうと気づいたからです。そして見るとUFOは消えていました。しかし、そこには別のUFOが複数あり、彼女はそれらと2回接触しています。UFOが持っている力は3次元で確認できるものではなく、肉眼では見えなくても感じることができます。

私の仕事ではETとの接触や遭遇がよく登場するが、それらはETが仲間と連絡を取り合っているだけだということがますます明らかになってくる。ETが接触しているのは、地球に降りることを選択した勇敢な魂たちだ。彼らは地球でなおざりにされることはなく、愛情を持って見守られているのだ。

第20章

仲間の面倒を見る

セラピストのジュディにはたくさんの健康問題があり、セッションのテーマはそれらを解決することだった。彼女は幼少期にも両親に根差した問題があり、結果として彼女は怖れとネガティブ思考に囚われていた。私は、この思考パターンがすべての健康問題の元凶だろうと予測した。そしてセッションは予想外の展開を呈した。ジュディが降り立ったとき、そこは暗闇だった。おそらく過去世のどこかの夜のシーンに着いたのだろうと私は考えた（それはよく起きることだ）。そして彼女はこう言った。「暗闇にいます。でも夜じゃない。暗いけど、電気をつけたくないんです。見たくないんです。そこにあるものを見たくないんです」私は彼女に、見たくないものは見なくてもいいと安心させた。しかし情報を得るためには質問を続ける必要があった。「私は部屋にいて、向こうのほうには明かりがあって、彼らが何かをしているけれど、私は行きたくない。見たくない。何か動きが見えます。光線のようです。この部屋の中で一カ所だけ明るいところがあります。眩しい光線で、私は目を開けたくない」

ドロレス（以下D）：　見たくなければ見なくてもいいんですよ。違った視点で見ることができますから。部屋のどのあたりにいるんですか？

ジュディ（以下J）：　明かりの真ん中です。部屋は暗く、真ん中が明るくなっています。その光の中心で私は横たわっています。冷たい。鉄のような冷たさを感じます。

D：　部屋には誰かがいて、何かしているのが見えたんですね？

J：　彼らは光の届かない暗いところにいます。見たくないです。怖いから。

D：　大丈夫。私がここにいますから、あなたはひとりではありません。あなたに見る準備ができているものから見ていきましょう。あなたは何歳？

J：　4歳よ。

D：　まだ小さいんですね。道理で怖くて見られないわけです。ここにはどうやって来たんですか？

J：　わかんない。眠っていたのに目が覚めたの。あの人たちがいて怖かった。変な手をしているの。顔も変だから、見たくない。

D：　その人たちは私たちとは違っているんですね。見なくていいけれど、どんな手をしていたの？

J：　長くて、曲がった指。曲がっているの。その指で私を触るの。やめてほしい。ひとりはその手を私の手にくっつけた、触ってきた。その人がどうしたいのか、何が欲しいのかわかんないわ。

D：　手に触ってきたとき、どんな感じだった？

J：　冷たく湿った感じ。変な感じがした。頭が大きくて、指が長ーい。

D：　彼らと話してみた？　質問したりした？

J：　いいえ、してない。彼女はね、話したがっていたの。私に触った人。でも私は怖いから。彼女と話したくない。

D：どうして彼女って呼ぶの？

J：どうしてかな。だって彼女は彼女だもん。彼女って感じがするもの。

こういう状態になったときは、これまでの経験から本人が彼らに質問をすることで情報を入手できる。

D：彼女とお話しできたら楽しいんじゃないかしら？　何が起きているかわかるかもしれませんよ。いい考えだと思わない？　私たちは何だかわからないものに怖れを抱くものだから、様子を探ってみましょう。彼女はあなたと話したいんでしょ？

J：たぶんね。彼女は私が怖がっているのがわかっている。彼女は怖くないよって言おうとしているみたい。私を安心させようとしているんだけど、信用できない。もしかしたら私を騙そうとしているのかも。(小声で) 混乱しているの。

D：彼女に質問してみましょう。何かわかるかもしれません。どうしてあなたはそこにいるのか聞いてみてくれる？

J：私が病気だからですって。治してくれるんだって。私の身体がどこか壊れているって。

D：自分が病気だって知っていた？(いいえ) どこが悪いのか聞いてみて。

J：彼女はお腹に手を当てているけど、わからないわ。彼女は言葉で言わないから、どう説明したらいいかわからない。彼女はただ指さして、私はその意味がわかる。お腹の辺りを指さしているわ。

D：彼女に治してほしい？
J：痛くなければね。
D：痛くしないならやってもいいと伝えてみて。返事はあった？
J：痛くないって。他の人たちがやってきたわ。彼女はまだそこにいるけど、彼らが治しに来ました。
D：彼らは何をしているの？
J：何かが降りてきた。何だろう？　何かが来る、金属が、お腹に乗っている。でも何も感じない。
D：じゃあ彼女の言ったことは正しいのね？
J：そう、痛くない。
D：どんな感じがする？
J：お湯のような。
D：そこにいる他の人に訊いてみたら？　何かわかるかもよ？
J：他の人に話せる気がしない。話しかけてくるのは彼女だけ。
D：忙しいのかしら？
J：そうかも。わからない。でも彼女は感じがいいから大丈夫。
D：彼らは何をしているの？
J：よくわからないけど、私のお腹を開けているみたい。お腹のずっと下のほうまで線を引いている。何も感じないけど、お腹が開かれているの。なかを開いているわ。
D：彼女に訊いてみて。何をしているのか。

J：機能不全の修復だと言っている。機能不全の修復って何だろう？

D：なぜそれが必要なのかしら？

J：「虐待と苦痛がひどいから」だって言っている。意味がわからないけど、虐待と苦痛がひどいって。

D：なぜ彼らは今それをしているのかな？　彼らはあなたを知っているの？

J：指示があった。指示？「指示があった」って言っている。監視する、指示があった、と。

D：あなたの治療をしているなら彼らは悪者ではなさそうね。修復が済んだらおうちに帰してくれるのかしら？（はい）つまり彼らはあなたを見守っていて、何か問題が起きたらわかるのね？

J：これは初めてじゃない。

D：以前にも治療してもらったことがあると？

J：以前にも修復のために来たのかはわからないけど、ここに来るのは初めてじゃない。彼らはいつも見守っているの。

D：誰かがあなたを見守り、世話をしてくれているのはいいことね。あなたの名前は？

J：エレノア。

ここで私はジュディの幼少期の虐待について考えていた。私は催眠セッションに入る前に各クライアントのことをよりよく知るために入念なインタビューを行い、長い時は2時間以上に及ぶこともある。ジュディは幼少期に虐待があったという話をしなかったが、どうやら違った形でこの課題が俎上に上ることになった。この4歳児はジュディではなく、エレノアという名前の少女だった。ジュディがこのシーンを見せられたのには必ず理由があるので、それを探究する必要があった。エレノアが言うには、大きな家に両親と住んでいていた。両親はあなたにやさしいか訊ねると、「ときどきは」という答えが返ってきた。この場合の幼児虐待のように、治療が必要なほど過酷な体験の場合、ストレートに聞くことははばかられた。そこで私は彼らの修復が終了し、家に帰るところまで時間を進めることにした。「彼らはどうやって、あなたをおうちに帰したの？」

J：白。光が見える。光線。光に乗って彼女と一緒に戻ってきて、私をベッドに寝かしてくれたの。少し痛みがあるけど、大丈夫。

私はそのシーンを離れて時間を進め、何か重要なことが起きた日へと誘導した。

J：私は仲間にお別れを言っています。私の仲間たちです。
D：仲間って、家族ということ？
J：いいえ、仲間です。私は彼らの女王、王女かしら。彼らに手を振っています。何百、何千という人たちがいます。高いところに立って、彼らを見下ろしています。しばしのお別れです。
D：どこに行くんですか？
J：任務？　私の人々を救うためです。それよりもっと多くの人々を救えることです。私は手を振っています。愛すべき人たち。行きたくないけれど、行かなくてはならないんです。そう決めたので。（感情が高揚して）彼らのことが大好きです。

D：どんな任務かわかりますか？

J：起源の地に行って、周期《サイクル》を完結させることです。

D：起源の地とはどういう意味ですか？

J：私たちの故郷です。

D：どんなところか知っていますか？

J：ここでの暮らしに比べると困難なところです。ここには喜びがあり、毎日が美しいので、起源の地に行くのはつらいです。

D：どうしてつらいのですか？

J：欠乏や制限が横行し、理解度も低い。困難な任務ですが、完遂しなくてはなりません。

D：周期を完結しなくてはならないと言いましたね？　どういう意味ですか？

J：そう、周期です。すべては周回しています。周回を止めるには完結させる作業が必要です。それには起源の地に行かなくてはなりません。とても古い。古いエネルギー、古い学び、完結するには意識を逆転しなくてはならないのです。周期にはいくつかの欠落したものがあります。完結させるには起源に戻り、穴埋めをしなくてはならないのです。起源には足りない周期があり、完結できないので、誰かが戻らなくてはなりません。ソースの情報を理解できる誰かが起源の地に戻って完結させないと。

D：欠落したものとは何ですか？

J：起源から始まった周期には欠けている構成要素があります。それがないとこの周期が完結しないのです。その要素があって初めて完全になるのです。

D：その足りない要素を見つけるという任務も加わったのですか？

J：任務は発令されました。私は今から出発です。

D：あなたの任務は何ですか？

J：ソースに戻ること。機能不全が起きているので、起源の地に戻ります。

D：起源の地とはどんなところですか？

J：密度が濃くて、困難なエネルギー、すごく古いところなので、古いエネルギーに順化しなくてはなりません。古い思考パターンに合わせ、波動の低い意識に適応するのです。低いエネルギーに適応するという選択ができる部屋《ポータル》があります。そこでそういう選択をして、周期を完結させるという選択をします。ただしそれは集団による決断です。主として私個人の当初の意思ですが、そこには当初の民の意思が含まれています。

D：彼らはあなたを助けている？　相談しているの？

J：相談ですね。無数の選択肢があるので、そこから計画を作ります。時系列《タイムライン》は重要です。時系列を考慮して計画を策定するのです。いろんな課題は個別に検討します。多様な時系列があり、周期を終わらせる人のための機会が開かれます。最終的な決断の裁量権は私にあります。

D：それであなたはあらゆる可能性を探っているところ？

J：はい、同時にね。それぞれの次元で周期を完了するには時間が必要ですから。

D：何が欠けているのかわかっていますか？

J：もちろんです。私たちも、欠けているものたちも。どこに行くべきかわかっています。

D：それは簡単に済むことですか？　それとも難しいこと？

J：　困難かどうかとは無関係です。必要だからやるのです。

D：　では簡単でもないと？

J：　そうですね。故郷や、故郷の人々と決別するという意味では困難です。周期を完結させるための機会を選択することは必要で、私に課された使命です。周期を終えるにはいろんな選択肢があります。たくさんの次元でひとつの経験と感じられるような選択肢に絞り込んでいきます。

D：　では絞り込みが済んだところに進みましょう。あなたはあらゆる可能性を検討し、ひとつに最終決定しました。どうすることにしたのですか？

J：　人間……。

D：　これまでに人間になったことはありますか？

J：　以前私が人間だった頃からはかなりの年月が経過しています。

D：　長い年月が経っているんですね。（はい）再び人間になるのは賢明なことですか？

J：　目的達成には最短距離と思います。特にこの旅に関する限り、人間はすべての選択肢を経験できるので。選択肢がたくさんあるので、正しい選択が重要です。人間になるのは経験するための一番直接的な方法が人間になることです。

人間になるという決断をしたので、私は彼女が受肉した後へと時間を進めた。そしてどう感じるか訊ねると、しかめ面を作って答えた。

J：　きつい。動けない。調整が難しいです。

D：何の調整ですか？

J：形がきついのです。無理やり型にはめられているようで。環境に適応するのは予想外に難しそうです。

D：あなたは赤ちゃんの身体に入ったの？

J：幼児です。しかもかなり重病の。

D：どこが悪いの？

J：感情の問題。不快な気持ちです。子供は泣いています。

D：物理的な肉体に収まることに苦労しているんですね。でも、これを乗り越えなくてはならないんですよね？

J：そうです。

D：あなたはこれをやろうと決めた。だからこのまま行くしかないということですね？（はい）欠けている部分を見つけるまでは故郷に還れない？

J：周期を完結させること。周期を完結させなくてはならないんです。

D：今回の人生はやさしいと思いますか？　それとも困難だと？

J：人間としては困難です。

ここから彼女の応答は遅くなり、ついに答えなくなった。肉体に入ったことで彼女はより物理的な意識に寄っていき、より聡明な非物質の人格は背景へと下がったのを感じた。そこでそろそろＳＣを呼び出す頃合いだと感じた。

D：彼女の過去世に行くと思ったのですが、何かの治療をされたあの少女は何だったのですか？

J：彼女の理解を深めるための関連素材です。消化器系が弱いのはこの過去世から持ち込まれました。

D：エレノアの人生ですか？（はい）でもあなた方が治療したのではないですか？

J：ある程度まではね。エレノアの人生ではあの後さらに傷ついているので、修復を試みましたが完全には回復しませんでした。エレノアは重篤なトラウマを経験し、それが今の人生にも波及しています。エレノアは10代で亡くなりました。エレノアは酷い虐待を受け、それに対処することができませんでした。こちらの介入は必ずしもうまくいきませんでした。

D：ジュディは過去にもすでに経験しているにもかかわらず、なぜ今回、再び地上に降りてきたのでしょうか？

J：彼女は問題の本質を理解できず、周期を完結できなかったからです。

D：つまり前回の人生では学ぶべきものが完了していなかったと？（その通りです）それで最初からやり直しですか？

J：ゼロからというわけではありません。やり残した周期の部分だけです。できている部分もあるので、すべてを学びなおさなくてはならないということはありません。取り組んでいたのは、前回の人生で最も弱い部分でした。

D：ふたつ目に見せてくれたのは、彼女の民と別れ、決断を下すシーンでした。あれはジュディの身体に宿っている魂ですか？

J：その通りです。あれが彼女の原点です。

D：そこで周期が完結されていないことに触れていました。

J：エレノアの人生では完結しなかったので、それを終えるために戻ってきたのです。

D：ジュディにとってはとてもつらい人生です。多くの困難に直面しています。

J：そうですね。この使命を果たすためにたくさんの経験を選択しました。

D：でも今彼女は、過去世から持ち越してきたとあなたが言うところの健康問題に悩まされています。

J：部分的にはエレノアの人生から持ち込んだものです。こちらの介入はすべて成功しませんでした。この種の魂が人間に統合されるのは困難です。使命も容易いものではありません。結果身体に大きな負担がかかるのです。

D：幼少期の虐待によるものもありますか？

J：そうです。それも使命のひとつでした。それが周期の完了に必要なのです。気づきが生まれ、そのような状態を克服するために多くの人の意識を覚醒させます。同時にたくさんのレベルに働きかけられるような選択をしています。

D：彼女が解消すべき他者とのカルマはありますか？　たとえば両親とか？

J：いくつかはありますが、あなた方が想像するほど多くはありません。カルマの観点から、彼女が思っているほど重篤なものはありません。複数の次元での覚醒が進んでいますが、地上で暮らす彼女にとってそれはエネルギー的に不快なものです。

そろそろジュディが悩まされている健康問題に取り組むときが来た。それが彼女のセッションの主目的だったからだ。私は過去世から持ち込まれた症状は、本来あるべき次元、過去に葬ってほしいと考えた。ＳＣも手放すときが来たと同意した。ジュディは腎臓と膀胱を患っていた。

J： 腎臓内部で起きている問題の原因は、古いエネルギーに同調することです。古いエネルギーを一掃しなくてはなりません。言うなれば古いエネルギーが彼女の足を引っ張り、前進を阻んでいます。たとえるなら彼女の足は現在にあり、身体は過去にあるようなものです。両者が統合されなくてはなりません。

D： それでは肺の問題はどうですか？

J： 家族と切り離された悲しみと関係しています。深い悲しみです。統合と完結に、彼女が思っていたよりも長くかかっているからです。彼女の民、家族を恋しがっています。大きな誤算の埋め合わせが身体に負担をかけています。たくさんのことを成し遂げましたが、本人はまだ足りないことを自覚しています。それを完結させたいと願っています。

ここでＳＣはジュディの身体の不調部分の修復を始めた。私はこの過程が大好きで、ＳＣがどんなことをしているか教えてくれることが楽しみになっている。「古いエネルギーの除去をして、統合しています」私はＳＣの能力、何ができるかについてよく知っているが、今回は問題が起きた。「除去する機会は限られています。ブロックやダメージがあります。今修復中」修復をしながら質問を続けてもいいか訊ねると、ＯＫが出た。

D：ジュディは生まれてからずっと修復を受けてきたのですか？（はい）彼女はETといつ接触したのか知りたがっていました。

J：接触したETたちも彼女と同じ使命を持つ集団のメンバーです。彼らと接触することは受け入れなくてはならない使命の一部です。

D：エレノアとETたちのように？

J：そうです。接触は任務の一環です。ETとの接触は彼女にとってプラスです。エレノアは怖がっていたために少し問題が起きましたが、ETが人類を傷つけることはありません。

この仕事を25年続けてきて、彼らが危害を加えないことは周知のことだった。ETが人間に危害を加えたケースはこれまで一例もない。人々にとって有害なのは、誤解や未知のものに対する恐怖心だけだ。

J：傷ついた部分は都度修復してきましたが、そのあとで何度もダメージを繰り返すので、追いつきません。

D：今回はどうですか？　彼女はブロックや古いエネルギーを手放す準備ができています。今なら完治できますか？

J：今手放している最中ですが、未知なる種族に対する恐怖心がまだ腹部に残っています。

D：未知の種族に助けてもらっていることがわかれば手放せませんか？

J：はい。認識不足から混乱が生じているだけですから。地球にいて任務をこなす人々にはETとの接触が不可欠です。ETは善良な種族で、彼らの目的のために人間を使っていますが、それは相互にとってプラスになる契約なのです。内容は、人間には理解不能です。ETたちは人間と契約を結び、人間についての情報を収集しています。ETたちの外見により、人間に誤解されることは少なくありません。両方の種族を完成させることは彼女の任務のうちです。

SCはジュディの治療を続け、何度も困難に直面した。「腹部に病変があって、それを修復しています。さっきから治療しているのですが、この病変は古いエネルギー、古い組織によるものです。他の部分ともつながりがあり、この身体の他の部分にも同様の病変があります。この身体は自分を支える力もありません」

D：だから助けが必要なのです。彼女がこなすべき任務をこなすためにも。
J：まだ地球を去るときではありません。まだ仕事が終わっていませんから。彼女の意思は強いので、地球にとどまるでしょう。
D：本人は死ぬかもしれないと怖れていました。
J：彼女にはまだするべき仕事が山積しています。彼女は死ぬ時期を選ぶでしょう。彼女の全身のあちこちに病変があります。現世で作られたものも、それ以前からのものもあり、それぞれに影響し合っています。
D：混在しているんですね。
J：その通りです。古い感情や混乱が一緒くたになっているので、それを浄化しようとしています。

まず彼女の混乱は、自分が人間だという認識と、別の種族だという認識の間で生じています。彼女は元々、今一緒に仕事をしている種族の仲間でした。その種族を拒絶する一方で、ふたつの種族の間に橋を架けました。彼女の任務のひとつに、周期を完結させることがあります。それが橋を架けることなのです。彼女にとって両者の間の橋が必要でした。エネルギーレベルですでに両者にはつながりができ、私たちはそれをチェックしているところです。彼女の第5チャクラに病巣がありますが、今それを除去しています。

D：たくさん仕事をさせてしまいましたね。

J：そうですね。人間に関する知識に照らしながら調整し、複数の次元でブロックを取り除いています。アイデンティティの混乱を解消しています。次元の違いから混乱が生まれています。彼女が理解するべき情報が膨大すぎて、自力では統合できていません。が、意識を進化させるのにできる限りの努力はしています。それでもまだ不十分です。身体は意識より進化が遅れているため、痛みや不快感、分裂などの症状が起きているのです。意識（心）と身体が調和し、統合されなくてはなりません。彼女が就寝中に修復、統合を試みていますが、情報が多すぎて身体がついて行かれません。身体が意識に後れを取っているため、機能不全を起こしています。そこは私たちが調整しています。手術も投薬もなしにね。これは彼女が究極的に望んでいることで、すべて合意の上です。彼女は統合できると私たちも合意し、地球人としてより高い次元で統合されるよう求められているのです。まだ調整中で、欠けている部分があります。今継続中の再編成が完成すれば、すべてのマトリックスが完成します。すべてが統合され、何の軋轢もなくなります。もう病変部は取り除かれましたから、彼女は生きることを選択しなくてはなりません。

D：身体の不調さえなくなれば、彼女は生きることを選ぶでしょう。

J：そうですね。これで契約は満たされました。使命は果たされました。異種間の関係が結ばれ、マトリックス修復が進んでいます。この先はより高次の存在の介入によって完成されるでしょう。

D：あなた方は高次の存在の許可を取っているのですか？

J：許可待ちです。（少しして）使命は完了しました。身体に関してできることはすべて完了しました。これからはよく眠れるでしょう。低い波動の意識が解禁され、物理次元でのヒーリングが進むでしょう。

D：肉体が若返るには夜中に睡眠を取らなくてはなりません。

J：わかります。統合するためにはまず意識の波動を上げる必要があったのです。統合は完了しましたから、これからは意識を下げて、夜はぐっすり眠り、身体を若々しく保つことで、使命を果たせるようになるでしょう。人間の時間で言えばあと3か月で完了します。身体の痛みを感じることはなくなり、薬も不要です。この先も違和感を感じることはありますが、だんだん減っていき、3か月で完全になくなります。調和が戻ってくるにつれ、痛みは消えていくでしょう。背骨の違和感は遺伝的なものですが、これも私たちが修復しています。ここが治れば他の部分も調整され、すべての臓器が調和して働くようになります。背骨のブロックがこれまでの不調の原因でした。これが修復されれば腰の違和感も消え、無理なく姿勢を維持できるようになるでしょう。

それからSCはすべての修復が完了したと宣言した。ほとんどの場合セッション後半のヒーリングで集中して修復するのは1、2か所だ。しかしジュディの場合、SCは身体のたくさんの部分の修復にあたることになった。普段より多くの集中力と時間を要したが、SCは最後にこう言った。「彼女が生き返るときが来ました」そしていつものように、お別れのメッセージがあればどうぞ、と訊ねた。SCは答えて「私たちはあなた方を歓迎します。平和がともにありますように。あなた方はひとつです。期待されています。でも急ぐ必要はありません。ジュディは他の多くの人々同様、使命をよく果たし、称賛されています。彼女は素晴らしい勇気をもってこれを全うしました。もっと頻繁にコンタクトを取るように。別次元の意識があることを、本人もわかっています。あなたがジュディをこのように助けてくれていることを嬉しく思います」

D： 私がたくさんの人を助けられるのは、あなた方がいるからです。あなた方の協力なしにはできません。

小さなエレノアに愛情深く接していたETは、UFOと接触体験を持つ多くのクライアントとも遭遇していた。彼らは口をそろえてこう表現した。そのETは慈悲深く、やさしく、女性的なエネルギーの持ち主だ、と。私はこれを〝看護師型〟ETと呼んでいるが、このタイプはいつでも対象とする人間をやさしく手当てしているからだ。小さいグレイのような仕事をするアンドロイドは、常に自分の任務に集中して忙しそうだ、と形容される。〝看護師型〟ETの任務は、対象となる人物を安心させ、心地よくさせることのようだ。外見は醜く、多くの場合皺だらけだ、などと言われるが、彼らは美しく穏やかなエネルギーを湛えている。

　今回も、純粋な魂が初めて物理的な肉体に宿ることの困難さがよく表れたケースだった。人間の子供として、ジュディは彼女を担当するETに対して強い恐怖心を抱き、自分もその一員だとは微塵も考えていなかった。この物理世界で正気を保って生きていくために、記憶を消す必要があったからだ。このため彼女は見知らぬ宇宙人を恐怖の対象として捉えた（多くの人間がそうであるように）。そして彼らがジュディの世話をし、同胞を見守っていることにまったく気づかなかった。彼らはこの奇妙で敵意に満ちた惑星にボランティアで行った同胞をひとりで戦わせることは決してしないし、見捨てることはない。しかし根深い怖れの感情がジュディとして生きる現世に持ち込まれたため、それが重篤な身体の不調を引き起こした。加えてひとつ前の前世で被った虐待が細胞記憶として残っていたことが身体症状をさらに複雑にした。セッションの際に語られることはなかったが、ジュディは幼少期に虐待を受けていた。本人の言及がなくとも、重要なことはSCが指摘することを私は経験から学んでいる。SCは本人のすべてを知っているので、隠し事はできない。

第21章
幼少期の遭遇

このセッションは2002年9月にノースキャロライナ州シャーロットで行われたもので、ノースキャロライナ州の州都ローリー、シャーロット、グリーンズボロの3都市の講演ツアーの途上でのことだった。シャーロットで私は地元のUFO会議に招かれ、講演をした。パトリシアは完璧なヘアスタイルと化粧を施した、まるでモデルのように美しいブロンドの女性だった。彼女はヘアメイクアップアーティストで、自らの姿がその優れた才能を物語っていた。

彼女は長い間UFOに関心を寄せていたが、遭遇したことは一度もないと思っていた。ただし、1970年代に一度だけ、近くで見かけた記憶があった。ある早朝、彼女は自宅アパートメントを出て仕事に行くところだった。ドアを閉めてからふと上空を見上げると、すぐ真上に巨大な船体があり、赤と青の光が旋回していた。それがあまりに美しかったため、数分後それが飛び去るまでずっと眺めていた。周りに人はなく、あれを見た人が誰もいないことに彼女は驚いた。その船体は明らかにそこにあり、目立つ大きさだったからだ。それ以来彼女はUFOに魅了されたものの、接触らしいものはひとつもなかった。今回のセッションの目的は、あの日に戻り、あの船体に関する詳しい情報を得ることだった。私はいつものように彼女にこんな警告を伝えた。興味本位でこの手の情報を掘り起こした場合、見たくないことがまるで箱から虫が湧き出るようにあふれ出て、もう元には戻せないということが起こり得ると。私は常にクライアントの安全を最優先させるので、「壊れていないものは修理には及ばない」と前置きした。超常現象やＵＦＯに関する情報を引き出す条件として、私は本人の日常生活に支障をきたしている場合に限定していた。不都合がないにもかかわらずそのようなセッションを望む場合は、本人の予測を超えた情報がもたらされる可能性があることを必ず伝えていた。多くの場合この手の情報は掘り起こさないほうが賢明なのだ。パトリシアはこのことを了解し、あの朝、あの船体を見たこと以外には何も起きていないから大丈夫だと請け負った。その記憶によると彼女は大きな宇宙船を間近に見ていただけだった。彼女はその光景を忘れられず、ＵＦＯに対する興味を持つに至ったのだ。

彼女を深い変性意識に誘導したのち、私は彼女をその朝へと時間を遡るよう導いた。通常私はいわゆる〝裏口メソッド〟を用いている。要するに、その出来事が起きる直前に行き、ゆっくりとその場へと至るようにする。しかし今回は様子が違った。彼女はストレートに躊躇なくその場に降り立った。私が彼女を導いたのは、雲に乗って変性意識《トランス》へと誘導した後、雲から降りて、あの朝自宅アパートメントで出かける準備をしているところだった。「あなたは今、自宅を出るところです」

するとと彼女はいきなり「彼らが私を見ているわ！」と思わず口走り、怖がっていた。私は誰が見ているのか訊ねた。

パトリシア（以下Ｐ）： 彼らよ。あの人たちが私を見ているわ。

ドロレス（以下D）：　どの人たちですか？

P：　彼らはずっと私を見ていたの。彼らはふたりだと言っています。彼らは宇宙船の中にいて、宇宙船は私のアパートメントの真上にいます。

D：　あなたは家の外で見上げているの？

P：　そうですそうです。赤と青の光を見たと思っていたんだけど、違っていたわ。宇宙船よ。ガラスの玉みたいな。クリスマスの、ツリーの飾りみたいなまん丸いボールよ。中身が透けて見えるの。

D：　家と比べると、そのガラスボールの大きさはどれくらい？

P：　多分5フィート（約1．5メートル）くらい。あまり大きくない。人がひとり入れるかどうかっていう大きさ。でも透明で、クリスマスツリーのガラス玉のオーナメントみたいに、てっぺんに何かついているの。光を放っていて、中身が見える。色の光だと思っていたけど、色はなくて、ただの透明なボールよ。

どうやらSCは彼女を護るために実際とは異なる〝隠ぺい記憶〟を植え付けていたようだ。これまでにも、変性意識で再訪すると、そこには顕在意識に残る記憶とは異なることが起きていたケースは枚挙にいとまがない。それは本人が真実を知ることによって苦しめられることを避けるためだ。もちろんそれによってSCが望まない展開になることもある。本人が強い恐怖体験として記憶にとどめることがあるからだ。今回ブロックが外れ、このセッションが実現したということは、彼女が真実を知るときが来たとSCが判断したからだ。他にも、外部から見ると人が何人も入れるような大きさではないにもかかわらず、実際に入ってみると外見を裏切るように広い空間が広がっているというケースもよく耳にした。外から見ると小さいのに、中は広々としていて外見とは明らかに異なるのは、ETたちが空間、そして時間を自在に変えられるからだ。この話は『人類の保護者』に詳述している。ここでもうひとつ興味深いのは、パトリシアが顕在意識では単なる好奇心だと言っていたにも関わらず、実際に行ってみると恐怖を感じている点だ。催眠状態では、予想外の感情が表面化することはよくある。

D：誰かが中にいると言いましたね？

P：はい。でも、目しか見えません。目が大きな生命体みたい。空の上から私を見ているんです。彼らはただ見ているだけで、私を傷つける気はありません。

D：彼らがあなたを見ているとどうしてわかるのですか？

P：そう感じるから。彼らもそう言っています。私を見ていると。

D：彼らを見たのはこれが初めて？（いいえ）

パトリシアはこれまでETと遭遇したことはないと話していたため、これは顕在意識にはない情報だった。

P：（とても高揚して）あれは3歳のときだった。彼らが窓から入ってきたの（恐怖に怯えて泣き出す）。窓から入ってきたのよ。窓をすり抜けて。ああ早く起きなくちゃ！

パトリシアは目を開けようとした。変性意識状態から逃れようとしていたのだ。この経験は悪いものではなく、望ましくない展開にはならないと確信していたので、私は目を開けないよう指示した。この時点でトランス状態を破ってしまうと、これが何だったのか不明のまま、良からぬ体験としてとどまることになってしまう。ＥＴ侵入で彼女が大きなトラウマを経験していたのであれば、また違った対処の仕方があったが、ここでやめてしまうと中途半端な、不完全さが残るため、半ば強制的に目を閉じるように指示をした。それでも彼女は聞き入れず、催眠を解こうとしたので、私は別のアプローチを考えた。するとそこで見えたものに対する好奇心が恐怖心を上回り、そこから移動させないでほしいと私を促した。

Ｐ： ちょっと待ってください。ああ、何てことかしら。ちょっと待ってね。

私は彼女がいつでも安全で守られているという暗示を与えた。もし必要なら観察者として上から傍観することも可能だとつけ加えた。

Ｄ： あなたに準備ができていない限り、そこで起きたことを覚えていることはできません。あなたは完全に守られています。しかるべきときが来れば思い出せるでしょう。あなたのＳＣが、必要なことだけ覚えていられるようにしてくれますから、安心して目を閉じていてください。

Ｐ： （囁くように）目が開いているとは気づかなかったわ。

Ｄ： あなたが望むなら、観察者として上から眺めることもできますよ。さて、３歳の頃、いったい何が起きたんですか？

P：彼らが窓から入ってきたんです。窓からゆっくりと這いつくばるように。私はベッドに寝ていたの。そこに窓からするっと抜けてきたわ。

D：部屋は暗かった？

P：彼らが見えるくらいには明るいの。私が思うような姿ではないの。あり得ない姿よ。ちょっとおかしいんじゃないの？っていうくらい。自分の目を疑うほどよ。

D：何が見えているか教えて。

P：赤っぽい目。それから皺だらけの顔。首がなくて、前屈みの猫背。おかしな形よ。

D：彼らは大きいの？

P：いいえ、5．5フィート（1．7メートル弱）くらいかな。

D：どんな色？

P：色はよくわからないけど、何しろ奇妙な姿が見える。口と鼻の間がぎゅっとくっついていて、垂れ目やつり目ではなく、大きく見開いた目。彼らは部屋の中をうろついて、私を観察している。ひとりがベッドのほうに来た。彼は私の寝間着に手をかけて、ボタンを外していくわ。これから診察をするドクターみたいに。彼は私の身体がちゃんと機能しているかを確認しようとしているの。私はしょう紅熱にかかっていたから、大丈夫か確かめに来たのよ。

D：あなたは具合が悪かったのね。（はい）しょう紅熱にかかっていたなら、つらかったでしょうね？（はい）

セッションから覚醒したあとでパトリシアは、幼い頃にしょう紅熱に罹ったことがあると母親から聞いたと話してくれた。しかし自分ではまったく記憶がなかった。

D：彼はあなたの身体をチェックしていたのね？　どんなことをしたの？

P：胸をちょっと押して調べていたわ。それから波動が上がって、私が大丈夫かを確認したの。見えたのはそれだけよ。彼が手を胸に置いただけ。

D：手の指は何本か見える？

P：分厚い手です。大きな指が3本あって、その他に親指のようなものがある。グロテスクで大きくて、人間の手とは全然違う。大きくて不細工な手よ。

D：私たちの世界からは不細工に見えるのね。

P：不細工よ。本当に。あんな手を見たことがないわ。

D：でも彼はあなたの胸に手を置いて波動を送ったのね？（はい）それで楽になった？

P：なったわ。温かいものが入ってきて、私は大丈夫だと思ったみたい。

D：それじゃあ彼は親切な人ですね？

P：そうね。はじめは怖かったけど。彼はまた私をチェックしに来ると言ったみたい。それからくるりと後ろを向いて、窓から出て行ったんです。

D：またあなたをチェックしに戻ってくるということについてどう思う？

P：彼は私を傷つけたりしなかったけど、不細工だった。（これには私も笑った）彼はちょうどおじいさんの小悪魔《ゴブリン》みたい。母がおとぎ話の絵本を読んでくれたの。そこに出てくるゴブリンにそっくりだったわ。

D：　それはうまい表現ですね。

UFOに興味を持っていたパトリシアでも、ETにいろんな種類があるとは知らなかったようだ。私はセッションを通じてこのタイプのETに数多く出会ってきたが、これらを〝看護師型〟と分類している。パトリシアによるとこのETは男性だが、女性性を感じるという人も多い。ただし男女の身体の性差を認識した例はない。私が〝看護師型〟と名付けたのは、このタイプが一般的なグレイに比べて慈悲深い面があるからだ。ロボットのようなグレイに比べて、彼らはより人間的な形状をしている。仕事を機械的にこなすグレイに比べて、彼らは自分の頭で考えて行動する。彼らは常にしわくちゃで醜いと形容されるが、みな非常に親切だ。今回登場したのは〝看護師型〟ではないかもしれない。看護師型は滅多に自ら治療を行わないからだ。

対象となる人間が宇宙船内の診察や処置をする台に乗せられたときは、一体何が起きているのか、これから何をされるのか理解できず、強い恐怖を感じる。そこで看護師型が傍らに登場し、気持ちを落ち着かせる。そして何も怖いことなどなく、すべてがうまくいっているから大丈夫だと安心させる。グレイは感情を一切表現することなく手順に従い機械的に仕事をこなすのみだ。看護師型は違った種類のETで、外見は衝撃的でも心根はやさしいETだ。

D：　彼はいなくなったんですか？

P：　はい。でも彼らはまだ私を見ています。たぶん私の身体に何か埋め込んだみたいです。

D：いつ埋め込んだのですか？
P：もっと小さい頃。子供の頃です。
D：3歳は子供ですね。
P：いいえもっと小さい頃よ。今は大きくなったわ。
D：3歳は大きいの？（はい）じゃあいつ頃のことなのかしら？
P：生まれたときじゃないかしら。誕生したすぐの頃、私の身体に何かを埋め込んだんです。
D：身体のどのあたりに？
P：ちょっと待ってね。頭の中の松果体の辺りじゃないかしら。額の辺りにチップのようなものよ。ガラスのようだけどガラスじゃない、どんな素材かはわかりません。その人がやったのかどうかはわからない。きっと友達のひとりだったのかもしれない。入れるところを見たんです。私が赤ちゃんの身体に入るより前にチップを埋め込んでいたんです。
D：まだお母さんのお腹の中にいるときに埋め込んだの？
P：私が身体に収まるより前のことよ。
D：お母さんの体内にいるときに埋め込むことができるんですか？
P：ええ、私にはそうしていたもの（笑）。そう、彼らはそうしたの。生まれたときからずっとこれがあるの。私は一生これをつけたまま生きるんだって言われた。私がどこにいてもわかるための追跡装置だって。
D：あなたはそれについてどう思う？
P：彼らは私を傷つけなかったし、いい人たちで、親切にしてくれた。ママがいないときに一緒に遊んでくれたし。他に誰もいないときは庭に出て遊んだり。お姉さんもパパも出かけていないとき、よく一緒に遊んでくれたの。でもいつも、誰にも言わないようにって言われていたわ。

D：どうして言っちゃいけないの？

P：怖がらせてしまうかもしれないから。彼らはすごく異様な姿だから、初めは私も怖かったわ。怖がる人もいるでしょう。私も今でも醜いと感じるし。でもやさしくて、よく遊んでくれたんです。

これは『人類の保護者』で紹介したある女性の話に似ている。幼児期に彼女の本当の父親だと名乗るＥＴの訪問を受け、そのＥＴはたびたび彼女の部屋を訪れてはおもちゃを宙に浮かせる方法を教えたりした。このＥＴは彼女を自分の宇宙船に連れて行き、彼が宇宙旅行中に集めた動物を見せたりもした。彼女の日常に問題をきたし始めると、彼は突然来なくなり、それまでの記憶を消去していた。催眠状態でその記憶が引き出されるまで本人はＥＴとのやりとりについてまったく知らなかった。この他にも大人になってから催眠療法で幼少期にグレイとよく遊んだことを思い出したケースもあった。選ばれるのは、たいていは孤独な子供たちで、ＥＴに遊んでもらうことに大きな喜びを見出すケースが多い。幼少期のＥＴとのコンタクトの記憶が消去されたことにより、ネガティブな影響があった例はひとつもない。ＥＴたちは子供たちのことをよく理解しているようで、子供たちにやさしく接し、守ろうとしている。コンタクトの記憶は顕在意識から消去あるいは他の記憶の陰に隠ぺいされても、何だかわからないまま子供の頃に不思議な出来事があったことを何となく覚えているものだ。多くの場合、それは説明のつかない故郷への郷愁として残っている。

D：どんなことをして遊んだの？

P：いろんなものを見せてもらいました。庭に連れ出してくれて、植物を見ながらいろいろ教えてくれました。土をつまんで、土についても教えてくれました。地球の樹はどうしてこういう育ち方なのか、とか。そして私にわかるように地球についても教えてくれました。

D：それは楽しかった？

P：はい。洞窟に行ったこともありました。

D：庭の外に行ったのね？

P：そうです。洞窟に連れて行ってくれました。洞窟の中を探検して、とても楽しかった。なかにあるものはそれぞれが私の人生の節目を表しているんだと言われました。

D：それぞれが人生の節目？

P：私の人生に起きるであろういろんなことよ。彼らは洞窟の中にある通路に連れて行ってくれて、大きな石や小さな石を見せてくれたの。私の人生が進んだ分だけ道を進んでいけるの。私がここで何をしているか、彼らの仕事は何かについて、そして私の人生に近々起きることなどについて話してくれました。

D：洞窟の中にはいろんな場所があるんですね。

P：そこにある石、または水晶か何かわからないけど光っていて表面がつるつるの石のところに行くと、石の中の何かが動いて、惑星のことや、当時の私について説明してくれるの。彼らはその先も見せてくれて、私がそれを経験したときにショックを受けないようにしてくれました。地球はこれまでと全然違うから、私にはショックが大きいんです。だから彼らがいろいろと教えてくれたんです。

洞窟は、私の人生に起きることをちょっと先回りして、これから何が起きるのかを教えてくれる場所だったんです。

D：あなたの人生がその後どうなるか、彼らに見せてもらうことはできる？（はい）かなり先のことなんだけど、2002年にあなたが何をしているかわかるかしら？

P：ほんとに先の話ね。だって私まだ3才だもの。

D：その年にあなたが何をしているか、彼らに訊いてみて。その頃にはすっかり大人になっているわね。

P：洞窟を歩いている私が見えるわ。大きな石があって、多面体のような石よ。それぞれの面が私の仕事を表していて、私はそれをしているところです。たくさんの人たちに対して仕事をしているけれど、彼らは私が彼らにしていることに気づいていません。彼らには理解できないけれど、私が発するエネルギーや私の存在自体が彼らに影響を与えているんです。ETが私の身体に施したものによって、この仕事ができています。人々のヘアメイクをしたり、ショッピングモールをただ歩いたりするだけで、私は彼らをポジティブに変えることができるんです。ETたちが私の身体に植え付けたものからエネルギーが放射されて彼らに入るんです。

D：具体的にはどんなものを植え付けられたんですか？

P：聞いてみます。魂レベル（精神）と分子レベル（物質）の何かだそうです。彼らは私の身体の分子構造に入り、組成を変えました。人は誰でもエネルギーの体をオーラのように身にまとっているでしょ？　人々が私のオーラに触れるだけで、彼らに変化が起きるんです。その変化は分子レベルで起きます。そしてそれは魂レベルでも変化を起こします。こうして人々は精神的にも物質的にも、霊的にも感情面でも変化します。これは私も気づきませんでした。

D：　分子レベルの変化というのは、時間をかけて行われたのですか？

P：　私はこの仕事をするために降りてきました。生まれたときから石の多面体に表わされた仕事が身体に組み込まれていたのです。今目の前にある水晶の多面体は、私の身体に投影されています。それぞれの面が私の身体のエネルギーポイントなのです。そのエネルギーは背骨に沿って上がったり下がったりしています。宇宙船にあるコンピュータでそのエネルギーをコントロールできるので、私を通じて周囲の人々に作用する仕組みです。宇宙船にある小さな機械ですべてをこなしているんですよ。

D：　あなたはそのように備わった身体で地上に降りてきたんですね。

P：　そうです！　これがちゃんと機能するように、彼らがときどき調整しています。よくわからないけれど、彼らは私の背骨や脳をチェックして調整しているようです。それがうまく調和して働かないとき、私は酷く疲れるのです。ええ、すごくたくさんの仕事をしています。でも２００２年に調子が乱れました。働き過ぎてバランスが崩れ、とても疲れるようになりました。でも私にはどうすることもできないことを彼らは知っています。洞窟の、多面体の水晶の表面がありましたよね。それらの面は私の身体のエネルギーポイントで、宇宙船で調整されています。彼らは私の身体を使ってエネルギーを放出します。それは私の身体の分子構造を通じて行われるので、そこから周りに伝わるエネルギーも分子レベルで波及するのです。周りの人が私のオーラの圏内に入ると、彼らの分子構造が変化します。たとえば、私がショッピングモールにただ座っているだけで、半径１００フィート（約30メートル）の圏内にいる人たちがそのエネルギーを受信します。そのためにこの装置があるんです。

D：　あなたの身体の調整をするとき、彼らはあなたをどこかに連れて行くんですか？

P：　はい、でも気づかないうちに連れて行かれます。宇宙船にはありとあらゆる存在がいます。今はすごくひょろ長い生命体が複数見えています。彼らは最初のETたちほど醜くありません。あのETより痩せていてスーツのようなものを着ています。

D：　どのようにして宇宙船に乗ったのですか？

P：　ただ連れて行かれました。私の身体の分子構造を変化させ、非物質化してから宇宙船内に入りました。物理的な身体のままでは壁を抜けられないので。

この手の話は何度も聞いていて、『人類の保護者』でも言及している。壁のような密度の濃い物質を通り抜ける際に、分子構造を変容させてから通過する。人間でもこうすれば壁や天井を抜けて移動できる。

P：　壁を抜けるために私の身体の組成を変えました。

D：　あなたが寝ている間にそれが起きるのですか？

P：　そうです。車から外に連れ出されたことも何度かありました。運転しているとき、私はよく変性意識状態にあるからです。何か違うことを考えているとき彼らがやってきて私を連れて行きます。私は運転を続けていても、その間に彼らは私の身体の調整をします。

D：　車をぶつけたりする心配はありませんか？

P：　いいえ、ありません。顕在意識が何か考え事をしているうちに、私の身体は宇宙船のコンピュータにつながれているんです。そうして彼らは調整できるんです。

D：彼らがあなたをベッドから宇宙船に連れて行くとき、肉体ごと連れて行くのですか？

P：ちょっと聞いてみます。（長い沈黙）私は何しろ物理的に連れて行かれる、ということしかわかりません。寝ていたベッドを振り返ると、何かが見えるけれど、私はそこにはいません。見えるのは私の抜け殻のような、エネルギーの残像のようなものはあるけれど、私はベッドにはいない。

D：彼らがそういうことをしているのに、あなたはまったく記憶がないんですね？

P：ありません。彼らは何も言わないので。

D：それが今わかったことで何か問題がありますか？

P：彼らは私に知ってほしいみたいです。彼らは今まで何も言わなかったから、私も気づきませんでした。身体に何の痕跡も残っていませんし。

D：そろそろ知ってもいい頃だと？（はい）パトリシアは自分のここでの目的について知りたいと思っています。2002年の今、彼女は何をしているでしょう？　その先は何をするのでしょうか？彼らに訊くことはできますか？

P：はい。彼らは私にもっとよく人々のことを理解してほしいと思っています。地球人には限界があるということについても。地球の人たちには戦争をせず、もっと互いに思いやりを持ってほしいと願っています。今は程遠いですが、私ひとりではどうすることもできないことが歯がゆいです。宇宙には精神の法則のようなものがあるそうです。よくわからないのでちょっと聞いてみます。（沈黙）いろいろなシンボルを収めた本があって、これらのシンボルが地球に広まっていくことを望んでいるそうです。人々がそれらを見ると、彼らの意識が変化するからです。シンボルが意味するのは平和、光、そして愛で、負の要素は含まれていません。これらのシンボルに触れると、殺人や怨恨、強欲、地球の破壊などの代わりに、人々の脳裏に光、愛、調和といった意識が浮かぶようになります。ＥＴたちは光と平和と調和しか念頭になく、この惑星地球が光と愛と思いやりの星になってほしいと願っています。私にはそれを本で紹介してほしいと言っています。そして地球の人々に自分たちのためにできる良いことを啓蒙してほしいと。けれども私にはそれをするだけの文章力が備わっていません。まだ子供なので。

パトリシアはまだ自分を幼児として見ていたことに、私は気づいた。時間軸を進めて大人のパトリシアの視点で話を聞く必要があった。

D：　２００２年には何が起きているか、彼らに訊いてみてください。たくさんの人々がそれらのシンボルを描いていますか？　それが現実になっているでしょうか？

このプロジェクトについて、私は世界各地の研究者と共同研究をしている。シンボルのスケッチや解読不明の文章などが私たちの元に送られてきて、いつかコンピュータ解析ができることを願っている。送られる情報には驚くほど共通項が多く、出現する数も増加傾向にある。ミステリーサークルもこれらのシンボルのひとつだと私は教えられた。ミステリーサークルによって描かれたシンボルひとつを観察しているだけで、ある概念体系がまるごと見た人の意識に届けられる。ミステリーサークルの現場に行く必要はなく、情報としてその形を見るだけで潜在意識にその概念体系が移植されるということだった。ミステリーサークルの図形はどれも潜在意識にはわかっても顕在意識では解読不能の情報だ。これについてはより詳しい話を『人類の保護者』に記した。日常生活の中でも単純な図形のシンボルが表す概念体系がそっくり人の意識に移植される実例を、彼らは示してくれた。情報は脳細胞の中に埋め込まれ、必要なときにアクセス可能だということだった。それはとても自然に脳裏に浮かぶので、そもそもどこでその情報を入手したのかに気づくこともないという。

P： シンボルは私たち宇宙の存在が人類とコミュニケーションを取るための道具です。すでに話したように、シンボルが示す意味は純粋な神の光、平和、そして調和です。地球の人々がシンボルを見て潜在意識にそれらがインプットされると、宇宙人も地球人も等しく我々全員が美と平和でできているることに気づくでしょう。私たちは美と平和と光の顕現であり、地球上の誰もがそうなるよう願っています。私たちＥＴはあなた方地球人に深い愛を持っています。

D： シンボルが地球に届けられるのは、そういう理由だったんですね。

P： イエス、イエス、イエス！　地球にはこれらを解読できる人たちがいて、その知識を地球の人たちに伝えるために表に出てくるでしょう。今は２００２年で、それがとりわけ重要な時期に来ているのです。

D： でもシンボルをただ見るだけで潜在意識に取り込まれるので、特に理解できなくてもいいのではないですか？

P： シンボルの意味は潜在意識に書き込まれます。潜在意識は全知全能です。なぜならソースとつながっているからです。ソースにはすべての知識があります。そこから地球にやってきた人たちがシンボルを見ると、その意味を思い出すのです。彼らの魂レベルでは、それがコミュニケーションの形だと知っているからです。しかし顕在意識レベルではわからないため、解読できる人ができない人のために伝えているのです。シンボルを地上に広めようとしているのはこのためで、あなた方を怖がらせたり、危害を加えるためではありません。これは魂レベルでのコミュニケーションです。

D：その話は以前にも聞いたことがあるので、信じますよ。

P：私はここに送られて、彼らと交信しながら仕事をしています。ここが過酷な場所と知っていたから、来たくありませんでした。ここの物理的環境は他の場所とかけ離れていて、息もできません。おかげで副鼻腔炎を発症し、ときどき胃も痛くなります。

D：地球とかけ離れた、あなたが以前住んでいた場所とはどこですか？

P：私が以前いた星は、気体でできたところでした。すべてが気体で作られていて、固体のものがない星です。気体ばかりの星ですが、街もありました。地球の人たちが見ようとしても見えません。別の次元に存在しているからです。見えたとしてもそれはただの気体の塊で、この星の美しい街は見えないでしょう。そこには壮麗な街があり、宮殿もあり、人々は完全なる調和の中で暮らしています。

D：住民はどのような姿をしていますか？

P：光の身体です。実際のところ、あなた方にも見えますよ。私たちは目に見える殻をまとっているので。ある形があって、ちょうど私の家の窓から入ってきたETに似ていますが、同じ仲間ではありません。あれは私の仲間の部下で、醜い姿をしています。私の星の人々の身体は目に見えますが、その正体はエネルギーです。私たちには臓器や血液はなく、食事も摂りません。私たちは高次元域に存在していて、身体は光でできています。このため私たちは時間空間を自由に行き来でき、地球人の目に見えません。

D：あなたは地球に行きたくなかったのに、どうして来なくてはならなくなったのですか？

P：密度の濃い場所だと知っていたので、行きたくありませんでした。密度が濃く、とても重たい場所です。身体に入って動くとき、とても重く感じます。私の星の環境はこんなではないので居心地が悪く、ここの人たちはときどき残酷です。そういう人は私の星にいませんでした。

D：じゃあどうして来たんですか？

P：地球を変容させる手伝いをするため、彼らに行くように言われました。その仕事をするために身体にあれを埋め込んだのです。彼らはごく一般の人々と触れ合い、影響を与えられる私のような存在を求めていました。もし私がアメリカ大統領だったら、今のように多くの人々に影響を与えることはできなかったでしょう。大統領は限られた側近としか接することがありませんが、私は日常的にたくさんの一般人と接することができるからです。

D：大統領は一般人と多く接することができないということですか？

P：その通りです。彼らの願いは市井の人々にアプローチすることでした。そのために私の身体にあれを埋め込んだのです。日常的に人々と接するとき、私は群衆と接しているのです。群衆とは思いませんでしたが。何しろそう望んでいたので焦りを感じたのです。少ない人数の人にしか出会えていないと。スーパーマーケットに行ってもただ食品を買うばかりで、私が本来するべきことが全然できていないと感じていました。でも、彼らがそれは違うと言いました。私のオーラに含まれているエネルギーの性質上、ただすれ違っただけでもそのエネルギーに触れた人に影響を及ぼすのだと。私と話をした人は変容するんです。電話で話してもその回線を通じて相手を変えるのです。そういうふうに働くんだそうです。今までそんなことひとつも言ってくれなかったけれど（笑）。これまでは知ってほしくなかったのだそうです。でも、知ることができて本当によかった。だってこんなところに来たくなかったから。身体は重いし、本当にずっしり密度が濃くて窮屈なんです。

D： あなたの他にも地球で同じ仕事をしている仲間がいますよね？

P： はい。何千人といます。でも全員が私と同じ星から来たわけではありません。別の領域、次元というか、説明が難しいですが、地球でいうとエレベーターのようなものです。たくさん階があって、それぞれの階がひとつの世界、惑星のような感じです。そこに別のいろんな階から人々がここにきている、というのが今の地球の姿です。それぞれ違う階から来た人たちは自分の階の波動を保ったまま、今いる階の人々に影響を与えます。たとえば10階からやってきて仕事をしている人がいますが、それは1階から来た人より勝っているとか波動が高いとかいう訳ではありません。ただ違うというだけです。数千という魂が大宇宙からはるばる地球にやってきて手助けをしようとしているのは、地球が死にかかっていたからです。地球に大変動が起こり、地球人の遺伝子構造が変わってしまい、ここでの実験がすべて水の泡になろうかというときに、私たちはそれを何としても阻止しようと、実験を台無しにしないと決心しました。そういう訳で私たちはこの星に来ているのです。

D： でも、地球の環境が宇宙の他の星と違い過ぎて苦労しているんですね。

P： だから来るのは苦痛でした。特に私の星のような場所からくる人にとってはね。生きていくのにものを食べる必要がないから口もないし、内臓の心配をする必要もありません。光の身体ならどこにでも瞬時に移動できるけれど、地球では車で移動するしかありません。なんて間抜けなことでしょう。車に乗って移動するなんて。

D： パトリシアは、宇宙の存在が直接彼女の意識に語りかけていると感じていますね。

Ｐ：　彼女の幼少期から交信を続けているのは私たちです。あの気体でできた星、美しい街のある星で私たちは家族でした。私たちは長身で細身で、大きな目を持った存在です。彼女もそうです。

Ｄ：　でも彼女は体内で光るエネルギーのような存在だと言いましたね？

Ｐ：　その通りです。私たちはみな内面は光です。他者の目には、私たちは目が大きく長身で細身の光った身体だと映るでしょう。私たちは進化してこうなりました。元々、何百万年も前のことですが、私たちの星は物理的な星でした。私たちの身体にも小さな口があり、臓器がありました。それが長い年月を経て身体も星も進化して、物理的な個体ではなく、気体でできた存在へと変化したのです。数百万年をかけた霊的進化です。こうして今私たちの星も身体も光でできています。

Ｄ：　それで、あなた方の家族であるパトリシアが寂しくないように、小さい頃からずっと話しかけてきたということですか？（はい）彼女はあなた方について知りたがっています。あなた方はどこかの組織に属していますか？

Ｐ：　私たちは評議会に属しています。今見ているんですが、3歳児のままでいたほうがいいですか？

Ｄ：　いいえ、時間を先に進めて現在の大人の年齢で。

Ｐ：　オーケイ。そのほうがよりよく理解できますから。

Ｄ：　2002年にしましょう。その年ならパトリシアに理解力も表現力も備わっています。

Ｐ：　私たちが属している評議会は霊的評議会《スピリチュアルカウンシル》です。いわゆる政府組織のようなものではなく、精神的な組織です。そこではワンネスの法則に従います。この法則はソースから直接来るものです。評議会メンバーは光とワンネスの知識の守護者です。パトリシアがここにいるのはそのためです。彼女もソースにあるワンネスの知識ベースから直接霊的情報を受けています。もたらされる情報は単なる教えにとどまらず、存在のあり方も含まれます。つまり、互いに思いやりを持つという行動の教えのみならず、自ら光の存在であれ、神であれ、と促すものです。パトリシアはここで人々に、神になるよう教える仕事をしているのです。

ここで私はパトリシアが知りたかった質問を投げかけてみた。

D：彼女が知りたがっているのは、彼女と交信しているのは誰かということでした。あなた方の他にも誰かいますか？

P：私たちの指示の下で動いている別の存在たちがいます。彼らはパトリシアと協力しながら地球人の反応について実験をしています。私たちに対する反応というよりは、現地で働く私たちの部下に対するものです。グレイや、レプティリアンたちのことです。ボールを3つ縦に重ねたようなものなど、あなた方から見るととても奇妙な外見のものたちもいます。彼らも意識を持って働く部下たちです。そういう不思議な姿をした部下たちがパトリシアと協力して働いているのですが、彼女が怖れないように、記憶を残さないようにしています。以前姿を見られて怖がられて失敗したことがあるので。それで、大都市などに降りて姿を見られると、地球人は私たちを怖れるべき存在と捉え、武器を持って攻撃してくるかもしれません。

D：それは誰のためにもなりませんね。

P：まったくです。それで私たちは彼女をそのためだけに使っていて、彼女も潜在意識レベルでは理解しています。

D：怖れは人間にはつきものですね。

P：はい。でもあなた方もいずれは学ばなくてはなりません。物理的な容姿はその人の真の姿を表すものではないということを。私たちは霊的な存在で、非常に深い愛と思いやりを持っていますが、人間が私たちを見ると、恐怖を感じるのです。私たちは多様な人間と接することで、この恐怖心を克服する方法を探っています。パトリシアのような人々の前では本来の姿を現すようにしています。この人たちは私たちのことを覚えていたりいなかったりします。そうして少しずつ慣らしていって、目の前に現れても怖がらないようにしているのです。

D：地球人は外見しか見ない習性があります。

P：そうなんです。あなた方は人にはスピリチュアルな側面があること、そして人はその精神性によってこそ判断されるべきだということを学ばなくてはなりません。いずれわかるときが来るでしょう。パトリシアは物質界にとどまって私たちと交信することに慣れる必要があります。これまで私たちはほとんど思考のみでの伝達をしてきました。それで私たちの姿を見たことがなかったのです。彼女の側で準備ができていなかったからです。これからは、彼女が物理的に私たちの出す音を聞けるようになってほしいと思っています。それで彼女が眠っている夜中に起こしたのです。将来的なコミュニケーションの予備訓練として、霊的なメッセージが物理現象となることを覚えてほしかったのです。私たちも、今後は物理的に姿を現すことにします。その際、彼女には私たちを怖がらずに迎えてほしいのです。これから多様な存在を送り、指示や情報を届けます。彼らの姿を見たら、彼女はたぶんひどく怖がるでしょう。そして適切な対応ができないでしょう。そう予測したので、この先私たちが送る部下たちと直接やり取りができるよう、慣れてもらうための実験をしているのです。宇宙には多様な組織（組織と呼ぶべきかわかりませんが）があり、多種多様な生命体がいます。彼らはある目的のために集合している集団です。あなた方の言葉で言えば、組織になるでしょうか。しかし私たちの表現で言うなら、これは神聖な目的を持った集団です。各集団にはそれぞれ神聖な目的があります。パトリシアが交信する集団は彼女の同胞ですが、彼らにもソースから直接受け取った神聖な目的があります。ソースと直接つながっている集団は他にもありますが、彼らは別の使命に取り組んでいます。パトリシアはこの先これらすべての生命体と交信することになるでしょう。ちょうどあなたが、催眠療法という目的の元に集まった集団を持っているのと同じです。集団には固有の波動があって、その集団の放つ周波数に引き寄せられて、そのエネルギーレベルで働く仲間が集まってくるのです。

D：パトリシアは、負のエネルギーを持つ悪い生命体を引き寄せることを怖れています。

P：私たちが送る生命体の中に、そのようなものはひとりもいません。

D：それは聞いたことがあります。

P：彼女が理解できなかったのは、時期尚早だったからです。準備が整う前にあまりいろいろ伝えたくなかったのです。彼女には物質界でたくさんの苦労ありましたが、強くなるためには必要な経験でした。この先彼女が私たちと仕事をするうえで、精神的にも物理的にもたくましくなり、地球での諸問題を楽々と片づけられるようになるためにです。物質界での問題が上手に解決できるようになれば、彼女の霊的使命の邪魔になることはありません。これまで彼女の前に私たちが姿を現すのに時間がかかったのは、このためです。

D：宇宙には邪悪な生命体がうようよいるのだと誤った主張をする人たちがいます。けれども、そのような存在が地球人に干渉するのは宇宙評議会が許さないと聞いたことがあります。それは本当ですか？

P：　霊的進化が未熟な生命体は、確かに存在します。未熟であることと悪とは違うものです。宇宙には悪という概念自体がありません。善も悪もないのです。あるのはワンネスの美しさのみです。生命体の中には、私たちが思うほど霊的進化を遂げていない存在もありますが、彼らのことを悪、負の存在と呼ぶことはありません。たとえば、あなた方の政府と協働しているETたちがいます。彼らは地球からある金属や化学物質を入手するという目的で地球に来ています。彼らは政府と合意した以上のものを持っていくことがあります。そのことを私たちは承認していませんが、地球に降りることを許可したのは、地球の波動が低く、波動の低い彼らなら地球に行って、政府と対話ができるからです。だからと言って、彼らが悪というわけではありません。彼らの霊性は進化を続けているので、私たちは地球行きを許可しました。彼らは地球に恩恵を差し出さなくてはならず、地球を傷つけてはなりません。彼らは政府に新しいテクノロジーを教えているので、ギブアンドテイクが成立しています。彼らと意見の相違はありますが、だから悪ということではありません。私の知る限り、地球に邪悪な存在は来ていません。

現在までの1000年というごく最近の間に、宇宙から彼らの星に必要な金属や鉱物を採取するために地球に降りることが許されたETたちがいるという話は、『人類の保護者』でも書いている。その金属は地球に豊富にあるため、採取しても地球に害をきたすことはない。彼らがしてはいけないことをしないように、宇宙評議会が厳しい監視の目を光らせているという。

P：　ETたちの中には善悪で判断する輩もいますが、それは正しいやり方ではありません。霊的な進化の度合いで測るのが正しいやり方です。霊性が未発達の存在があればよく進化した存在もあります。未熟さは悪とは違います。

D：　地球の宇宙人研究者には、ETが人類に悪事を働いていると主張する人々がいます。私が知り得た情報から考えて、私は違った考えを持っています。悪い宇宙人がいるとは思いません。

P：　あなたの考えは私たちの願いに適っています。それが真実の姿です。しかし、この星の人々に誰は悪くないとか、どの場所が悪くないなどと説明しても、彼らの意識が受け入れることができないのです。いずれ彼らの意識が進化すればわかるときが来るでしょう。あなたはその道を進み、私たちが善良だという認識を持ち続けてください。地球の人々は、私たちが善良な存在だという真実を知る必要があるからです。

D：　私はこれまで著書や講演でそう訴え続けてきました。これまで何度もあなた方に質問し、完全な答えを得られずに来た疑問があります。家畜の切断事例［訳注：1970年代のアメリカで、家畜の身体の一部が切り取られ、血液が抜かれるという事例が多発し、宇宙人によるものではないかと騒がれた］に関することです。これは良くないこと、悪だと多くの人は考えています。これについて何かご存知ですか？

P：　はい。家畜の切断については、複数のETが関わっています。アメリカでは、家畜に対してたくさんの化学物質、あなた方がホルモン剤と呼んでいるものを使っています。それらが家畜に与える影響について調査しているグループがいます。彼らは牛などの臓器や身体の一部を採取して、ホルモン剤が及ぼす悪影響を調べているのです。また別のグループは、動物の血液を調べています。牛や羊、犬、猫などの血液サンプルをとり、血液の分子構造を調べるグループです。地球の人々は、これらはみな悪いことだと考えていますが、そうではありません。これらのグループは、汚染物質が地球の動植物にどんな影響を及ぼしているかを調査する目的で血液採取をしているのです。地球人は私たちが植物にしていることに注意を払いませんが、彼らが飼っている高額の畜牛に被害があれば、何があったのか調べるのです。

D：あなた方はいろんなものを調査しているので、話はわかります。いくらかの情報はあったのですが、全体像がこれまで見えませんでした。正確な経緯をお知らせいただきありがとうございました。

ようやく納得のいく説明を聞くことができた。ETたちが地球の汚染物質や食品添加物について強い懸念を抱いているという話は、以前から聞いていた。多様な食品添加物が人体の健康を害することについて、とりわけ添加物が癌の増加を引き起こしていることを憂慮していた。これが宇宙人に〝誘拐された〟と主張する人々に起きていることの実態だ。ETは彼らを使って汚染物質や添加物が人体、とりわけ遺伝子構造に影響を及ぼしているかなどを調査しているのだ。私たちが日頃から食べているものに含まれる有害物質が人体にどんな悪影響を及ぼすかを調べるのは至極当然のことだ。誰かがやるべきなのに、私たちの政府はしていない。

D：あなた方の仲間から、人類の食生活が変化していると聞きました。実際、私の食事も変わってきています。

P：それは地球のエネルギーが変化したからです。食生活を変えて行かないと病気になったり死に至ることもあるでしょう。この星の食物は変化しています。食物に限らず、この星のすべてが緩やかに変化しています。これは私たちが計画している光の爆発が起きる前の態勢です。（本書第3部「新しい地球」を参照のこと）変化は起きています。地球とともに変わらなければ生き残ることはできません。汚染物質にやられてしまうでしょう。あなた方の身体は以前より繊細になってきているので、汚染物質にも、より敏感になっています。そのため身体が受けるダメージは前より深刻になっています。人体が変化に持ち堪えられるように、宇宙の聖なるエネルギーが地球人に作用して遺伝子に変化を起こしています。私たちは、地球人には変化を乗り越えて生き延びてほしいのです。あなた方は環境の劣化に耐えられず、どんどん劣化してきたので、宇宙の介入により遺伝子を変えることになったのです。

D：　私が聞いた話では、密度の濃い食物が減り、より軽量で密度の薄い食物へと変わっているとのことでした。

P：　そうですね。地球本体の密度が薄くなってきていることに呼応しているからです。密度の薄い身体には密度の薄い食物でなくてはなりませんから。牛肉は非常に密度の高い食物で、鶏は比較的軽く、密度が薄いです。シーフードもいいほうですね。ライトボディ化していく身体に究極的にいいのは野菜です。あなた方はこれからますます密度の薄い食物を選択するようになるのは明らかです。変化した自分の身体を守るため、食事内容も変わります。そうすれば、遺伝子が破壊されるのを回避できるでしょう。

D：　私の食事内容が変わったのは、そういうことだったんですね。

P：　もちろんです！　あなたはここの住人ですね？

D：　はい。この変化は世界中で起きていると聞きました。

私たちの食事は固体から液体へ、重量感のある食物からスープやスムージーのような流動的なものへと変わっていくだろうと彼らは言った。

セッションが終わりに近づき、パトリシアに以下のお別れのメッセージが告げられた。

パトリシアに、私たちはあなたを心から愛していて、いつもそばにいることをわかってほしいです。怖れることは何もありません。いつでも私たちが守っていますから。私たちの身体は光でできているので、彼女の前に姿を現すことはできません。そこに降りていくと、私たちの中にある霊的エネルギーに不具合が起きてしまい、リカバリーに時間がかかるのです。そんなわけで私たちは地球に行くことはありません。けれども彼女を訪問したいと言っている部下たちがいます。彼女はそれについて以前私たちに訊ねていたので、彼女を訪問する存在がいるとわかればきっと喜ぶことでしょう。でもまだ彼女には準備ができていません。そのことを自覚するようにあなたから伝えてください。地球時間であと10年くらいしたら、準備が整うでしょう。

第22章

もうひとりの観察者

このセッションは、ハワイで行われた催眠療法クラスのデモンストレーションだった。テレサはプロの催眠療法家・ヒーラーとして働いていたが、それが果たして天職かどうか確信が持てず、さまざまな不安や疑問に悩まされていた。退行して経験したのは、漂流者のように仕事や住居を次々に変えていく男性の人生だった。安住の地を持たず、寂しく感じることはあってもそれほど苦にもしていない男性の独白が始まった。

テレサ（以下T）： ひとりでいることは好きなんです。仕事の関係の人たちとはあまり親密になることはありません。2か月くらい働いて、それが終わればまた別の場所に行く。ここはもうこれまでだと自分で感じることもあれば、この辺で終わりだと誰かに言われることもあります。今、星が見えています。今質問に答えている間もその星が見えています。その星が潮時を知らせるときもあるし、自分で去るべきときを知る場合もある。するとまた旅に出ます。向こうからお迎えが来て、次の仕事に行くこともあります。

ドロレス（以下D）：　星が知らせるというのは、どういうことですか？

T：　それが不思議なんです。この星がなぜかいつも見えていて、何か言ってくるときがわかるので、それを聞いているんです。

D：　どんなふうに伝えてくるんですか？

T：　金色の光線が差してきて、伝わるんです。

D：　光線はどこから来るんですか？

T：　真っ暗な夜空の彼方からです。惑星なのか恒星なのかわかりませんが、宇宙にある星です。その光が来ると、頭の中に何か浮かびます。だから外にいなくてはならないんです。外にいると、あらゆるものが近くにあると感じられるんです。

話がなかなか進展しないので、私はこの人物にとって重要な日へと時間を進めた。彼は到着するなりくらくらすると言い出した。「すべてがぐるぐると回り出した……身体がそんなふうに感じていま す。全身がぐるんぐるんと」そこで私は、肉体的不快感を取り除く催眠暗示を与えた。「身体が遠心分離器にかけられているみたい、ちょうどそんな感じ。だから何も見えないんだけど、すべてがオレンジ色、身体が回転していて、自分では止められない。暗い。オレンジっぽい暗闇になった。何かの中にいて回っているような感覚です。何の中だろう？」

D：　それを確かめたいですか？（はい）じゃあ確かめてみましょう。

T：　できるような気がします。今何かの船が見える。船を外から見ています。底は平らで、上がドーム状。ちょうどボウルをひっくり返したような形です。下にあるのは、光。船はそんなに大きくないです。私はまだ回転しています。

D：船が回転しているの？それともあなたが入っているものだけ？

T：たぶん私がいる部屋だけです。回転がだんだん遅くなってきた。これは船の中の一室です。近くに誰かいます。部屋の外に。

D：何がいるのですか？

T：よく見えません。ただ気配を感じます。何か大きな……背の高いものがいます。何かの〝生き物〟と言いたいけれど、違うみたい。何らかの存在がいる。それを外側から見ています。ていうか同時にふたつの場所から見ています。部屋の中と外からです。今は上から見ています。ガラスか何かでできていて、中が透けて見えるけど、ガラスではない。

D：それは船のドーム部分のこと？

T：そうです。指令室のようなものが見えます。たぶんそうです。（微笑んで）他にも誰かいます。小さいのが。その姿があまりにも、異様なんです（笑い出す）。こんなの見たことありません。小さくて、青っぽい。見たことない生き物です。青いのと、オレンジっぽいのもいます。

D：顔は見えますか？

T：いいえ。背後から眺めているので（笑）。というか、私も彼らのひとりでした。自分の姿はまだ見えないけれど、彼らの仲間だと感じます。どっちのほうかはまだわかりません。マスクを外したい、本来の自分になるために。ここに来たときの自分は本当の自分ではありません。

D：つまり、ここに来たときあなたは違う姿だったの？（はい）どうしてあの回転する部屋にいたかわかりますか？

T：本来の自分に戻るためです。回転すると身体の分子構造に何かが起こります。分子構造が変わるんです。それが自分本来の姿かどうかはわからないですが、違う姿になりました。私は大きいほうのひとりでした。

D：あなたは仕事を終えて、今いるところに戻ったのですか？

T：いいえ、まだ終わっていません。途中で戻ってくる必要があったのだと思います。彼らが何らかの指示をくれるのですが、何かが起きたため連絡が取れなくなったんです。それで私のほうから指示をもらいに行く必要があったんです。何かが変わったのです。

D：彼らは、あなたとのつながりを修復したかったのですか？

T：そうです。そのためにここに来る必要があったんです。ここでは寂しくないけれど、あちら（地球）では孤独です。

D：あちらでのあなたの仕事とは？

T：私はリーダー、何かの統率者です。

D：何をしていたんですか？

T：今はもう何も。もう以前の姿ではないので。でも船を操縦してどこかに行ったり、指示されたことをしたりできます。そういうのが気に入っています。

D：指示は誰から来るのですか？

T：同僚というか、上官というか。別の星にいる人です。私は地球にいますが、地球出身ではありません。

D：あなたが行くのは地球だけですか？

T：　いいえ。他の星にも行きますが、今は地球が専門。仕事があるので。でも何だったか忘れてしまいました。

D：　地球に行った目的は何でしたか？

T：　まずは地球人がどんな人たちなのか観察して、進化の程度を知ること、何を怖れているのかなどを探ることでした。

D：　地球の人々と親しくならないのはそういう理由だったんですね。（はい）ただ観察していたから？（はい）それで得た情報はどうするのですか？

T：　誰かに送って、そこで分析されます。それからまた別の旅に出る。地球以外にもいろんなところに行きました。旅はとても楽しいです。

D：　それで地球の人々をどう思いますか？

T：　私が行った場所に人はあまりいませんでした。彼らは生きるのに必死でした。生きているだけで、まだ余裕がないのです。

D：　次の仕事は決まっているのですか？

T：　いいえ、まだ言われていません。たぶんまた地球に帰るんだろうと。彼らの望むことなら何でもかまいません。違う時代に行くことを願いたいですけど。

D：　違う時代？　違う場所ではなく？

T：　両方です。それは彼らが決めることです。

ここで私は、彼が地球に戻ることになった未来に時間を移動した。「彼らはあなたに、どこへ行って何をするように指示したのですか？」

T： いいえ。ただ送り込んだだけです。

D： あなたにも何か言い分があったのではないですか？（ふたりで笑う）

T： いいえ、いいんです。私はそこに送られました。知るべきことはすべて彼らが教えてくれます。

D： あなたはどこに送られたんですか？

彼は森の外れにひとりで立っていた。「そこで何をするか言われましたか？」

T： いいえ。自分でわかります。出会えば何をすべきかわかるでしょう。でも依然として観察者です。見るだけです。

D： 人々とあまり深くかかわってはいけないと？

T： そうです。私の任務は観察だから。私は今回、人間ではないようです。何だろう。背が高く痩せている。人間らしくはない。どこか別の星にいるようです。森……見慣れたドームのような建物があります。ドーム型の屋根がついた金属製の構造物です。自分の姿も違って見えます。とても白くて細い身体です。きっとこの星に住む生命体なんでしょう。人間ではありません。ここでの仕事も観察です。楽しい仕事です。ただ見ているだけなので。これまでの仕事と似たようなものですが、こっちのほうがいい。暖かいし。

このままこの宇宙人としての日常を掘り下げることもできたが、セッションの時間配分としては、そろそろSCを呼び出しクライアントの質問をする頃合いだった。また、これはデモンストレーションで、個人セッションのように時間をかけることができなかった。私はSCを呼び、この過去世をテレサに見せた理由を訊ねた。

T：今日見たようなことを、もっと深く理解してもらうためです。彼女は、自分がこれまでしてきたことについて知る必要があります。

D：彼女はずっと観察者だったのですか？

T：そうでないときもありました。

D：今日見た過去世ではそうでしたね？

T：はい。彼女は人助けについても学ぶ必要があります。人のあらゆる側面を知り、より深く理解する必要があります。

D：人にはいろいろな面があって、複雑ですよね？

T：まったくです。彼女は人の内面を見通す力がありますが、ときどきわからなくなります。自分が信じられないのです。

D：宇宙で暮らしていたのに、今回はどうして地球人になろうと決めたのですか？

T：魂の進化を早めるためです。これまで彼女はただの傍観者で、観察ばかりしていました。人間の身体に入って経験を積むことでずっと早く成長できるからです。本人がそう決断したのですが、初志をすっかり忘れてしまいました。

D：それで彼女がここにいる理由を思い出してほしかったのですね？

T：そうです。彼女にはやるべきことが山ほどあります。彼女は旅人で、次から次へと移動を続けるのです。1か所に長期滞在したこともありましたが、それは長すぎました。それで今回彼らは遠い場所（ハワイ）を選び、あちこち移動できるようにしました。しかし本人はそれが好きだったことも忘れてしまいました。彼女は一刻も早く仕事を始めなくてはなりません。でも忘れてしまっているため、いろんな責任を背負い続けているのです。

D：彼女は旅をしながら何をするべきなのですか？

T：人と話し、彼らの話を聞き、彼らを助けることです。地球の人たちが再び心地よく生活し、痛みを癒やし、幸せを取り戻すよう働くことです。人々はそれを感じて彼女に引き寄せられてきます。彼女にはその力があります。人々に質問を投げかけ、答えに耳を傾けるのです。質問は聞くことの一部です。それ以外はただのきっかけで、彼女をその先に導く手段です。これからいろいろ新しいことが起こり、彼女はそれにかかわることになるでしょう。

D：彼女は地球で300年ほど過ごすことにしたのですね。（ともに笑う）それをどう思いますか？

T：彼女が本当にそう望むなら、そうなるでしょう。

D：人間は自分の身体をコントロールできるんですよね？

T：はい。でも、彼女はそれが真実だとは知りませんでした。

D：あなた方は自分の身体をコントロールできるので、何歳まででも好きなだけ生きられると聞きました。

T：はい、できますよ。

「私たちは今、彼女のＤＮＡを作り変えています。……今、変わりました」

D：それは一般の人々にも起きていますよね？

T：その通りです。

D：なぜ、ＤＮＡが変化しているのですか？

T：すべてが変化しているからです。地球が丸ごと変化の渦中にあります。あなたのＤＮＡも変化しています。エネルギーを体内にとどめるため、その周波数帯にとどまるために、変わらなくてはならないのです。

D：なかにはその変化に耐えられない人もいますよね？

T：そうです。そういう人たちはここにはいられません。彼らは喜んで出ていくでしょう。そうすべきだとわかっているからです。それは好ましいことです。

D：ここに残る人たちは周波数の調整をして、ＤＮＡも変化しているのですね。

T：そうです。自分でそれを感じるときもあるでしょう。背骨の辺りにね。

D：どんな感じがするのですか？

T：背骨に沿って旋回するエネルギーを感じます。テレサの身体も今感じています。

D：それをクンダリーニと呼ぶ人もいますね？

T：いいえ、これはクンダリーニではありません。DNAです。

D：身体が変化するとき、身体が振動を感じるということですね？

T：そうです。頭痛が生じることもあります。頭に加え、背中や腰が痛くなることがありますが。一過性です。

D：一連の変化のプロセスが終わったら、振動は止むのですか？

T：その通りです。私たちは今彼女にエネルギーを大量に投与しています。彼女はこれまで変化を受け入れず、閉ざしてきたからです。そのためエネルギー不足に陥っていました。体内で多くのものが変化を遂げようとしていました。今、DNAが変わったので、心身に大きなシフトが起こるでしょう。

T：このクラスに参加するかどうかについて、彼女と私たちとの間で意見がぶつかりました。彼女は来たかったけれど、来ないつもりでした。

D：どういう意味でしょうか？

T：彼女は、このクラスの参加者だけでなく、あなたとつながる必要がありました。あなたと同空間にいて、あなたの話を聞き、あなたを感じることで、彼女のエネルギーが変化するからです。あなたのエネルギーは、そこにいるだけでそばにいる人々のエネルギーを変えるのです。あなたの講義内容だけではないのです。それがあなたのしていることです。

D：彼女は来たくなかったと言いましたね？

T：来たかったのですが、来ることの重要性を理解していませんでした。今日この時間にこの場所で、あなたとここにいる人々とともにいることがとても重要なことだったのです。

D：今日の参加者たちは私が教えたことを実践していけますか？

T：もちろんです。全員ではなくてもほとんどがね。なかにはやりたくないという人や、ただどんなものか見たかっただけの人もいます。

D：可能な限り多くの人々に手を差し伸べなくてはならないと思っています。

T：その通りですね。

SCからのラストメッセージ：彼女はいつでも見守られています。私たちはいつでもそばにいて、彼女を愛しています。私たちはあなた方全員のために、いつでも近くにいます。決してひとりではありません。

第23章
地球にとって最良の方法

パソコンで仕事をしている在宅ワーカー、ランディは精神世界に傾倒し、生まれてきた意味について深く考えていた。彼には妻子がいたが、家庭人として過ごすより地球のために何かすべきだと感じ、ジレンマを感じていた。セッションの目的は、彼がなぜ地球に降りてきたのかを知ることだった。

ランディが雲から降りると、そこは奇妙な景色の場所だった。人里離れた、雪に覆われた大地で、彼は雪の上に着陸したばかりの2機の宇宙船を眺めていた。「これは地球上の、本当に遠いところの僻地です。北極か南極のような……北極です」

宇宙船のひとつにはダイヤモンド型の紋章がついていた。どちらの宇宙船も、10人乗り程度の大きさだった。これを見た彼は、意味は不明のまま「ふたつの宇宙船がふたつの派閥を表している」と感じた。宇宙船の周りには人がいた。「彼らは光の衣服を着ていました。ユニフォームなのかわかりませんが、光で身体を保護しているように見えました。普通の服ではなく宇宙服です。その保護層が全身を、ヘルメットごとすっぽり覆っています。それが彼らを寒さからしっかり守っているようです」

彼は目の前の景色を観察しているだけで、景色の中にはいない様子だった。このため宇宙船の乗員たちは彼の存在に気づかなかった。

ランディ（以下R）： 2機の宇宙船はそれぞれ異なる派閥のもので、何かの交渉をしています。

ドロレス（以下D）： ふたつの国から来ているというようなことですか？

R： いいえ、意見や考えが違うのです。地球に関する異なる見解です。どちらも地球の進化を望んでいます。地球に進化をもたらす最良の方法について、違う考えを持っています。ひとつは直接手を下す方法、もうひとつはより間接的なかかわり方を主張しています。直接的な影響か、間接的かというふたつの異なるビジョン、異なる考えです。

D： それぞれに違う結果になるということですね？（はい）どちらも地球が進化することには合意しているると？

R： はい。目指す目標は同じです。

D： 彼らは地球の進化をどう捉えているのですか？

R： 人類の意識の進化です。轍にはまって堂々巡りしている軌道から救い出すことです。それでひとつ目の集団は急速な進化（悪い意味ではなく）を望んでいて、直接手を下す方法を主張しています。もうひとつの集団はもっとやんわりとした手法のほうがいいと言っています。

D： でも、どちらも地球意識が進化するときが来たという点では合意しているのですね？

R： はい。互いに協力する意思があることでも一致しています。ふたつの派閥、ふたつの相反する手段に分裂することを望んでいません。そういうことについて話し合いをしています。同じ目的を実現するために双方の言い分を出し合い、折り合いをつけようとしています。

D：誰かがそうするように指示したのですか？

R：いいえ。彼らは双方の思考を読み取れる、高次の意識体の集団のようなので、上からの指示はありません。

ここで私は彼自身の身体が見えるか聞いてみた。彼もその集団の一員ではないかと思ったからだ。

「ええと、現時点で私は純粋な意識体で、身体はありません。ただ観察しています」

D：純粋な意識体として、あなたは彼らの思考を読み取れるのですか？

R：その通りです。

D：彼らはこれまでに地球人をサポートした経験がありますか？

R：はい。彼らはずっとここにいました。

D：ではこのふたつの派閥は以前からあったのですか？（はい）ずっとそこにいたのなら、彼らは地球をどんなふうにサポートしてきたのですか？

R：非常に弱い影響です。彼らは同時に複数の対象を扱っているので、ある意味では彼らが存在すること以外何もしていません。そこにいるだけで地球の波動に影響を与えます。

D：彼らがそこにいて、波動を送ることは地球にどのような変化を起こしましたか？

R：光をもたらしたと言っていいと思います。光が差しているのが見えています。

説明を始めたとたんに感情が高ぶってきた。泣きそうになるのを必死にこらえているようだった。

D：なぜ泣きそうになっているのですか？（必死に平静を保とうとしている）

R：親心と言うのでしょうか……健康で恵まれた環境を作ってやりたいという、責任のようなものを感じています。

D：その親心と、あなたが地球に来たことにつながりはありますか？

R：ここに帰ってきて、彼らに会うことができます。彼らは多次元で活動しています。ある次元で彼らは宇宙船に乗っています。物理的な身体を顕現させることもできます。彼らは他の生命体の意思決定に影響を与えることもできます。ある次元では彼らがそこにいるだけで十分なのです。そのお陰で地球に来て影響を与える外部の存在の介入を制限できるのです。彼らがここにいることは高次を含め多くの次元でよく知られているので、彼らが何もしなくてもその存在や彼らの意識や意思の波動が地球を取り巻く環境を守っているのです。地球を囲い込んでいるわけではありません。エネルギーが加えられているだけで、地球の自由意思、自発的フローは依然として守られています。

D：人間の意識に影響を与えているとしたら、それは自由意思の侵害にはなりませんか？

R：影響を与えてはいますが、自由意思を侵害するものではありません。彼らは単に波動やエネルギー、光を、聖なる光を送っているのです。

D：そこには善意しかないと？

R：まったくその通りです。

D：でも善意からではない存在も地球にやってくると言いましたか？

R：はい、複数の次元に存在します。相反する見解が摩擦を起こしている領域です。直接的に影響力を行使したい派閥があり、彼らはある意味で他の派閥とぶつかっています。この次元の現実で彼らはっきりそれとわかるような物理的変化を起こすことも可能です。そのほうが地球にとっていいと考えているからです。一方で他の集団はもっと消極的で、どちらがいいか決めかねているのです。

D：つまり、どっちのやり方で地球が進化するべきか、結論が出ていないということですか？

R：地球がどっちのやり方で進化すべきかという問題ではなくて、私たちが地球に介入すべきか否かという問題です。そこで先ほどの親心に立ち返るのです。いつ指導するか、どう導くか、いつ本人に任せてそっと見守るか、それとも踏み込んでいくか。どこまで手を出さずにいるか、どこから干渉するかの境界線は微妙です。消極派は、積極的に介入した場合の結果がどうなるかを判断しかねているのです。

D：それらの派閥の上位組織はありますか？

R：そういうものはなく、彼らによる合議制のようです。

D：どの派閥も地球が進化することは当然の成り行きとして、望んでいるようですね？

R：もちろんです。そこは明確です。

D：彼らが考える進化とは、地球がネガティブエネルギーを手放し、ポジティブなエネルギーを増やしていくということでしょうか？

R：彼らがそのように考えているかはわかりません。彼らが言う進化とは、人類が自らの自由意思や選択の自由を理解し、行使できるようになることだと思います。私の解釈では、直接的な行動を起こそうとしているグループはちょっとせっかちだと思います（笑）。地球がなかなか進化しないので、ペースを速めるためにちょっと手を加えようとしているのです。一方で消極派や観察派は今の地球の意識レベルを尊重しているのです。しかし、そこにはある種のジレンマがあります。人間は、自分には自由意思というものがあり、自由に選択できることに気づかないがために、なかなか前進できません。それではどうすれば彼らの自由意思を侵害することなく、彼らに選択権があるということをわかってもらえるか？　別の言い方をすれば、人間が自発的に自由意思の存在に気づくところまで進化しない限り、永遠に進化できない場合もあり得るということです。進化は人間の集合意識の変化として起こらなくてはなりません。あるいは積極介入派が主張しているように、影響を与えることでその過程を促進できるでしょう。影響と言っても新しい考えや概念、信条などをエネルギーとして地球に送るだけで、地球に実際に降りていって人間と物理的に接触することではありません。

D： ということは、彼らは人間の集合意識に新しい概念などを直接伝えることができるんですね？

R： はい。もうすでに種は蒔かれています。問題は、どうすれば彼らが種を見つけてくれるか、気づいてもらえるかです。今のところ人間は自分の足元しか見ていません。全宇宙の叡智や恩恵がそこにあるにもかかわらず、それにまったく気づいていません。その豊富な情報にアクセスするツールを顕在意識レベルで持ち合わせていないのです。

D： そんなものがあること自体知らないでしょう。

R： その通りです。介入にはもうひとつ留意すべき点があり、それはその能力の使い方についてです。生かすにはスキルが必要で、ただ概念をおろすだけでは不十分です。人間がその気づきに至るにはどうすればいいか。

D： 彼らには何か計画があるのですか？

R： 同じグループ内でも意見が分かれています。最も大胆な意見は、地球に降りて行ってＥＴの存在を知らしめることですが、それは荒唐無稽で、良くも悪くもショックが強すぎるでしょう。つまり、既に存在に気付いている人々は容易に受け入れるでしょう。しかし心の準備ができていない人々はETを怖れ、不安や疑惑に駆られ、前者とは真逆の、拒絶の姿勢を取るでしょう。その影響は前者には好ましい半面、後者には最悪の状態です。といっても地球が破壊されるという意味ではありませんが、そのリアクションは進化を妨げるでしょう。今はそんな議論が俎上に乗っている状態です。

D： 他にはどんな案がありますか？

R： 受け入れる準備のできた人間を数人選び、彼らと相談しながら一番いい方法を考えるという案です。

D： それは彼らと物理的に接触するということですよね？（はい）その人たちを怖がらせないようなやり方で？

R： そうです。それが最も重要です。現在そのような話をしているところです。本当に厄介な問題です。ETが地球の人のところに行って自己紹介をする、それからこんなふうにしたいと提案する。すると人間が数人寄って話し合い、その提案を実現可能なものへと煮詰めていく。このやり方なら地球人の自由意思を侵害することなく、その提案がより多くの人の耳目に触れます。これなら最初から人間が考え出したことのように見えるでしょう。そうやって人間の意識の進化を植え付けるのです。

D： そのやり方なら自由意思を損なわないと？（そういうことです）課題はそれをどう広めるか。

R： それは人間の責任においてされるべき仕事です。重要なのはどうすれば波及に勢いがつけられるか。気づいた人の数が閾値《しきいち》に達したら、その人々が中心となって集合意識を形成していけるようになるのです。

D： 彼らは地球の各国政府への接触を考えていますか？

R：いいえ。検討中のアイデアはたくさんありますが、政府にアプローチする案はあまり重視されていません。対象となるのは心の準備ができている個人ですから、組織に接触することはないでしょう。

D：他にはどんな案が検討されているのですか？

R：このまま気づきの輪が広がっていくとすれば、先ほど話した案が一番実現可能なやり方です。その真逆のシナリオが最も受け身の案で、人間が自然に気づくのをただ見守るという、より長い時間がかかる計画です。

D：一部の人々を選んでアプローチした場合、彼らにどんな情報を伝えるのですか？

R：それは人によって異なると思いますよ。ＥＴたちがアプローチする人がどんなことに興味を、興味というのが一番適切な表現だと思いますが、興味を持っているかをまず把握し、その人の興味や傾向に即した付き合い方で親しくなっていくのです。その際のメッセージは対象者ごとに異なるでしょう。

D：明らかに人間ではない存在からの接触を、彼らは受け入れることができるでしょうか？

R：私たちが選んだ人々に関する限り問題はありません。私たちは人間の心を読み取れますから。

D：これまでの数十年の間、人々は何度となく空飛ぶ円盤や宇宙船を目撃し、宇宙人からの接触を受けたという人間の数は増え続けています。

R：それは別のグループがやっていることだと思います。私たちとは全然違う系統で、姿を決して表さず、接触もせず、ただ人間を観察しているグループです。彼らはかなり前から地球に来ています。今彼らは何もしていませんが、この先はもっとストレートに行動するようになるでしょう。

D：これまではただ傍観しているだけだったあなた方が、使命を果たすために行動パターンを変えるのは大変なことでしょうね。（はい）でもそれが一番いい方法だと考えているのですか？

R：そう考えている一団がいます。

D：どんな形で接触するのですか？

R：対象となる人が一番受け入れやすい形を考えます。今私が見ているETたちは、同時に複数の潜在能力を行使できます。同時に複数の次元にいることができるので、物理次元に姿を現し、また別の次元ではエーテル体となり、いろんな現実に同時に存在し、影響を与えることができます。ですから受け入れる側にとって一番適切な顕現の仕方を選択できるのです。

D：普段はどんな姿でいるのですか？

R：そこが面白いところで、並行現実《パラレル》にいる感じです。エーテル体か、物理的な身体でいるか、または同時に両方でいることもできます。

D：では物理的な身体が初期設定ではないということですか？

R：イエスでもありノーでもあります。波動の高いエーテル体の姿を、より低次元に反映したのが物理次元の身体、とでも言いましょうか。でもふたつは完全に共生関係にあります。

D：さっき、あなたにはその人たちが衣服を着ている姿が見えていたので、その服の下には物理的な身体があるのかと想像したのです。

R：それは面白いことですね。彼らは接触するために衣服を身にまとっているのでしょう。そうですね。彼らにも物理的な身体はあります。それがどれくらいの波長域のものかは不明ですが、それもたぶん調節可能でしょう。彼らは人間と会う目的で地球に降りているので、相手に配慮して便宜上そういう姿になっているのです。

D：あなたも同じ目的で地球にいるのですか？

R：私がなぜここにいるかですか？　彼らの意思と私の意思は平行線です（笑）。私のほうが少しだけ深入りしています。ここにいて、ここで生き、この地の波動で生活し、善い行いをして、宇宙の存在がアクセスしやすくしています。人間が気づくかどうかは別として（また感情が高揚してくる）そこでまたさっきの逡巡に立ち返るのです。人間の営みに直接介入すべきか否かという。

D：それで、あなたの役割は何ですか？

R：意識体としての？　それとも人間の姿での役割ですか？

D：どっちでも。両方について話してもいいですよ。

R：単独で観察することだろうと思います。「上なるが如く、下もまた然り」という言葉がありますが、その様子を観察することです。それは単なる観察ではありません。ある特定の視点を持ちつつ、参加せずただ観察をするのは楽ではありません。ある次元で何が見えてもそこにはその次元なりの意味があります。正しいか間違っているか、善か悪か、光か闇か、良い影響か悪い影響かというのがあるので、そこで行動なり介入なりをして改善を図ることを選択するだろうと思います。しかしそのレベルで行動するとき、私の行動はその次元に恩恵をもたらすのか、はたまた新たな問題を起こすのか——それはその次元にいては判断できません。そんなわけで、どのように行動するのがいいのかまだよくわかっていません。

D：全体のスキームの中で、あなたの役割はどんなことですか？

R：自分の及ぼす影響を見ればわかるでしょう。ただし、それは自分のいる地点から見ている意識という制限の中での影響です。もし私がただ観察し、何もしなければ、そのほうが私にとってより自然な在り方なのです。だから私は孤独なのです。

この話は意味がわからず混乱するばかりだった。いくばくかの情報収集にはなったものの、まだ解明されていないことが山ほどあることは明らかだった。私は彼をそのシーンから離れるよう誘導し、SCを呼び出した。過去世を探りに行ったにもかかわらず、今回どうしてこのような転生が降りてきたのかについて訊ねた。

R： 今、見たものが最も論理的に理解しやすい話だったからです。

D： なぜそれをランディに見せたのですか？

R： 大きな筋書きの中にいる彼自身を認識するため。彼が肉体を持つに至った経緯を知ってもらうためです。

D： 直接彼に説明してもらえますか？　彼もそれを知りたがっていました。

R： 広大無辺の宇宙には幾重にも折り重なった次元があり、表面に出ている現実もあり出ていない現実もある。私たちはそんな場所で創造を経験していますが、肉体を持った人間として彼がするべき仕事というのは現時点ではありません。彼には自由意思がありますが、それをどう使えばいいかまだわかっていません。自分には自由意思があると悟ったとき、彼が次に何をするかによって次のステージが決まってきます。自由意思を活用することを覚えると（笑）、彼は大いに進化するでしょう。使い方を習得すれば、意識の進化が加速するでしょう。

D：悟る方法のヒントを教えてくれますか？

R：さっき笑ったのはそこなんです。私たちはその一点について悩み抜いてきました。悟ってもらえるように介入することが進化の妨げになるか否か、結論が出ていないのです。

ランディはこれまでメタフィジックスの講義をたくさん受講し、多様な分野の知識を探究してきた。SCによると、そのような知識は重要ではない。「簡単に言えば、彼の自由意思を行使するだけのこと。それを言葉や行動に表すだけでいいのです。やるべきことはただそれだけです。彼に必要な知識や洞察はもう何もありません。ただ、自分で自由に選択できるということを自覚するだけです。彼が知識を探究してきたのは、自分の自由意思をどう使うかを知るためだったのでしょう。自由意思を理解し、信じ、存在を認めたら、その自由意思をどのように表現するかについて自分の意思を決めなくてはなりません。これは地球でこれから起きることで、地球の人々がそれぞれに自由意思に気付くようになると、彼と同じ立場に立つことになるでしょう。私たちには自由意思があり、それを認識しています。私たちはそれを選択できますが、それを現実にするためには、何をどうしたいという意思が不可欠なのです。自由意思、つまりあるものが正しいか正しくないか、左か右か、上か下かといった選択ができることを自覚したら、それを現実に顕現させることで初めて経験となり智慧となり、それが進化を引き出すのです。ある考え方を理解できたとしても、それだけでは進化となるわけではないのです」

D：では、彼が自分で気づかなくてはならないと？

R：そう、それが気付きのプロセスの一環です。

D：それで彼の学びのひとつの周期を完結できるのですか？

R：その通りです。

D：地球での学びをすべて完了したら、これが地球最後の転生となりますか？

R：学ぶべきことはないし、しなくてはならないこともありません。古典的な学びの過程はないんです。

D：私は地球を学校のように考えていました。

R：そうですね。いつでもどこでも経験を通じて学ぶ機会はいくらでもあります。経験の目的は、あらゆるレベルで自由意思というものを知り、体験することにあります。以前からここに転生してきた魂たちも意識の進化を遂げ、転生の過程も飛躍的なものになります。並行現実として複数の次元に同時に転生することも、物質界での経験を並行世界からサポートするためのものです。

D：転生のパターンはどのように変化するのですか？

R：ひとつの次元の現実には信念体系がいくつかあり、その現実の中には自己抑制的な思い込みを作っている意識レベルがあります。ちょうど今地球で起きているように、意識が拡大することで起きる進化が、一段高い意識レベルへの道を開くのです。

D：しかし、これからもまだ地球に転生してくる必要がある魂は存在するのですよね？

R：その答えは人によってイエスでありノーであり、どちらとも言えない、でもあります。輪廻転生が必要だと考えている魂は、そこに開かれた機会に心を開きません。その結果、彼らが信じる現実を永遠に繰り返していきます。自分の知らない考えや信念を受け入れる姿勢のある魂には他の選択肢が開かれ、新たな現実を選択し、移行する機会が訪れます。そしてずっと以前からその機会を待ち望んできた存在たちがいます。長い間ずっとこの時を待っていたこの魂たちとはいわゆるマスターたちで、地球に残り、自らの能力や知識、智慧、影響力を駆使して地球の人々の覚醒をサポートしているのです。まだ地球でするべきことが残っていると考えているため、転生を続けているのです。

D：すべては変わりつつあるということですね。

R：そう、すべては変化の途上にあります。

D：彼は真実を追求していますが、真実とはいったい何でしょう？

R：あなた方には大掴みの視点と細部にこだわる視点という両極の2種類しかありません。ですからざっくり言うと、真実とは前者のマクロ的視点で言えばすべてであり、後者のミクロ的視点で言えば理解不能なものです。あなたの質問に答えるとすれば、彼の考えや信条はすべて真実であり、不一致はありません。つまり真実でないものはありません。彼はやるべきことをすべてやり、もう十分な知識と経験を積み、智慧も持っています。これからするべきことは、それらをどう生かすかだけです。彼が明確な意思を構築することができれば、そこに不可能はありません。彼の潜在能力は無限大です。実際、それがこれから地球で起きることなのです。地球の人々の意識が、自らの無限の潜在能力に覚醒していくでしょう。しかし、学問的価値や知性として顕現するにはまだしばらくかかるでしょう。地球の物質界で、その知性が現実となるにはまず意思、そして動機、勢い、そして知性に方向性を与え、しっかりと定着させる必要があるのです。それができている人はまだほとんどいません。それを推進するのが彼の仕事です。

D：なかなか複雑な話ですね。

R：いいえ、スイッチを切り替えるくらい簡単なことです。

D：その切り替えは彼がするのですか？　それともあなた方が？

R：彼です。私たちが介入したことは一度もありません。では、改めて簡単に言い換えてみましょう。基準としてわかりやすいように、文脈を整理してみましょう。ここにいる彼は何でも創造できる能力を備えています。彼には自らの意思と欲求の実現を可能にする信念体系があります。彼の信条と、意思と欲求を実現する能力の間に葛藤はありません。問題の核心は、彼は自分に能力があると信じている（実際あります）にもかかわらず、その能力を行使していないのです。だからスイッチと表現したのです。意思というスイッチです。それ以外のことでスイッチと言ったわけではありません。ただ単純に、自分が自覚している自分自身を受け入れるというだけのことです。たくさんの人々の集合意識にある意思の話でもなく、ただ「今日あなたはどうありたいか？」ということです。そしてそれを言葉で定義し、それを行動に示す。説明するのが本当に難しいですが、彼が自分自身を統合することができたら、つまり自分の中の葛藤がなくなったら、彼はただシンプルに自分でいられるようになるでしょう。自分が「ただ在る」という状態に到達したら、地球で彼が周囲に与える影響は絶大なものとなりますが、それも彼の自由意思の範疇です。彼は前進するかどうかの決断を下すべき地点にあります。意思を明確にして、意思を定義して、彼の現実を創造する決断を下さなくてはなりません。

第24章
宇宙人による宇宙人誘拐事例

マイケルはロシア系アメリカ移民で、若いビジネスマンだった。彼には家庭があり、仕事にも不満はなかったが、なぜか強い不安と怖れに苛まれていた。彼には心理的ブロックがあり、どこにも居場所がなく常に孤独だという感覚に囚われていた。それらの理由を解明するべくセッションを行った。SCがその答えを見つけることに疑いはなかったが、そこに辿り着くまでには実に奇妙なプロセスがあった。この仕事ではいつでも予想外を予想しなくてはならない!

マイケルが降り立って最初に見たものは、奇妙な色の赤土と空だった。辺りを見渡すと、遠くに建物があったが、よく見るとそれは廃墟か残骸のようなものだった。この地に樹木などの植生はなく、ただ廃墟と赤茶けた大地だけで、生物の気配はなかった。「ここで破壊が起きたという気がします。怖さは感じません。脅威とかそういうものはまったくありません。ただひとりここに立って、なぜここにいるのかわからない。地平線に何かの破片のような残骸が見えています」廃墟に近づいてみると、炎はなかったが焦げた匂いが漂っていた。何らかの破壊により残骸となった石造りの建物がいくつかあった。私は彼に、この場所に何かつながりを感じるか訊ねてみた。「ここに住んでいたわけではなさそうですが、縁のある場所で、戻ってみたら以前あったものが失われていたという気がします。心の奥で哀しみを感じます。破壊が起きたとき、私はここにはいませんでした」ここでの彼は女性で、ゆったりとしたドレープのある衣服を着た、人型の宇宙人だった。

この女性はこの場所に縁があったが、破壊が起きたときはどこか別の場所にいたのだと私は理解した。変性意識下《トランス》では時空を自在に移動できるので、彼女をこの場所に来る前にいたところへと誘導した。「広い場所にいます。目の前には丸みを帯びた惑星の地平線が見えています。星が見えます。どこかの銀河系でしょうか。でもこの星は暗いです。光が当たっていない部分にいるみたいで、縁が明るく見えています。私がいるのはこの星の夜側の地点です」

ドロレス（以下D）： それは、さっきいたのと同じ星ですか？

マイケル（以下M）： わかりません。宇宙のどこかです。

D： 移動には何かの乗り物を使うのですか？

M： どう説明したらいいんでしょう。窓があるんですが、窓だけが宙に浮いているんです。空飛ぶ円盤とかじゃないんですが、窓は半球状で、曲線が天辺、底辺が直線になっています。向こう側が透けて見えるんですが、私はこの乗り物のようなものの中に入って飛んでいくようです。

D： 中にはあなたの他に誰かいますか？

M： 周りを見渡すと、誰かいるようです。姿は見えませんが気配を感じます。私はひとりではなく、銀色のユニフォームを着て、腕が長いです。暑い。暑さを感じます。

D： そこでの仕事は何ですか？　あなたは何をしていますか？

M： 目の前には航空装置の類があり、ライトがついています。窓の中央にこの装置がついているので、私はたぶんこの乗り物を操縦しています。操縦桿を握っている感じです。

D： 出発地点はどこでしたか？

M： 頭に浮かんだのは、火星です（笑）。火星という言葉が降りてきました。

私は彼女に火星に戻るよう指示し、どんなところか説明を求めた。そこで彼女はまた暑さを感じたので、私は涼しく快適に感じられるよう催眠暗示を入れた。「赤っぽい色の建物の中にいます。窓はなくて、床は石造りです。私はこの家から出ようとしています。空は青じゃなくて灰色、太陽は見えません。旅をしていないときはここに住んでいるのか、まだわかりませんが、この星でここを見たことがあります」私はこの星の人々が食事をするか訊ねると、食物がある感じがしないと答えた。そこで時間を先に進め、重要な日へと移動した。「縦長の宇宙船のようなものが目の前にあって、ここの環境は物質ではなくもっと密度の薄いものでできています。この船はシルバーで、地面に置かれています。周りを見渡すと、遠くのほうには緑の森が見えます」

D： あなたは船のようなものの前に立っているんですね。それはあなたの船ですか？

M： 違います。ちょっと驚きを持って見ています。

D： 何に驚いているのですか？

M： とても興味津々で眺めています。

D： 見慣れない船なんですね？（はい）それからどうなりましたか？

M： 船にドアがあって、その下が開口部になっています。そこから誰か降りてきます。緑っぽい人で、頭が大きく目も大きい。細い腕。私のほうにやってきます。

D：出てきた人はあなたとは違う容姿ですか？

M：違います。私たちより背が低くて、見たことがない種族です。どんな相手かわからないからか、ちょっと怖いと感じています」

そして目の前にそびえたつ船の先から光線が、彼女の左側に直角に降りてくるのが見えた。

D：その光は何だかわかりますか？

M：わかりません。何が起きているのかわからないので、恐怖を感じます。何というか、悪意のような意図を感じるので、得体が知れず怖いです。逃げ出したいと思っています。ところが突然宙に持ち上げられて、足を宇宙船のほうに向けて身体が地面と平行になっています。足のほうから何かに引っ張られている感じです。船に吸い込まれようとしています。今、船の中に入りました。なかはそんなに広くない。仕切られた小部屋のようなところです。ホロデッキ［訳注：仮想現実の装置や施設］みたいなところです。さっきとは違う種類の宇宙人がいます。足も腕もすごく細くて、頭も小さい。襟がシルバーです。

D：それもあなたたちとは違うタイプですか？

M：違います。今はもうまったく怖れを感じません。彼らは私を落ち着かせようとしています。感覚がさっきと違います。

D：なぜあなたを船に引き込んだのか、訊くことはできますか？

M：実験だと感じます。どうしてか訊いてみたら「DNA。あなたのDNA配列です。あなたの配列の並べ替えをしなくてはならないからです」と言われました。もっと詳しく訊いてみます。配列を再構築するんだそうです。DNA配列の再構成です。なぜ？　機能向上。何の機能？　能力改善。そして資源を増やすため。（宇宙人と交信中）何の資源？エネルギー操作のための資源。新しい方向に進化するため。方向とは、次元のことです。

D：DNA配列の組み換えをした後で、彼らはあなたにエネルギーをどう操作してほしいのですか？

M：浮かんだのは、地球に平和をもたらすこと。地球に平和をって。

D：彼らはあなたに地球に行ってほしいのですか？（はい）そのためにあなたを改造しているの？（はい）なぜあなたを選んだのですか？

M：破壊ですって。私はあの場にいたんでしょうか？　確認します。私の役割は、エネルギーを有益な目的のために使うこと。破壊が起きたときにあの場にいてはいけなかった。でもなぜかしら？

D：彼らはその能力を携えてあなたに地球に行ってほしいんですね？（はい）それをどうやって遂行するのですか？

M：どうやって？　転生します。

D：じゃあ、今の身体は死ぬということですか？

M：今ちょっと暑くなってきました。訊ねてみたんですが、不完全な言葉しか返ってきません。断片的な情報を何とか解釈しようと努めているところです。

D：新たに得られた能力はエネルギーの操作と関係しているんですか？

M：より生産的に使えるようにエネルギーを構築するんです。人々とつながり……言葉を浸透させる。今聞こえたのは〝グラフィックイメージング〟という言葉です。断片的情報をうまく結びつけられません。彼らのやり方が頭の中で聞こえています。私はひとりで地球に行くのか、それとも集団で派遣されるのか、どちらでしょう？　ああ、集団だと言っています。

D：なぜ、あなたが選ばれたのですか？

M：エネルギーの橋渡しができるからです。それができる集中力があります。

D：あなたが生まれつき持っていた能力ですか？

M：そうです。彼らはこの能力をもっと高めてほしいと言っています。地球に行ったら使わなくてはならない能力です。

D：では彼らの仕事は地球に行って変化を起こせる人材を見つけることですか？

M：はい。彼らは私たちがどこにいて、どんな人材かをわかっています。それは複数いますが、彼らはその全員を知っていて、どこに行けば会えるか把握しています。

D：それでその人々を見つけてはＤＮＡの組み換えをして仕事ができるようにしているのですね？

M：はい。今私は彼らに〝データバンク〟について訊いています。銀河系の膨大な情報貯蔵庫で、多様な人材についての情報を収めているところです。

D：それはその人々の自由意思に抵触しませんか？

M：情報は一連の人々の所在を知るだけです。紛らわしいですね。

D：知らない世界での話なので、仕方ありません。要するに、彼らはあなたの能力を使って地球で仕事をしてほしいのですね？

M：そのようです。

マイケルのSCにコンタクトすれば、もっと詳しいことがわかると考え、ここで呼び出してみた。そしてなぜこのような話をマイケルに見せたのか訊ねた。

M：大事なことだからです。

D：どんなことを知らせたかったのですか？

M：彼が持っている能力と、その使い方についてです。

D：今見てきた転生で彼は別の生命体でしたよね？

M：はい。あのときの彼にはエネルギーを操作する能力がありました。

D：別の宇宙の存在が彼のDNAを組み替えてより高度な能力を授けたんですよね？

M：はい。でも彼はその力の使い方を間違えました。今回は人々の役に立つような使い方を学ぶ人生です。前の人生でのエネルギーの誤用は包括的に及んだため、多大なるダメージを引き起こしてしまいました。

D：つまりこれからそのカルマの返済が必要ということですか？

M：エネルギーをもっと創造的に使えるように変わらなくてはならなかったのです。

D：マイケルにあの転生を見せたのは、これから彼にそれをしてほしいからですか？

M：あれは一例としてお見せしたのです。

D：新しい能力をこれから行使することになるのですか？

M：能力は解読するために……何を解読ですって？　……何かのエネルギーパターンです。エネルギーに集中する練習が必要です。エネルギー操作のシステムです。平和を取り戻すこと。宇宙と調和……。

セッションの最中に外では雷鳴がとどろき、録音データが聞き取り困難となった。

M：彼の仕事は人々をとりまとめ、健康を推進することです。彼には人を集める能力があるので、それを活用して地球上のたくさんの人々の生活に影響を与えることができます。それは本当に驚くべき変化となるでしょう。人々が集団でエネルギーをポジティブなものへと変換させると、そこにはもう怖れや悲しみがなくなるのです。それは途方もない仕事です。彼はこれから準備を進め、やがてそのときがやってくるでしょう。この次元で機能する身体を整え、人々を組織化し、みんなで新しい地球へと移行するのです。その気づきを広め、地球で起きているシフトを成功させるのです。多くの人々がこれを理解するために働くのです。彼はエネルギーのよりよい使い方を習得し、磁場をうまく使うようになるでしょう。音もとても重要な構成要素です。役割に集中でき、協力を仰げるようになると、彼はパワフルな仕事をするでしょう。その使命のために、彼に必要なものはすべて私が調達します。彼が望むならいつでも、私たちがそばにいます。彼にもわかっています。

このセッションは混乱することが多く、ＳＣにもっとわかるように解説してほしかった。今回わかったのは、宇宙人同士の誘拐も起きているということだった。見知らぬ種族をどこかに連れて行き、観察や実験をするのは、宇宙人が地球人に対してのみ行っているわけではないということだ。現在の地球を助けるために、異種宇宙人をリクルートして改造を加えて送り込んでいるということが判明したセッションだった。

第25章
風変わりなET

ドロシーはこのセッションを受けるために、はるばるオーストラリアからアメリカの私のオフィスにやってきた。彼女は美容整形外科で働く、未婚の看護師だった。彼女には今後の人生についてたくさんの質問があり、特に将来のパートナーと職業についての答えを求めていた。セッションを始めたときはドロシーも私も普通の前世退行をするつもりでいた。しかし、彼女のSCには別の計画があり、普通のセッションとは明らかに異なる展開となった。

ドロシーは青い光を抜けて、白く光るオーブでいっぱいの場所に降り立った。光の小さい球に囲まれているようだった。

「今見えるのはただ白い光だけで、それに触ろうとしています。感じることができて、通り抜けられるんですが、光が壊れることはありません。光は流動的です。今歩いて通り抜けていますが、壁には別の色の光があります。光のトンネルの中にいるようです。壁は光でできているというか、壁自体が光です」よく観察するうちに、それは光を放つ水晶だということがわかった。「私はトンネルを抜けています。水晶に手を触れると、水晶は冷たく固くなります。水晶は光を放っていて、今はただ白い光に見えます。足元にも水晶があって、私はその上を歩いています。水晶の中から色が出てきます。自然な光の色です。足からも手からも光を感じます」辺り一面に水晶があり、ドロシーは移り行く光の色を眺めていた。水晶の上を歩いても、不快なことはまったくなかった。

さらにトンネルを進んでいくと、壁が透明なガラスになり、その向こうが見えてきた。彼女は宇宙のどこかで宇宙船の中にいて、そこから少し雲がかかった近くの惑星を見下ろしていた。宇宙船の中から眺めるその惑星のあまりの美しさに感動していた。次に自分の身体に気づいたが、それはどう見ても人間のものではなかった。「私の手……これは手と呼べるものではないんですが、それを使ってものに触るので、手のような働きをするものです。手には長いものがついていて、でも指と呼べるようなしろものではないです。ゼリー状のもので覆われています。タコの足とは違うけれど、吸盤のようなものがついています。色はダークブルーで、先端は少しオレンジ色です。足があると思ったんですが、ちょっと違って……タコ足?気持ち悪い。すごく変です。形がどんどん変わっていきます」

私は身体の他の部分がどうなっているか訊ねたところ、どうやら全身が同じような素材でできていた。「何というか、プラズマみたいな、ゼリーみたいな感じです。人間とはまったく違う身体です。自分の顔を触ってみたら、花、みたい。花びらに触っているような感じです。柔らかくてシルクのようにしっとりしています。顔に目とか口は見当たりませんが、呼吸はしているし、ものが見えています。何とも説明しづらいです。形容するなら、目玉焼きのようなぷよぷよの質感ですね。動くときに形が変わり、タコの足のようなものが出てきます。すごく滑らかに形を変えることができて、ちょうどプラズマのような感じ。ちょっと異様な……クラゲみたいな生命体です」

話を聞くうちに、映画『ターミネーター』に出てくる、形を変える生き物のような印象を持った。

そのような身体の描写は控えめに言っても脅威だが、すでに何十年とこの仕事を続けてきたので、驚きはしない。私たちが収まっている身体はコスチュームに過ぎない。重要なのは、その中身に収まっている魂だ。

ドロシー（以下Do）：　私はまだガラスの中にいて、それに触れるし、その向こうには宇宙が見えます。でもこのガラスの水晶からは何でも見ることができるんです。

ドロレス（以下D）：　その場所にいるのはあなたひとり？　それとも他に誰かいますか？

Do：　私ひとりかと思ったんですが、別の人が2、3人います。私たちはある惑星を見ています。彼らは記録を取っています。

D：　別の人々はあなたと同じ身体ですか？

Do：　いいえ。私とは違います。違う種族です。

D：　あなたも記録を取っているんですか？

Do：　はい。でも人間がメモを取るような感じではありません。意識だけでやるんです。それからある部屋に行って、そこにある〝脳〟をタップします。ガラスに手を触れてその奥を見ると、情報が私から出ていき、私が見たものをその脳が記録します。

D：　情報を吸収するみたいに？（はい）情報を貯める脳とはどんな形をしているのですか？

Do：　とても小さいけれど、真っ黒くて、小さな光を放っています。冷たくも熱くもなく、私は自分の一部を注ぎ込んでいる気がします。手と呼んでいいかわかりませんが、片手はガラスに触れ、もう片方の手はその黒い物体に触れています。私が見聞きした記憶はすべてこの小さな機械の中に収まります。

D：部屋の中に小さな機械があるんですね。

Do：はい。ちょっと変ですが、これは部屋です。部屋には他に誰かいます。背が高くて異様な姿で、みな手を目の前のものに当てています。異様な人たちですが、みんな忙しそうです。私には目もくれず、ただ仕事をしています。私にも、この水晶の光でやるべき仕事があるようです。私は彼らのほうを見ていますが、彼らは記録を取り続けています。

D：あなたは星を観察しているんですよね？

Do：観察。そうです。この惑星の形状を観察しています。惑星の周りにガスのようなものが出て雲を形成しています。私たちはこの惑星に可能な限り接近し、宇宙船がガスの一部を吸収し、残りは通り抜けていきます。視界が開けているので、ガスの流れる様子がよく見えます。私たちはこの惑星のすべてについて知ろうとしています。どんな素材でできているのか、記録を取り、ガスのサンプルを採取します。サンプルが壁を抜けて入ってくるのが見えます。水晶を越えていくつかの部屋に入ってきます。サンプルはそれらの部屋にとどまり、固形化していき、見えなくなります。私たちが乗っている宇宙船はこの惑星のガスの中に浮かんでいて、宇宙船は何らかの手段でそのガスを取り込んでいます。取り込んだガスは部屋に入り、それがずうっと流れ、流れ、流れていき、何だかわからないうちに見えなくなるのです。ガスは入ってくるんですが、それは私の担当ではなく、誰か他の人が操作しています。私の担当は、タコの足のようなもので機械に触れて、情報を送ることです。タコの足には小さい光がたくさん光っています。

D：あなたの仕事はどこかの惑星を観察して情報を収集することですか？

Do：はい。情報といっても、その惑星をどう利用できるかについての情報です。

D：あなたが観察する惑星でどんなことができるのですか？

Do：それはもうひとつの惑星が関係しています。惑星の光です。もうひとつの惑星には異なる光があふれかえっているという情報を得ています。そこには居住者、生命体がいて、その惑星の資源を生かすにはこのガスが必要なんだそうです。そこで私たちが派遣され、持って行って使えないかを調べることになりました。この惑星はとても小さく、もうひとつのほうはものすごく大きい、巨大な星です。私たちはその大きい星にも行ったことがあり、資源が使えないか調べている小さい星にも着陸したことがあります。私たちは小さい星の天然資源を枯渇させることなく使い、大きい星に役立てようとしています。大きい星はとてつもなく巨大で、小さい星は豆粒のようです。

D：それ以外の星の調査に派遣されることもありますか？

Do：はい。宇宙にはいろんな星があり、それぞれに資源があるので、私たちはそれらを大きい星に持っていき、役立てたいのです。この小さい星には問題が何もなく健全ですが、誰も住んでいません。そこには資源が豊富にあるので、私たちの星のために使っています。小さい星が豆粒だとすれば、私たちの星はオレンジくらいの大きさです。

D：その小さい星は、あなた方の故郷の星から遠いのですか？

Do：いえいえ、そこがいいところです。心を鎮め、薄い光のフィルムを身につけるだけで行きたいところに行けるんです。

D：では宇宙船は要らないのですね？

Do：たとえるならシャボン玉のような乗り物と言ったらいいでしょうか。ガラスのような、光のような、触れる素材です。

D：ではそれも一種の乗り物なんですね。(そうです、そうです) でも燃料は要らない？

Do：それらしきものは見当たりませんが、光のパネルに触れる必要があります。その光のパネルが移動して、止まった場所が目的地になります。光の板のようなものを自分の身体にくっつけて移動するのです。

D：行先は誰かに指示されるのですか？

Do：私たちは、行先に関する情報が収められたカプセルを持っています。行先などはあらかじめ決まっていて、私たちは行先ごとに異なる光の色にアクセスして移動します。私たちにはすべてうまくいくとわかっていました。仕事はただサンプルを採取して帰ってくることです。

D：資源を取り尽くすことはしないと言っていましたね？

Do：それは決してありません。資源をもらう際は、その星やそこで暮らす生命体に不利益が起こらないよう徹底して行います。ガスは私たちにとって非常に有益なものです。ガスには私たちの星でいろんなものを生産する際に使われる成分が含まれています。

D：それはどんな成分か知っていますか？

Do：私には色しか見えません。私たちが採取するのは黄色っぽい色の付いたガスです。この惑星のガスは私たちが求めているものですが、ほしい成分を抽出するのに浄化が必要です。

D：それで、これからどうしますか？　情報を自分の星に持ち帰るところですか？

Do：はい。どこに行けば入手できるか初めからわかっていました。そこが安全か、本当にそこにほしいものがあるかなど、段取りの確認をしに行ったのです。サンプルを採取し、情報を入手して、メンバー全員が必要なものを手に入れたら出発します。

D：現地と自分の星の間の往復は簡単にできるのですか？

Do：はい。ただし往路と復路はルートが違います。移動はいつでも一方通行です。帰るときは、おそらくですが、ワームホールのようなところを通ります。出発の準備ができると、青い光の線が無数に走っているようなワームホールを抜けて帰ります。そこを通り抜けたら自分の星に着いています。やり方はメンバーの誰かが知っています。

D：帰ったところはどんな場所ですか？

Do：自分の星の上空でホバリングしています。これから着陸の準備をしながらホバリングしているところです。驚いたなあ。この星は光でできています。長い線状の青と白の光です。背景にある空はほとんど紺色で、遠くのほうで小さい星がたくさん瞬いています。自分の星を見ると、ただ青い光の線が中心に向かって伸びています。その光の中を抜けていくと、そこに着くのです。ただ行きたいところをピンポイントで意識するだけでそこに行けるのです。さて、どこかに着きました。空を見上げると、宇宙は見えても星は見えません。小さなチューブがたくさんあって、それを使うと多様なところに行けますが、周りにはあまり人がいません。きっとここは仕事をするところだからでしょう。ここは生活をするエリアではないので、ここに用がある人しか来ないのです。チューブがたくさんありますね。なかには窓付きのチューブや、十字路になっているチューブもあり、どこにでも行かれます。

D：そこはあなたが仕事をするところで、居住空間ではないのですね。

Do：今はジェットコースターのようなものに乗っています。私はプラズマゼリーのような身体に収まっていて、急降下したりするのが楽しいです。今、止まったので降りました。私の身体のプラズマはビヨーンと伸びて手になったり足になったりしますが、そのまま宙に浮かんでいることもできます。

D：必要に応じて身体が変化するんですね？

Do：はい。今降りたところは白いプラットフォームです。ここが家のようです。そこには人型の生命体がいますが、私とは違うタイプです。この人は私の妻です。ここが自宅でした。

D：それはどんな家ですか？

Do：水晶と白い金属のような素材でできています。窓があって、そこから外を見ると、そこは宇宙ですが、星はほとんど見当たりません。窓にはガラスのようなものがはめられています。窓から外が見えて、壁は水晶と金属を混ぜたような白っぽい建材です。いろんなサイズの凹みや出っ張りがあります。壁に触ると光が現れます。行先によって押す場所が違うんですが、ここでは私たちは歩くのではなく、浮かんで移動するのです。私は今妻らしき生命体に話しかけていて、彼女は私たちが仕事で見つけた資源のことを喜んでいます。私たちは宙に浮かんでいます。

D：その場所では食事の習慣はありますか？

Do：ないですね。でも何か食べたいと感じたら、身体を伸ばして手をつくり、光にタッチすると食べ物が現れます。

D：では何かを食べる必要があるんですね。

Do：固形物というよりは、小さいエネルギーの粒を摂ります。そういうものが浮かんでいるのを、自分のタコの足で取り込むんです。身体から手を伸ばしていくと、細かい白い光の粒が出てきて、それを取り込むとエネルギーがチャージされた気がします。

先ほど彼が妻は違う種類の生命体だと言っていたので、この星での生殖や複製はどうなっているのか訊いてみた。彼は苦心しながら説明を試みた。「生殖活動は別の場所で行われます。どうやるかって？あるものに手を押しつけると私の一部が取り込まれ、パートナーの一部も同様に取り込まれると、それらが合体して新たなものが現れます。彼女に説明してもらうように頼んでみたら、こう言っています。「ああ、ただ手をこうするだけよ」それで私たちの目の前に新しい生命が創造され、どこか別の場所に行って成長するまでそこで過ごします。新しい生命は親と一緒に暮らしません。完全に成長するまでどこか別の場所にいる必要があるのです。成長し、ある程度の年齢になってから親と会うことになります。それまでは別の場所にいます」どうやら研究室での遺伝子操作のような、体外受精の手法のように聞こえた。おそらく細胞や遺伝子操作によって生み出すのだろう。

彼らはかかわる仕事の都合によって、閉鎖された環境に住む必要があるようだ。「私たちは決められたステーションに行きます。私たちは生まれたときからそれがわかっています。生まれつき決まっていることだからできるのです」いわゆる〝普通の〟人々は、この囲いの外の地上で暮らしている。「ここには多種多様な種族がいます。この惑星でみんな平和に共存しています」

D：あなたの仕事は星に有益な資源を探しに行くことなんですね？

Do：はい、そうです。いろんなことが起こる仕事です。妻には別の仕事があり、私ほど旅行がありません。彼女は家にいて、リサーチの仕事をしています。

彼女は違う種族だという話だったので、どう違うのか訊いてみた。「彼女のほうが人間に近い外見です。首が長く、頭は小さくて、腕も小さい。足がありません。歩かないせいでしょうか」
そろそろ時間を先に進めてこの人生の他のシーンを探訪するときが来た。時間を進めると、そこでは何かが混乱していた。「とてもとても悪いエネルギーがあふれかえっていて、みんなパニックに陥っています。惑星の中にある、私がいるステーションの中でのことです。ああ、爆発だ！　何かが起きたんだ。何かが漏れた。爆発が見えます。私にはどうすることもできません。私は渦中にいて、あまりに眩しくて目が開けられないほどです。何の前触れもなくいきなり起きたんです」彼は茫然として、同じ言葉を繰り返していた。「爆発だ、爆発した。爆発して全部宇宙に吹っ飛んだ。すごい威力だった。何かが爆発を起こし、私たちのステーションを破壊して、さらに宇宙に吹き飛ばしていった。誰も……生き残っていない！　最悪だ」

D：　眩しくて見えないほどだって言いましたか？

Do：　はい、でも目を凝らしてみました。真昼間で、何度も爆発するうちにどんどん大きくなって、すべてを破壊し尽くして、ガラスを吹き飛ばして宇宙に飛んでいった。その様子を見ないようにしている自分が見える。でもすべて吹き飛んでしまった。全部なくしてしまった。ステーションは破壊され、何も残っていない。全員そこで死に絶えた。誰かの過失が起きたことに誰も気づかなかったんだ。それで何かが漏れ出して、それが発火した。あっという間で、逃げる暇もなかった。

彼らの進んだ叡智と経験をもってしても、爆発は起こるらしい。今彼は肉体を離れているが、依然として爆風の衝撃を感じていた。爆発の勢いで彼は遠くに飛ばされた。「疲れています。まだ爆発の現場を見ています。でも休息が必要です。ここから離れなければ。しかしあっという間でした。爆発のさなかにいましたが、今はもうその衝撃からは解放されました」

D：その惑星の住人たちには、病気や死というものがありますか？

Do：はい。今も爆発であちこちに悲鳴が聞こえました。手の打ちようがありませんでした。この場所を封印して、被害が他にも及んでいないか調べなくてはなりません。私は死にましたが、妻が現場を見ているのを感じます。でも、彼女にできることは何もありません。爆発の起きた場所は封印されたからです。爆発で私が死んだことを彼女は悟っています。

D：事故死は起きるんですね。では病気はどうですか？

Do：病気はないですね。私たちの寿命はとても長いです。

D：でも、最後は死ぬのですね？

Do：そうです。死ぬ時期は自分で決めます。ただ、今回の私の死は予期しないことでした。事故でしたから。この星では自分の身体を若く健康に蘇らせることができます。あるいは静かに死を迎えることも。病気にはならず、自分で死ぬことを決めて一生が終わります。

D：自分の意識でそうするのですか？

Do：意識ではなく、精気、精力だと感じます。（大あくびをする）爆発を経験し、その後を見ていたので、眠くなりました。どこかに彷徨っていきます。私は今、浮かんでいて、黄色っぽい雲の一部になったようです。今見えるのは大きな黄色い光の塊で、そこに入って行かなくてはなりません。

（あくびが続く）どこかで休まないと。

激しい爆風にさらされ、不慮の死を遂げたので、この魂はそのまま休息に入った。それ以上会話は期待できなかった。多くの場合、魂が一度休息に入ると、再びカルマの輪に戻りたいと自分で決意するか、誰かに指示されるまでそこにとどまる。そこで、私はドロシーのSCを呼び出した。私が最初に訊ねる質問は決まっている。なぜ、このような転生を見せたのか、だ。そこには必ずSCの意図があるからだ。

Do：彼女ができると思ったことはすべてできる、ということを見せるためです。

D：地球の人生からすると、きわめて奇妙な一生でしたが？

Do：彼女にとってはそうでもありません。彼女は他の世界に親しんでいます。異界での経験を彼女なら消化できるでしょう。

D：どうして彼女に知ってほしかったのですか？

Do：彼女が想像していたような人生が実際にあったことを確信してもらうためです。彼女が言うように、「どこかの星から来た」というのは真実であり、自らの潜在能力を体験してほしかったのです。「そうです。あなたの認識は正しいですよ」と伝えたかった。あなたはずっと以前から宇宙にいる魂です。

D：彼女はいつもどこか他の世界に興味があると話していました。（はい）その理由は宇宙の出自だったのですね？（はい）宇宙でたくさんの転生を繰り返してきたのですか？

Do：数え切れないほどね。

D：先ほどのは、とても奇妙な身体でした。

Do：いいえ、宇宙ではあれが普通です。

D：ドロシーとして人間の身体に収まって生きるのはこれが初めてですか？

Do：いいえ、初めてではありません。

D：でも今回、人間としての転生は見られませんでした。

Do：必要がないからです。今回見せた転生のほうが重要でした。彼女の人間としての転生より、宇宙での転生のほうがずっと多く、人間としての経験について知る必要はありません。あの星での体験を知る必要があったのです。

D：彼女が知りたかったことのひとつに、返済すべきカルマはありますか？ と言うのがありました。

Do：それは返済済みです。彼女にとっては毎日が新しい一日です。彼女はもう少し愛について学ぶ必要があります。

ここで私は永遠の質問、誰もが知りたいこと――この人生の目的――について訊ねた。彼女は看護師の仕事に迷いがあり、助言を求めていた。「信じることと、顕現することについて学びが必要です。今見せた転生は、彼女に覚醒を促すためでした。彼女は人間以外の経験があることをわかっています。今の人生に役立つ波動があるので、波動に注意を払うよう伝えてください。彼女はあるべき軌道にあります。振動や音……音が必要なのです。音を聞くと、彼女の波動が向上します。彼女はある時間を使うべきです。幸せでいることを忘れています。和は音楽を聴くと幸せになります。もっと音楽に時間を使うべきです。以前はもっと音楽に親しんでいました。今の生活にもっとたくさんの音楽を取り入れるべきなのです。身体が自然

に動くような音楽がいいでしょう。そういう音楽が彼女の波動を整えます。今はそれができていませ
ん」

D：香水などの香りもとても重要だと話していました。

Do：彼女の五感は香水の香りによって調整されるのです。彼女には香水が必要です。彼女に香水を届けたのは私たちです。五感が鮮明になるので、彼女にはとてもいいことです。香りのする植物をもっと家に置くといいでしょう。鼻炎にもいいですから。あとは、もっと意識の訓練が必要です。私たちはものを顕現させて見せたことがあるのですが、彼女は震えあがってしまいました。怖がることはありません。彼女にも顕現させる力が備わっています。そのうち知識や気づきが爆発的に拡大し、全身がアンテナのようになって動き始めるでしょう。それは彼女にとって望ましいことです。彼女は自分の身に余ることだと思っていますが、彼女にはそれがふさわしいし、彼女はもっと多くを手に入れるべき人です。私たちは彼女に何でも差し出すことができますが、本人がそれを受け入れるかが問題です。彼女は毎日集中力を鍛える必要があります。それが自然にできるようになるまで毎日です。それができたら、学びの次の段階へと進めるでしょう。彼女の意識は非常にパワフルなので、もっと私たちや宇宙と共振する必要があります。私たちにとって彼女の波動は大変重要で、必要なものです。彼女にはもっと私たちの呼びかけに耳を傾けてほしいし、自身の波動を高めてほしいのです。波動が高くなればなるほど愛との共振が容易になります。それを助けるために、彼女には香水、音楽、そして幸せを感じる時間が役立つのです。

第26章 情報発信者

アリスが降り立った場所は砂浜で、大海原に向かって立ち、水平線にかかった虹に見とれていた。不意に彼女は海に潜り、虹のほうに向かって泳ぎ始めた。「いろんな色の中、色に向かって泳いでいます。黄色、オレンジ、ピンク、白。美しいわ。この色たちに向かって泳いでいます。虹の中にいるみたい」そして深いため息をついた。「何て美しいんでしょう。周りじゅうをきれいな色に囲まれています。私が色に溶け込んでいる、それとも色のほうが私に混ざってくる。私は色たちと一体になっていきます。なんて素敵なんでしょう！　暖かく、穏やかで。今、私は新しい波動の中にいます。水晶のエネルギーの中です」

ドロレス（以下D）：　どういうことか、説明できますか？

アリス（以下A）：　水晶エネルギーです。全知全能の。私、どうして泣いているのかしら？

D：　美しさに感動しているのでしょう。どうして水晶エネルギーと呼ぶのですか？

A：　（深いため息をついて）周波数です。すべてを包み込む、心地よいエネルギーです。とっても白くて、……うまく説明できません。形がなくて、色だけなんです。

D：全知全能だと言いましたね？

A：何というか、ある周波数域の場っていうのかな。光に包まれているような感覚です。でもそこには波動があり、……何とも説明できません。

D：大丈夫です。そのような場について、聞いたことがあります。

彼女はどうやらソースに還っているようだ。そこは美しく、心地よい白い光と表現され、複数のパステルカラーの光がある場所という人もいる。

D：いいところですね。あなたはどんな存在かしら？

A：溶けています。溶けているわけではないですね。形がないという意味です。さっき色の中に潜って行ったら、そのまま色の中に溶け込んでしまいました。

D：そこでは身体は不要なのですね？

A：そう。ほしくもありません。地球では身体が必要で、それも鬱陶しいものです。ここでも他と区別できる身体はあるのですが、身体と言っても波動の存在です。

D：それは物理的な存在だと？

A：はい。だって私は今ここにいるので。

D：あなたはそこにひとりでいるの？　それとも誰かの気配を感じますか？

A：ここには誰もいません。

D：あなたひとり、波動があるだけなんですね？

A：あなたもいる。と言っても声が聞こえるだけですが。
D：そこはよく知っている場所ですか？
A：初めてではないですね。今ここを出ようとしています。
D：どこへ向かっているの？
A：わかりません。ここを離れて次の場所に。浮かんでいます。移動中です。何もない。ただ移動しています。今は部屋の中にエネルギーを感じます。紫。中に入ります。あなたの部屋に強いエネルギーを感じます。とても強い。
D：どこに行こうとしているの？
A：聞かないで（笑）。よくわからないから。今エネルギーを通り抜けています。ここには何もありません。なんにも。

何かを視覚化して、そこからしかるべき過去世へと退行できるように、私は彼女をひとまずラスヴェガスの自宅へと誘導した。彼女は自宅のベッドに横たわっている自分の姿をイメージした。すると次の瞬間、寝室の窓からまばゆい光が差してきた。彼女は事前のカウンセリングでETとの遭遇について言及していなかったので、これは予想外の展開だった。
「ものすごく明るい光です。ああ何てことでしょう。点滅しています。ものすごい光です。家の外です。眩し過ぎます。私を外に引っ張り出しています。目が痛くなってきました。上がっています。上に上がっています。押し上げられて、光の中にいます。光しかありません。私の第3の目の辺りで点滅しているようです。私の第3の目から何かを注入しているんです。そして額から情報を吸い上げています。私は光の中にいて、光が頭の中に入ってきます。今、それを感じています。ちょっと集中してみます。（沈黙）叡智が入ってくる。馬鹿げていると思うかもしれませんが。（沈黙）うわあ！　水晶の叡智です。どんどん頭に入ってきます。大量になだれ込んでいます。私はいったいどこにいるのでしょうか？　あまりに眩し過ぎて、立っていられないほど。目を開けることもできません」

D：　叡智が頭になだれ込んでいるのですか？（はい、そうです！）どんな種類の叡智ですか？

A：　はい。情報のトラッキングです。つながりを途切れさせないことが大事なのです。コミュニケーションのやり方です。ああ、何と！　また泣きそうです。ああ、故郷が恋しいです。彼は私と話がしたくてうちにやってきました。なぜなら、荒唐無稽に聞こえるかもしれませんが、私があの船から来たからです！　帰りたいです（泣く）あの船に。私はあそことつながっているんです。第3の目でコミュニケーションをしています。（深いため息の後、気づいて）ああ！　私は波動です。何かとてつもなく大きいものの波動です。今、見えました。見えました。すごい！　大きなストロボの光のようです。それとつながっているんです。ああ、何と。すごく遠い。帰りたい。

D：　宇宙船から来たのなら、どうやってここまで来たのですか？　その様子がわかりますか？

A：　はい。爆風に乗って、無数の小さい欠片となって……見えます。ああ、何ということでしょう。数百万という小さな破片が、小さな光が吹っ飛んでいきます。

この説明は、創世記にビッグバンが起こり、ソースから小さな光が四方八方に噴出した様子に酷似している。それら小さな破片の一つひとつが最終的に人の魂となった。

D：ソースから飛び出していくようにという指示があったのですか？

A：はい。そういう計画でした。

D：どんな計画ですか？

A：私はその計画には違和感がありました。でもここに来なくてはならなかったのです。種蒔きで。酷い話です。地球に種を蒔くなんて。高次の世界の叡智。何世紀にもわたり、高次の叡智をおろしているんです。何世紀もですよ。（沈黙）老人が見えます。私は盲目だった。私は盲目の貧しい老人。私は高次の世界から、宇宙から来た魂で、彼らは私を酷い容れ物に押し込めた。私にはとてつもない知恵があったが、貧しかった。目が見えなくても、すべてを悟る脳の持ち主だった。よぼよぼの身体でも私には、すべてが見えていた。人里離れたところに住む貧乏な老人でした。人々は私を哀れな老人だと思った。でも私には今見えるのと同じようにすべてが見えて、すべてを感じていた。ETは私を地上に送り出したとき、いい身体をくれなかったけど、知恵を授けてくれました。

D：その知恵を誰かと共有する機会はありましたか？

A：いいえ。誰も私の話を聞かなかったので。人々は私の足や目が悪いことを気味悪がって、寄り付かなかった。はじめからそういう計画だったけど、私は不満。今だって嫌ですよ（笑）。

D：今もその計画を担っているのですか？

A：はい。本音を言えば、あまりいい計画だとは思えませんが。

D：その計画はあなたが作ったわけではないのですね？

A：違います。

D：その老人の転生の次にも転生を経験しましたか？（はい）あなたの持つ知恵を分かち合うこと

はできましたか？

A：はい。共有したのは宇宙で、私はいつでも宇宙と交信していました。いつでもつながっていたのです。宇宙から使者が来て、私を連れて帰りました。

D：彼らが迎えに来て、どこに行ったのですか？

A：船です。彼らと一緒に行きます。大好きな場所です。

D：その船とは、あなたに知恵のダウンロードをしたところ？

A：そうです。船に乗りました。光に押し上げられて上昇し、船の中に入りました。そして今、ETたちが見えています。私の大好きな、同胞たちです。

D：初めにすべては光から始まったと言っていましたね。

A：今はもっと見えています。私は船の中にいます。あ、もしかしたら星かもしれません。彼らが私を迎えに来ました。彼らは私を光の波に乗せて飛ばすことができるのです。やっとわかりました。彼らは光と波動で魂を高速で飛ばすんです。

D：彼らは定期的に降りてきて、あなたと会うのですか？（はい）彼らは何をしに来るのですか？

A：私にエネルギーをチャージします。すごくいい気持ちです。今もヒーリングしてもらいました。エネルギーが漲ってきました。テレパシー能力が向上しました。彼らのエネルギーのチャージャーのおかげです。

D：それは今まで続けられていた？

A：はい。これからもずっと。ずっとです。

D：アリスとしての人生が続く間もずっと？

A：ずっと永遠にです。もっと充電が必要になったのです。地球の影響がダメージを与えるようになったので、彼らは降りてきてさらに調整をしなくてはならなくなったのです。

D：どんなダメージを受けたのですか？

A：新しい次元に馴染むことで。私は多次元的存在で、肉体をもっと簡単に出られなくてはならないんです。もっと速やかに身体を離れ、すぐに光に変身しなくてはならないんです。すごくイカれているように聞こえるかもしれませんが、新しい光のエネルギーに変身できなくてはならないのです。

D：あなたに課せられた計画を遂行するために、ですか？

A：そうです。宇宙ではテクノロジーが進化しているので、私も戻らなくてはならないのです。

D：彼らも進化しているのですね？

A：ええ、大きく成長していますよ。あなたにメッセージがあるようです。私も内容を知っています。

前例はあるものの、突然私にメッセージがあると言われるといつも驚かされる。

D：私にですか？

A：彼ら自身が変わっていると同時にあなたのシフトも行っていることを、あなたに知ってほしいのです。あなたのエネルギーは私たちのエネルギーと同じです。彼らはあなたの変化を助け、あなたの肉体を出たり入ったりする移動が素早くできるように働きかけています。宇宙船の数も増加の一途、今や地球の至るところに出没しています。あなたの変化が加速していることを知ってほしいと彼らは思っています。彼らの進化の旅にあなたも参加しているのです。それから（深いため息）、信じられない。すでに感じているかもしれませんが、進化のペースが速まっています。地上に光がどんどん増えています。彼らは地球の周りを旋回し、光でいっぱいにしています。電気、というか、地球で言うところの電気ではないけれど、電磁波で地球を取り巻いています。彼らは地球人よりずっと進化しているので、地球で起きていることを加速させています。怖れることはありません。

この話はどうやら、人間が犯した地球破壊による被害を補修するために宇宙の存在たちが地球に送った大量の光のことを指している。これについては『入り組んだ宇宙』第2巻に書かれている。

D：そのようなことが起きているのは何か理由がありますか？

A：はい。宇宙のテクノロジーと地球の空間が理由です。大きなシフトがあります。他の星でもそうですが、星を保護するバリアが作られています。それは政府が決して介入できないものです。

D：それはいいことですね。地球を保護するバリアとはどういうことですか？

A：彼らは宇宙船の周りにも保護バリアを作っています。これは新しい技術です。もう誰もそれを破ることはできません。光の中での活動が必要だったからです。回転する周波数を使ってやるのです。これは彼ら自身の存続にかかわることなので、必要なことでした。そこからでも地球の監視はできます。地球には彼らの仲間がたくさん来ているので、行ったり来たりする必要があり、計画はまだ終わっていないのです。それで地球を保護バリアで守り、自分たちのことも保護しているのです。

D：それで宇宙とのコンタクトが今も続いているということですね。

A：　はい。私はただの連絡係です。私の周囲で起きていることについての情報を送っているだけです。情報をたくさん収集して送信します。（沈黙）ある大きな計画があって、彼らは地球人に、私たちだけじゃなくたくさんの地球の人々にパワーを送っているのです。彼らは波動を使ってパワーを送っているのですが、それを受け取るには妨害電波のないところにいる必要があります。あなたが住んでいる家は理想的です。（私は人里離れた田舎の山の頂上に立つ家に住んでいる）私はラスヴェガスを出る必要があります。あそこは電波の干渉が多すぎます。

D：　あの街のエネルギーはカオスですからね。

A：　はい。妨害が強いです。だから彼らは私たちを汚れのない、すっきりした場所へと移動させようとしています。彼らは私たちを必要としています。彼らにフィードバックなどの情報を送っていますから。どうやるのかは不明ですが。

D：　彼らに見せてもらえますか？

A：　彼らは私にどうしてほしいのでしょう？（沈黙）何も要らない、と。私は灯台の点滅する光のような存在だと。ちょっと意味がわかりませんが。

私はこれまで地球には仲介者、アンテナ役を担う人々がいることについて書いた。この場合は灯台の光の役割だ。彼らは来るべき地球の変化に対して、特別に行動する必要はない。ただ地球で生きているだけでいいのだ。そこにいるだけで、彼らは無意識に情報を送受信している。

D：　彼らに送るフィードバックとは具体的にどんな情報ですか？

A：（小声で）何ですって？（沈黙）馬鹿みたいだ。これを伝えるべきでしょうか？　まったく意味がわからない。

D：ええ、教えてください。私にはわかるかもしれませんから。

A：（深いため息）わかりました。私は発信器です。回線があまりに混乱している場所では、エネルギーを場ごと送ります。（手振りで説明）安全を確認してからフィードバックを送ります。だんだんわかってきました。回線が混線していると彼らは送信できません。彼らは地球をモニタリングしています。地球にはこれから破壊される地域があります。それはこの先もっと増えていきます。彼らは私たちを安全な場所に移動させるために、私たちをずっとフォローしているのです。（「これはとても奇妙な話」と独り言）地球には回線がごちゃごちゃに絡み合ったカオスな場所がありますから、彼らは私たちを別の場所に移動しようとしています。彼らは私たちが必要なのです。水晶のエネルギーです。彼らは地球の人々の結束を望んでいます。彼らは水晶エネルギーを求めています。それは彼ら自身が地球に降りてくることなく地球のことを把握する方法なのです。私たちさえいれば、わざわざここに来なくてもいいのです。私たちは地球人ではなく、元々彼らの仲間です。この方法がみんなにとって一番安全で、雑音の入らないコミュニケーションができるのです。

D：彼らはあなた方全員が同じところにいるというのではなく、全員がつながっていることを望んでいるのですね？

A：そうです。つながっていることを求められます。水晶の強い波動が上から降りてきているのを感じます。そして上とつながっています。今のところは。美しいです！　私たちの中にも何かあります。彼らはなぜ私たちが広範囲に散らばっていてほしいのでしょう？　それは、広い地域に網をかけて、どこかが〝当たる〟のを期待しているからです。そしてもうひとつは、エネルギーを地球に届けるために、中継地点となる私たちがあちこちに点在しているほうが、エネルギーも広範囲に浸透するからです。私たち全員が上とつながっていれば、どこかで破壊が起きたときすぐに対処できますから。本当に地域全体が火を噴くような状態は、いつ起きても不思議はありません。

D：それは象徴的な意味で？ それとも自然が起こす破壊のことですか？

A：両方あります。目を覆いたくなるほどの破壊はいくつかの場所で起きています。もちろん戦争などもあります。戦争については私たちも把握しています。私たちが世界に広く分布していれば、彼らは地球で起きることをいち早くつぶさに知ることができます。私たちのような派遣部隊はたくさんいるのです。

D：あなた方は顕在意識で何も知らなくても上と交信できているんですか？ アリスが地球に来たのはこの計画があったからですか？ 彼女はこの計画に参加しているのですか？

A：私はこの計画に参加したくなかったのです（笑）。地球に来る前から計画について知っていました。以前からどんな計画かをよく知っていたので、私がやるべきものではないと思っていました。私は凡人ですから、もうリタイヤしたかったのです。多次元を生きたくなかったのです。カオスも好きじゃありません。激動の中に身を置きたくないし、カオスにも耐えられません。

D：あなた方が送った情報を、上では蓄積しているということでしたね？

A：はい。

D：それを何に使うのですか？

A：あなたには正確な情報をお伝えしたい。彼らは集計しています。ラジオ番組のような感じで、未来の世代のための学習というか、歴史の記録というか。惑星の歴史です。日誌のようなものです。そのために働いている面々が今見えています（笑）。おかしな生物です。彼らは指示されてこの仕事をやっています。

D：　指示はどこから来ているのですか？

A：　ちょっと待ってください。（沈黙）彼らはそうプログラミングされています。どうやら私たちもみんなプログラミング方式で指示を受けているようです。指示は母船、ソースから送られてきます。ソースは大きくて、〝発明の母〟のような場所です（笑）。彼らはいつも実験しています。オーケイ、気休めを言うのはやめましょう。今私に見えているものを本当に知りたいですか？（はい）船の中には小さな青いコオロギが複数いて、小さいオフィスがあります。とてもかわいい。コオロギたちはそこで一生懸命片付けをしています。ずっと働いています。働きバチみたいな長い腕があるんですが、ハチではありません。まじめに働くコオロギたちです。何かを運んでいるとき、彼らはロボットのような動きをします。これは私でしょうか？　そうかも。わかりませんが、私もそこでファイルの整理をしています。棚にものを収めています。すべてのものが収まる場所があります。私は整理整頓が好きです。私はこの仕事が好きでした。いい仕事だった。おお～！　データが蓄積されています！分厚い参考書のように、聖書みたいになりました。これは将来、地球から人が来たときのための参考文献です。誰か来たとき「さて、この人と話をしても大丈夫かな？」などと調べるための資料です。どこかに行きたいとき、それがどこにあるかという情報とか。複数の社会を統括しようとしているところなので、病院のカルテの記録のようなものを管理しているのです。彼らは地球のいろんな事柄とどう付き合えばいいかを知りたいのです。だから地球のいろんな場所に発信者を配置しているのです。

そういう情報を全部取っておいて、あとで何があったかを参照できるようにしています。７００年先の未来でも、今起きたことを振り返ることができるように。７００年というのは彼らの寿命です。彼らは７００年というスパンで仕事をします。地球に来ると7世紀にわたり、仕事を継続できるのです。それが彼らの一生の長さだからです。彼らはこの文献を参考にして行動します。彼らに意見というものはなく、ただ観察し、記録を取り続けます。

D：さっき、統括していると言いましたね？

A：複数の社会を統合しています。統括しなくてはなりません。私たちは高度に進化した魂です。彼らは私たちに進化を求めています。私たちも、あなたも進化した魂です。彼らが見たいのは、人間の身体を持ったままどこまで進化が可能かということです。私は地球で多次元を生きることができます。私もここで、愚かな腐ったエネルギーの情報を収集しなくてはなりません（笑）。私は実験動物のネズミみたいなものですから。

D：アリスはその文献を何らかの形で使う立場ですか？　それとも、ただ情報を集めて送信するだけですか？

A：それは大きな問題です。私は手を使って情報を共有することができます。私のエネルギーを誰かの額から注入することもできます。そのように誰かに情報やエネルギーをリレーできます。でもそれをしていいかどうかわかりません。

D：彼らは何と言っていますか？

A：やってもいいと言われました。他者に知恵を伝達することは私の仕事のうちです。今ははっきりしました。

D：それがどこから来るかはわからないのですか？

A：わかりません。あ、わかりました。第3の目だそうです。すべては第3の目を経由して行われます。

D：私の仕事を続けるようにと彼らが言っていると言いましたか？

A：あなたは情報の発信者です。だから世界中を飛び回る必要があるのです（笑）。彼らはあなたをあちこちに送っています。それが必要不可欠なことだからです。

D：彼らはアリスの身体を若返らせましたね？

A：あなたの身体も若返らせていますよ。あなたが地球の多くの場所に出向いて活動できるように、彼らはあなたの健康を確保しているのです。訪問先を発つとき、あなたはあなたの一部をその地に残し、その地の人々とのつながりをキープします。彼らはあなたにずっといてほしいのですが、あなたはとどまっていられないからです。

D：私も情報を多くの人に伝えようとしています。

A：そうですね。あなたは訪問先に情報を残し、彼らはそれを見つけます。あなたの生徒、弟子たちはあなたが残したものを見つけ、学ぶでしょう。

D：彼らは私の身体を若返らせているのですか？

A：はい。それはあなたも実感しているでしょう。あなたにどっぷり地球人でいてほしくないからです。もっと彼らに近い、ライトボディでいてほしいのです。光の存在になってほしいのです。

D：私がこの仕事を続けるために、彼らは私の面倒を見てくれるということですか？

A：そうです。あなたにもっと光に近づいてほしいのです。水晶のように透明で輝く存在になるよう、彼らはあなたの全身を再構築しています。もう全部に手を加え、脳も変更しています。

この仕事を始めて間もない頃にも、同様のことを言われた。仕事で旅をすることなど考えもしないうちから、私はこれからたくさんの国々を訪問し、それぞれの地に自分のエネルギーの一部を残すことになるだろうと言われた。自分の一部を残すことで私から失われるものは何もなく、気づきもしないだろうと。しかし、そのエネルギーはその地に残り、当地の人々はそれを感じることになると。彼らはまた、私の著作にはエネルギーが宿り、多くの人々がそれを感じるだろうと話した。私たちの顕在意識のあずかり知らないところで、たくさんの出来事が起きているようだ。

第27章
ポータル

パメラがセッションを通じて知りたかったのは、曖昧なUFO体験の記憶の真相だった。UFOと思しき物体を見たという記憶はあるものの、そのときに何か起きたどうかは不明だった。私は早速それが起きた夜へと誘導した。彼女が降り立ったシーンは、車で自宅に向かっているところだった。車内から空を見上げて何かを見たが、それが何かわからなかった。はじめは丘の上で光を見た気がした。しかし「いや、あれは光じゃなくて、巨大な月みたいな宇宙船だった、と思い直したんです。月じゃないことはわかっていましたが、そういう形だったんです。私は車の中にいて、車を道端に停めたのを覚えています。でもその丘にも行ったんです。丘に向かって運転している自分を見たんです。自宅に向かって運転しているのが見えたのと同時に、丘の上にもいたんです。宇宙船に連れて行かれたんだと。もう何が何だかわかりません」

ドロレス（以下D）：　つまりあなたは、同時にふたつの場所にいたと感じたの？

パメラ（以下P）：　そうです。自宅に向かって運転している自分と、肉体を離れている自分の意識が同時にありました。そうでした。身体は自宅に向かっていたんです。今、長い、棒のようなものが見えています。エネルギーの棒で先端が細くなっています。（水平に何かがあるという手ぶり）平たい、エネルギーです。金属には見えません。全部エネルギーでできています。核があって、中心がある。中心は暗く見えます。その周りを眩しい黄色い光が囲んでいます。でも光の棒が飛び出しているのも見える。私の左側から出ています。すべてはエネルギーで、物理的な構造はないんです。すべては相互に連携していて、それぞれ別の方向に動いています。ここに車輪があります（彼女の上を指し）。一番上に、大きな車輪があって、ここにも何かあって（左側を指し）、眩しい光を発しています。とても明るい光です。眩し過ぎてほとんど見えないほどです。たとえるなら、これは太陽だと言いたいけれど、何だかわかりません。

D：その光は車輪と何か関係がありますか？

P：いいえ、車輪はもう消えてしまいました。今はただ眩しい光だけです。船のことを考えていて、たぶんそこに連れて行かれたんだと思います。そこに還ったんです。元々そこにいたんだと思います。

D：なぜそう感じるのですか？

P：居心地がいいからです。あの光の棒、あれが私の姿です。この場所がどこであれ、ここは私の故郷です。私は光です。槍のような細い光が突き出ている。いったい何をしているのかわかりませんが、とても明るく快適で、エネルギーに満ちています。たくさんのETたちがここにいて、全員がエネルギーです。全員でひとつです。

D：この場所は以前にも来たことがありますか？

P：ええ、もちろん。よく知っているところ。キラキラした場所です。何にもたとえられないほど美しい、そんな場所があるんです。

D：　宇宙船の中のことですか？

P：　いいえ。あの宇宙船がどうかかわるのかよくわかりません。ただ船の中に入った途端にあの光の棒が見えて、それが斜めに差し込んできて、それからこの光の故郷からまた離れて行ったんです。ここは私の家で、すべては信じられないほど平和で光があふれています。ここにはエネルギーが満ちていて、すべてがひとつなんです。この場所を離れるときだけ分離した個を意識します。でもここにある身体は、分子でできていることを感じます。この身体を作っているすべての分子を感じることができます。そして両者のつながりを感じる。どうつながっているのかわかりませんが。

D：　つながりというと、あなたの身体とあの場所のことですか？

P：　そして光とのね。身体は、あの場所と光の一部だと考えていいと思います。

D：　もう宇宙船はなくなったんですか？

P：　もう違う場所にいます。あの船はそこに行くためのポータル（出入り口）、出発地点です。そこまで行けば自動的にここまで運ばれる、という具合に。たとえるなら三角形のようなルートで、頂点から頂点へテレポーテーションするみたいな。そんなつながりです。

D：　最初に、月のように見える宇宙船に行くんですね。

P：　はい。あれが入り口です。そう、扉でした。宇宙船はここに来るための通路でした。ここはすべてがひとつの世界。丸ごとひとつのエネルギーの塊です。すべてのエネルギーが混ざり合っているところです。分離した身体を経験するためにそこを出るんです。燦燦と輝く美しい光の矢がそこから飛び出していく。本当にまばゆいばかりに美しく、明るいところです。

D：でもあなたは地球で肉体に収まって生きていますよね。なぜあの夜、運転中にいきなりその場所に還ったのですか？

P：訪問しただけです。（だんだん高揚してくる）故郷が懐かしくて、還りたくなったんです。私がどこから来たのかを忘れないように。そこはエネルギーだけの場所でした。構造は何もありませんが、そこが私の故郷です。何という星か、名前くらいわかるはずと思うかもしれませんが、実際には名前はなく、地球で言うところの、故郷としか言いようがありません。だって故郷なんですから。愛しい故郷を思い出すための時間でした。

D：あの夜に還ることができたのは、思い出すためだったのですか？

P：よく故郷には還っています。覚えていませんが。

D：あの夜だけ覚えていたのは、どうしてでしょうか？

P：たぶん、地球で起きていることに行き詰まっていたときだったからじゃないかしら？　ここには悲しいことや思うに任せないことがあり過ぎるから。自分の力ではどうすることもできず、絶望していたからでしょう。

D：地球は過酷なところですね。

P：ときとして、見るに堪えません。

D：故郷のそちらには他にも誰かいるんですね。彼らと話せますか？

P：ここに来ると、みんながひとつの大きな意識に取り込まれて行くので、話しかけるという行為は必要なくなるんです。みんながわかっていて、理解し合っているので、新しいことは再確認していく感じです。会話はなくて、ただ〝在る〟だけ。それでいいとわかっているんです。地球に助けに行く必要があることもわかっています。でもときどき故郷に還って、感覚を取り戻したくなるんです。地球に行くと、物理世界に絡め捕られて方向を間違ってしまうから。だから、ときどき還ってワンネスの姿を思い出すんです。光に満たされた愛と心地よさに触れる必要があるんです。

地球での経験を持たない彼らのような純粋で無垢な魂が、助けを必要とする地球に降りていくと孤独を感じるようだ。これまでにも、UFOに乗っている存在たちと接触をした人たちが、彼らと一緒に行きたいと泣いて訴えるケースをいくつも見てきた。地球に取り残されることに恐怖を感じるからだ。彼らは地球での家族より、UFOにいるETにずっと強い親近感を感じる。しかしETはたいていこんなふうに言ってあきらめさせる。「まだ連れて行けません。あなたには使命があることを忘れないで。それが完了するまでは行かれません。ただし、あなたは決してひとりではないということも覚えておきなさい」そういう次第なので、地球での生活を何とか続けられるように、ときどき里帰りが許されても不思議はない（その際、里帰りの記憶が顕在意識に残ると計画に支障をきたすので、覚えていないことがほとんどだ）。ついでに言えば、里帰りの記憶が鮮明に残ってしまうと、里心がついて地球での使命を投げ出しかねない。

パメラが話した故郷の様子は、臨死体験をした人々が語るソース（神）と非常によく似ている。そうであるなら、ETは人々が死後に神の元へ還る手助けができるのだろうか？　ETが地球で働く人を監視している際に、どこから来たのかを思い出す必要が生じたら、ちょっとだけ里帰りさせることは可能だ。宇宙人に誘拐されたと主張する人々には様々な理由があるようだ。宇宙人に接触された本当の理由がわかれば、それは負の経験ではなくなり、本人にとって大きなメリットとなる。彼らはみなETに愛され、大切に見守られていることがわかるからだ。

D：故郷がそれほど美しく幸せな場所だったのに、どうして今の肉体に宿ったのですか？

P：地球で役に立てると本気で考えたからです。

D：誰かに地球に行ってほしいと言われたのですか？

P：いいえ、自分の選択です。完全無欠の存在だから、それに飽きることはありません。それでも外に出ていって未知の経験を積むのです。私は今たくさんの新しい経験をしています。何だかわからないものもあるけれど、でもいろんな未知の世界を訪ね、地球に来たんです。地球を助けるために。

D：あなたの故郷から地球は見えますか？　何が起きているか知っていましたか？

P：何が起きているかは知りませんでした。

D：地球が助けを必要としているとどうしてわかったのですか？

P：わかるんです。私たちはそういう能力を備えているんです。完全無欠なワンネスの一部であることの証です。存在し得るすべてであることは、すべてがわかるということです。私たちは光の存在で、全部が見える。でも地球はそんなに悪いところではありません。けれどときどきは、静かで平和で美しい場所があることを思い出すために里帰りが必要なんです。

D：役に立てると言いましたが、どのような貢献をするつもりだったのですか？

P：わかりません。またあのポータルが見えてきました。あの月です。さっきとは逆さまに見えています。役に立つというのは、ただここに私がいるだけで、地球の波動とは違う波動を発信する私がいることで、変化をもたらすことができると。そう考えてここに来た人はたくさんいます。そして実際そうやって変化を起こしています。地球と違う波動、エネルギーがここにいるだけで、このワンネスのエネルギーが地球を、行き詰まった？　という言葉でいいんでしょうか？　地球は身動きが取れなくなっていました。変化が起こせない状態でした。そこに違う生命体の欠片があちこちに降りて、地球に停滞している波動に突き刺さることで、変化が起こるのです。

D：　地球のエネルギーが停滞しているということですか？

P：　そう、凝り固まっているのが見えました。光の槍が地球に入ってくるのは、地球に来た魂たち。そして反対の方向に向かっている光の槍は去っていく魂たち。長くて先がとがった棒のような槍は、私が故郷を見る前に出て行った魂たちです。光の故郷を出ると、だんだん輝きが失われて、光でなくなります。だんだん茶色っぽくなり、物質に変化します。故郷ではエネルギーだったのに、いろんなところに旅立っていきました。どこに行ったのかわかりませんが。なかには地球に来て、地球にある停滞したエネルギーの塊に突き刺さります。そして塊に穴を開けて、エネルギーを分離させるんです。そう、風穴を空けるんです。そうやって停滞を吹き飛ばすんです。故郷から集団で光の槍が来ているはずなんですが、どこに行ったのかわかりません。地球にみんなで来たんだけど、それぞれ違う場所に行くんです。

D：　すでに地球に来ていた魂たちはどうなんですか？　彼らも変化を起こしていますか？

P：　古い魂たちは停滞に取り込まれています。同じことを繰り返しているうちに絡め捕られてしまいました。

数え切れないほどの転生を繰り返した魂は、カルマに囚われている。この様子を私はよく〝あまりにも多くの重荷やごみ袋を引きずっている魂〟と表現している。この魂たちは、地球に変化を起こす前にまず自分の背負っている重荷をすべて捨てなくてはならない。私がセッションをしたあまりにも多くの人たちが、彼らを地球に縛り付けている元凶であるカルマを解消できずにいるのを見てきた。彼らは「どうしてあの人を赦すことなどできるでしょう？　私がどんな酷い仕打ちを受けたか、あなたは知る由もありません」などと言う。そのような感情に囚われている限り、カルマの牢獄から出られないし、地球に求められている変化を起こすどころか計画に参加することもできないのだ。

P：　凝り固まった地球のエネルギーを粉砕するために、私たちが槍となって突き刺さる必要があったのです。ここに変化を起こすにはこれしか方法がありません。大きな塊があるとして、実際そのようなものですが、その塊に光の欠片を送り込み、バラバラに崩していくのです。そうやって変化が始まるのです。

D：　あなたはそのために来たのですか？

P：　光の故郷を出たときは、ここがその目的地でした。他の魂たちも同様です。

D：　肉体を持ったのはこれが初めてですか？

P：　いいえ。でも人間だった記憶はないんです。エネルギー体より重い身体を持つ存在になったことはあるんですが、今のような肉体を持ったことは一度もありません……。今、調べています。（沈黙）物理的な存在ではないですね。透けて見えるようなエーテル体のエネルギーで、不透明な物質の身体ではありません。地球人とは違います。

D：　その身体は、故郷のあなたの身体とも違うんですね？

P：　その通りです。故郷にいる私の身体って、説明できないくらい快適で美しいんです。光っていて、透き通って高い波動を放っています。そこにいる人も物も、すべてが一体になっています。すべてのエネルギーはひとつで、すべてが共生している。共生という表現が一番しっくりきます。そこから離れると、もうそこにあった心地よさが失われるんですが、それでもみんな出ていくのです。そして思い思いの姿になる。いろんな身体になった様子が見えますが、地球の人々ほど密度の濃い身体にはなりません。

D：　たとえば、どんな姿でしょうか？

P：　あらゆる姿が勢ぞろいしているのが見えます。長身でひょろ長い人や、透き通った人、ふわっとした人などがいます。ああ、また核が見えてきた。ボールのようにまとまってきました。これが見えるといつも暗くなるんです。どんどん闇が厚くなり、何も見えなくなりました。

D：　そうやっていろんな身体に宿る実験をしているということでしょうか？

P：　私たちはみんなそうしています。いろんな場所に行き、そこで生きていけるかどうか試しているんです。どんな環境が理想的か、一番快適か、ってね。

D：　居心地の悪いものもあるんですね？

P：　実際のところ、さっき見えた身体は全部よさそうです。私の考えで一番望ましいのは、固体の身体を持たず、飛んだり浮かんだりできる程度に識別できる個を保っている身体です。これまでいろんなところに行ってみましたが、地球が一番密度の濃い場所です。多様な経験を積める場所です。

D：　学びが多い場所ですか？

P：　はい。こんなに学ぶ必要があるのかはわかりませんが。故郷に還ったらその真価がわかるかもしれません。

D：それでは、パメラとしての身体が、あなたが最初に経験する物理的な身体ということですね？

P：はい、そんな感じがします。今までとは違う。あんまり心地よくはないです。他の身体では動くのに制限を感じることはありませんが、この身体は閉じ込められているように感じます。動けないのはよくありません。もっといろんなことができるのに。

D：幼少期にパメラはものを宙に浮かせたり動かしたりできたと話していました。

P：そう、まだ小さい頃は楽しかったんです。固体の壁だって通り抜けることができたんですよ。でも、もうできなくなりました。（悲しそうに）何があったんでしょう。本来の自分でいられないから、ここにいるのが楽しくなくなったんです。ここでは慣習に従わなくてはならず、自分にできることでもやってはいけない。子供の頃、パメラにはそういうことができたし、今だってできると心ではわかっているけれど、もうそういう訳にはいきません。思い込みと関係があるんですね。光の地に還れば制限はありません。エネルギーが全然違うので自由に動けるし、見たり感じたりできる。肉体に閉じ込められていてできないことが全部できるのです。地球に降りてきて、あれもできる、これもできる、と考え、ここで変化を起こそうとすると、問題が発生するんです。それで光の故郷に還り、思い出す必要があったんです。

D：パメラはすべての人を変えることはできないと悟らなくてはならない？

P：いいえ、彼女の本分はそこではありません。そういうエネルギーではないのです。彼女のエネルギーはただ自分らしくいるだけでいいのです。そのままで完璧なんです。心の奥では彼女もわかっているでしょう。わかっていることを実践しないのが問題なのです。わかっているのに違うことをするたびに、自分で自分を切り裂いてしまうのです。病気や不調はすべてこれが原因で起こります。地球に降り立ち、自分がなぜそこにいるのかを否定し続ける――そういう魂が地球にはたくさんいます。宇宙の他の星から地球を助けるために降りてきた魂たちもまたたくさんいます。宇宙の存在はたくさんいます。

D：そういう魂たちは、全員同じ目的で来ているのですか？

P：いいえ。多くの人、人じゃないですね。エネルギー体は、ここを経験してみたいから来ています。学びを得るために来ているエネルギー体もいます。みんなそれぞれ理由があって降りてきています。今わかってきましたが、みんなそれぞれのやり方で地球をよりよくするために来たんだと思います。

D：みんな同じ次元から来ていますか？

P：いいえ、多種多様なところからです。

D：では、エネルギー体ではない存在もいるのですか？

P：ああ、違います。今見えているのは、反射体のような場所。青っぽい緑の光が出ています。とがった屋根がちらちら見えています。それ以外のときは無限に続く時間。この反射する物質の領域から来ている魂がたくさんいます。ここがどこだかわかりませんが、遠いところです。彼らのエネルギーを感じます。また別の場所も見えてきました。ああ、そこは暗くてあまりいいところではなさそうです。そこは暗闇の地で、ここからくる魂はあまり良くないですね。さっきの反射する星から来た魂たちはみんな、地球を助けるために来ています。

D：地球に降りた魂たちにとって、肉体に収まるのは初めてですか？

P：確認します。（沈黙）一部の魂にとっては初めてです。今感じたのは、私たちはエネルギー体でいるとき、どこに行くにしても助けを提供できると考えます。そしてしかるべきときにみんな散り散りにそれぞれの場所へと旅立ちます。行った先で私たちのエネルギーは貴重で役に立つからです。そして多くの場合、実際役に立っています。私たちエネルギー体は、多種多様なところに行って、その場の波動を上げたり、未知の体験をしたりしています。

D：地球に降りてくると、勝手が違って戸惑うのでは？

P：はい、すべてが違っていますから。

D：肉体に収まった途端に自分が誰か、何をしに来たかを忘れるのが原因でしょう。

P：それはほとんど自分自身と切り離されたような感覚です。だから私はしょっちゅう故郷に還ります。いつでも還れることに今気づきました。還りたくて、還ったらずっと留まっていたいと思ったことを思い出しました。そして誰だったか、それは自分自身だったかもしれませんが、地球にいなくてはならないと告げられたような気がします。そう言ったのは私自身でした。指示をする人は誰もいません。私は地球にいなくてはならない。そしてここでやるべきことをしなくてはならないのです。途中で還ろうと思えば、とっくの昔に還っていたでしょう。そうできたはずだけれど、私のエネルギーはそうするようにできていないんです。それは自分でよくわかっている。でも地球に行くたびに、「ここにはいたくない。ここは醜いところだから逃げ出したい」と感じてしまうのです。でも、そんなに簡単にはいきません。私たちがここに残したエネルギーも地球を経験して、感じる必要があるからまだ故郷に戻ってはいけないと言っているのです。

D：経験する必要があるのですか？

P：今聞こえたのは、これを私が経験したいということ。考えられる？　でもそう言っている。

D：ここでの仕事を終えるまで還れないということですね。（はい）でも、パメラが記憶していることや感じたことはＥＴや宇宙船との関係です。これは故郷とのつながりを深めようとしているのではないですか？

P：ちょっと整理してみます。（沈黙）今、たくさんの宇宙船が見えています。ああ、あのですね。私たちはこの宇宙船で旅をするんですね。私たちと言ったのは、地球に来た魂の集団のことです。私はエネルギー体で来たので、宇宙船は使いませんでした。今、赤ちゃんが見えています。おかしいですね。私たちはとても大きなエネルギー体なのに、こんな小さな赤ちゃんの身体に収まるなんて。とても収まりきらないほど大きいから、入りきらない部分はどこに行ったのでしょう？

D：赤ちゃんの身体に宿るには許可のようなものが必要ですか？

P：どうにかそうなるように話がついたようです。もう赤ちゃんは見えなくなりました。

D：受肉するには何らかの手順やルールがあるのかと思っていました。

P：指導要領があります。すべてに秩序はありますが、今は見えません。

D：なるほど。宇宙船を使って移動する目的は何ですか？

P：行きたいところへ、自分の領域のエネルギーを保ったまま移動したいときに使います。私たちのいるところは美しく、キラキラ輝く巨大な光の塊ですが、それは固有のエネルギーを持っています。自分の領域の外に旅をするときは、自分のところのエネルギーを持った宇宙船で行かなくてはならないのです。

自分固有のエネルギーを隔離しておかないと、通過・遭遇する他のエネルギーと混ざってしまうという話は以前にも聞いたことがある。宇宙船での移動は自分のエネルギーを保護するための対策のようだ。UFOで移動する存在の大多数が光の身体を持つものたちだ。彼らのほとんどが、訪問先の環境に合わせて自らの姿を自由に変える力を持っている。

D：彼女も今の身体でそういうことをしますか？

P：いいえ。それはあくまでも彼女の一部が移動しているのです。（突然気づく）ああ、彼女は故郷にいる自分と密接につながっているんです。だから、他の場所で違うことをしている自分を感じるのです。でも、それが何だか理解できなかったんです。今見えているのは、彼女の一部が宇宙船に乗って旅行をしていて、とても高い柱が立っている場所に行ったところです。そこには水晶があり、エネルギー体の住人たちがいます。ここは故郷とは違うエネルギーの星なので、宇宙船の中にいて自分のエネルギーを保護する必要があります。彼女がここで何をしているのかはわかりません。そもそもここでは〝彼女〟ではありませんが。

D：それは彼女の一部、一面なのですか？（はい）一部が故郷の光から遠ざかって、別の星を訪問していると？

P：そうです。他にもたくさんの側面《アバター》があります。

D：ではパメラもそれらの側面のひとつだと？

P：はい。でも全部同じものです。ひとつの塊からたくさんの破片ができるようなものです。その破片のひとつがいろんな次元のいろんな場所に行き、固有の経験をするのです。何故か私にはそのすべてについてアクセスできないんですが、そういう構造だというのはわかります。彼女の頭にバンドがつけられています。頭が締め付けられるような感じがします。（額の辺りを手で指す）このバンドがつながりを封印しているのです。彼女の残りの部分とのつながりを、思い出してはいけないようです。彼女が知っていいのは、自分以外にも生きて行動している分身が、エネルギー体が存在しているってことだけです。それは彼女にとって、安心材料になるはずです。すべては完璧な秩序の元で動いていること、ここの分身がそれぞれやるべきことをやり、遠からず戻ってきてひとつにまとまるってこと。それがメッセージです。彼女にとって安心できる話です。

D：人間というものは、理解できないことがあると、それに怖れを抱くか、過剰反応してしまうものなのです。

P：なぜそうなるかというと、地球には制限があるからです。肉体を離れられれば、本来の自分になれて、全体とつながれるんです。大きな鍋のスープにたとえるといいですね。一人ひとりはニンジンやジャガイモかもしれないけれど、あなたはスープで、残り全部と混ざり合ってひとつになっています。鍋からスープ皿に取り分けられて別の場所に持っていくと、全体から切り離される。すると、何が起きたのかわからなくなって混乱する。自分が誰かもわからなくなる。でも鍋に還れば、故郷に還ると、すべてはうまくいっている、あるべき姿だと理解できるのです。

D：では、彼女が宇宙船やETについて考えを巡らしているのは、彼女の別の部分の記憶にアクセスしているということですか？

P：そういうことです。

D：彼女は、身体に何かが埋め込まれていないかを気にしていました。

P：　ありますね。ひとつはこめかみに、右肩にもあります。

D：　誰が入れたのですか？　ていうか、どうして入ったのでしょうか？

P：　実際のところ、地球に来た時点ですでに入っていました。物質ではなくエネルギーで、故郷にいたときから元々あったものです。最近になって気になり出したようですが、悪いものではないと本人もわかっています。

D：　他のセッションでは、誰かが何らかの目的で人体に埋め込みをするというケースがよくあります。

P：　誰か別の存在は介入していません。彼女が故郷にいたときから持っていたものです。

D：　それは、何をする道具ですか？

P：　必要なときに使える情報源です。故郷に還る際には、どこにポータルがあるかを示してくれます。

D：　迷子にならないためのツールを初めから体内にインストールしてここに来たようなものですね。エアタグみたいなものでしょうか？

P：　ええ、そのようなものです。

D：　物質界で迷子にならないように、そして還るときのポータルがわかるように持っているんですね。

P：　そうです。それがあれば安心ですし、自分が誰かを思い出すための印でもあります。埋め込みがむずむずしていると気づくときは、故郷とのつながりが強くなっているときだと言われました。パメラは気づいていないと思いますが。

D：宇宙の存在は多種多様ですが、彼女は私がこれまで扱ってこなかった種族ですか？

P：これまでにもパメラと同じ種族にたくさん出会ってきたと思いますよ。

D：もちろん、みんなを一堂に集めないように言われましたが。

P：それは正しいです。彼らは個別に行動したほうが力を発揮できますから。つるんでしまうと里心がついてよくないですね。彼らにはまだここにいてもらわないと困るので。

D：私が聞いたのは、集まるとエネルギーが薄まるということでした。

P：その通りです。

D：私はいくつかのタイプに出会うだろうと言われていましたが、確信はありませんでした。これはそういうエネルギーなんですね。

P：いろんなタイプのエネルギーがあり、これはそのひとつです。私たちはいろんな星から来ているから持っているエネルギーは異なりますが、それぞれが全体を構成する一部です。私の出身星のエネルギーを持つ別の存在に、私はまだ出会っていませんが、あなたは出会っていると感じます。地球では違うエネルギー同士でつながる必要はないと思います。別々に行動したほうがパワフルなので。

D：ふたつのエネルギーは大海のふたつの波のようだ、というたとえを聞いたことがあります。

P：その通りです。それぞれが違う方向に波及します。

D：でも、ふたつの波がぶつかると、打ち消し合って弱くなります。

P：そしてひとつの波となる。

D：だから私は、そういう存在たちと出会ってもいいけれど、彼ら同士を結びつけてはいけないと。（その通り）彼らが孤独に陥っていたとしても。

P：パメラの身体に収まっていて孤独に陥ったことはありません。ひとりでいるほうが強くいられると感じます。他の人と一緒にいるときより、ずっとね。だって、人間は外界のことにばかり囚われていて、自分が誰かをすっかり忘れバラバラになっているから。パメラはひとりでいると、自分を思い出すのでとても強くいられるのです。でも、他の人間と一緒になって人間と同じようなことを始めたとたんに、居心地の悪い方向に進んでしまうんです。だからパメラはひとりでいたほうがいいのです。

D：でも彼女が最初に光を見たとき、還りたがったでしょう。寂しかったのではないですか？

P：あれは自分の故郷に還りたいというどうしようもない里心でした。大宇宙の至るところから地球を助けるためにたくさんの魂の欠片（分身）が降りてきて、世界中に散っています。彼らは地球になくてはならない存在です。

第28章 別の(高次の?)存在が語る

これはニューメキシコ州サンタフェのノースウェストニューメキシコ大学で実施したコースのデモンストレーションで行われたセッションの話。ここは代替医療や自然療法のすべてが学べる4年制コースがあるユニークな大学だ。

ジェーンはサイキックヒーラーとして知名度が上昇中の若く美しい女性だった。彼女は幼少期から多彩な能力を発揮し、今もそれを活用していた。幼少期の特技や才能は長じるにつれ失われ、忘れられることが多いが、彼女の場合はそうならなかった稀有な例と言える。彼女が知りたかったのは主として自分のルーツに関することだった。「私はどこから来たのか?」という疑問を掲げる人は多いが、答えはいつでも同じだ。たいていの人はどこかに故郷の星があると考えているが、それは長い旅路の第一歩に過ぎない。私たちは全員が神によって生み出された生命で、ソースから始まっている。そして経験を積むためにそこから旅立っている。ジェーンは自分がこれから進むべき道についても知りたいと考えていた。

ジェーンが雲から降りると、地上に向かう代わりに空へと上昇していった。宇宙空間で星たちを見るなり、感情があふれてきた。そして故郷に還ったようだと話した。「だって、ここは私の故郷ですもの」ずっと恋しかった故郷が見つかってうれしいと話した。そして北に行きたいと言って、そこに向かったところ、空中に水晶が現れ、囲まれた。水晶の間を縫って移動しているうちに、目指す土地が見えてきた。遠くから複数の宇宙船がこちらに向かってきた。「小さくて丸い形の宇宙船で、黒と銀色です。私を歓迎しています。あの宇宙船は私の故郷からのものではありませんが、来訪者を歓迎する部隊です」するといきなり宇宙船のひとつに吸い込まれた。次に不思議なことが起きたが、私には経験があった。私はいつでもあり得ないことに対する準備ができているので、これも珍しいことではなかった。とはいえこれはクラスのデモンストレーションだったので、経験値のない参加者にとってはかなり異様に映ったことだろう。突然声色が変わり、ジェーンではなく宇宙船にいる誰かが身体を乗っ取って話し始めたようだった。こういうときはそのまま流れに任せることにしている。

ドロレス（以下D）： 宇宙船の中はどうなっていますか？

ジェーン（以下J）：（混乱して）あなたの話している言語が理解できません。

そこで私は、私の言葉が理解でき、対話ができるようになるという催眠暗示を与えた。「私の言葉が通じるジェーンの脳機能にアクセスできますか？　私はぜひあなたと話がしたいのですが、それは可能でしょうか？」相手の合意が得られた。通常あなた方はテレパシーにより会話をすることについては知っているが、ここでは言葉を使って会話する必要がある、と説明した。「言葉を使って話をすることについてあなたに異論がなければ、お話ししたいのですが、いかがでしょうか？」再び合意が得られたので、質問を始めた。

D：私たちは情報を求めています。この場所についてお話ししていただけますか？（はい）それは小さい宇宙船ですか？

J：はい。非常に小さい船です。ちょっと移動するための乗り物ですから、ここにあまり長い時間いることはありません。内部は小さな飛行機に似ていますが、座席はありません。金属製の小さなキッチンがあります。ここで食べ物を作りますが……キッチンというものが何なのかよくわかりません。

D：キッチンがあるということは、エネルギー源として食事をする必要があるんですか？

J：食事の必要はありません。説明するのが難しいですね。人間は食物と呼んでいますが、私たちは鉱物をつくる、いや、それは正しい言葉ではありませんでした。私たちはエネルギー源となるモノをつくります。説明できません。感じるんですが。地球の人たちはエネルギー供給が必要なので、これについての情報を伝えるようにと指示されているんですが……。

私は彼の身体がどんなものか訊ねてみた。「何にも形容できません。自分でも見えません。エネルギー体です。人間はオーブと呼んでいます。でも、私たちは行った場所の様子に合わせてどんな姿にもなれます」

D：気が向いたときに変身するのですか？　それとも環境が整ったときにそうなるのですか？

J：必要なときだけです。能力を無暗に使うことはありません。

D：物理的な肉体を持ったことはありますか？

J：はい。肉体を持つことには慣れています。よくわかりませんが、子供だった頃を覚えていて、身体がエネルギー体となり、やがて消えてなくなったという感覚を覚えています。

D：では、ある時期に肉体を持ったことがあるんですね。

J：はい。いろんな肉体に宿ったことがあります。

D：それがあなた方の能力なんですか？（はい）物理的な身体から始まり、変化する？（はい）まあ、なんて素敵なんでしょう！物理的な身体が要らなくなって、エネルギー体になる？（はい）エネルギー体になるとどうなるんですか？

J：いろんなことをしますよ。人に教えることなど、宇宙にはするべきことがたくさんあります。特に地球人はいろいろやらかしてくれていますし。

D：（笑）そうでしょうとも。

J：地球からエネルギーが放出されると、宇宙にある他の星の再調整をして、地球から出たガスを回収しなくてはなりません。地球から出ているエネルギーが何なのかわかりませんが、私たちには馴染みのないものです。これが宇宙全体を汚染するので非常に厄介です。

D：それは人間が出しているものですか？（はい）あなた方は地球の近くにいるのですか？（いいえ）ではそれが遠くまで影響を及ぼすと？（はい）どんな悪いものを放出しているんでしょう？（ジェーンが泣き出す）困難な状況なんですね。悪いものを取り除くという大変重要な仕事をしているんですね。どうして泣いているんですか？

J：人間が宇宙に対して、どうしてこんなことができるか理解できません。人間は惑星の錬金術の使い方を誤り、自分がどんな化学物質を作っているか理解しないまま周りにあるたくさんの単体宇宙《ユニバース》に悪影響をまき散らしているのです。

D：人間は自分たちの所業が地球以外にも及んでいることを知らないと？

J：その通りです。

D：それがあなたの世界にも及んでいると？

J：私の世界なんてありません。私は大宇宙《マルチバース》に属しています。

D：でも故郷の星はあるのでしょう？

J：はい。（泣きながら）破壊されるまではありました。

D：何が起きたのですか？

J：私は水晶の星に住んでいました。あのガスが強すぎて、私の星が溶けてしまいました。それで宇宙船をつくって移動するしかなくなりました。

D：どうして溶けたのですか？

J：人間界から放出されたガスの仕業です。毒性が強すぎて、水晶が溶けてしまいました。

D：そのガスがある年月を経て蓄積されたのですか？

J：そうです。あのガスがたくさんの星を破壊したので、たくさんの住民の救済が必要になりました。それぞれの星に住む多種多様な生命体たちです。

D：たくさんの星を破壊したんですね。

J：そうです。それが今でも破壊し続けているのです。だから私たちは今も……。

D：ではガスの放出は今も続いていると？

J：はい。フィルターをかけて、穴が開いたらふさいで、防いではいるんですが、人間はどんどん作り続け、オゾン層に穴を開けるようなことをするので、ガスがどんどん……（深いため息）本当に困ったものです。課題が山積しているのです。

D：住んでいた星が破壊されたとき、あなた方は脱出したと言いましたか？

J：仕事を続けるために宇宙船をつくって、離れなくてはなりませんでした。でも気づけば帰るべき星は消滅してしまいました。

D：宇宙船にいたときには身体がありましたか？

J：形だけは。

D：身体に収まるのをやめたのですか？

J：身体は不要になったのです。故郷の星がなくなったのは、ある意味では福音でした。もう物理的な故郷が不要なほど私たちは進化していたからです。そして自分たちのエネルギーを収める容れ物としての身体も必要としなくなったのです。

D：そのような進化の過程をたどったのですね。（はい）完全なるエネルギー体、オーブの身体になったのはいつのことですか？

J：それはもっとあとです。

D：その仕事は誰かに指示されたのですか？

J：それは評議会の決定事項です。私だけではなくて、他にも同じことをしている仲間がいます。

D：あなたは評議会のメンバーですか？

J：　いえ、私たちは彼らとは会いません。指示が伝達されるのです。彼らは常に私たちの周りにいますから、エネルギーで意思の疎通ができます。

D：　それであなたは指示に合意して、宇宙に起きている問題を正すために宇宙を飛び回っているんですね。（はい）地球からその汚染ガスが出てくるのを見るのはどんな感じですか？

J：　とても密度が濃くて波動も低いのに、いったいどうして私たちのいる波動域に入って来られるのか理解できません。ほとんど真っ黒で煙にまみれた蛇のようにズルズルくねって進むような代物ですが、私たちを制圧するほどの力はありません。だから掃除自体は難しい仕事ではありません。けれども、こんな余計な仕事がなければ、宇宙には他にするべきことがたくさんあるということです。

D：　どうして地球からそんなにも遠くの次元にまで影響が及んでしまうのでしょうか？

J：　影響は私たちの銀河系をはるかに超えて、他のたくさんの単一宇宙に及んでいます。それは非常に浸透力があるのですが、人間がそこまで意図していないのはわかっています。見ていてとても心が痛みます。

D：　これは地球だけの問題で、自分たちが傷つけ合っているだけだと人間は思っているんですね。

J：　はい。なるべく人間が傷つかないように、悪い方向に至る道をことごとく閉ざしてきたのですが、残念ながら人間はまだ指導者を必要としているようです。どうしても遠回りのやり方で物事を学ぶ道を選んでいます。その結果、手痛い経験を引き寄せて、痛みとともに学習するという道を歩んでいるのです。

D：　地球は学びの惑星ですからね。

J：　その通りですね。

D：ところで、掃除自体は難しくないと言いましたが、どうやるんですか？

J：それを説明する言葉がありません。液晶のような非常に強力なエネルギーで、汚染ガスを包み込むのです。そして封じ込めたら違う計算式を作ります。汚染ガスの周波数を調べて、それを分解できるだけの強い周波数を計算します。こうして分解するとエネルギーの状態に戻ります。これはとても時間を要するプロセスで、さっきも言ったとおり、こんなことをしている間にも、宇宙には全体にとってもっと有意義な仕事がたくさんあるのです。

D：全体とは何のことですか？

J：大宇宙と、そこに住む生命体全部のことです。宇宙には多種多様な種族がいるということを、人間は理解していません。でも、私たちは人間が好きですよ。同じ宇宙の仲間ですから。彼らも物理的な身体を卒業する頃には気づくことでしょう。今気づいていれば、あんな行動をとることはないでしょう。人間は愛すべき存在です。彼らには良心があり、心の中にはちゃんと愛もあります。心にある愛に従って生きてほしいと私たちは願っています。それができれば、こんなことは起きるはずがありません。

D：つまるところ、愛がすべてということですか？

J：いかにもその通りです。創造主は非常に愛情深い存在です。人間にはとても想像できないほど大きな愛を地球に送っているのです。

D：でも人間とは、そういう経験をするために地球環境を選んで降りてきている魂たちではないのですか？

J：そうですね。彼らときたら、木々が枝を揺らして手を振り、ウインクをして、こんにちは！

と挨拶しているのに一向に目に止めません。そしてバッサリ切り落してしまいます。

D：人間は万物に生命が宿っていることを理解していません。それどころか、地球にあるものは全部自分のためにあると勘違いしています。

J：その通りですね。

D：もし、ガスの後処理にそれほど時間を浪費しなくて済むのなら、何をしたいですか？

J：やるべきプロジェクトはたくさんあります。新たに誕生する準備をしている惑星がたくさんありますが、今はまだ十分な安全が確保できていません。そして他にも宇宙の進化のプロセスに参加したい種族もたくさんいます。

D：手が空いていたらそういうことをしたいのですか？

J：はい。惑星を誕生させるのはとても簡単ですが、壊れるのもまた簡単です。あとは惑星を他の銀河系に移動して、宇宙全体に役立てるというプロジェクトもあります。

D：あなたのように、惑星をつくる人々と話をしたことがあります。共同創造者の集団ですよね？（はい）エネルギーを使ってつくるんですか？

J：はい。エネルギーだけではありませんが。人間にもわかる言葉で言えば、思考が現実になるということです。

D：だから思考はパワフルなんですね。（はい）だからこそ人間はそのレベルに到達できていないのかもしれません。

J：人間の脳には膨大な情報が収められています。もし、彼らが思考と意図を別の方向に使ったら、今よりずっと穏やかで住みやすい世界が生まれていたことでしょう。私たちが地球をつくったとき、そこは宇宙のオアシスのようなところでした。地球は元々、苦しむための場所ではありませんでした。私たちではない誰かが苦しむように教えたのです。でも、人間は脳が非常にパワフルだということを、心の深いところでは知っていないのです。人間はとても大きな脳を持っているにもかかわらず、ピーナツくらいの大きさしか使っていないのです。もし彼らが脳内の全部のエネルギーにアクセスしたら、地球はまったく違ったところになっていたでしょう。人間は今何が起きているか、本当は知っているし感じています。彼らは変容している最中です。だから地球は破壊されずにいるのです。私たちが人間に切に望むのは、破壊に意識を合わせないでほしいということ。破壊のエネルギーに意識を向けると、それが現実になってしまうからです。

D：意識を集中させると、それが顕現するということですか？

J：その通りです。

D：あなたは今取り組んでいることに満足していますか？

J：はい。私はこの仕事を愛しています。〝仕事〟と言ったのは人間の定義する仕事のことです。

D：はい。よくわかります。あなたはいろんな場所を次々に訪ねては仕事をしているんですね？（はい）それは素敵なことですね。そして仕事を愛しているんですね。（はい）

そろそろジェーンとのつながりを探る時間が来た。「あなたは今、人間の身体を通して話していることにお気づきですか？」

J：ちょっと変な感じがします。何かがブロックしています。

D：だから言語を使って話をする必要があるんです。（なるほど）気になりますか？
J：人間の身体を介することが？
D：私と会話することです。
J：いいえ、気になりません。必要なことですから。
D：ひとつ確認したいことがあります。あなたはイコールジェーンなのか、あるいはジェーンの一部なのか。どういう関係なのでしょうか？
J：ジェーンは私たちの一部です。
D：彼女はあなた方の集団の一部ということですか？（はい）彼女に説明してくれますか？　知りたがっていますので。
J：本人はもうわかっていますよ。
D：顕在意識のレベルではわかっていません。わかるように話してくれませんか？
J：わかりました。彼女は地球の人々に創造の仕方を教えるために来ています。故郷のエネルギーをどのように使うかを教えるためです。
D：あなた方の故郷のエネルギーですか？（はい）彼女は本当はあなたですね？（はい）そのあたりが、私たちの言語ではわかりにくいのです。
J：そうですね。立場上、彼女はパワフルな状況に立たされることが多いです。その結果、人間が言うところの、目立つ存在になることが多かったのです。周りの人々は、彼女がただ創造の仕方を教えたいだけだということを理解しません。
D：あなたは今の仕事を愛しているのに、どうして人間になることにしたんですか？

J：必要だったから。

D：人間でいるのは何かと不便でしょう？

J：そうですね。ジェーンも往生しています。

D：初めに人間になったときはどうでしたか？　人間になるように誰かに指示されたのですか？

J：はい。彼女は人間になるつもりはなかったので、ちょっと説明するのが難しいです。でも与えられたプロジェクトはいつでも受け入れてきました。

D：自発的に地球に来たわけじゃないんですね？

J：違います。

D：地球にはたくさんのボランティアソウルが来ていますよね？

J：そうですね。今この瞬間にも地球に行きたいと望んでいる魂たちがたくさんいて、いわゆる〝空席待ちリスト〟で順番を待っています。

D：でも、ジェーンはボランティアソウルではない。

J：ジェーンは肉体が嫌いなんです。

D：（笑う）プロジェクトを与えられたから、それに従ったのだと？

J：私たちは多くの魂で作られた大きなひとつの集合体を構成しています。それぞれの魂は異なる次元に存在していて、ジェーンは地球という次元を選択しました。私たちは地球だけでなくたくさんの次元に点在しています。

D：私は魂が多重構造であることを他の人間より理解しているので、おっしゃる意味はわかります。（はい）私たちは多次元的存在です。（はい）だからジェーンは人間として生きていると同時に、他の次元にいるあなたでもある。

J：その通りです。彼女にはやるべき任務がたくさんあることや、その上部構造についても理解しています。彼女は周波数を通して場を整え、人間が自分のエネルギーに集中する必要があるという教えを広めなくてはなりません。そして創造主や大宇宙に資するような脳の使い方を覚えてもらわなくてはなりません。人間も肉体を離れるとき、その意味がわかることでしょう。

D：そうでした。死ねばすぐにわかりますね。（はい）いずれにしてもジェーンは任務を受け入れて人間になったのですね。

J：はい。それについて彼女は異議を唱えていません。それで私たちも重大な任務を与えました。本人はチャレンジを好むので、喜んでいました。

D：でも人間になると、なかなか思うようにいきませんよね？　特に彼女には普通の人にはない霊能力があるので、溶け込むのが難しいのでは？

J：はい。本当の姿を見せる前にできるだけ仲良くなって、心を開ける関係になれるよう努力してきました。

D：今あなたが話しているのはジェーンを通してです。（はい）彼女は以前にも地球に肉体を持って生きたことがありますか？（はい）そのうち彼女が知っておくべき転生はありますか？

J：いいえ、特にありません。

D：では、ジェーンとしての人生が一番重要だということですね？

J：その通りです。

D：今回の任務の詳細は何ですか？

J：教えを広めることです。自分が誰か、何をするべきかを忘れているヒーラーたちがたくさんいるので、彼らが自分の周波数、エネルギーを地球に持ち込み、能力を最大限発揮できるように導く仕事です。

D：それは大仕事ですね。（はい）彼女は赤ちゃんの頃から特殊な力があったことを自覚していました。

J：そうです。彼女はゆりかごの中でよく私たちと交信していました。彼女の任務の性質上、他の魂たちのように何をしに行ったか忘れるような設定ではなかったので。

D：人間のほとんどは赤ちゃんの頃のことを覚えていません。

J：そうです。ほとんどの人は覚えていたくないと思います。地球に降りた魂たちはとても美しいのですが、人間にはそれがわかりません。それでもすべての記憶を消して地球に降りていき、人間が宇宙のためになる人々になるよう、地上で働く必要があるのです。

D：でもジェーンは赤ちゃんの頃から記憶を持っていた。（はい）そして家族も理解がありました。

J：家族はちょっと複雑でした。

D：でも、彼女は自分の特殊な能力を隠しておかなくてはなりませんでしたよね。（はい）普通の人間として生きるために、周囲に合わせる必要があったんです。（はい）今、彼女はその能力を再び取り戻したいと願っています。それは可能ですか？

J：はい。今がそのときです。本人は使い方を知っていましたが、これまでは隠しておく必要がありました。彼女が属する学校の中には人間が〝グレイ〟と呼んでいるエネルギーがたくさんいたからです。彼らはジェーンの能力を見抜けると知っていたからです。それで真実の情報が流出しないように、能力を封印してきたのです。自分の身を守ると同時に、情報を保護してきたのです。

D：それで人間のように振舞う必要があったのですね。（はい）

このときに話をしている相手が、ジェーンの質問に答えられるということがわかっていたので、私は敢えてSCの登場を求めなかった。実際この相手がSCだと認めてくれた。セッションでは話している相手がスピリチュアルガイドや別の存在か、SCかを識別するのは非常に困難だ。スピリチュアルガイドやその他の霊体の場合、こちらが必要とする情報の答えにアクセスできないことがある。そしてすぐにそれを認め、SCと話してほしいと言ってくる場合もある。いずれにしても全員が同じひとつの存在、ワンネスを構成しているということに立ち返る。人間としての物理的なアイデンティティ以外のたくさんの次元を生きる自分自身もSCも、すべてはソースから派生している。この相手の場合、初めは小さな宇宙船に常駐している典型的なETに見えた。途中からは創造主のように聞こえ、その後はジェーンの魂の一部のようだった。つまり、同時に複数の存在であるというのが真実の姿だ。そこで、そのままジェーンの質問を投げかけた。

D：これからいくつか質問をしてもいいですか？

J：はい。あなたはこういった情報を伝えるのに大変優れた仲介役を務めていますね。あなたの仕事ぶりに、私たちは感謝しています。

D：あなた方がいて初めてできることです。

J：そうですね。

D：私はあなた方の力を理解し、敬意を払っています。ジェーンが特殊能力をこれから行使するのは安全ですか？　それは好ましいことですか？

J：はい。安全を確保するためにこれから彼女の周りにバリアを作ります。地球には彼女のもたらす情報を待っている人間たちがたくさんいます。機は熟しています。

D：私はクライアントの身の安全を最優先していて、彼女にとって良くないことをしたくありません。すべての結果を背負うのは彼女ですから。

J：そうですね。だからこそ彼女の細胞を構成する原子の再構築をしてきたのです。

D：詳しく教えてください。

J：彼女の細胞の原子核には炭素が多いため、水素を多く含むことになります。このため原子の持つエネルギーの拡張性と強度がそのまま彼女のエネルギーフィールドに反映されます。

D：どうして再構築する必要があったのですか？

J：あなたも、彼女から発信されるエネルギーを感じることができるでしょう？（はい）そのエネルギーで彼女の肉体が壊されないよう保護しているのです。

D：それは以前にも聞いたことがあります。エネルギーが強すぎて肉体を壊してしまうことがあるそうですね。

J：その通りです。そうなった実例がたくさんあります。

D：あなたのように大きなエネルギーを持つ存在が肉体に収まろうとすると、赤ちゃんの小さな身体ではそのエネルギーに耐えられないこともあると。（はい）そのようなときは中絶や死産という結果になると聞きました。（はい）だから、うまく調整して肉体との折り合いをつけるんですね。

J：胎児はまだいいんです。問題は母親のほうで、胎児を包んでいる母親のエネルギーとの相性が大事なのです。

D：母親の負担が大きいのですね。（はい）ジェーンが生まれるときにも調整をしましたか？

J：ええ、やりましたとも。ジェーンを出産する母親の調整にてこずり、ジェーンは妊娠6か月めくらいまでは身体に入れませんでした。半年かけて母親の身体の受け入れ態勢が整い、ようやく子宮に入ったのです。

D：ジェーンが胎児の身体に収まる前に、身体はすでに6か月も成長を続けてきたということですか？

J：そうです。でもジェーンはその間他のことで忙しくしていました。うまく説明できませんが、基本的には生まれようとする人の高次の叡智が発動して母子の身体をつくっていきます。胎児の身体にエネルギーが入りやすくするために細胞レベルで調整していくのです。

D：魂のほうは生まれる前にやることが多くて、ぎりぎりまで胎児に収まりたがらないケースが多いそうですね。

J：はい。ジェーンもそのひとりでした。

D：生まれようとしている魂は、時間いっぱいまで忙しく走り回っているのですか？

J：その通りです。魂はぎりぎりまで胎児の身体に入りません。

D：彼らは子宮や胎児の身体が自分仕様に整うまで待つのですね？

J：はい。胎児の構造は同じですが、魂を迎え入れる準備が整ったら入ってきます。

D：入った後で、魂は子宮や胎児の身体を操作したりしないのですか？

J：　ええとですね。操作しますよ。でも母親もかかわってくるので……魂のほうでも調整が必要になります。受胎すると、誕生にかかわるエネルギー体や魂が母親に準備を促したりします。それからその魂やエネルギー体は忙しく別のことをするので、胎児の身体に入るのを忘れてしまうことがあります。

D：　そんなことが起きるんですか？

J：　はい。誕生時に魂が他所にいるときは、魂の入っていない赤ん坊として生まれます。それは魂のするべきことの優先順位によってそうなったというだけのことです。

D：　魂がないまま誕生するとどうなりますか？

J：　母体は胎児に必要なすべての血液や酸素を胎児の細胞に送り、身体を完成させるようにできています。人体に元々備わっている叡智が胎児の形成を引き受けるか、または魂の到着に合わせて物理的な構造を整えるかのどちらかになります。

D：　肉体と魂は分離した別の存在ということですね？

J：　はい。ですからこれは、ほとんど工場生産のようなものです。長い年月を経て進化した結果、身体は胎児を創出する術を心得ています。だからこそ魂は身体の叡智を信頼し、胎児が着々と成長する間、時間いっぱいまで他のことをやっていられるのです。

D：　私もクライアントたちに、胎児は母体のおかげで生きていて、母親の生命力が胎児を生かしているのだと話してきました。魂は、胎児が誕生して母体と分離するまでは身体に入らなくてもいいということですね。

J：　そういうことです。魂は妊娠期間中に時折、様子を見に来ます。よく胎児が母親のお腹を蹴ったとか動いたとかいう話がありますが、それが見に来ているときです。魂は気が向いたときに訪れては胎児に自分の印をつけ、ここにいるという表明をしていくのですが、母親はいつ魂が入って来るのか予測できません。もちろん魂ですから、同時に複数の場所にいることもできます。

D：　私もそのようにクライアントや受講生たちに話しています。赤ん坊となって母親と分離するまでは、身体の中にいなくてもかまわない。（はい）出産後は、魂が身体に宿っていないと身体は生きられない。（はい）ところで、ジェーンがこのエネルギーを扱えるように、すべてを再構築しなくてはならなかったと言いましたね？（はい）彼女は赤ん坊のうちからそのエネルギーに気づいていました。（はい）そして今なら、彼女はそのエネルギーを使うことができると？（はい）エネルギーの再稼働はどのように行うのですか？

J：　今夜、彼女が寝ている間に訪問して調整します。いわゆる超能力をどうすれば安全に使えるか、使っているときに人々とどう接したらいいか、スムーズに人々を指導する方法などを教えておきます。このエネルギーは非常にパワフルなので取り扱いが難しいですが、彼女は使いこなす準備ができています。

D：　まず使えるようになるのは、どんな能力ですか？

J：　そうですね。まずジェーンは同時に複数の場所にいる必要があります。ですから彼女はまずこの能力に習熟し、その後人々に教えることになるでしょう。

D：　彼女が話していた、バイロケ―ション（同時に2か所に存在すること）ですね？

これは、ジェーンが子供の頃に自覚していた能力のひとつだった。そう考えるだけで、今いる場所から別の場所へと身体ごと移動することができた。

J：そうですが、移動先は現在にとどまりません。彼女は頻繁に未来を訪れ、自分の将来に向けた準備をしていたのです。これからもっとそういう機会が増えるでしょう。また同時に複数の国に出向き、その地で彼女の教えを必要とする人々のために準備をすることになるでしょう。

D：同時に複数の場所にいるとき、現地の人々には彼女が物理的な人間に見えるのですか？

J：もちろんです。厳密には違った身体ですが普通に見えます。

D：つまり、バイロケーションしているのは霊体ではないと？

J：いいえ。行った先で、しかるべき身体を選んでそこに入るのです。

D：それは今のような身体ですか？

J：いいえ。でも、ときどきはそうですね。行先の状況によって、どう紛れ込むのがいいかで変わります。

D：けれども現地の人々からは、普通の人間に見えるんですね？（はい）ジェーンがそういうことを始めたら、顕在意識で自覚できるのですか？

J：顕在意識ではまだ気づいていませんが、すでにそういうことを始めています。

D：では、今後は顕在意識レベルで自覚してもかまわないのですね？

J：はい。彼女はいつでも人助けをしていますから。

ジェーンの質問に、夜中に何かがやってくる感じがするというものがあった。どうやら毎回、違った存在の訪問を受けているようだとのことだった。

J：ああ、それは彼女にたくさん任務があるからです。彼女が宇宙でしている仕事にかかわりのある存在たちが、夜な夜な報告に来ているのです。進捗を知らせて、彼女の協力を仰いでいます。

D：それにときどき悩まされると言っていますが。

J：彼女は忙しいのが好きなんですよ。

D：ときどき身体の調整をされている気がすると言っていますが？

J：はい。コンスタントに身体から抜け出しているのは彼女にとって大きなストレスになっています。そのため、身体に戻ってきたときにちゃんと収まったかを覚えていられるように、頻繁に調整が必要なのです。それを夜中にやっているのです。

D：今回実情がわかったので、これからはやりやすくなりますか？（はい）バイロケーションの他に再稼働する超能力はありますか？　それとも一度にひとつずつですか？

J：彼女は同時にいくつでも習得できるでしょう。周りでたくさんのことが起きているので、もっと簡単にものを移動させられる能力を磨く必要があります。そうすれば、操作するのにエネルギーを消耗せずに済みます。彼女には、到着する前に現地に必要なものを送ることができます。

D：子供の頃できた空中浮揚の力ですね？（はい）それについて説明してください。

J：今、乗り物に乗っているジェーンの映像が見えているんですが、道路にときどき障害物が現れたり、別の乗り物が前に来て行く手を遮ったりします。また彼女がどこかに行こうとしているとき、路上の渋滞で思うようにスピードが出せない場合などもあります。そういうときに移動するのです。

D：彼女にはやり方が自然にわかり、移動するのですか？（はい）それは便利な超能力ですね。

J：そうですね。ときどき彼女は自分の車が宇宙船ではないということを忘れています（ドロレス笑）。彼女は運転中よくスピードを出します。他に大きなプロジェクトもあります。地球で〝ハワイ〟と呼ばれている地域に火山がありますね。その火山が噴火間近なのですが、まだ時期ではありませんから、彼女はそこのエネルギーを調整して噴火のプロセスを遅らせなくてはなりません。そんなプロジェクトもあります。

D：まあ、そんな仕事をあなたは彼女にやらせているのですか？（はい）ジェーンが寝ている間に？（はい）目覚めると忘れているんですか？

J：覚えていますよ。でも十分な睡眠も取らせてあげなくてはなりませんね。

D：それは大事です。彼女を疲労困憊させたくありませんから。

J：まったくです。

D：で、そういう仕事について彼女の記憶に残るんですね？（はい）でも、それを誰かに言う必要もありませんね？

J：どう話したらいいか、言葉が見つからないでしょう。

続いて私は、彼女から預かったもうひとつの質問をした。カナダからの移住の是非についてだ。

J：引っ越しは既定事項ですが、時期尚早です。今住んでいるところに、解体すべきエネルギーがまだ非常に強く残っています。この町は公害が酷く、有害なエネルギーがあふれています。この有害エネルギーを溶かし、空気を浄化する方法を彼女におさらいしておきますが、自分でもわかるはずです。

彼女にはその化学物質が町の上空に形成されたときがわかるのです。そしてそのような町に入るとき、大天使たちが上空で働く様子が見えています。

D‥　それも彼女の任務のひとつですか？

J‥　そうです。地球は汚染されています。水の汚染も看過できません。

D‥　カナダを離れる前に、それを解決しなくてはならないんですね？（はい）ジェーンは行先について知りたがっています。どこが一番望ましいところか。

J‥　アメリカ西海岸のシアトルがいいでしょう。彼女のことをよく理解してくれる人々がいます。

それにこの土地は修復が必要です。エネルギーに圧倒されて、地盤沈下が起きています。人間の時間軸で1年後ぐらいには引っ越しをするでしょう。海岸沿いの土地へと私たちが誘導します。そこでも仕事が山積しています。彼女は顕在意識レベルでも私たちと交信を望んでいます。彼女のリビングルームで、私たちとのミーティングが計画されています。彼女は故郷を懐かしく思い、私たちに会いたがっているのです。彼女の脳は人間仕様のため私たちがエネルギー体であることを理解できません。それでも会いたがっているので、ときどき訪問します。その際は、彼女を怖がらせないような姿を用意していきます。

身体のチェックの一環で、SCにボディスキャンをお願いした。「化学物質、つまりホルモンのバランスが乱れています。内分泌系の修復をしています。原因は過労です。彼女はもっとペースを落とす必要があります。背骨は無知な整体師に何度も乱されてきたので、ここもまっすぐに立て直す必要があります。整体師たちは彼女のような身体を扱った経験を持ちません。私たちが治しますが、これには数日かかるでしょう。もう私たち以外に彼女の身体の調整を任せてはいけません。人間の施術者にはこの身体を整える知識がありませんから。また、彼女は他人のエネルギーを食らってしまうという問題があります。胃を守る必要がありますね。この辺りに違和感があるでしょう。（ヒーリングする）今、私たちは、彼女が接触する人々から来るエネルギーにやられないように、胃の辺りにエネルギー遮蔽壁をつくりました」

SCからのラストメッセージ：　ジェーンは働き者で、私たちは彼女を大変誇りに思っています。彼女には重要な任務がありますが、彼女は分け隔てなく愛情を注ぐ人です。彼女の仕事ぶりには大いに感謝しています。

D：　過去世へと誘導しましたが、地球での過去世体験は重要ではないという話でしたね。

J：　必要ありません。彼女はすでにこれまでの多次元的現実を統合できています。今の人生が一番重要です。

D：　オーブが出てきたのは、それが彼女の主なエネルギーのひとつだからですか？（はい）そして、あなたに出てきてほしいと呼び出す必要がありませんでした。あなたには初めから、今日のセッションのことがすべてお見通しだったのですよね？

J：　その通りです。

第29章 殺害された指導者

マッサージセラピスト、ロレッタにはたくさんのET体験の記憶があった。セッションの目的は、あれはただの夢か、それとも現実なのかを解明することだった。このセッションも興味深い展開となったので、読者諸氏も常に予想外を予測する心得を持ってほしい。ロレッタはすぐに変性意識状態に入り、エジプトの大きなピラミッドの前に降り立った。目の前にピラミッド内部に向かう入り口の大きな扉が開いているのを見つけると、ロレッタは躊躇なく入り、暗いトンネルを降りていった。いくつかの部屋があったが、それらに入ることは許されていないことを知っていたため、そのまま通り過ぎた。自分の姿を訊ねると、彼女は長い黒髪の若い女性だった。ここで動揺したかのように、彼女の声が裏返った。「いろんな感情があふれてきました。でも怖くありません。これはエネルギーです。みぞおちのところ、太陽神経叢でピラミッドのエネルギーを感じています。梯子が現れました。私はここを登って上にある部屋に行かなくちゃ、と感じています。部屋に着きました。ここには2体の大きな黒い猫の像があって、入り口を守っているようです。ここには何があるか調べてみます。ちょうどたいまつがあったので、これを手にとって、かざしています。おや、もうひとつ扉がありました。

鍵を取って、この扉を開けています。部屋は見えなくて、ただ紫色の光が一面に広がっています。何かメッセージがないか訊ねています。〝古代の叡智〟という声が降りてきました。ただ一言、古代の叡智。この紫の光は以前にも見たことがあります。実際何度も見ています。これが現れたときは、古代の叡智を授けられているんです」

ドロレス（以下D）： どうやって授かるのですか？

ロレッタ（以下L）： ただ、わかるんです。ときどき、ただ答えが浮かぶのです。その答えがどこから来たのかはわからないけれど。

D： あなたの質問に答えて叡智が降りてくるのですか？

L： 質問はしていないのに、向こうから来るんです。何が降りてくるかは知る由もありません。

D： 今日は何を伝えようとしているのですか？

L： 神殿からです。（驚いて）神殿から送られてきます。言葉が神殿から来るんですが、私は今ピラミッドの中です。ああ！　この神殿はピラミッドの中にあるんですね。

D： あなたはこの神殿の関係者ですか？

黒猫2匹によってガードされていた入り口は神殿の入り口で、情報はそこからやってきた。紫の光は神殿の中にあった。彼女が見たのは、死者を扱う仕事をしている自分自身だった。

L： 台に遺体が寝かされていて、これから私が処理をします。

D：どんなことをするんでしょうか？

L：スカラベ（甲虫）。……それからミイラのように遺体を包んでいきます。

D：スカラベってどういう意味ですか？

L：スカラベで何かするんです。遺体に載せます。ここにはいろんな乾燥植物が入った瓶が並んでいて、それらを身体に載せてから包んでいきます。

D：なぜ、そういうことをするのですか？

L：お墓に入る前に遺体を整えるのは名誉な仕事です。

D：お墓は1か所にまとまっているのですか？

L：いいえ。（感情が高揚してくる）私が遺体の処理を終えると、誰かが来て持っていくのです。

D：どうして感情があふれているのですか？

L：すごく悲しくなりました。こんなことしたくないんです。

D：何が悲しいのですか？

L：スカラベにかかわることだと思います。

D：その遺体が亡くなったことを悲しんでいるのかと思いました。

L：違います。死は悪いことではありません。スカラベが這い回って遺体を食い荒らすのです。

D：包みの中にいるのですね？

L：はい。それも死後のプロセスのひとつなんですが。今も身体の上を這い回っているのが見える。身体の中にまで潜っていくのかしら。

D：それが死後のプロセスのひとつなら、どうして悲しむ必要があるのですか？

L： 涙が出てくるんです。この遺体はもしかしたらまだ生きているのかもしれない。まだ生きている人を私のところに持ってくるなんてことがあるのかしら？　もしかしたら彼らは私に身体を包ませて、生きたままお墓に葬ろうとしているのかも。ううむ。

D： 目視で生きているか死んでいるか、わかりませんか？

L： わかりません。昏睡状態のようで……判断できません。

D： 遺体は呼吸をしないでしょ？（そうですね）

ここでロレッタは突然、非常に耐えがたいことに気が付いた。「もしかしたら、遺体に処理を施しているのは私ではないような気がしてきました。台に寝かされているのが私で、誰かが私に処理を施している……たぶんそっちです」彼女は動揺し、怖がり始めた。そこで私は、恐怖や不快感を軽減する催眠暗示を与えた。セッションでは当事者の体験を本人としてではなく、傍観者として空から眺めることができると。「私はまだ生きているのに、ミイラのように遺体処理されてしまいました。（苦悶して）そしてスカラベが身体の上を這い回っています。彼らは私を埋葬します。でも死んでない！（泣き出す）私が死んでいると思ったんでしょうか？」彼女の呼吸が速くなった。

このように傍観者と当事者の間を行ったり来たりするのは、クライアントを守るためにSCがよくすることの典型例だ。SCは、クライアントが受け止めきれないほど重篤な現実と直面しないよう常に注意を払っている。私はこの事態が起きる前まで、少し時間を戻すことにした。これは彼女を切迫した不快感から救い出し、なぜそのような事態に陥ったのかを解明するためでもある。彼女が状況を語り始めた。「自分の後頭部が見えます。私は初めにも見えた、長い髪の若い女性です。髪には黄金の髪飾りをつけています。そしてこう言われました。人々のために、……意味がわかりません。人々のためにあなたは埋葬されますって」

D：それがなぜ、人々のためになるんですか？

L：私はどうやら、若い娘にしてははっきりものをいう人物だったようです。そしてそれがよくないことだと、女性たちに知らしめるための見せしめのようです。私は歯にものを着せない性格でした。そうやって生きることで、私は手本を示してきたんです。だから彼らもそれに倣ったんです。私は今、紫の光を見ています。男の人の正面に立つ自分自身が見えます。彼は、「私を見せしめにする」と言っています。そして自分が見えなくなりました。紫の光だけになりました」

D：あなたは人々にお手本を示してきたんでしょう？

L：そう、いい例としてね。でもこの男はそれを好ましく思っていません。もし私が何か悪いことを人々に示してきたのなら、どうして紫の光が見えるでしょう？　私は引きずり出されていきます。ふたりの男がそれぞれ私の左右の腕を抱えて進み、両足が床を擦っています。彼らが私の頭を横から殴りました。たぶんたった今、彼らに殴られました。私が気を失って倒れたら、私の上にスカラベと乾燥植物を載せ、身体を包んで、そして箱詰めしたんです！　彼らは私が死んだと思ったのです。私は生き埋めにされました！」

これは彼女にとって耐えがたいことだったので、このまま続行するにあたり、SCは本人が耐えがたいほどの苦しみを見せることは決してないということをたびたび思い出さずにはいられなかった。

これまで多くのセッションでSCは、本人を苦しめないために暴力的な、あるいは残酷な過去世の真実を見せることを拒否している。今回このような耐え難い情報を見せたからには、それが本人にとって知っておくべき重要な要素だったに違いない。これ以上彼女が苦悶しなくて済むよう、私はこのシーンから離れるよう導いた。しかしながら、どうして殺害されたのか、これほどひどい死に方をしなくてはならないとはどんな理由があったのかを解明したかった。「あなたは教師だったのですか?」

L：魔術を教えていました。魔術はいいことです。あの大きな黒猫と関係があります。あの場所で起きました。あの2匹の黒猫と、女性たちが車座になって神殿にいます。私はその女性たちに教えていました。あの紫の光が私に教えてくれたことを、そのまま伝えていたのだと思います。

D：古代の叡智と言いましたね?

L：そうです。あの男たちはそれが気に入らなかったのです。

D：その叡智を女性たちに知ってほしくなかった?（はい）それであなたを殺したんですね?

L：はい。そういうことをしていると、……どうなるかよく見るがいい、と。

D：彼女たちを怖れさせてやめさせたかったのですね。（はい）さて、あなたはもうその身体を離れ、死後の世界にいるので、今終わった人生を違った視点で俯瞰することができます。どの転生にも、その人生を生きる目的があります。この人生からどんなことを学びましたか?

L：私は自分が正しいと思うことを人に教え、その結果、箱詰めにされました。

D：そこから何を学びましたか?

L：どうでしょう。信じるもののために、もっと強気で戦うべきだったとか?

D：たとえ命を落とすことになってもですか？

L：信念を貫いてもっと戦っても、無碍《むげ》に殺されるかしかありません。だったら無意味に死にたくありません。そもそも、どうして戦わなくてはならないのかわかりませんが。

D：この人生の学びはそこだったと思いますか？　信じるもののためなら、ひるんではいけないと？

L：はい。私は最悪のことをされましたから。私の座右の銘は、「ダメでもともと。当たって砕けろ」です。

次の転生へと誘導すると、ロレッタはエネルギー体となって宇宙空間を浮遊していた。ただのエネルギーとなることのこの上ない心地よさを満喫していた。そこはすべてのことから解放され、ただ穏やかに過ごせるところだった。別の場所へと移動するよう促したところ、彼女が見たのはこんな光景だった。「エネルギーが行き交っている様子の他は何も見えません。紫の、濃い紫色、グレー、オレンジの光の塊が行き交っています。ここは光だけの世界。たくさんのエネルギー。いろんな光のエネルギーの世界にいます」

D：そのエネルギーを何らかの形で使うんじゃないの？

L：はい。そのように言われています。いろんな色の光を使うようにとね。どうやって使うんでしょう？　私の目で？　どうやって？　ただ見るだけ、ただ在るだけ？　そんなに簡単なこと？　そうです。簡単なことです。私は自分の目からエネルギーを発信します。集中することを高次の存在が教えてくれています。

D： 集中すると、エネルギーはどこに行くのですか？

L： 私が働きかけている相手に行きます。私は高齢者や、若い人たちともかかわります。道を行き交う人々もそうです。

D： ただ彼らを見るんですか？

ロレッタは明らかに、ボランティアソウル第2波のひとりだった。

L： はい。みんな私のところに話をしに来ますが、なぜ来るのかはわかっていません。それは私が彼らを見るためなんです。

D： 見るだけなら楽な仕事ですね。それをしているという自覚はありましたか？

L： 何となく、最近ですが。目を使って何かをすることが増えました。特に高齢の人たちです。私の目が彼らの関心を引くようです。それで私の話を聞いてくれます。

D： それはロレッタの話ですか？（はい）では、あなたはロレッタの身体に収まったのですか？（はい）

ここで声色が変わり、話し手は自分の船から来たという、別の存在になった。彼らはロレッタがこれからかかわるエネルギーに集中しやすくするために、彼女の身体のヒーリングを始めた。

L：　彼女が人々を見つめると、心であれ身体であれ、状態が改善するのです。彼女は人々を癒やし、当人たちは気づきもしないまま楽になります。彼女自身も知らないまま、これまでずっとそうしてきました。それが彼女の仕事なので、そろそろ気づいていい頃です。これからいろんなところに出かけて、多くの人々と会うことになるでしょう。たとえるなら風のようにね。風はさりげなく、やさしく人々をなでて通り過ぎます。どこへでも導かれるままに行きなさい。ああ、もっと大きなシナリオがありました。別の光の存在と一緒に活動します。この人は金色でとても強い光の持ち主です。幅広い経験に心を開きましょう。世界を拡げましょう。

私は宇宙船についての質問をしてみた。「宇宙船は、なぜロレッタに関心があるのですか？」

L：　こう言っています。「あなたは私の娘。あなたは光の子供。あなたの目を使って仕事をしなさい」

宇宙船についてさらに質問したところ、答えに詰まってしまった。彼女の中に怖れが生じたからだと思われたので、SCを呼び出した。そして、なぜあのような転生を見せたのか、理由を訊ねた。

L：　あれは必ずしも起きなくてもいいことでした。彼らの行いは過ちであり、彼女が同じ経験をする必要もありません。彼女は、真実を話せば必ず罰を受けるものと思い込んでいます。（ここで話し手が入れ替わり、ロレッタの意識が割り込んできた）。私はこれまでの転生で、何度も何度も何度も罰せられてきました。今回の人生では、もうどう受け止めたらいいのかわかりません。

あの人生で起きたことが、現在の人生に悪影響を及ぼさないために、記憶を手放すようたくさんの催眠暗示を与えた。これにはしばらくの時間を要したが、最後に彼女は「見えました。エネルギーが外に出ていきました！」と大声で言った。それから質問に戻り、ＳＣが答えるよう念を押した。

D： 数年前にオクラホマ州エドモンドに住んでいた頃、彼女の部屋に誰かが入ってくるのを見ました。彼女はあの夜何が起きたのか知りたがっています。あれは現実だったのでしょうか？

L： あれは彼女の友達が会いに来たのです。「ちょっとだけ里帰りできるように迎えに来たよ」とね。

D： どこに連れて行ったのですか？

L： 青い星です。木々や草原で覆われた星ですが、宇宙からは青く見えます。町もあります。彼女はそこを黄金都市と呼んでいます。ここの人々はみな楽しい人たちで、久しぶりに故郷に還った彼女の歓迎会をしました。

D： そんな幸せな場所をどうして出たのですか？

L： 助けるためです。宇宙の助けになるために、人間になることを志願しました。

D： どのようなボランティアですか？

L： 人間でいることです。彼女のエネルギーを周囲に拡散することが助けになるからです。

D： あの夜彼女は三角形のようなものを見たそうですが。

L：そうです。白く輝く三角形でした！　宇宙船からのものです。光の線となって宇宙船に帰りました。三角形は船内の天井にあってエネルギーでできています。このエネルギーは彼女がワームホールを、次元を超えるトンネルを通過するのに必要なものでした。

D：それで故郷の星に行ったんですね？

L：はい。三角形はエネルギー源で、白い光でできています。それらは意識を持ったエネルギー体です。私を宇宙船に連れて行き、頭上からは光線が当たっていました。（ここでまたロレッタの意識が介入した）宇宙船は全部が善良だとは思いません。私に何かしようとしているんです。私は服を全部脱がされてすごく冷たい台の上に寝かされたのを覚えています。そして彼らが、寝ている私を取り囲んでいます。

D：彼らが何をしているのか訊いてみてください。

L：「私たちはあなたを助けようとしているのです」だって。何の助けなの？（訊ねている）「あなた方は私と話さなくてはならない。彼らは私の言語を理解しない」私の言語ってどういう意味ですか？私にはわかりますよ。……彼らは私を助けようとしているって言っています。そうは思いませんけど。裸で台の上に寝かせて、助けるなんてあり得ません。どうして私の鼻の穴から脳の中に深く針を刺しているのですか？（怒りながら）あなたにも同じことをしてあげましょうか？

D：ロレッタになぜこのようなことをしているのか説明してください。ちゃんと説明すれば、ロレッタは怖がりませんから。人間には、何をしているのかの説明が必要なのです。

L：脳下垂体を引っ張っているんです。ひねっている、かな？

D：なぜそうする必要があるのですか？

L：大きさが不十分だからです。もっと知識を蓄えるために。
D：以前持っていた知識を取り戻してほしいからですか？
L：そうです。人助けのために。

説明によると、知識を送るのは彼らではなく、どこか別のところから来るらしい。それを受信するにはもっと大きな脳下垂体が必要だとのことだった。このとき彼女が再び怒りを露わにした。「今度は私の膣の中に何かを差し込んでいます！　卵子？　卵子が欲しいの？」

D：どうして彼女の卵子が欲しいのですか？
L：「胚、を、保存する、彼女のため」ですって。私のために卵子を保存するってどういうこと？
D：なぜ、ロレッタのために保存しなくてはならないのですか？
L：別の人生のため。将来の。未来の人生の。
D：来世のために、なぜ現世の卵子が要るのですか？
L：現世の生物学的情報が重要だからです。
D：どういう意味ですか？　来世には自分の卵子がつくれなくなるんですか？
L：現世のようにはできなくなります。
D：何が違うんですか？
L：いろんなことが変化しています。突然変異や変形が起きるので。
D：今変異が起きているのですか？　それともこれからですか？

L：今です。変化は今起きています。もう以前とは違う卵子です。

D：卵子が変化しているんですか？（はい）それで保存したいんですね？

L：そうです。もうこの状態はこの先再現されないかもしれません。

D：変化とは、良くなっているのですか？　それとも悪いほうにですか？

L：良し悪しではなく、違うだけです。未来に使うときが来ます。

D：つまり未来には、このような形の卵子はなくなるんですか？

L：その通りです。

D：何が卵子の変化を引き起こしているのですか？

L：波動です。

D：波動が身体を変化させているのは承知しています。（はい）そして卵子にも影響を与えているんですね？

L：そうです。ＤＮＡが変化しているので。

D：彼女は子供を産めませんが、それによって何か影響がありますか？

L：現世で彼女は子供を持ちません。

D：それでも卵子は有効だと？

L：そのはずです。

D：それで卵子を採取して保存したいと、そういうことですか？（はい）その卵子は来世の彼女の身体に戻すんですか？（はい）卵子に何か悪い影響はありませんか？

L：悪いわけではありませんが、異なる環境になります。今は本当に周波数が高い時期なので、変化が促進されています。卵子もより大きな力を内包しています。
D：　来世で卵子は今ほど高い周波数に恵まれないということですね？
L：　彼女の場合はそうです。彼女は来世で卵子をつくらなくなるので。
D：　それは来世の全員に言えることですか？　それとも彼女だけのこと？
L：　現時点でははっきりしません。彼女については確かです。来世ではまた別の任務があり、子供も今の地球とは違うプロセスを辿るようになります。ですから自分の卵子を採取して保存しておいて、将来新しいプロセスで使えるように備えるのです。
D：　そのときが来れば、彼女も納得しますか？
L：　はい。理解するでしょう。そのときが来れば。
D：　来世でも彼女は肉体に収まりますか？
L：　たぶん違うでしょう。
D：　その卵子は人間の誕生に使われるのですか？
L：　人間ではなく、新たなハイブリッド種をつくります。非常に波動の高い混血種となるでしょう。新生地球仕様の新種です！
D：　とても重要な出来事のようですね。
L：　そうです。このようなことを専門にしているチームがあり、彼女はそのチームの一員なのです。
SCからのラストメッセージ：　あなたを愛しなさい。あなた自身を愛しなさい。私たちはあなたを愛しています。

第30章

情報の嵐

イヴリンは終末期患者病棟で働く看護師で、仕事に情熱と喜びを持って取り組んでいた。彼女にはUFO体験らしきものがあり、それを確認するためセッションにやってきた。記憶によるとETが自宅の部屋に入ってきたこと、そして保育器《インキュベーター》に入っているETや仮死状態のETを見たことなど、論理的に説明できない出来事があった。彼女が変性意識に入ると、私は問題の出来事が起きた日の夜、ベッドに入る前の時間へと誘導した（いわゆる〝裏口メソッド〟）。

彼女は自分の狭いアパートメントの一室の様子を説明し、ペットの仔犬と仔猫が自分の大きなベッドで一緒に寝るのが好きだと話した。「ワンちゃん（コッカスパニエルとトイプードルのミックス）はシェルターから引き取った子で、ねこちゃんは野良猫でした。うちに来て数年経ちますが、この仔たちはいい家を見つけました。溺愛されています」その晩彼女は寝つきが悪く、真夜中を過ぎても眠れなかった。そのときいつもとは違うことが起こった。「天井から何かの人影が降りてきました。とてもびっくりしています。ペットたちにも見えているけど、どうすることもできないみたいです」私は降りてきたものについて訊ねた。どうやらそこにはふたりいた。「ふたりには長い腕、人間みたいな腕があって、服は、黒いスーツに、黒いシャツ、黒い靴よ」

ドロレス（以下D）：　薄暗い部屋に溶け込んでいるみたいですね？　顔は見えますか？

イヴリン（以下E）：　ほとんど人間に近いけど、違います。人間みたいな大きな丸い黒い瞳。でも人間の目はこんなに大きくない。仮面のように無表情で、何も言わない。笑わない。怒ってもいないみたい。何の特徴もない、ただの顔……短くて濃い色の髪。

D：　何か起きましたか？

E：　私の腕、右腕を引っ張りました。でも掴んだところが悪かったのか、痛いです。（私はすぐに身体の痛みに影響されないという暗示を与えた）すごい力。この人とても力が強いです。私の腕を引っ張っています。もうひとりはより慎重なタイプでしょうか。私の腕を引っ張って、体重があるのに、私たちは屋根を通り抜けて空へと上がっていきました。

D：　すごい力ですね。

E：　腕力は要らないんです。もっと違う原理、重力でしょうか。彼らは重力をコントロールできるんです。

D：　天井から屋根を突き抜けるってどんな感じがしましたか？

E：　おかしな感じです。通り抜ける間、屋根と一体になるんです。屋根を作っている素材全部を感じるんですが、気泡でできているみたいでした。天井も屋根も違う物質のようでした。バーチャルリアリティの絵のような。

『人類の保護者』でも似たような事例をいくつか挙げている。室内から屋根の上に飛び出すというのは、初めは人々を当惑させた。これは人の分子構造を分解し、通過する物質の分子構造に一致させることで可能になるとＥＴが説明した。この手のケースが起こるとき、いつでも通過する人間の両脇にはふたりのＥＴがいて補助している。固体の障害物をすり抜けて人間を宇宙船へと誘導する際は、この態勢が不可欠なようだ。

Ｅ：驚いた。屋根を簡単にすり抜けて、家の上空から建物を見下ろしています。あっという間の出来事で、何が何だかわかりません。

Ｄ：どこに向かっているかわかりますか？

Ｅ：いいえ。どんどん空の上に向かっているけどその先は見えません。すごいスピードを感じます。

Ｄ：さて、次は何が見えるでしょうか？

Ｅ：部屋です。暗いです。照明が点いているけど、暗くて窓もない。ドアもない。

Ｄ：さっきのふたりはまだ一緒にいますか？

Ｅ：はい。私のすぐ後ろにいます。これは現実じゃないです。

Ｄ：どういう意味？

Ｅ：これは船、宇宙船で、私の後ろにいるふたりは人間じゃない。だから頭では、誰かが私をちょっとしたドライブに連れ出したんだと考えています。

Ｄ：どうしてそこが宇宙船だと思ったんですか？

Ｅ：どうしてって？　わかるんです。

D：次は何が見えますか？

E：何も。ただそこに立っていて、何かを待っています。

どれくらい待たされるのか見当もつかなかったので、待っている対象が現れたところまで時間を進めた。そこで彼女は長い廊下に光が差し、誰かがこちらに向かって歩いてくることに気づいた。「この人はとても背が高くて、とても感じのいい人。でも見たことがないタイプです。顔の輪郭は洋ナシ型、髪はなくて顎もない。すごく知的な雰囲気です。何かのリーダーという感じ。肌は人間と全然違っていて、硬い皮膚、服や靴は何も身につけていません」

D：硬い皮膚とは、どんな感じですか？

E：人間には毛穴があって呼吸のようなことをするけれど、そういうことがない。でも柔らかい。とっても柔らかくて薄い皮膚です。すごく長い指です。

D：指は何本？

E：4本。全部同じ長さです。親指もあるようですが、人間のような付き方ではなくもっと他の指に近いところにあります。

D：目や鼻や口はどんなですか？

E：あるけど使わないみたい。機能していない、つまり鼻で呼吸していない。口で飲食をしないから舌や歯もありません。顔のパーツはただの飾り（？）のようです。

D：目はどうですか？

E：アーモンド型の切れ長の、とてもきれいな目をしています。見たことのない目の色で、私の目に似ていて、緑がかったブルー、私と同じです。でも彼は見るために目を使っていません。彼の知覚はすべて意識がやっているのです。とても感度がよくて、やさしい目ですが、見るためのものではありません。

イヴリンは突然咳き込み始め、なかなか収まらなかった。それでセッションが中断しないよう、症状が収まるための催眠暗示を与えた。

E：彼が私の肺について何か言っています。汚染されて、すごく汚れていると。

D：彼はあなたの肺が見えるのですか？

E：はい。意識の目で。

D：身体の中が見えるのですか？

E：見る必要はなくて、ただ感じようとするだけで、そこで何が起きているかがわかります。

D：肺を治すために何かしてくれるのですか？　それが彼の仕事ですか？

E：彼はたくさんのことをします。何でもできるんです。地球の環境はどこも汚れ切っていると言っています。

イヴリンの咳が収まらなかったので、私は鎮める暗示を加えた。

E：　地球の環境汚染はもう限界にまで来ているから、浄化が必要だと言っています。気象の力で、貿易風や偏西風を吹かせて汚染をすべて吹き飛ばす必要があると。

D：　それできれいになるのですか？

E：　何だって不可能ではないでしょう。彼は私が理解できるように言葉で説明してくれています。大きな風に何らかの要素、エネルギーを混ぜて地球の表面を、時計回りに吹かせると暗い、灰色の毒素を持ち去っていくのですって。汚染は大気汚染だけじゃなくて、人体にもあるんです。人が負の感情を持つと、それも地球を汚し、大気汚染へとつながります。すべてがつながっている様子を今、彼が見せてくれました。

D：　そんなに強い風を吹かせたら、人間生活にも影響しませんか？

この辺りから、イヴリンという傍観者が情報源の〝彼〟から聞き取り、説明をするという方式ではなくなっている。いつものことだが、クライアントの潜在意識の向こう側の存在が直接私の質問に答えるようになる。SCが使いそうな言葉を使い始めたので、その〝彼〟とはSCかもしれない。いずれにしても、会話からイヴリンは消えていた。こうなれば、クライアントの意識のフィルターの影響を受けることなく、ストレートに情報を引き出せる。

E：　エネルギーの粒子が風に組み込まれて空気の流れが合成されるので、人間に危害を与えるような暴風にはなりません。何万何千という種類のエネルギー粒子が使われ、ただ空気を浄化するにとどまらず、波動の調整もします。この風はエネルギー波のように人の身体も通過しますし、山や川、そこに住む動物たちなどすべてを通り抜けるので、ただの風ではありません。何百という構成要素があって、私には理解できないだろうと彼は言っています。

D：では、大きな風というのは、台風やハリケーンのような風とは違うんですね？

E：強い風には違いありませんが、中身が違います。エネルギーを含んだ大きな風が地球全体を巡るのです。

D：強い風と言うと、私たちはいつでも破壊力を連想してしまいます。

E：これは風、霧を含んだ風が地球の表面を時計回りに循環するというモデルです。強風ではありますが、ハリケーンのような被害をもたらしません。霧のような、きれいなエネルギーでできた風で、中和する力があります。悪いエネルギーや毒物、苦しみ、絶望、金銭トラブルなどの毒気を抜く中和力です。この風が地球を吹き渡ると、そこの人々は過去に起きたことを忘れます。記憶喪失を起こします。風に含まれる粒子がいろんな作用を起こすのです。

D：過去を忘れるとはどういうことですか？

E：新しいスタートを切るということです。

D：それまでかかわっていたことを忘れるのですか？

E：いいえ。それまでにあったものはそのままですが、見方が変わります。意識が変わるので、違った視点、違った解釈を始めるのです。地球の浄化にはこれしか方法がありません。それくらい酷いダメージを受けています。

D：風の影響は、地球上のすべての人に及びますか？

E：もちろん、地球丸ごとです。そうでなくてはならない。半分だけ変えるなどというのでは意味がありませんから。

D：地球には負の要素にどっぷりはまった人たちもいます。

E：関係ありません。彼らも成長します。風の起こす記憶喪失によって悪いことを忘れていくので、いい方向に前進するしかなくなり、そこには光と愛がたくさん生まれます。悪い時代に終止符を打ち、新しい時代の1ページが開かれます。あなた方のしでかした過去については疑いの余地がありません。たくさんの人々が、このことを待ち望んできました。そろそろ来ると予感していたのです。

D：人々は、過去を手放すときが来たと悟っていると？

E：はい。導きの光、宇宙の助けを生かして前進しようとしています。

D：それは、人間の自由意思に抵触しませんか？

E：いいえ、時間というものは存在しなくなりますから、この時代を終わりにするだけです。そして新しい場所に行ったら、そこで新たなスタートを切るのです。時間軸で見たいのなら、延期すればいいでしょう。

D：あの、人間の自由意思についてですが、これはとても重要だと思っていました。誰も地球人の自由意思を損なってはいけないと。

E：あなたの言い分はわかりますが、また別の機会に説明しましょう。今日のところは、優先順位の問題だと思ってください。優先順位……あ、これは例がよくないですね。私たちはひとつです。私たちは神で、エネルギーです。あなた方は何百万年という長い時間をかけて、地球でのゲームを続けてきました。赤ちゃん用のサークルの中であなた方が自分のゲームで遊ぶ様子を、上からずっと見守ってきました。しかし、あなた方はサークルの中の環境を汚し始めました。私たちはその悪の種が拡がり、成長過程にある他の種族に悪影響が及ばないようにしたいのです。

D：他の種族とは、別の惑星の住人のことですか？

E：他の惑星の、他の種族です。砂場で遊びながら成長の機会を待っている種族がいます。

D：私たちはみなそれぞれ、異なる学びのステージにいるのではないですか？

E：何を学ぶかは自分が決めるのです。でもあなたにはわかっています。もうこれ以上学ぶことなどないということを。あなた方は神ですから。あなた方は元々光の存在で、全知全能なのです。私たちもみな全員が。

D：でも地球に降りてくるとすべてを忘れることになっていますよね？

E：それはあなた方が自分のサークルの中で自由意思を発動して遊ぶことを選択したからです。あなた方は何でも思い通りにできるので、実は介入でも何でもありません。あなた方が神と一体の存在なら、介入ではなく、ただの選択です。人間たちがサークルで遊び、私たちはそれを見守り、子供同士がよくやるようにお互いを傷つけたりしないように配慮しています。サークル内の状態が手に負えないレベルに達したので、あなた方の時間をちょっと止めて、遊び場の掃除をしているというだけの話。いったんすべてを止めて延期しているということです。

D：その後新しい時間が動き始めたら、古い地球に何が起こりますか？　風についてはすでに聞きましたが、他にも何か起こりますか？

E：水が、水位が上がります。堤防が破れ、大海に津波が起こります。風が地球を覆っている大気をきれいにするだけではありません。表面だけでなく、地球内部も含めて地球丸ごと浄化するのです。

D：地球の地底にもいくつか都市があるそうですね？

E：　はい。彼らの遊び場も浄化が必要です。だからさっさとやりましょう。地底の住人たちも善人ばかりじゃありませんから、地上の人間よりもっと悪いことをしている連中もいます。だから地球の内側も外側も全部きれいにしましょう。これが起きると人類は全滅すると思うかもしれませんが、そうはなりません。この大きな風が運ぶ周波数が根こそぎ地球の波動を変えるのです。

D：　水が浄化に使われるのかと思っていました。

E：　あなた方の砂場の掃除には、水よりずっと大きな力が必要です。地球にあるものはすべて、ひとつ残らず変わります。詳しいことは残念ながらお話しできませんが、今あなた方が経験している地球はすべて、様変わりするのです。私たちはあなた方の遊び場で実際に遊んだことがないので、知識としてだけ知っています。私たちはそれを選択しませんでしたが、多くの人たちが選択したことについては問題ありません。私たちは光の領域にいるので、遊び場を選択したことは一度もありませんが、だからと言って地球やその他の星で何が起きているか把握していないわけではありません。地球の波動はこれから上昇します。私たちほど高いレベルには届きませんが、それでもかなりの進化となるでしょう。周波数は今、変化しているのです。ラジオ波の周波数のようなエネルギーです。

D：　肉体を持ったままの変化は可能ですか？

E：　ほとんどの人は可能です。ただ、少しの変化は起こるでしょう。変化は光とともに、そして食糧から入ってきます。地球の人々はもっと環境や自分の身体と調和した生き方をするようになります。この身体を持つことの意味は、地球で行われているゲームをするためのツールだということを理解するようになるでしょう。そして、各自が取り組んでいる人生というゲームがうまくいくように、身体の仕様を整えるように導かれます。あなた方は今よりも自分の身体に意識を向けるようになり、心にも注意を払い、自分のゲームにもっと真剣に向き合うようになるでしょう。

D： 身体が少し変化するとは、どういうことですか？

E： これまでの密度の濃い物質から波動に近づくので、より身軽で、弾むように感じるでしょう。

D： これまでのように食事を摂りますか？

E： そうですね。動物を殺して食べるのをやめるでしょう。生き物の波動を食事で摂り込むと、非常に具合が悪くなるからです。食べるものは密度の濃い固体から、より液体に近いものに変化します。食物を生産する際は、大量生産ではなく質の良いものを愛情を持って育てるようになります。自分で木を植え、果実を育てると、その木や果実の波動は高くなります。食物の波動が上がると、食べる量は逆に少なくなるのです。

D： そして、そのうち食べなくてもよくなりますか？

E： まったく食べないわけではありません。生きていくために、少量の液体の食物を摂るようになり、固形物はあまり摂らなくなるでしょう。自分で育てる植物には固有の波動が生まれます。あなたが土に植え、根が生えたものには、あなたの手や思考が持つ波動が植物に移り、波動が上がるのです。

セッション前の面談でイヴリンは、食事を摂ると吐き気が起こると話し、その理由を知りたがっていた。理由はこれかもしれない。「彼女は自分の波動を急激に上げ過ぎています。とても頑固な人なので、食事をすると具合が悪くなるのです」

D： なぜ、そういうことが起こるのですか？

E：彼女は自分の波動を急激に上げようとしているため、潜在意識の情報に身体がついていけなくて吐き気が起こっています。理由は私たちにも不明で、身体を潜在意識の持つ波動に同調させることができません。どういう訳か、高い波動を物質に結晶化できないのです。私たちは彼女の元々持っている非常に高い波動を、物質である身体に結晶化させることができずにいました。思考を観察すると、彼女は食べることが好きで、好きなことを犠牲にしたくないのだとわかりました。しかし、そこは改める必要があります。

D：でも、生きるためには食べなくてはなりませんが。

E：良質の液状の食事を摂れば生きられます。高い波動が身体の一部として結晶化するには、純粋なものが必要です。身体の波動を上げるためには、結晶化と解毒が必要なのです。その過程にはスピードが求められます。身体を整えているうちにどんどん地球の毒を取り込んでしまうので、1歩進んでは2歩下がるという具合でうまくいきません。私たちは肉体の調整についてて他にもいろいろ取り組んでいます。

D：つまり、彼女が抵抗していることが原因なのですか？

E：自分が何をすべきかがわからないことへの悲しみ、そして抵抗もあります。

D：悲しみの原因は何ですか？

E：地球にいるという孤独です。とてつもない寂寥感があります。彼女が故郷の星に還りたい気持ちは私たちも理解しています。彼女は非常につらい気持ち、取り残されたような寂しさを感じています。

D：彼女はこれまでにもつらい思いをしてきたので、もう傷つきたくないのです。

E：いいですか。問題は思考です。考え方です。彼女のもうひとつの意識、私たちと同レベルの高次の意識では自分が誰かをわかっています。自分がどんな存在か知っています。

D：人間は、本当の自分のことなどについて顕在意識のレベルで理解できません。

E：なぜ1から10まで言葉で説明しなくてはならないのか、私たちには理解できません。

D：私はわかりますよ。私はあなた方との経験が豊富なので。人間は理解するのに時間がかかります。

E：そうですね。でも、私たちは全知全能で最高評議会と一体なので、神の光はまぶしすぎてあなた方は目がつぶれてしまうことでしょう。これは単なる比喩的表現ですが。そもそも私は肉体が嫌いでした。手の指とか、持ったことがないのです。わかりますか？　だから、ある意味で私たちは、あなた方のことをよく理解できません。もし、あなたが宇宙の故郷から来たのなら、どこから来たのかを知らないはずがないですよね？　彼女はわかっている、けれどもわかっていない。それはいったいどういう意味ですか？　わかっていると同時にわかっていないなんてことがどうして可能なのでしょうか？　もし、目隠しか何かで目が覆われているのなら、その覆いを外せばいいんじゃないですか？　あなた方の意識はソースとつながっていないのですね？　それはわかりますが、自分が誰なのか、何をしに来たのかをわかっていながら、どうしてわざわざ質問する必要があるのでしょうか……？

この先イヴリンは辻褄の合わないことを滔々と話し始めたので、割愛した。私はセッションで解決するべきテーマに話を戻した。

E：彼女の悲しみに話を戻しましょう。彼女は顕在意識を全部取り除く必要があります。なくても機能できますから。いいえ、違いました。あなた方の場合、言葉で会話し、数を数え、車を運転するのは顕在意識の仕事でしたね（笑）。

D：この世界で生きていくには、顕在意識が不可欠です。

E：はい。それも学びました。お互いに知らないことは教え合いましょうね。要するに彼女をこちらの次元に少し寄せて、もっと多くのことを見て、理解してもらいたいのです。そうすれば顕在意識の不安や孤独が収まり、私たちは彼女と周波数の交換をして、彼女の波動をもっと高くできるのです。

D：セッションで最初に確認したあの夜初めてあなたと出会い、彼女にとって初めての宇宙船訪問だったと認識しています。（イヴリンが笑う）これまでの経験上、おそらくあれは初めてではなかったんですよね？（ふたりで笑う）あの夜、イヴリンはどうして連れ出されたのですか？

E：顕在意識レベルでもわかってもらうためです。だから彼女は、あの夜のことを子細に記憶しているのです。初めて意識にのぼり、好奇心からもっと深く知りたいと思ってもらうためです。このことは、「あ、そうなんだ。まあいいか」とスルーしてほしくなかったので。

D：好奇心をくすぐられたのですね。他には何が起こりましたか？

E：あのときしたことは、彼女の頭のてっぺんを取り除いた、もちろん比喩的に言っています。物理的に頭を切断したりしませんから（笑）。

D：（笑）ええ、わかっています。

E：それは、彼女が光を十分に受けとめられるようにするためでした。彼女は何でも言葉で理解しようとしますが、私たちは50万年もかけて全部言葉にするほど暇ではありません。言葉で表現するのはそれくらい無理筋なのです。宇宙にはそんな時間はありません。そういう手間は不毛なだけです。

D：そうですね。言葉は非効率なコミュニケーション手段だと何度も聞かされました。

E：私たちは言葉などという鬱陶しいものを使いません。いつか彼女は光を思い出すでしょう。

D：どうして思い出してほしかったのですか？

E：光のことですか？　それが彼女の故郷、出身だからです。それはいつでもそこにあるのですが、覆い隠されています。私たちは彼女に、完全に思い出してほしいのです。言葉で理解するのではなく、丸ごと理解してほしいのです。全知全能の世界には時間が存在しないので、彼女は失った時間の記憶を理解できなかったのです。完全なる叡智を思い出せれば、もう不安も疑問も起こりません。「これは真実か否か？」ではなく、ただそうであるということ。説明など不要なのです。神は光で、エネルギーです。あなた方の言うところの神ですが。これは言葉では言い表せません。

D：今回、顕在意識に刻まれたことは今後の彼女の人生に役立つと思いますか？

E：はい。彼女が高次のエネルギーを顕在意識レベルで受け止めると、それを周りに拡散していくでしょう。ほら、これもあの大風の一部なのです。彼女が広める叡智とエネルギーの粒子は大風の構成要素です。身体が木っ端みじんに炸裂して無数の細かい欠片になるという意味ではありません。エネルギーが、身体からではなく意識から放出されて、あの風の一部となるのです。完全なる叡智の拡散は主として第3の目から発信されます。今、私が見ているものを受け止めてみてください。受け取りましたか？（何をですか？）何もありません。言葉でも想念でもない。まったくの無、であると同時にすべてです。その叡智を外に発信すれば、その無限の叡智、すなわち無というものが風の一部になります。

D：でも、あなたはその宇宙船の中に存在しているのですよね？

E：あの緑がかったブルーの目のですか？　（いいえ）。

D：私はいったい誰と話しているのでしょう？

E：私は本来形としての身体を持たない光の存在ですが、便宜上一時的にそのブルーアイのETでした。私が見えたとしたら、それは私が投影したイメージです。映画みたいな実体のないものですね。単にあなた方にわかってもらうための便宜上の姿であって、本当の私ではありません。人間に気づいてもらうには形が必要ですから。そうすれば、あなたに「背の高い男性が見えます」などと言えるでしょう。「光があります」と言っても誰にもわかってもらえません。

D：私は長くこの仕事をしているので、わかりますよ。

E：普通の人にはわかりません。彼らは短絡的で忍耐力がありません。イヴリンも同じです。でも今回、全知全能を見せられたので、それを他の人にも広めていけるし、彼女の身体が背負っている負荷にもいいでしょう。彼女が背負っている負の感情や忍耐不足、イライラなどの負荷はすべて解消可能な障害物です。彼女はそれらを意図的に手放す必要があります。バランスを取り戻す必要があるからです。悲しみ、でしたっけ？　何という言葉だったかわかりませんが、彼女が真実を理解すればするほど、周りの地球人との距離が拡がります。ものの道理がわかればわかるほど、それを言葉によって表現するのが難しくなります。周りの人々にますます伝わらないので余計イライラが募るでしょう。あなた方はみなソースの光から来ている魂たちなのに、どうして光がわからないのでしょう？　どうして忘れられるでしょう？　どうしてあなた方はそんなに、〇〇なんでしょう。Sから始まるその言葉（stupidとささやく。馬鹿、間抜け、という意味）を言いたくありませんが。どうして、わからないのでしょう？　あなた方の中に、無償で純粋な愛と善なるものをもたらす力があることに、なぜ気づかないのでしょうか？　彼女は完全な、光の存在になることを求めているわけではありません。ほんのわずかな光でもみんなが持つことができれば、それが善なるものを引き出すスイッチになると思っているのです。そのスイッチを押す力を彼女は持っていますが、それと同時に（忍耐力と理解力が欠落しているため）自分を傷つけてしまうのです。彼らにはそれが理解できません。彼女も顕在意識では理解していません。どちらがいいのでしょうね？　知っているのと知らないのとでは？　私たちは、どうバランスをとるのがいいのでしょう？　ところであなたは、どうして私に身体がないことがわかるんですか？

D：私は、あなたのように身体を持たない光の存在と多く会話してきたからです。その多くは、人間が彼らだとわかるように、それらしい姿を投影して見せていました。

E：ええ、まったくその通りです。私たちも、地球にいて光の存在たちと共同作業をしている人たちのことを知っています。とにかく説明が大変なんです。でも、私たちは人間に認識してもらうために身体のイメージをあれこれ投影するので、私たちにはそれぞれ何百という身体があるんですよ（笑）。紛らわしいことですね。あなたにはいいジョークかもしれません。

D：地球の人々は、宇宙人と聞くと必ず邪悪なものだと捉えますが、それが間違いだということを私は知っています。

E：私たちは邪悪がどんなものかすら知りません（笑）。意味すらわかりません。

D：あなた方のことを理解できない人は、あなた方を悪く言います。

E：それはその人には光が見えず、怖れているからでしょう。私たちはその怖れも吹き飛ばそうとしています。少なくともその大半を網にかけて掬い取ろうとしています。

D： イヴリンは今後、あなた方ともっと頻繁に連絡を取り合えるか知りたがっています。

E： そうですね。それも彼女の寂しさの理由のひとつですから。私たちはいつでもつながっていますす。どう説明したらいいかわかりませんが、私たちがみなつながっているのはご存知でしょう？　地球に降りた最初の1日から、赤ちゃんとして誕生し、この人生が始まる直前から私たちとのつながりはありました。ですから今後はもっと頻繁に光を見せていきましょう。今のように明るく光がいっぱいの場所が、彼女にとって唯一落ち着ける場所なのです。世俗的な活動の中に安らげる場所はありません。これまでも、私たちが彼女と光で完全につながったとき以外に、何ひとつ心が動くことはありませんでした。

D： 彼女は幼少期につらいことが続いたので、本来の姿を忘れて人間になってしまっても仕方ありません。

E： そうでした。彼女は生きていくだけで精一杯でした。彼女の環境を整えるのに私たちもいろいろ働いたので、忙しかったんです。私たちには光を広め、気付きのスイッチを押す仕事がありました。そしてあなたが言うように自由意思の問題もありましたから、ついてくる人、来ない人がありました。彼女がつらいとき、私たちはいつでもそばにいましたが、彼女は気づいていませんでした。それで彼女を故郷の星に連れ帰ったのです。そして彼女は、一歩一歩前進できるようになった。おかげでいわゆる〝自己破壊〟は起きませんでした。魂が破壊されることはありませんが、物理的な肉体の破壊は回避されました。本当は禁じ手ですが、彼女は私たちと故郷に還っていたのです。

D： 彼女のもうひとつの質問です。時折聞こえる音は何でしょうか？

E：私たちは身体の波動を上げるために調整をしています。あれは調律しているときの音です。うまく説明できませんが、物理的なチップではない埋め込みがあります。少しずつ身体の波動が変化していることに彼女も気づいてほしいですね。

D：イヴリンは瞑想をすると宇宙船のビジョンが現れ、自分が船内の保育器《インキュベーター》の中にいるのが見えたことが何度かあったそうです。これは何でしょうか？

E：あれは彼女の肉体です。私たちは3次元の身体を分子、原子、素粒子レベルで整えるだけでなく、毎回周波数調整もやっています。楽器の調律やチューニングのようなものです。

D：つまりそのときイヴリンの肉体の調律をしていたということですか？

E：はい。肉体も調律が必要です。チューニング機材は物理的に肉体のヒーリングをするだけでなく、彼女の魂が故郷に還り、私たちとともに光の中で過ごす間の身体の手当てをします。魂が身体から抜けると、身体は複数の次元に同時に存在します。肉体が透明になるわけではないので、厳密には高次元にはいませんが、ホログラフィックな特性を帯びるのです。その身体にある光を当てると、ホログラフ画像がその光をキャッチして、機械のチューニングをするように整うのです。

D：彼女はときどき目覚めると、何かの容れ物に入れられているビジョンが見えるそうです。

E：それは私たちが彼女に許した知覚、つまり顕在意識にのぼっていい事柄のひとつです。そうすれば「私は頭がおかしいわけじゃない」と言えるので。身体が箱に入っているのを見たんだから、とね。それはチューニング機材や光なんかで作ったホログラフィック画像ですが。でも同時に彼女は光の故郷に還り、完全に癒やされることができるので、地球に戻ればすべてが新鮮に、それまでと違って完璧になるんです。何も変わっていませんが、以前と捉え方が変化するので、耐え難いものはなくなります。

D：他にも何千という人たちがそれぞれ箱の中に入れられているビジョンを見たそうです。イヴリンと同じようなことが、他のたくさんの人にも起きているということでしょうか？

E：何千どころか、何百万という単位です。たくさんの人々の協力が必要なので、協力者たちを再生したり新たに生み出したりしているのです。全員が彼女のような存在ではありません。他にも肉体を持つ存在、持たない存在を、分け隔てなく多数動員しています。私たちはみんなでひとつなのですから、ひとりでも多くの人々がより高い波動の魂として生き延び、光を広める活動に参加できるように、肉体の調整も可能な限り大勢に及んでいるのです。

D：それでも全員がそうなるわけではないですね？

E：全員ではないです。でも、かなりいい線行っています。かなり大きな成果が出ています。これは共同作業ですからね。地球で暮らす身体の調整をするにはまずホログラフの身体を変えていかなくてはなりません。それ以外の方法はうまくいかないのです。肉体は私たちより低い周波数帯のものですが、低すぎるわけではありません。わかりにくいですね？（はい）何しろ彼らにはフィルムの上にフィルムを重ねるような感じで人間の身体を投影し、つくることができます。その身体を宇宙船に持って行って、保育器に入れるんです。人間の身体はホログラフ画像で、中には光の存在が入っていると考えてみてください。

D：身体から生命力の源である魂が抜けてしまったら、身体は劣化の一途をたどるのではないですか？

E：いいえ。彼女が地球で使っているのはホログラフでできた身体で、私たちはそのホログラフィックな身体を調整しているのです。

D： 私たちが〝死〟と呼んでいるものは、生命エネルギーが身体から離れたときに起こり、その後身体は腐敗が始まります。

E： ホログラフ画像も劣化しますよ。意識が思考パターンを形成・維持できなくなるためです。

この他にも自分の肉体の他にETの身体があり、それが何らかの筒や箱に入れられ、調整されているのを見たというケースをいくつか知っている（別の著書にも紹介されている）。それによると、冒険の旅で地球に行き、人間の身体で暮らしている間、その魂の別の姿であるETの身体は故郷の星や宇宙船にあり、冬眠状態で保管されているというケースがあった。地球での期限付きの冒険が終わって魂が宇宙船に戻ってきたら、その先の人生を生きる際に使われる身体として保管されている。変性意識状態で筒の中に寝ている身体を見て、それが自分のものだと言ったクライアントは枚挙にいとまがない。

地球の危機を救うために地球行きを決めた魂（ET）たちでも、地球にとどまることを好まない。なぜなら、宇宙船での生活水準が地球とは桁違いに進んでいて、ずっと暮らしやすいからだ。しかも地球は彼らにとって、せわしなく落ち着かないところだ。そしてもっと大きな理由は、地球に長くとどまることでカルマを蓄積したくないということ。カルマができると、地球の輪廻に取り込まれ、故郷に還れなくなるからだ。これは現実として非常に重いリスクなので、地球に囚われて二度と故郷に還れなくなるかもしれないという危険を顧みず、高度に進化した故郷を離れて地球に降りてくるボランティアソウルは極めて勇敢な魂だと言える。

それを思えば、地球に降りた魂が人間として生まれるにあたり、母子ともにエネルギー調整が不可欠な理由が理解できるだろう。降りてきた魂の強いエネルギー全部を身体が受け止めきれない場合は、その魂のごく一部だけが肉体に収まって誕生するという場合もある。なかにはエネルギーが強すぎて胎児が耐え切れず、流産に至ることもある。エネルギーの一部が収まって誕生した場合、子供の成長に伴い、残りのエネルギーが合流することになる。こうして地球での仕事を終えるまで、その魂の一部は故郷で冬眠状態にして監視されている。筒状の保育器《インキュベーター》の中で、眠る身体がへその緒のようなコードで生命維持されている様子を見たクライアントもいた。

私たちの魂は、身体とへその緒のようなコードで結ばれている。これは肉体が死ぬと切れる。過去、現在、未来が同時に存在するという前提でいくと、私たちは同時にたくさんの身体を持つことになる。そうであるなら、私たちの魂は同時にたくさんの身体とのへその緒を持ち、そのすべてが故郷の星に眠る〝本体〟とつながっていることになる。私の著書の中で、魂の本体をタコの頭になぞらえて、無数の足が四方八方に延びている様子で表現したくだりがあった。宇宙船に残っているETの身体は、遠征中の魂が帰還したときのために保存されているものだ。維持管理の一環として、時折点滅する光（エネルギー）が保育器の筒を通っていくのを見かけることもある。これは冬眠状態のETの身体が持っている能力を、地球時間を生きるもうひとりの自分に送信する方法でもある。

また別のパターンとして、地球で人間となって活動する間、本体は冬眠せずに宇宙船内で仕事をしているというケースもある。この場合の魂は、宇宙船と地球というふたつの場所で同時に生きている。これはひとつの魂が過去、現在、未来の3つの世界を同時に生きているという概念と矛盾しない。ただし、それぞれの人生を生きている魂の一片は、他の魂の一片たちの動向を知り得ない。地球で生きている一片はまったく気づかないが、他の魂の一片たちはより高次でこの過程を理解しているため、生きていくうちに全体像を把握していくようだ。宇宙のなかで地球だけが特異的に他と異なり、このような概念が理解しにくいため、地球で暮らす魂（の一片）にとっては知らないほうが良いとされている。しかしこのギャップが少しずつ埋まっていくにつれ、ＳＣが許容範囲と判断したところから知識が人間と共有されるようになってきている。読者諸氏もついてきていることを願いたい。

さて、イヴリンの問題に戻ろう。イヴリンは幼少期から深刻な頭痛に悩まされてきた。今話している相手は地球に生きる身体はホログラフィックなもので、そもそも現実ではないと考えているので、こちらの話を伝えても理解することが困難だった。私はこの相手に、身体の諸問題はイヴリンを悩ませているという意味で現実であり、解決すべき問題なので、可能な限り軽減したいと説明した。この相手は基本中の基本に立ち返り、相互理解の土壌を作らなくてはならなかった。

Ｅ：　これはたとえるなら、小さな瓶にとても入りきれないほどの量を注ぎ込み、あふれているのになお入れようとしているようなものです。こちらの大きなエネルギーをあなた方に合わせて小さくするというのは、なかなか一筋縄ではいかないことなのです。エネルギーを小さくするという意味がわかりますか？（はい）私たちは光で、それをどうして小さく縮めなくてはならないのでしょうか？技術的に光を拡大するほうがずっと容易く、縮めて小さくするほうが難しいのです。

Ｄ：　その問題は血圧の原因となりますか？

Ｅ：　まったくその通りです。最近の波動の問題が高血圧の主たる原因です。彼女の身体の問題を解決するには、もっと調整が必要です。身体を精査して、高い周波数に上げて行かなくてはなりません。

意味がわかりますか？

D：彼女が宇宙船にいる間にできますか？

E：それが通常のやり方です。今、身体のホログラフィー画像を見ています。脳の左側に圧力がかかっています。心臓とすべての臓器を結ぶ動脈と静脈の波動のパターンを改善しなくてはならないようです。それが私たちのやり方です。

D：身体にダメージはありませんか？

E：ダメージはありません。ホログラフィー画像と、その下の画像イメージのバランスをとると、全身が整っていくことが多いのです。

D：それで圧力が取れるのですか？

E：質、量ともにあまりに多くの素粒子を一気に身体に入れると、それらがすんなり収まるためにこちらの波動を上げ、あちらの波動を下げ、と調節しなくてはなりません。私はグラフなどを使いますが、こちらで彼女の心臓の動脈、静脈の調整を行います。彼女はエネルギーあふれる健康体です。だから夜眠れないと言うのです。

D：不眠についても聞こうと思っていました。

E：私たちが調整をすると、睡眠一時間があなた方にとっての数時間分に匹敵するからです。

D：わかりました。身体のバランスも取ってほしいのですが。

E：身体のバランスを取り、波動を上げていきましょう。

彼らは食事について、固形物を減らし、より液体に近い食事に移行するようにと話した。私がスープはどうかと訊ねると、栄養価の高いスープであればよいとのこと。「ゴロゴロと固形物が入っているものは良くないですね。具は極力小さくして、煮崩れてペースト状になったようなスープがいいでしょう。そうすれば、消化に使うエネルギーを減らすことができます」私たち人間は外食の機会も多く、固形物を食べないようにするのは困難だろうと私は伝えた。

E：将来的には、そうなるでしょうということです。食事の仕方が変わり、地球のシフトが完了したら、たくさんの変化が起きてくるでしょう。今はまだ難しいのはわかります。でも質の良いジュースを飲む習慣を今からつけていくと、あなた方の消化器系はかなり改善されます。固形物と比べ、流動食のような食物はあなた方の臓器に負担をかけずに消化できるので、肝臓の仕事が楽になり、胆のうから出る胆汁も減るでしょう。食べたものは消化器系をすんなり通って処理されます。そして消化に使われなかった分のエネルギーを、他で生かせるのです。

D：でも、ときには固形物を食べてもいいですか？

E：もちろんです。この食習慣が取り入れられるのは、あなたが生きている間のことかもしれないし、何百年先のことかもしれません。……50年後ですね。だいたいそれくらいです。

遠い未来に、人類が固形物を食べないという食習慣が普通になっていくという予言だと私は解釈した。「食物の消化にあまりエネルギーを消耗しないために、彼女には栄養価の高いスープやジュースを摂るようにしてほしい。私たちは消化するためにエネルギーを無駄にしたりしません」

私のクライアントで、生まれてすぐに母乳を飲みたがらなかったと話す人が数人いた。彼らは母乳や哺乳瓶で飲めるようになるまで退院せず、点滴による栄養補給をしたそうだ。これについてSC曰く、そのような人は生きるためにものを食べる必要のない星から来た魂だとのことだった。当然ながら、彼らとて地球でのやり方に適応していかなくてはならない。

私はSCに、イヴリンの身体の調整を、瞑想中、睡眠中、あるいは宇宙船の保育器で続けるよう依頼した。そして「私の仕事はクライアントを最大限サポートすることです。あなたから見れば不可解かもしれませんが、私たちは物理的な世界で生きているので、ここでの生活をよくしていかなくてはならないのです」と伝えた。

E： はい。それはなかなか扱いにくい問題です。あなたの仕事は私より大変だと思いますよ。

D： （これにはびっくりだった）そう思いますか？

E： だって、あなたはまったくちんぷんかんぷんの人に理解してもらわなくてはならないのですから。

D： そうですが、あなたには人間にはない桁違いの力がありますから、コントロールしやすいのでは？

E： そんなことはありません。私には全体の計画やホログラフィックなイメージ、思考がすべて見えています。私はこの計画を熟知していますが、あなた方はその計画の中にいます。ですから現実的に考えて、あなた方はまず自分が属している計画について気づかなくてはならないという意味で、より困難な立場です。そのうえでその計画の外に出て、地球の同胞たちに計画に入れられていることに気づかせなくてはならないのですから。

D：そうですね。私は何度となく地球の現実は幻だと告げられました。

E：地球での暮らしに実体はありません。だから、私たちからすればとても奇妙に見えるのです。

D：ただのゲーム、芝居のようなものですね。

E：映画みたいなものですね。映画よりも単純な話です。

D：でも渦中にいると、すごくリアルなんですよ。だから没入してしまうのです。

E：そのようにつくられているからです。そうなるように意図的に設計されています。

D：これが現実だとして感情移入するような設計ですね。

E：そうです。そこから離れた途端に、ああなるほど、そういう計画だったんだと気づきます。でも渦中にいる間は、そんなこと想像すらできません。まして他に別の計画（世界）があることなどおよびもつかないでしょう。あなた方はこれが唯一の、神が創造した万物の世界だと思い込んでいるのです。あなた方が互いに触れ合うために、どの人のゲームも臨場感たっぷりでなくてはならなかったのです。〝触れ合い〟で合っていますか？（はい）地球に降りてきて、私たちのような光の存在は地球の人々を見ると「まあ、あの子たちを見て！　遊んでいるよ。何て可愛いんでしょう！」と思うわけです。（ふたりで笑う）私たちはこの計画の仕組みがわかっているので、あなた方が痛みや苦しみを抱えていると言っても実際に理解することができません。これは単なる計画だから、あなた方の苦しみを理解するには実際にこの世界での生活を体験しなければならないこともわかっています。いずれにしても最終的にソースに戻るのであれば、学ぶべきことなど何ひとつありません。こういう計画があろうとなかろうと、元々世界はひとつだからです。こういうことにしましょう。あなたはあまりにも退屈だったので、こんな計画をつくった、とね。他にも捉え方はあるでしょうが、ただ何でもいいから気晴らしがしたかった、とね。

D： そこに何か学びがあるといいですね。

E： この計画の上にも別の計画があることはわかりますね。地球での学習体験計画が始まる前に、別の計画が始まっていました。あるいは、この学習体験計画が終わった後に続く計画があります。どんな見方をしてもかまいませんが、その計画は永遠に続きます。しかし始まりも終わりもなく、ただワンネスの世界のなかでのことです。

D： それは神のソースが作った計画ですか？それとも私たちですか？

E： 神のソースなど存在しません。ワンネスがあるだけです。神とはワンネス、すべてです。

D： （同じ質問を繰り返す）神がその計画を作ったのですか？　それとも私たちが自分で作ったのですか？

E： オーケイ、ソースの話に立ち返る必要がありますね。あなたはソースがひとつだということが理解できていません。ひとつのソースから個々の存在が顕現しているのです。これはいいたとえではないかもしれませんが、ただひとつ存在する、あなた方の言う神には何億兆という途方もない数の思考パターンやゲーム、マトリクスといった持ち札があります。それらは全部つながっています。全部まとめてひとつであり、これからもずっと変わりません。他に説明のしようがありません。私の頭の中には50億の事柄がありますが、それらは全部ひとつの頭の中にあるものです。このほうがわかりやすいですか？　言っている意味がわかりますか？　私の頭はひとつですが、その中には何百万通りの思考があり、いいものもそうでないものもある。ほしいものは何でも手に入ります。それでも同じひとつの頭の中での話です。このひとつの頭は爆発してたくさんの頭にはなりません。これまでもずっ

とそうでした。私たちはこのひとつの頭の中で遊んでいるのです。これでいいでしょうか？（はい）

次々降ってくる難解な言葉や類推を理解しようと、私の頭はフル回転した。しかし、この時点でイヴリンを通常よりずっと長い間トランス状態にしていたので、話を切り上げてそろそろ終わらせるときが来た。この存在にも元いたところに戻ってもらわなくてはならない。

E：今の話は聞いたことがありますか？

D：はい。複数の人から聞いています。ほとんどの人は理解できないと思いますが、私は著書に内容を書き留め、広めるようにしています。あなた方が私に教えるのは、この情報を広く知らしめてほしいからですよね。

E：はい。光について、この情報について多くの人々に知らせることには大きな意味があります。あなたには輝きがあります。つまり、あなたは自分が知っているということを、そのときが来たらわかるということです。とてもいいことです。

D：ええ、まだまだ学ぶべきことがあります。

E：あなたはもうすべてがわかっています。その小さなサングラスを外し、絶対的な光を見れば一瞬にして悟ることができるでしょう。地球の人たちに理解してもらうのは至難の業です。でもいずれわかるでしょう。それがどういう意味か、私たちは彼らに理解させることができません。でも、ときが来れば彼らにもわかるでしょう。

ＳＣからのラストメッセージ：　私の姿を探し求めないように。私はどんな形にもなれるからです。私の面影や繰り返すパターンから読み取ろうとしたりしないで、ただ光のある所に目を向けなさい。そうすれば、知りたかったすべての答えが見つかるでしょう。特定の変化や存在を探すのではなく、ただ光を求めなさい。そこに答えがあるでしょう。夕食の食卓を満たすのに専心することなく。人間の理解力ではそれが唯一のコミュニケーション手段かもしれませんが、そうではありません。私はどんなものにでもなれるし、どの宇宙船のどんな目の色のＥＴにでもなれる。何でもつくれるのです。私を見つけるための一定のパターンなどありません。私たちには身体がないので、何かに投影するしか顕現する方法がありません。だから、あの青い目のＥＴに投影しただけのことです。彼女の目を見たら青かったので、彼女が親しみを感じられるようにと、あの姿を選んだまでです。

私は、そろそろセッションを終える時間が来たと伝えた。すると、こんな返事が返ってきた。「終わりに〝神があなた方とともにありますように〟と言いたいところですが、私たちはみな神で、ひとつですから、私たちは全員ともにあります。これまでも、これからもずっとね」

かくして典型的なＵＦＯ体験の話かと思われたセッションはどんどん進展し、紆余曲折を経てかなりユニークな内容となった。人は多様な経験をしても、自分の顕在意識に収まる程度に理解できる部分だけを記憶に残すようだ。その限定的な記憶ですらゆがめられるため、何が真実で何が幻かを識別するのは不可能だ。変性意識の奥へと分け入り、ＳＣに辿り着いても、その答えがさらに私たちを迷宮へと落としていく。だったら、深堀りするのはやめて表面的に理解できることだけに集中したほうがいいのだろうか？　人間の意識でわかることや、現代社会が許容する範囲にとどまっていたほうがいいのだろうか？　それとも、深く掘り下げてもっと難解な説明を求め、そこにあるかもしれない真実をいつか理解できる日が来るのを待つべきなのだろうか？　そもそも、彼らが言う真実とは何だろうか？

第31章 グリッドの守り手

ジョアンのセッションは、ETや光の存在の話ではない。しかし、とても貴重な内容だったため、本書でご紹介したいが、どの章に入れるべきか悩んだ。彼女はこれまで登場したたくさんのボランティアソウルとは明らかに違う、特別な使命を持って、同じ時期に地球にやってきた集団のひとりだ。ジョアンと同じ集団に属する人は他にもきっといるだろうが、他のボランティアソウルに比べると数は少ないだろう。また、私がまだ出会っていない、別の使命を持った集団もいることと思う。ジョアンが持参した質問のひとつに、水晶への強い関心がどこから来ているのかというものがあった。あまりに水晶が好きで、ジョアンはクリスタルショップを経営している。

ジョアンが雲から降りると、そこは砂漠のような、植生がまったく見当たらない砂地だった。巨大なピラミッドが見え、素朴なチュニック姿の人々が忙しく行き交い、荷車や牛を引いてそれぞれに仕事をしていた。その中で、他とは違う服装の髭面の男が目に留まった。彼は緑色のカフタン［訳注：アラブの民族衣装、長袖のロングガウン］に身を包み、黒い髪を白いスカーフで覆っていた。自分の姿を見てみると、彼女もまた、チュニック姿の大勢の人々とは違う服を着ていた。彼女は赤い優雅なシルクのガウンに身を包み、浅黒い肌、長い黒髪の、20代後半の若い女性で、指輪や腕輪などの宝飾品、黄金のネックレスなどの装身具をたくさん身につけている。金の手触りが好きな女性なのだと感じた。

男性が彼女に近づくと、にわかに感情が込み上げ、泣き出した。涙の理由のひとつは、この男性との再会で、「ここがとても懐かしい」と言った。

ドロレス（以下D）： この辺りに以前住んでいたんですか？

ジョアン（以下J）： はい。宮殿だったと思います。左の奥のほうに階段があって、とても広い階段を上ると、円柱に囲まれた入り口があります。私が生まれたところです。建物のすべてが石でできていて、とてもすべすべしていて冷たくて気持ちがいいんです。広いところです。私のお世話をしてくれる侍女がいて、子供たちの担当です。

そこで主にどんなことをしていたのか訊ねると、また感情がこみ上げてきた。「癒やしの神殿にいるような気がします」

D： どうして涙がこみ上げるんでしょう？

J： ああ、すべて失ってしまったことが悲しくて。

D： すべて失われたと？ でも今、目の前に宮殿があって、それが見えているんですよね？ 癒やしの神殿はどこにあるんですか？ 宮殿の中に？

J： いろんな色のピラミッドがいくつもあって、どれも宮殿の近くにあります。これらは光のピラミッドで、私はそこで1日の大半を過ごしています。

D： いろんな色の光のピラミッド？

J： はい。それぞれ異なる光の周波数でできています。

D： 異なる色について教えてください。どうしてピラミッドに色がついているんですか？

J： 水晶を使って周波数をつくります。光の周波数でいろんな色を生み出すのです。私たちはそういうことをしています。

D： 異なる周波数が異なる色になるんですね？

J： はい。その時点で何が必要かによって色が決まります。水晶の屈折率を調節していろんな癒やしの周波数を作っていきます。意思の力でできるんです。

D： ピラミッドの中に入って作るのですか？　それとも外で？

J： 外です。……ある意味中と外の両方なので、うまく説明できません。ピラミッドの中にいるんですが、ある周波数の色のピラミッドの外側にいます。

D： 話を理解しようとしています。その色のピラミッドは、大きなピラミッドとは別のものなんですか？

J： 色のピラミッドはエーテル体でできています。水晶を操作することで生み出されたエーテル体のエネルギーです。私は今、すごく広い場所にいて、そこには平らな台があります。その上にあるピラミッドの右下のところにいます。飛行機や船の操縦室にいるような感覚です。電気系統の、物理的に何かを動かすような。

D： 機械系統のような？

J：　機械ではないけれど、似たところはあります。何かの上に手を置いて、意思の力を働かせて動かしていきます。それから水晶と対話しながらエーテル体の周波数をつくり、それがピラミッドの形になっていくんです。

D：　水晶はどこにあるんですか？

J：　水晶のいくつかはエーテル体でできているものもありますが、大半はこの床下にあります。この部屋も水晶でできていて、床下は全部水晶です。この巨大なフロアは全部水晶でできていて、右下のコーナーでコントロールします。このすべすべの床の上にエーテル体のピラミッドをつくるんです。ここはすべてが水晶です。

D：　聖なる空間ですね。（はい）そのコントロールの仕方を誰かに倣いましたか？

J：　私はこれをするために生まれました。誰に習ったわけではなく、初めから知っていました。

D：　エーテル体の、色のピラミッドをつくり、意思を設定したら、それで何をするんですか？

J：　ヒーリングをすること、何かをつくること、育てること、何でもできますよ。これがあれば惑星であろうと思考パターンであろうと。

D：　どうするかを意図するんですね？

J：　そうです。意図するだけで何でも生み出すことができます。作物を育てたり、品質改良したり。

D：　どんなふうに使うのですか？

J：　内側から自然に起きてくるようです。今、緑色のピラミッドが目の前にあるんですが、これは食用の作物を育てることができます。たとえば、地球での生活のことについて考えるとしましょう。水晶のチューニングを地球に合わせて、植物の成長を促す緑の周波数を活性化します。そして、植物が育つ地域をターゲットにして、そのエーテル界のエネルギーを設定します。

D：エーテル界のピラミッドには他にどんな色があるのですか？

J：今見ているのが、青いピラミッドで、これは青い光線で海のヒーリングができる周波数です。最初にこのシーンに降りたとき、黄色と青のピラミッドが特に目を引きました。でも私たちが農作物の話をしたら、緑のピラミッドがはっきり見えました。

D：黄色のピラミッドの用途は何ですか？

J：金をつくるためです。（泣き出す）

D：それがなぜ悲しいのですか？

J：とても深い感情なので、私にも何だかわかりません。とても深いところにある思いです。何かが失われたことに対する心の痛みです。

D：あなたはよく人を助けていますね。

J：はい。でも私が出会った人々はとても素朴な暮らしをしていました。宮殿に住んでいる私たちとはまったく違う人種のようでした。彼らは素朴でシンプルな暮らし、私たちはエーテル界を、操り物を顕現させるので、彼らにとって私たちはまるで創造主、神のような存在です。

D：彼らにはあなた方のしていることが理解できないでしょうね？

J：理解できません。

D：あなたの一族は創造主のような存在なんですね？（はい）素朴な民の地で、あなた方は何をしているのですか？　あなた方一族はどこから来たのか、そしてどうしてここにいるのか、訊いたことはありますか？

J：はい。アヌンナキの話を聞いたとき、私たちはそれにかかわっていると感じました。地球のエネルギーを操作して創造するために他からやってきたのだと。

D：この地の人々を助けるためですか？

J：ええとですね、イエスと言いたいんですが、必ずしもここの人々ためという気がしません。私たちがしているのは、創造主のサポートだというほうがしっくりきます。

D：創造主のどんな仕事をサポートしているのですか？

J：この星のＤＮＡ、ですね。その仕事です。

D：地球のですか？（そうです、そうです）

これまでのセッションでも人の身体のＤＮＡを操作する話は何度かあり、実際、今も起きていることだ。しかし、地球という星にもＤＮＡがあるという話は聞いたことがなかった。

J：ここにはよく来た記憶がありますが、私たち一族はここ出身ではありません。私はここで生まれたけれど、父は違います。母はどうかしら。よくわからないけど、彼女は私と同じだと思います。

D：あなたは水晶を使ってエネルギーを作り出す仕事が好きですか？

J：エネルギーと光の波動を操作するのが好きです。何かを顕現させ、生み出すことはとても大事です。私たちはグリッドをつくり、グリッド関連の創造を担当しています。これは惑星を覆っているグリッドの話です。地球に住む人々の思考と感情、心の純粋さや思考の誠実さなどを左右するものです。

ここまでで、この神秘的な女性とその役割について必要な情報が得られた。そこでこの女性を、何か重要なことが起きた未来のある日へと誘導した。彼女は泣き出し、こう叫んだ。「グリッドがない！　グリッドが崩れているわ！　エーテル体のグリッドが壊れていき、破壊が拡がっている。あの美しい光の周波数が失われていきます。光の周波数がグリッドを作ったのですが、グリッドが壊れると、光の周波数が作った水晶のピラミッドも壊していく。ひびが入っているのが見えます。大きなひびです。ほとんどコンクリートみたいだけど、そうじゃない。灰色の破壊がここのテクノロジーとエーテル界での創造を飲み込んでいくようです」

D：　グリッドを破壊するような出来事が起きたのですか？

J：　地球の地殻にひびが入ったことが原因のようです。大海の深い海底に亀裂がある、割れ目です。なぜ割れたのかは……わかりません。何かのバランスが崩れたんですね、きっと。バランスが大きく崩れて、グリッドが壊されたのでしょう。

D：　それらはみな、つながっているのですね？（はい）何のバランスが崩れたのかわかりますか？　それは人災？　それとも何か他の要素ですか？

J：　諸説あるのですが、どれが真実かはわかりません。感じるのは、純粋な意思が必要だ、ということです。欲望の波動がバランスを崩した原因になっていました。何が起きたのか、詳しいことはわかりません。私のグループのかかわらないところで起きたことなので。

D：　あなた方のグループは純粋な意思を持っていたのですか？（はい）それであなた方の管轄地域のグリッドは破壊されなかった。

J：そうです。でもどこかが壊れると全部に波及するんです。
D：それは困ったことですね。あなた方の純粋な意思で、何とか事態を修復する手立てはないのですか？
J：私たちに止める力はありません。私たちのテクノロジーでできる限りの救出活動をするしかありません。その後で水晶を回収して情報を復活させます。
D：どうやって復活させるのですか？
J：情報はタイムラインの中に残っています。情報や記録は水晶の中にあるタイムラインに保存してあるんです。水晶のテクノロジーとはそういう仕組みなのです。
D：水晶に記憶を刻むのですか？
J：はい。その周波数とともにね。
D：そうすると水晶に記録が残るんですね？
J：そうです。水晶は何でも知っています。私たちは水晶の中にいろんな情報を入れて、その情報が欲しいときは水晶にアクセスします。
D：あなた方はそういうことを意思の力でやるんですか？　意思の力で情報を水晶に記憶させたり、取り出したり？
J：そうです。光の周波数と意識と意思を合成させて。そうやってデータ復旧させることができます。
D：そこにある膨大な水晶にも情報をストックしているのですか？
J：いいえ、これは違うようです。これは地球で石英と呼んでいる普通の水晶だから。何を記録したのかしら？（と自問して）あらゆる情報が、ダウンロードされるのです。意思の力で、コンピュータテクノロジーの使い方やすべての知識がグリッドに移行されています。グリッドが破壊される前に、すべての周波数、幾何学形態、創造パターンが、水晶のＤＮＡに収められました。

Ｄ：とても複雑そうですが、それらはいずれアクセス可能になるということですか？

Ｊ：そうです。タイムラインが水晶の中にあるので。

Ｄ：それは、ある特定の水晶ですか？

Ｊ：いいえ、ひとつではありません。情報をストックできる水晶は数えきれないほどあります。

Ｄ：では、ある特定の情報を引き出したいときは、それを収めた特定の水晶にアクセスするのですか？

Ｊ：私はほとんどの水晶から情報を得ることができます。何というか、水晶も人間と同じで、普通の水晶や、より高度な水晶があって、波動の高い水晶には叡智が詰まっているのです。

Ｄ：では、全部の水晶がそういう叡智を持っているわけではないんですね。そういう種類の違いは、手に持ったらすぐにわかるものなんですか？

Ｊ：水晶の波動の違いなので、タイムラインに情報を内包しているかどうかはすぐに感じます。今の私の人生、そして来世でも引き続き水晶の情報にアクセスして、グリッドの修復をしなくてはなりません（再び感情が高ぶってくる）。

Ｄ：グリッドの修復というのは、なかなか複雑な仕事ではないですか？

Ｊ：いいえ、そうでもありません。自分のＤＮＡと水晶のＤＮＡを合体させるようなものです。ただアクセスして、意思を伝えて、キーを覚醒させるのです。水晶にアクセスすると、すぐに水晶とつながれるので、そこから地球のグリッドを活性化することができます。それは水晶の経絡のようなエネルギーネットワークが地球全体を覆っているからです。だからキーひとつに触れると、……キーというよりポータルと言ったほうがより近いですが、イコールではありません。それらが固有のエネルギー周波数を持ち、キーを活性化するとグリッドが再調整され、再構築されていきます。

D：以前あったのはエーテル界のグリッドで、今度は地球内部にもグリッドができるということでしょうか？

J：そうなるはずです。地球は密度が薄くなり、よりエーテル界に近づいていますから。

D：そのグリッドはポータルのようだと言いましたか？

J：はい。やはりポータルよりキーのほうが現実に近い気がします。ロック解除するような感覚です。地球の複数の地点にグリッドがロックされている場所があります。水晶には、情報の封印を解くキーの情報がストックされています。封印などという言葉を使うとは、我ながら意外です。

D：ぴったりな言葉なんですね？（はい）グリッドの一部はロックされていると言いましたが、なぜロックされているのですか？

J：地球の人々が目に余る破壊行動をするので、酷くなる前に情報を封印する必要があったのです。私たちは高度なテクノロジーを地球に与えないようにしなくてはならなかった。地球の人々は生命を軽視しているからです。阻止するためには壊すしかありませんでした。

D：それはつらい決断だったことでしょうね。（はいと言って感極まってくる）そのテクノロジーを、人類が誤った目的に使うことを怖れたのですね？

J：彼らはすでに誤った目的に使っていました。宇宙全体を破滅させるところでしたよ（動揺）。

D：グリッドをロックしようと決断したとき、何が起きましたか？

J：地球での暴走を止めないと、宇宙が壊れるだろうということです。

D：宇宙全体ですか？（はい）どういうことでしょうか？

J：地球というミクロコスモスの完全なる複製である宇宙全体というマクロコスモスに、波及するということです。すべてを破壊し尽くすトリガーとなるスイッチを押すようなものです。宇宙全部が忘却の彼方に吹っ飛んでいたことでしょう。

D：地球と宇宙が〝入れ子構造〟になっているということですか？（はい）地球人たちがテクノロジーを誤用して、調和を乱したことがトリガーだと？（はい）それで、あなた方は地球のグリッドを壊すなりロックするなりしなくてはならなかったのですか？

J：壊したのは……アトランティスです。地球人によるテクノロジー乱用を阻止するためには、そうするしかありませんでした。

D：あれは、人間の権力への欲望が自らの破壊を招いたのだと思っていましたが。

J：いいえ。地球で起きたことが全宇宙の時空、全部のグリッドに波及してしまうため、何としても止めなくてはならなかったのです。被害が地球の外に拡がらないようにしたのです。

D：たとえるなら、地球を起点にしたドミノ倒しが全宇宙に波及するようなことですか？（はい）それで地球が破壊された。

J：宇宙全体が被害を被ったかもしれないことを考えれば、小さなダメージに過ぎません。

D：地球から全宇宙に反響するのを阻止したのですね。

J：そうです。地球というミクロ世界の出来事が、宇宙のマクロ世界に投影されるからです。そしてマクロ世界からその先のミクロ世界にも波及するのです。そうなれば、宇宙のすべてが消えてしまいます。

D：それがアトランティスを大陸ごと破壊した理由だったのですか？（はい）それで被害を食い止めることができたと？

J：グリッドの崩壊を止めることができました。それが私たちのしたことです（激しく泣き始める）。

D：そうするしかなかったんですね。（はい）それをしなかったらもっと大きな破滅が待っていた。（はい）でも、水晶に貴重な叡智を記録しておいたから、すべてが失われたわけではなかったんですね？（はい）その人生はどうなりましたか？　大陸の消滅とともに人生が終わったのですか？

J：いいえ。私たちは地球を離れました。自分たちの意思で。

D：意思で移動したんですか？　乗り物ではなく。

J：乗り物は使いません。私たちは意識体ですから。

D：地球を離れてどこに行ったのですか？

J：全員がソースへと還りました。それ以外の選択肢はありませんでした。

D：その立ち位置からはすべてを振り返ることができます。破壊が起きる前のアトランティスに行ったとき、どこから行ったのですか？　あなたには大いなる知恵がありましたね。

J：別の時空、次元からです。私たちは地球を完璧な目的地として選択しました。

D：地球に行こうと思った目的はどんなものでしたか？

J：そこに癒やしをもたらし、意識を進化させ、愛と光で満たすためです。意識の拡大が目的でした。

D：そこにいた人々は素朴な人たちでしたね？

J：そうです。ごく普通の人々でした。

D：地球で意識拡大を図っていたのですか？

J：はい。すべての存在の意識拡大です。

D：何かが起きて様子が変わるまではうまく行っていたんですね？（はい）それはどこから始まったことだかわかりますか？

J：集団の内部に裏切りがあったのです。内部に別の計画を持った人たちがいました。彼らは個人的な利権目的で集団に加わっていて、彼らが動いた結果、事態が悪い方向に行ってしまいました。

D：彼らが目指していたのは何ですか？

J：暗黒物質《ダークマター》の力です。暗黒物質とは、光の対極にあるもので、それが調和を乱したのです。彼らは暗黒物質に手を出しました。

D：暗黒物質を使って何をしようとしたのですか？

J：ワームホール（次元移動の通路）やタイムトラベルに関することだと思います。あるいは、暗黒物質を使って彼ら独自の宇宙を創造しようとしていたかもしれません。

D：それは実現できたのですか？（いいえ）でも、彼らはできると思った。（はい）彼らは創造主の分派ではないですよね？（いいえ）その試みに水晶を使っていましたか？

J：水晶ではないと……いいえ、真逆のものです。光が増えると暗黒は縮むので。彼らは縮むエネルギーを使いました。それの扱い方を習得していたのです。

D：　彼らは何か正当な理由があってやっていたのか、それともただ自分の力を試したかっただけなのか？

J：　力の誇示や欲望、支配欲、現状を湾曲させてみたいという欲求を満たすためでした。自らの好奇心が命取りになりました。死とは何だろうと思って追求して、そのあおりを食らっただけかもしれません。そんな連中なのです。

D：　結果がどうなるか自分でもわかっていなかったのですか？（まったくわかっていなかった）手に負えない顛末になりかねないことだった？

J：　間違いなく。

D：　宇宙全体が消えてなくなっていたかもしれないほどの？（そうです）彼らは自分たちの宇宙創造に失敗したので、ただその負の力を誇示しようとした。（はい）それでもあなた方が制圧できた？

J：　グリッドの崩壊は阻止しました。

D：　そして英知も失われなかった。（その通り）この先もその叡智にアクセス可能ということですね？

J：　はい、アクセス可能です。

D：　だと思いました。今、私たちが話をしている時空はその未来ですから。アトランティスの滅亡について、これまでたくさんの話を聞いてきましたが、今回の話は初耳でした。

J：　そうでしょうとも。これまで私たちは誰にも話してこなかったので。周知するのは今だと私たちは判断しました。過ちを繰り返さないためにも。

折しも大型加速器に関する大論争が持ち上がっていた2010年にこの話が伝えられたのは単なる偶然だろうか？　あまりのタイミングの良さに、ことの重大さを感じた。大型ハドロン衝突型加速器（LHC）は、スイス、ジュネーブ郊外の地下にある巨大施設で、歴史上最も偉大な科学プロジェクトのひとつと言われている。欧州原子核共同研究機構（CERN）によって建設され、これまでにつくられた科学実験装置の中で最も高額なものだ。この世界一大きな科学機器を使って、科学者たちが宇宙に存在する反物質、〝暗黒物質〟や〝暗黒エネルギー〟の実験を行っている。彼らが目指すのは、ワームホールの創出、さらには独自の小宇宙の創造だと言われている。物理学の最先端の話だが、加速器は一方からプロトン（陽子）を、そして反対側から鉛イオン粒子を発射させる。これらふたつが衝突するときに発生するエネルギーは、太陽の中心部の熱量の実に10万倍に匹敵すると言われている！　この実験に懐疑的な人々は、人類にはコントロールできない規模のエネルギーを不用意に放出することを危惧している。科学者たちは、宇宙にはありふれた、未知なるエネルギーの実験をしているにすぎないと主張する。私が調べた感触では、「一口に言って、LHC実験は創造にかかわる神の領域を垣間見ようとする途方もない科学的試みである」と結論づけられる。科学者たちのしていることは、ちょうど原子力を発見したときに酷似しているように見える。当時のマンハッタン計画に携わった科学者たちは自分たちがどんな物質をいじっているのかわかっていなかった。もうひとつ思い出されるのは、気象を制御するべく大気圏に光線を放つ実験をする、アラスカのHAARP実験だ（これらの実験については私の他の著書に詳しく書かれている）。これまで何度となくアトランティスの最期についての情報に触れたが、〝彼ら〟は決まってこう言った。「あなた方の文明はまた同じ轍を踏む道を歩んでいるので、この話を知っておく必要があるのです。」今回のセッションで言われたことは偶然とは言い難く、現代の科学者たちは燃え盛る火の上で綱渡りをしているようなものだと思われる。彼らもまた、宇宙が丸ごと吹っ飛ぶほどの破壊力を持つエネルギーでグリッドを壊しかけたのと同じ種類のエネルギーを生み出そうとしているのではなかろうか？　加速器実験は現在半分の力で続けられている。少なくとも２０１４年まではパワー全開にする計画はないそうだ。

D：　あなたはとてもよく話してくれますが、このまま質問に答えていただけますか？　それともSCを呼び出したほうがいいですか？

J：　質問は何ですか？　聞いてみましょうか？（ふたりで笑う）

D：　ジョアンが知りたいことのひとつに、水晶から情報を聞き出すにはどうすればいいかというのがあります。彼女自身が水晶に込めた情報を、取り出すことができるでしょうか？

J：　彼女は毎日アクセスしていますよ。

ジョアンはクリスタルショップを経営しているので、常に多様な形状や大きさの水晶に囲まれている。

J：　自分のしていることに気づいていないだけです。もっと大きな計画が決まったので、彼女はこれからグリッドの仕事をするようになります。エネルギーグリッドのポータルやキーの位置を見極め、活性化するようにスイッチを押すことになるでしょう。これにはそれぞれの場所に水晶を置いたり、意思の力を使ったりして行います。

D：要所要所に水晶を置くのですか？

J：そうです。地球ではみんながやってきたことです。いろんな場所に行って水晶を配置するのです。地球をあちこち巡り、グリッドの再活性の仕事をする様子が見えます。

D：ジョアンが物理的に旅行をすることになるのか、それともエーテル界で済むことなのか、どちらでしょうか？

J：彼女がセントクロイ島（アメリカ領ヴァージン諸島、カリブ海）やアラスカに行ったのは、この仕事のためでした。彼女はそこでグリッドの修復をして、本来の軌道に戻したのです。

D：これから彼女にどんなことをしてほしいですか？　引き続き水晶を扱うことになりますか？

J：はい。地球に埋まっている大規模な水晶群にアクセスして、グリッドの再活性をしてほしいです。

それはジョアンの希望と一致しているようだったが、人間として行動するには計画書や指示書が必要だ。そこで私は、何か具体的な要望があればジョアンが水晶に封印された情報を解読できると考えて、訊ねてみた。

J：宇宙船地球号の浄化です。水をたくさん飲んでください。大地にしっかりと根を張り、水晶を抱え、協力者を探してください。グリッドを活性化するにあたり、水晶はすでに構築されたエーテル体のグリッドと、私たちが再活性しようとしている地球のグリッドとの間の仲介役になるでしょう。したがって、水晶を手に持ってグラウンディングをすると、人間の身体がエーテル界のグリッドと修復中の地球のグリッドを結ぶリンクとなるのです。

D：それはジョアンひとりでもできることですか？それとも複数でないとできない仕事ですか？

J：一定数いることが望ましいですね。3、6、9など3の倍数の人数でやることがグリッド活性化のカギとなります。三角形の相似形でエネルギーが作用するからです。

D：3の倍数で作用するのですか？

J：はい。三角法の原理をDNAに投影しています。これは野外の水のある場所の近くでやる必要があります。複数の人数で、エーテル界で行います。エーテル体のグリッドを支えている面々は意識体で、光の存在です。

D：地球のグリッドを維持するのが彼らの仕事ですか？

J：はい。グリッドの守り手です。

D：それはいい呼び名ですね。グリッドの守り手を呼び集め、協力してもらうのですね。

J：はい。グリッドの修復作業です。

D：彼らは人間の身体と水晶が持つエネルギーを使って修復するんですね。

J：そうです。地球上のいろんな地点を網羅して三角測量をするのです。

D：そのやり方で、わざわざ地球のあちこちに出向かなくても仕事ができるのですね？

J：そうです。地球のチーム、グリッドチーム、そして活性化する地点（グリッドのキーのあるところ）の3点の三角法となります。

D：そのチームはどこに活性化する地点があるのか把握していますか？

J：はい。いずれ彼らの顕在意識でも自覚できるようになるでしょう。ただ直感でわかるのです。

意識にどこからともなく降りてきます。彼らは世界地図のいろんな地点を鎮静化していけるでしょう。どこにテコ入れが必要かは自然災害が起きていることで明らかになるでしょう。メキシコ湾で今起きているようなことです。

このセッションは2010年5月初旬に行われたが、メキシコ湾で石油流出が大きなニュースとなっている時期だった。

J：エネルギーの不調和が起きています。大規模の不調は、微調整が急務となっているキーを示唆しています。火山の噴火や台風、今起きている石油の海洋流出、地震、戦争などはみなグリッドの赤信号の証です。

D：グリッドの異常を表しているのですか？

J：そうです。ただし火山の場合は全部が調整を必要とするものではありません。地球の正常なバランスをとるための噴火もあります。

D：噴火で調和を取っているのですか？

J：はい。それは地球にとっていいことです。溜まったエネルギーのガス抜きという意味でね。

D：それでグリッドの存在が地球で働く彼らに情報を与えるのですか？

J：彼らには計画の概要が伝えられているので、守り手たちは何をするべきかわかっています。

D：彼女は水晶を使ったヒーリングの知識を活用できますか？

J：そうですね。これは地球のヒーリングですから、水晶をヒーリングに使っています。グリッドの機能を元の調和した状態に戻すことができれば、それがヒーリングとなるのです。

D：地球のヒーリングは、地球の人々のヒーリングよりも重要だということですね。

J：その通りです。地球のグリッドとエネルギーグリッドを整えるほうが重要です。人ひとりを癒やすより、大海をきれいにするほうが意義が大きいということです。

D：私たちは新しい地球に向かっているという情報がこの頃増えています。それは地球のヒーリングと連動していますか？

J：たとえるなら、子供の心配をするようなものです。子供が回復するためにはまず母親を癒やす必要があります。私たちが母親のヒーリングをしているのは、地球という母が新しい地球を生むためです。

なるほど、古い地球を癒やす理由はそこにあったというわけだ。

D：水晶に情報を入れたのは彼女ですから、取り出すことも可能ですよね？

J：そうですが、取り出すには時期、タイミングというものがあります。それはすべてに言えることです。しかるべき時期がくれば蕾は自然に開花しますが、その前に蕾を無理に開かせようとすると枯れてしまいます。すべてのものは神の思し召しで、起きるべきときに起きるのです。グリッドは修復できます。それが地球のヒーリングの第1ステップです。

D：さっきあなたは地球の文明を再び破滅させたくないと言いました。またゼロから始めるのは時間がかかり過ぎると。

J：　はい。破滅させることはあまりにも大きな喪失、徒労です。

D：　どの地球人にも文明にも自由意思というものがあり、それを侵害できないと言いましたね。自由意思を尊重するために、あなた方は地球文明の進む方向には介入できないと言いました。

J：　その通りです。

D：　でも、思いのままに行動する自由が与えられていたのなら、なぜアトランティスは滅亡したのかとよく訊ねられます。あなたはそれに答えてくれました。

J：　よかったです。

D：　自由意思を行使するにも限度があるということですね。

J：　自分のしていることがわかっていない場合は特にね。

D：　子供の火遊びみたいなものでしょうか。（はい）地球に介入できる唯一の条件は、その行為が地球破壊にとどまらず、全宇宙に影響を及ぼしかねない危機に瀕したときだと言われました。（はい）今日のお話を聞いて、私の中でわからなかったことが解決し、初めて筋が通ったような気がします。おかげで論理的に納得でき、よりすっきりと収まりました。大事なことです。あなたも監視役のひとりなのですね？（はい）ジョアンが地球を担当していた頃は監視役だったのですか？

J：　そうでした。

地球に人間の生命が誕生したときの計画では、この美しい星に知性と自由意思を持つ生き物を根付かせるということだった。そして自由意思を持つ人間が地球で何をするか見ようという実験だった。広い宇宙の中でも自由意思が与えられている星は非常に少ない。これについては他の著書で深く掘り下げている。そしてもうひとつのルールは、介入してはいけないという約束だった。これについては『スタートレック』シリーズ〔訳注：全米で人気を博したSFドラマシリーズ〕にもよく登場するが、それはフィクションではない。これは現実で、実際にすべての宇宙の存在たちが厳守しているルールだ。つまり、宇宙の誰にも地球の文明の進展に介入できないということだ。彼らが言うように、このルールにはひとつだけ例外があり、それは地球の文明が地球を破壊しかねないところまで行ってしまったときだ。そこまで行って初めて彼らは介入し、破壊行為を食い止める。そうしないとその弊害が銀河系全体に波及してしまうからだ。地球のような小さな星がそれほどの影響を宇宙に及ぼすなど、誰が思いつくだろう。私たちが住む地球は小さな星で、太陽系の中でも意図的に隔離されて孤立した環境にある。他の宇宙世界と隔絶しているのは、宇宙の存在たちが地球人を怖れているからだ。私たちがその暴力的な性格から何をしでかすか読めないからだ。何十億年という長い間、彼らが地球を監視し続けている理由はそこにある。破壊行為は太陽系全体、ひいては銀河系、さらには別の次元にも反響してダメージを与え、私たちの知識が遠く及ばないところの、存在すら知らない星の住人たちを死滅させる危険すらあるのだ。そのような結果は、想像するだけでも恐ろしい。そういった惨事を阻止するために、純粋な魂たちをボランティアとして次々地球に送り込んでいるのだ。なぜ今なのか、その背景がわかると改めて合点がいく。

この仕事を続けてきて明らかになったのは、人類が築いてきた文明はこれまで何度となく破壊されてきたということ。高次の存在たちによると、どの文明でも最終的に知的進化は頂点に達し、思考の扱い方に習熟し、驚嘆すべき偉業を達成できるところまで進化していたという。しかし、アトランティスの例を含め、そのどの文明においても高度な知恵を人類の発展に資する代わりに、権力と知恵は一握りの人々の我欲によって悪用されていった。アトランティス文明の場合は、水晶を使って極限まで権力を増幅させていったことがわかっている。彼らはまた自然の法則に逆らう遺伝子操作を行い、半人半獣の創造まで行った。彼らは明らかに超えてはいけない境界線を超えていた。しかし、私の娘ジュリアが言うように、彼らもまた自身の自由意思を行使していたに過ぎないのかもしれない。ジュリアはなぜ高次の存在たちが文明を破壊しなくてはならなかったのか納得できないと言う。「結局のところ、規則は規則、だから一刀両断だったのでしょう」規則の背後には正当な理由があるのだから遵守するべきだと。かくしてアトランティスの人々は踏み込んではいけないところまで行ってしまったため滅んだが、地球が消滅する危機は免れた。水晶はパワフルな道具で、彼らが悪用していたことは明らかだった。しかし、高次の存在たちが文明を全滅させなくてはならない根拠はどこにあったのか……？　その疑問が今回のセッションでようやく解けた。アトランティス人たちが到達した文明のレベルは、今の地球を生きる人々と同等だ。彼らは暗黒物質の実験を行い、そのまま行けば惑星もろとも吹っ飛んでしまうほどのスケールの実験だということに気づいていなかった。高次の存在たちが自由意思の尊重という鉄則を破ってまで英断せざるを得なかった理由は、そこにあった。このような文明の消滅は、地球の長い歴史の中で何度となく繰り返されてきたので、また同じことをしたくないのだ。長い年月をかけて築いた知識や能力をすべて失い、人類は文明を再び原始時代から一歩ずつ積み上げることを余儀なくされる。今の地球文明が同様の結末に向かっている様子を見て、もう二度と同じことをしたくないと考えた彼らは、惑星地球を救うボランティアソウルを大々的に募集するに至ったのだ。

D：ジョアンには、地球での転生が他にもありましたか？

J：肉体を持つ経験をちょっとした程度で、ほとんどありません。これまで多くの時間を光の次元で過ごしてきました。

D：グリッドの仕事をしているのは、ジョアンだけではないですよね？　ひとりでこなすには大きすぎる仕事です。

J：数字が浮かびました。1万人います。地球のあちこちに広く分散しています。

D：全員がグリッドの修復をしているのですか？

J：はい。微妙な違いはありますが、全員がグリッドの保全という同じテーマで働いています。全員が使命を理解していますが、顕在意識にのぼっているかは個人差があります。自覚している人たちは、他の人々を目覚めさせるという使命を持っています。

D：自覚を持って地球をヒーリングできるように？

J：そうです。そしてDNAにも関係しています。DNAは生命の架け橋のようなもので、覚醒とはつまりDNAの中で眠っているパッケージを開くカギのようなものです。

D：人間のDNAの話ですか？

J：人間のDNAも含めた万物のDNAの話です。DNAは大宇宙にアクセスするための架け橋です。DNAという梯子を介してすべてがつながっているので、人のDNAも惑星のDNAもすべてひとつなのです。

D：それらが全部活性化され、変化しなくてはいけませんか？

J：グリッドが破壊されたときにDNAパッケージが閉じてしまったので、それを解錠しなくてはならないのです。

D：では、グリッドが破壊されたとき、あなた方がDNAの一部を閉鎖したのですか？（そうです）それはどうしてでしょうか？

J：減速するためでした。事態の悪化を遅らせるためです。DNAに内蔵されている関連情報のある所を停止したのです。今が、そこを刺激して開放するときなのです。

D：人々の超能力が復興しているとも聞くのですが、それもDNAの覚醒とかかわりがありますか？

J：ありますよ。生命体系《ライフコード》にアクセスできるようになっているためです。

D：どうすれば活性化するのですか？

J：光の周波数で。光の周波数を上げていくと活性化します。

D：人の体内で、ですか？

J：はい。惑星系から放射される宇宙線が体内に入ってきます。それが眠っているDNAパッケージを刺激して、生命体系が活性化するのです。

D：宇宙からの放射が人や地球に影響を及ぼしているのですか？

J：はい。地球と、地球上のあらゆる生命にも光にも。

D：光は大事ですね。すべてと言ってもいいくらい。存在するものすべては光ですよね。（はい）でも負のエネルギーに囚われた人々はどうでしょう？　地球には光を見失っている人たちもいますが、彼らのDNAも活性化しますか？

J：その人たちは引き続き、深い眠りから覚めないままいくでしょう。魂が眠っていると言ったほうがいいかもしれません。彼らは眠っているのです。丸くなって、エネルギーが畳み込まれているようになっています。でもだからと言って、別のタイミングで……今話しているのは時間の節目のことなんですが、彼らのＤＮＡパッケージが開かれる時間の節目がいずれやっています。今乗り遅れるのはそれほど悪いことでもありません。最終的には全員が覚醒するので、今覚醒しなくても大丈夫。彼らにとってのタイミングは今ではない、というだけの話です。それは前にも話したように、種蒔きと同じ。適切な発芽時期があるということです。植物だって一斉に芽吹くわけではありませんよね(笑)。

D：　時間の節目とはどういうものか教えてください。

J：　時間の節目というのは、光エネルギーと空間が収められている場所のことです。私たちは時間の節目の中に存在していて、今の地球も同じです。こんな言い方をします。２０１０年の地球が時間の節目です。

D：　わかりました。これまでに聞いた話を確認したいのですが、私たちが新しい地球へと移行して、古い地球を後にすると、新旧ふたつの地球にわかれるのですか？

J：　いいえ、それは違います。新しい地球ということがわかりません。今ある地球の次元が上がり、エネルギーが拡大するということです。ある地点と、別の地点の間を結ぶと線になります。線ができたら最初の点はなくなるでしょうか？　それと同じことです。ただ次元を移動するだけのことです。3次元世界は引き続き存在していますが、私たちは光の周波数へと拡張していくのです。

D：　ふたつの分離した地球ができて、ひとつがより高い次元にあるという……。

J：　いいえ、分離はしません。たとえば進化の過程を線で表すとき、最初の点は線から分離していますか？　それと同じことです。最初の点は今も存在しているし、点のままで変わりません。でも、線には別の性質があります。地球が違った性質を帯びるのと同じです。新しい地球は生まれますが、この点と線の類推で説明されるような形です。

D：別の次元、別の周波数ということですか？

J：新しい地球はより大きな、拡張した周波数帯となるのです。

D：ということは、光の存在の持つ周波数がDNAを変化させ、周辺に波及していくのですか？

J：そうですね。同時に存在しているような感じで、ただの次元シフトです。

D：そこが人間には理解しづらいところです。どっちみち私たちは違う次元にいるので。

J：宇宙次元の気づきに至らないのは、それが可能になるレベルまでDNAが解錠されていないことが原因です。

D：これから起きるシフトではそれが可能になると？（はい）眠ったままの人々の住む古い地球についてもわかるようになりますか？

J：それは私たちの関心の外にあります。

D：私たちは我が道を進むということですね？（はい）私がこのテーマについて講義をするたびに、たくさんの質問を受けます。こうして少しずつ情報が明らかになるたびに、理解がより明確になっていきます。この先何が起きるかまったく予想がつかないと言いましたね。それも今回の新しい情報でした。

J：まったくわかりません。

D：それは宇宙でも前代未聞のことだからだと聞いたことがあります。

J：地球では前例がないということです（笑）。次元のシフトを経験している惑星は他にもたくさんあります。

D：地球は生きていて、成長していくということですね？（はい）それでもこの単一宇宙の中では最初の出来事なんですね？（はい）

ジョアンは、レーザーについてこれまでいくつかの実験をしていた。このためレーザーを何らかの形でグリッドのヒーリングに使えないかと考え、SCの見解を求めた。

J：見えるのは、レーザー光線を使ってエーテル界のグリッドと地球のグリッドのポイント同士を結び付けることです。レーザーはそのために使われるべきものです。

D：でもグリッドを結びつけるのは将来の話だと言っていましたね？（はい）彼女はレーザーをどのように使えばいいのですか？

J：エーテル界のグリッドを地球のグリッドにしっかりと結合させるのに光を使います。宇宙に向かって光を送り、三角測量の要領で3点を光で結ぶのです。

D：水晶も使いますか？

J：はい、水晶も一緒に使います。光を固定するのが水晶の役目です。

それからSCはジョアンの残りの質問に回答し、身体のヒーリングを行った。

SCからのラストメッセージ： 失敗を恐れないように。それは失敗ではなく次の経験のためのチャンスなのだから。

長年この仕事を続けた結果、地球にとって重要な変化の時期に、それを助けるために第1波～第3波というボランティアソウルたちが地球にやってきたことを発見した。そしてこのセッションで、地球にはそれ以外にもグリッドの守り手たちというグループが1万人いることがわかった。彼らには、アトランティスの消滅の際に破壊された地球のグリッドを修復するという、別の目的があった。彼らには崩れたバランスを元通りにすることに加え、水晶に封印された秘密の叡智を見つけ、アクセスするという役目もあった。地球のこの特別な時期に再び解かれるのを待っているという貴重な情報を得られたセッションだった。今度こそは、地球文明の危機を乗り越えたいものだ。

Part Three: The New Earth

第3部
新生地球

新生地球

本書のテーマは、地球が新生地球へとシフトする過程に参加するために、地球に降りてきたボランティアソウルたちの話だ。彼らが口をそろえて語る、この新生地球とはいったい何だろう？　新生地球に移行したとき、私たちは気づくことができるだろうか？　どこかが変化するのだろうか？

新生地球に関する情報は、この5年余りで少しずつ語られるようになってきた。何百人というクライアントたちの話に耳を傾け、こまごまとした情報を積み上げていき、ようやく概括化し得るパターンが見えてきた。それらの情報は私がこれまでに書いた著書の中に散りばめられている（最も多くの紙面を割いたのは『入り組んだ宇宙』シリーズ）。それらの情報の断片をひとつにまとめてほしいという希望が、私の講義の聴衆から何度となく寄せられた。そこで第3部では、著書のあちこちに書いた新生地球に関する情報をまとめることにした。本書で紹介したセッションのあちこちにも、新生地球に言及している部分がある。ランダムに語られたすべての話がひとつも矛盾をはらんでいないことは驚くべきことだ。私のクライアントたちは全員が、それぞれの表現で同じ話をしている。一つひとつの証言が他の人の話を裏づけ、信ぴょう性が増している。以下は、私の他の著書から新生地球に関する情報を抜粋してまとめたものだ。

第32章
新生地球

私たちは教会に行くたびに、何度となく以下のような聖書の言葉を聞かされてきた。
「わたしはまた、新しい天と新しい地とを見た。最初の天と最初の地は消え去り……また、聖なる都、新しいエルサレムが……神のもとを出て、天から下って来るのを見た。……また、御座から大きな声が叫ぶのを聞いた。『見よ、神の幕屋が人と共にあり、神が人と共に住み、人は神の民となり、神自ら人と共にいまして、人の目から涙を全くぬぐいとって下さる。もはや、死もなく、悲しみも、叫びも、痛みもない。先のものが、すでに過ぎ去ったからである』……『見よ、わたしはすべてのものを新たにする』。また言われた。『書きしるせ。これらの言葉は、信ずべきであり、まことである』……（新しい）都は、日や月がそれを照らす必要がない。神の栄光が都を明るくするからである。……しかし汚れた者や忌むべきことおよび偽りを行う者は、その中に決して入れない。……夜は、もはやない。あかりも太陽の光も、いらない。主なる神が彼らを照らし、そして、彼らは世々限りなく支配する」（ヨハネの黙示録21～22章より）
聖書がつくられて以来、教会会派によって多種多様な解釈がされてきた。しかし『ヨハネの黙示録』だけは、今に至るも謎に包まれている。本書で、深いトランス状態の人々によって語られた説明が、その答えを示しているようだ。彼らの多くはたびたび神の王国について語り、そこは光の殿堂であり、宇宙の源泉《ソース》、創造主と再び会えたことにこの上ない喜びを感じていた。そこでは誰もが光の存在となり、地球の肉体に戻りたいと望む者は一人もいない。これは聖書の言葉の示す意味を裏づけているが、それでは新生地球の予言についてはどうだろう？　その答えもやはり、私のセッションを受けたクライアントたちを通じて語られている。しかも私がそれらを本に編纂し始めた頃に、聖書との共通点が明らかになってきた。セッションと聖書に登場する話は同じものだ。黙示録を書いたヨハネは、彼の時代に読み取ったことを、彼の言葉で表現している。それは今日もなお生きている。私のクライアントたちは、彼らの知っている限りの言葉を駆使して表現している。そこから考えるに、私たちはそれぞれに、来るべき新生地球という膨大な存在のごく一部を見聞きして、それぞれの限られた能力で表現しているのだろう。それでも、この素晴らしき完璧な約束の地の片鱗を垣間見せてくれる。

この仕事を通じて、すべてはエネルギーでできていること、そしておよそ形というものは周波数や波動によって決まるものだという話を繰り返し聞かされてきた。エネルギーは不滅であり、ただ形を変えていく。地球は今、周波数を変え、波動を上げて新しい次元へと移行しつつあるという話もたびたび聞いた。私たちはいつでも数え切れないほどの多次元のなかで暮らしている。それらは確かに存在しているが、私たちの目には見えない。なぜなら波動の高い次元では周波数が高速過ぎて肉眼では捉えられないからだ。『人類の保護者』では、ＥＴたちがどのようにこの原理を活用し、波動を上げたり下げたりして宇宙船を操り、旅をする様子について解説した。私たちもまた、顕在意識には残らないが時折他の次元に行って帰ってくる経験をしている。これについては『スタークラッシュの伝説』に詳説した。このように私はこれまで少しずつETに関する情報を紹介してきたが、今ひとつ全体像をつかみ切れていなかった。〝彼ら〟が私たちにもっとよく知ってほしいと願うのは、そのシフトが間近に迫ってきているからだ。それは地球にとって由々しい出来事になる。とは言え、遠い昔に書かれた聖書にもその出来事は〝近いうちに〟訪れると書かれている。しかし、新しい地球へと次元をシフトする準備と思しき兆しは今やそこらじゅうにあふれている。

〝彼ら〟によると、地球の波動が上がってくれば私たち人間もその物理的変化を感知できるという。私たちの中には、何かが起きていることを察知する高次のアンテナが開かれている人も少なくない。身の周りで少しずつ変化が進むにつれ、私たちの身体もそれに合わせて変化しなくてはならない。その適応の過程はときに不快な症状を伴うことがある。曰く、「地球の周波数が上がってくればエネルギーブロックが解消するので、そのような症状は収まるだろう」

セッションをするたびに、クライアントはSCから新生地球に移行する際の調整として、食生活を改めるようアドバイスされてきた。肉体は軽くならなくてはならず、そのために消化の悪い食物を避ける必要がある。クライアントたちは肉（特に牛肉と豚肉）を食べるのをやめるようたびたび忠告されているが、その理由は主として畜産動物の飼料に含まれる多量の添加物や化学物質の問題だ。曰く、人間の身体に取り込まれた化学物質や人工成分は半年にわたり、私たちの臓器にとどまっている。それらのみを抜き出して、体外に排出するのは非常に難しい。動物性たんぱく質や揚げ物などは、身体に刺激物として負荷をかけるので、食べるのを控えるよう忠告している。「このような食生活を何年も続けると、あなた方の身体の機能は劣化していきます。あなた方の食べるものに注文を付けるつもりはありませんが、人間の身体は一定の流れによって成り立つようにつくられています。あなた方の身体の密度が濃すぎたり、添加物などの毒物によって体内環境が汚染されていると、新生地球の周波数域にまで身体の波動を上げることができません」

当然ながら、有害物質を含まないオーガニックの肉が手近に見つかるなら、適量を食べている限り安全だろう。曰く、牛肉や豚肉より、鶏肉や魚肉のほうが消化しやすいのでお勧めだ。しかし、もっとよいのは新鮮な果物や野菜だ。つまり加熱調理した食物より、生で食べるもののほうが望ましいということだ。砂糖の摂取を減らし、砂糖を加えていないフルーツジュースや純粋なボトル入りの水を多くとることが望ましい。周波数が上がり、最終的に私たちの食生活は固形物から流動食、液状食へと移行するだろう。身体ごと次元上昇するには、身体をもっと軽くしなくてはならない。「地球のエネルギーがこのまま波動を上げ、希薄になっていくと、そこで暮らす人々もそれに合わせて変わって行かなくてはならない」もちろん、これらはどれも新しい情報ではない。もう何年も前から、私たちは栄養素の摂り方についてそのように言われてきた。しかし、何もかもが変革を遂げようとしている今こそ、改めて食生活に注意を払う必要がある。

２００１年のある日、〝彼ら〟は突然私の生活に割って入り、食習慣やライフスタイルを改めるよう行動を起こした。いくつかのセッションの最中に、ＳＣたちが声を荒らげて私に警告をしてきたのだ。その年、私はフロリダ滞在中に脱水症状を起こし、体調不良に悩んでいた。〝彼ら〟は私が長年にわたり愛飲してきたペプシコーラを飲むのをやめるよう厳しく叱責した。それ以来、私の飲食生活は１８０度変わり、体調も好転した。２００２年になると、体内からほとんどの毒素が解毒され、その違いを実感できた。毒素が完全に排出されるまでには、さらに数か月を要した。その後もセッションの折あるごとに、〝彼ら〟は私を監視していることを告げ、私が古い食習慣に戻るたびに鋭く指摘してきた。イギリスでセッションをしているとき、〝彼ら〟はこんなことを言った。「あなたがこれから取り組むことになる新しいエネルギーを理解するために、対応の仕方を身体に教え込ませているのです。エネルギーにはあなたに合ったエネルギーとそうでないエネルギーがあることを忘れてはいけません。現時点では、合わないからと言って、それらのエネルギーを捨てたり遠ざけたりしないほうがいいでしょう。馴染みがないというだけの理由で、あなた方は『これは正しくない』と考えがちです。新しいエネルギーに関心を持ち、『これは何だろう？』という姿勢で観察してください。それらの新しいエネルギーは、あなたの身体を調整するためのものかもしれません。そうやって毒素を排除しているのかもしれません。とりわけあなた方の腎臓は、過去に拒絶してきたエネルギーと向き合うことになるでしょう。身体の浄化の過程として受け入れれば、自然にそれが始まるでしょう」

解毒のプロセスを促進するために、飲料水にエネルギーを入れる方法についても教わった。「水はあなた方の身体の70％、惑星の70％を占めるものです。その重要性は信じがたいほどです。したがってあなたが体内に取り込む水分が身体と共振することは非常に重要です。水を飲むときは、あなたの知識を生かしてエネルギーを注入してください。やり方を教えましょう。注ぐときは螺旋状に。水が螺旋形を描き、渦を巻く様子をイメージします。プラスとマイナスのバランスをとるために、時計回りと反時計回りの両方で行います。それから水を揺さぶって調和を乱します。エネルギーが水の中に入り、渦を巻く様子を想像します。それで終わりです。あなたの想念が水にエネルギーを生み出させるのです。するとそのエネルギーが水に生命力を呼び覚まします。その生命力は惑星地球と調和していいます。地球上にあるすべてのものは、岩も水もみんな液体なのです。水は波動が高く流動的、岩は波動が低く流動しないという違いがあるだけです。あらゆる物質は共振し合い、記憶を持っています。

人類はその共振と記憶を忘れていますが、水はそれを再活性できるのです。人の思考パターンが本来の姿に戻し、共振できるように助けるでしょう。容器に入れた水にエネルギーを注入するとき、そのエネルギーは数時間で消えてしまうことを覚えておきましょう。時間が経ってしまえばまたやり直さなくてはなりません。大切なのは、どんな液体でも飲む前に同じ過程を踏むことです。食べ物についても同様のことができます。食物は、分子の振動が遅い、〝流動しない〟液体です。食物にエネルギーチャージするのは身体にとっていいことです。エネルギーを注入した食物は、あなた方の思考パターンの中にある〝明晰さ〟と呼ばれる場所を浄化し、あなた方が失った明晰さを取り戻してくれるでしょう」

差出人不明のメールより：

時間の流れが加速しています（あるいは崩壊しています）。この何千年というもの、シューマン共振と呼ばれる地球の心音は変わらず毎秒7．83ヘルツでした。軍隊ではこれを非常に信頼の置ける目安として活用してきました。しかし、1980年以降、この共振数が少しずつ上がってきています。そして今や毎秒12ヘルツを超えているのです！　これが意味するのは、1日の長さが従来の24時間ではなく、16時間であるのと同じ計算になります。

周波数に変化が起きていることの証のひとつがここにある。時間は加速し、時間短縮現象が起きている。

あるクライアントの話：

２００３年より地球にエネルギーの流入が起こり、それが地球を本格的に動かしていくでしょう。古い地球に残る人々のグループと、新しい地球へと前進する人々のグループの間の差はますます広がっていきます。その結果、地球の波動はさらに高く強くなり、宇宙全体に影響します。このシフトは単に地球だけの出来事ではありません。銀河系全体を揺るがす一大イベントなのです。

第33章

古い地球

セッションの途中で、アンはうちに帰りたい、そして里帰りの気分を味わいたいと願った。そこで〝彼ら〟は彼女に故郷の様子を垣間見せ、彼女はホームシックになった。「どんな景色を見せているんですか？　そこはどんなところですか？」

アン（以下A）：（とても静かな声で）エネルギーです。（泣き出す）エネルギーを使って私を変えようとしているように感じます。（小声で）そこらじゅうに感じます。……（泣く）愛かしら。

私はしばらくの間アンを泣くに任せた。それから気持ちを落ち着かせて、別の存在に前面に出てもらい、感情的にならずに話ができるように促した。「私たちは彼女をとても愛しています」

ドロレス（以下D）：そのような美しい場所を出て、よりによってこんなときに地球にボランティアに来るなんて、とても勇気の要ることだったでしょうね。

A：　彼女は目的を果たせていないと考えています。それが最大の不完全燃焼感を生んでいます。何のためにここに来たのか、とね。彼女は使命を果たしたいのです。彼女には多彩な能力があり、それらを活用したいと思っています。でも自分一人ではできないのです。

D：　地球のシフトを助けるために降りてきたと言いましたね。それはこれまで聞いているような変化のことですか？（はい）それについて話してもらえますか？

A：　たくさんのことが変化しています。あなたはどの部分に関心がありますか？

D：　地球がより高い周波数に突入するという話です。

A：　その通りです。何か知りたいことがありますか？

D：　今、すべてが加速していて、私たちのいる次元が丸ごと波動を上げているという話をたくさん聞いています。これは本当ですか？

A：　乱気流、近いうちに大きな乱気流が起こります。しっかりと足を地につけて踏ん張る必要があります。嵐が来ます。大地に根を張る安定感が求められるでしょう。ここに住むたくさんの人が迷い、混乱し、苦しむことになります。わかりますか？

D：　乱気流とは、地球でこの頃起きている天変地異のようなことですか？

A：　人間が引き起こした結果、そして地球に起きている変化によるものです。また新しいエネルギーと、あなた方が見たことのない存在たちがやってきます。それによって地球はとてつもないカオスに見舞われるでしょう。いったい何が起きているのか、理解できる人たちだけは落ち着いていられるので、混乱した人々を支えることになるでしょう。そういう時が来ることを心にとどめ、準備しておいてください。現実に起きる前なら理論的に考えるのはとても簡単です。次に肉体がエネルギーシフトと、変化のプロセスに伴って起きるショックに耐え、持ち堪えられるように準備する必要があります。何が起きるのか理解できるというのはひとつの成果ですが、その変化のさなかにあってなお動揺せず、平常心を保てるかはまた別の課題です。

D：　それは人間には過酷なことですね？

A：　困難なことです。そこが当面集中すべきポイントなのです。物理次元で起きる現象をサポートするのがあなたの仕事ですから。他にも他次元からのサポートがありますが、あなたもアンも物理次元にいるし、別の存在もやってくるので。その存在たちはカオスの時代に最も必要な平常心の波動を発信します。

D：　でも人類は私たちの声に耳を傾けるでしょうか？

A：　それを決めるのはあなたの仕事ではありません。あなたがすべきことは心の静寂を保ち、しっかりとグラウンディングをして、聞く耳を持つ人々と向き合うことです。そのようなエネルギーを保つだけでも物理世界ではかなりの重労働になるでしょう。それも地球を選んだ人の課題のうちですが。アンはこれまでの人生経験で、狂気の沙汰のさなかにあっても平静を保つようによく訓練を積んできました。

アンは幼少期に虐待を受け、不安定な両親に育てられた後、結婚生活も支離滅裂だった。

A：　あの経験はいい訓練になっているので、混乱のときが来てもそれに適応するのは難しいことではないでしょう。わかりますか？

D：わかります。これまで聞かされてきたのは、これから地球がふたつに分かれるという話です。地球の波動が上がるにつれ、古い地球と新しい地球に分離するというのですが、これは本当でしょうか？

A：変化が起きた後も元のまま残る、あるいは残りたいと選択する魂たちの住む場所があることは確かです。それは彼らが留まると決めた波動域の世界です。一方でシフト後のより高い波動の地球と同じ波動にまで高めることができた魂は、その新しい波動域の世界に住むということです。新しいエネルギーの波動に合わない魂は、そこに住むことができません。

D：さっき話していた乱気流は、古い地球で起きるんですね？

A：私たちはもうすでに変化の渦中にあります。この先の何年かは変容の時期で、その顛末についてはは多くの予言が存在するので、これ以上つけ加えるべきことはありません。ただこの時期に地球の変化を助けるために降りてきた魂たちが、変化が始まる前に、あるいは最終的な変化が進む前に、どれほど重要な任務を負っているかを自覚してほしいと思います。この過程を無事終えるには彼らのサポートが不可欠だからです。たとえるなら軍隊が整列するように集結し、一致団結して使命を果たすべく準備を整えるのはまさに今なのです。彼ら自身もどちらの波動域に行くかを迫られる重要な局面に遭遇するので、しっかりとグラウンディングをしておくことが大切です。うまくいけば宇宙に大きな貢献ができるでしょう。

D：どちらの波動域に行くか、ですか？

A：グレーゾーンにいる魂たちもいるということです。勇気をもって新しい、より高い波動の世界に飛び込めるまでに自らの波動を上げられたか、あるいはそうでないか、彼らの選択次第でふるい分けられるということです。そしてあなたの仕事は（エネルギーを保つことができれば）、グレーゾーンの魂たちが新しい世界に飛び込めるよう手を差し伸べることです。

D：高い波動域への飛躍ですか？（はい）でも高い波動、新しい地球で乱気流を経験することはありませんね？（ありません）今私たちは乱気流のさなかにいるような感じがします。

A：ちょうど始まったところです。まだ始まったばかりなので混乱は起きていません。混乱というのは、今まで現実と思われてきたことがすべて崩壊したときに困惑し、逃げ惑う人々の狂気がもたらすカオスのことです。その時が来たら、地球のシフトを助けるために降りてきた面々の力が本当に試されるでしょう。恐怖におののき、自我を見失った人々が路上にあふれるような事態がやってきます。それはルイジアナ州で起きたハリケーン災害時の混乱によく似ています。

D：私もそんなふうに考えていました。津波やハリケーンのようなものじゃないかと。

A：違うのは、それが世界規模で同時に起きるということです。

D：そのような災害が世界の複数の地域で起きるのですか？

A：自然災害もありますが、既得権益にしがみつき、現状維持に固執する人々が起こす災害もあります。彼らにも変化が起きていることは見えていますが、受け入れるのを拒否しているのです。真実を聞きたがらない子供のようなものです。そして、事態がすでに彼らの力が及ばないところまで来ていることを認めたくないのです。それで現実にしがみついていることがさらなる混乱を招きます。彼らはしがみつくことで変化を遅らせることができるのではないかという、一縷の希望を捨てられないのです。人々を怖れで固まらせることで、低い波動の現実を死守しようとしているのです。

D：彼らは人々に恐怖を植えつけてきました。

A：人々はこれまで、怖れにずっと囚われてきました。長年にわたり、世界の多くの、というよりほとんどすべての社会が恐怖による支配で秩序を保ってきたからです。権力を集約させるには恐怖による支配が有効で、世界の人々のほとんど全員が、怖れの中で生きてきました。恐怖にもいろんなレベルがありますが、今回のシフトに加え、誰もが自由に対話できるためのテクノロジーが普及したおかげで恐怖が薄まってきたため、権力の座にある人々を不安に陥れました。いろいろと起こる出来事、災害も含めてですが、そういうきっかけで人々が怖れを身近に感じ、怖れと向き合う機会が生まれました。そのおかげで怖れが浄化されつつあります。しかし権力者は、それを望んでいない。そのような覚醒は水面下に押し留め、蓋をしておきたい。こうして破れかぶれの子供さながら、思いつく限りの方法で、人々を怖れに委縮させたままにするよう手を尽くしているのです。それが現状です。現実が今までと変わっていないように見えていても、怖れのエネルギーはどんどん縮小しています。

D：人々はだんだん、自分の頭で考えるようになってきています。

A：そうですね。変化の波の中で、彼らがこれまで気づかなかったことに気づくための出来事が次々に起きているので、彼らも否応なく自らの怖れと向き合うようになってきているのです。怖れは現実にありますが、少なくともその正体が見えつつあります。それが以前と違うところです。今まで埋もれていたものが表面化することで人々は怖れからどんどん解放されていき、心が浄化されていることに、権力者たちは重々気づいているのです。でも彼らはまだあきらめず、何とか変化を遅らせる方法があるかもしれないと考えています。こうして無理やり極限まで押しまくり、とうとうにっちもさっちもいかないところまで来ています。そしてぎりぎりの瀬戸際まで来たら、どう対処したらいいか、誰にもわかっていません。

D：もしかしたら、戦争が起きることもありますか？

A：戦争や伝染病は、人々を恐怖に陥れる常套手段です。

D：伝染病は実際には存在しないものだと？

A：伝染病の蔓延がリアルに起きていると思った人々の身体にはそのエネルギーが入るので、彼らにとっては実在します。しかし、それも主としてエネルギーの領域でのことです。他のすべてのことに言えますが、人々の話題になり、関心を集めることは物質界では現実になるのです。

D：ある一定数の人々が信じると、それが現実になるんですね。

A：でも、伝染病はあまりにも大げさに喧伝され過ぎて、思ったほどの蔓延にはなりません。メディアや映画では恐怖に囚われたネガティブな情報を一般人に刷り込もうとして、断末魔の姿をさらしています。殺人、死亡事故、詐欺などの裏切り、攻撃などの題材を利用して、そこに意識を向けさせることで、希望やインスピレーション、霊感に対抗しようとしています。にもかかわらず、今は十分なポジティブな兆しが報道されるようになっているので、それがドミノ倒しのように連鎖して、もはや止めることは不可能です。

D：もうひとつ、政府が推進している恐怖にテロ行為があります。

A：そうですね。それも伝染病と同様人々が恐れおののき、自分のことだけを考えてバラバラに分断されるように促し、政府が何とかしてくれるという図式に導くツールのひとつです。それは想像上の、無意識の中にしか存在しないものだということに気づく人がどんどん増えています。依然として大量の情報が流れてはいますが、人々は信じなくなっています。潜在意識のレベルで人々が覚醒しつつあることを、権力側の人々もわかっています。だからこそ彼らは論理的に破綻したようなとんでもない話をつくり、まだ信じてくれる人々だけでも引き留めようと悪あがきをしているのです。

D：　自分の頭で考えればわかることですね。

A：　彼らは限界まで押しまくり、一般大衆に選択を迫っているのです。もうそれ以上いけないところまで追いつめることで、彼らは一般の人々に選択を促し、結果的に覚醒の機会を作っています。もう中道や中立と言ったどっちつかずでいることはできないステージまで来ているのです。

D：　カオス状態が訪れるとき、私たちはここにいると言いましたね。それは多発する災害によって始まるのですか？

A：　災害に加え、政府の構造的機能不全が起こります。政府が国民の安全を守れなくなることで社会不安が増大します。年金や給料などの社会保障制度、雇用や宗教といった人々の安心を支える土台が壊れていきます。よりによってそんなときに、ほとんどの人が拒絶反応を示すような宇宙船やその他の宇宙由来のものが顕在意識レベルに出現したらどうなるでしょう。あまりの衝撃に混乱し、何が真実で何がそうでないか、判断がつかなくなるでしょう。政府組織は解体を始め、やがて無政府状態のカオスに陥るでしょう。それもドミノ効果で世界中に広がっていきます。

D：　宇宙船が来るとき、その目的は何ですか？

A：　宇宙船の来訪は昔からあります。姿を現すかどうかは、カミングアウトの許可が出るまでの時間の問題です。これは地球人の自由意思の問題だけでなく、新しい世界にこれから住もうという存在たちにとってのタイミングでもあります。地球に暮らしているのは人間だけではありません。別の次元で他の存在たちも暮らしているのです。なので、彼らが人間に対してカミングアウトを選択したというよりは、彼らのエネルギー帯に人間が入ってきたために可視化されたということなのです。

D：　私はこれまでにも彼らとともに仕事をしてきたので、彼らが地球にいることや、彼らが善意の存在だということは知っています。

A：　でも、彼らがカミングアウトして人間の前に現れ、政府は崩壊し、自然災害が群発し、ということが立て続けに起きると、地球の大半の人々はもうショックで思考停止になってしまうでしょう。彼らが持っていた宗教的世界観が崩壊し、人生が根元から崩れ、もう何を支えに生きて行けばいいか、わからなくなってしまうでしょう。これまで物質界や、地球という狭い世界しか知らずに生きてきた人々にとってはこの上ない恐怖を突き付けられることになります。極限状態の恐怖心は人を発狂させ、統合失調症などの精神疾患を引き起こします。そうなった時、非常に弱い立場に立たされた人々に、あなた方が手を差し伸べるのです。

D：　アンや私のような人々が、危機に瀕した人々を助けることになるんですか？

A：　まったく意味がわからないままますべてを失くし、途方に暮れる人々にとって、このシフトを予測し、怖れに打ちのめされなかったあなた方が新しい世界の支柱になっていくのです。あなた方が彼らに真実を伝えるからではなく、あなた方は平静を保てるだろうということです。

D：　みんながカオスに陥り、右往左往しているときに一体何ができるでしょうか？

A：　平常心を見失うことなく、落ち着いていられることが重要で、何をするかではありません。多くの人々は目の前で起きていることが理解できないので、彼らはあなた方のありように注目し、そこに答えを見つけようとするでしょう。あなた方もどうするべきか、わからないかもしれませんが、少なくとも心の準備はできていました。そのお陰で、事態はいい方向に向かっているという見通しを信じられるでしょう。あなた方は頭がおかしいわけではありません。

D：違いは、シフトを迎える心の準備があったかどうかなんですね。

A：その通りです。

D：この2年くらい、私のところには現在ヒーラーをしている人々や、SCにこれからヒーラーになるように言われた人々がたくさん訪ねてきました。なぜ、これほどたくさんのヒーラーが必要とされているのでしょうか？

A：地球の総人口を知っていますか？

D：はい。とても大きな数です。

A：それが理由のひとつかもしれません。それに多くの魂にとって、地球が初めて進化するという稀有な学びのチャンスが訪れます。長い魂の旅路の中でも滅多に得られない貴重な経験となるので、高度に進化した魂たちがこの時を逃さずさらなる成長をしたいと、関心を寄せているのです。

D：社会が構造もろとも崩れ去るとなれば、医療従事者の需要が高まるのではないでしょうか？そうすると、エネルギーヒーラーや自然療法のエキスパートが必要になりませんか？

A：この先エネルギーレベルがある一定の値を超えると、今のような病気は存在しなくなります。そのようなヒーラーたちへのニーズはもちろん多くなりますが、病気自体がもう存在しなくなるのです。ですからヒーリングが必要になるのも一時的なことで、ヒーラーたちはニーズがあるときに仕事をするでしょう。もし町から人がいなくなり、あるいは町が水没して病院がなくなれば、そこでヒーラーが活躍するでしょう。しかし彼らは他者のヒーリングだけのためにここにいるわけではありません。彼らはこのシフトを経験することに大変な関心を寄せていて、未曽有のチャンスを生かした自らの魂の成長を望んでいるのです。

D：それで私たちはこのタイミングで地球に来ているんですね。

A：それは大きな動機です。

D：地球の進化に合わせて、私たちのDNAも変えられてきたと聞きました。これは本当ですか？

A：エネルギーの加速にかかわっているグループはたくさんあります。彼らにはそれぞれ独自のテクノロジーがあり、地球の波動を上げているのです。私たちから見ると、それが人間にも影響を与えているということだと思います。私たちが特別に人間のDNAに手を加えることはありません。高い波動が低い波動に影響を与えるのはごく自然なことなので、結果的に人間のDNAの眠っていた部分が影響を受け、活性化されているのでしょう。

D：ここ数年でたくさんの人々が身体の異変を感じているのは、DNAの変化が原因だと聞きました。

A：身体の不調を起こすエネルギーブロックは、カルマや食習慣や不摂生による病気の発症など、原因は様々です。物理的原因は何であれ、それまで眠っていたブロックの部分が新しいエネルギーに刺激され、症状となって意識にのぼっているのです。シフトに伴い体内でエネルギーが自由に流れるように、新しいエネルギーがネガティブな部分に対処するよう迫っています。それにはブロックやトラブルを起こしている部分を解決し、浄化しなくてはなりません。そのために不調に苦しむ人々は、症状を起こしている原因と向き合い、対策を講じなくてはなりません。そうするか否かは本人の選択次第です。

D：私が聞いたのは、この頃の不調の多くは、地球の波動が上がってきたことによる調整が起きているからだということです。

A：　そのとおりです。

D：　もし、古い地球で大混乱が起きるのであれば、それは世界がふたつに分かれていくのと同時に起きるんですか？この言い方が正しいかどうかわかりませんが、新しい地球は新しい波動、新しい次元に存在するのなら、古い次元とは違う、ふたつの世界が生まれるのではないかと？

A：　見方によっていろんな説がありますが、要するにエネルギーの振動の問題です。自分と同じ波動の世界は見えますが、違う波動の世界は見えません。つまり低い波動、遅い周波数の世界がそのままとどまるなら、それは高い波動の世界からは見えなくなります。波動が上がった新しい世界のほうが、古い地球から離れていくような感覚です。

D：　でも新しい世界では、これまでとは何かと違ってくるんですよね？　そこにカオスはないんですよね？

A：　ありません。カオスは主としてそれまでの信念体系が瓦解することによって起きるものです。信じていたものが壊れてなくなり、ゼロベースになることへの戸惑いです。これは多くの人が経験することです。新しい地球に属する魂にとって、それは何ら不都合ではありません。だから他の大勢のように苦しむことがありません。彼らにとっては天地がいきなりひっくり返り、それまで自分であったものが自分でなくなるという理不尽なシフトではないからです。宇宙にはよくある変化のひとつです。カオスの中から立ち上がり、前に進む人と、そうでない人に分かれていくでしょう。

D：　そこがまだ腑に落ちないのですが、新しい世界には何の問題もなく、美しいところなので、残してきた世界を振り返るな、と言われます。あなた方は私たちに古い地球にかかわってほしくないのでしょうか？

A：振り返ることにメリットがないからです。振り返ってはいけないわけではありませんが、古い地球の人々が選択したことについて、あなたにできることは何もありません。だから、あなたが古い地球の様子を見て悲しんだとしても、あなたの波動を下げるだけです。

D：でも、私たちはそのような人々に手を差し伸べるのだと言いましたよね？

A：私たちは、地球の変化を助けるためにここにいるのです。エネルギーをグラウンディングさせるために。元々波動の高い人々は自力で進んでいけるので、あなた方は彼らに寄り添うべきではありません。と同時に、非常に強いネガティブエネルギーに囚われている人々にも寄り添うべきではないのです。あなた方が手を差し伸べるべきなのはその中間層、混乱しながらも高い波動の世界に跳躍する準備が整いつつある人々です。

D：では、私たちはそういう人々のために古い地球にとどまるのですか？

A：あなた方が移行すべきときが来るまでは、グレーゾーンの人々を助けることができます。そのときが来たら、自分でわかります。それ以降はもう彼らを助けることはできません。「いつまでとどまっていたらいいか？」という問題ではありません。あなたが問うべきなのは、「古い地球にいる間に何をすべきか？」です。

D：私たちはカオスの世界から切り離されて、美しい世界に行けるんだと思っていました。

A：移行は緩やかなプロセスを辿りますから、しばらくの間は分離することなく続きます。ある日突然新しい世界が現れて、古い世界が消失するといったことではありません。最終的には完全に変わりますが、過渡期は1か月かもしれないし、5年かかるかもしれません。まだ古い地球にいるのなら、そこを出る日が来るまでしっかりとグラウンディングをして、するべき仕事をしてください。シフトが完了したら、もう戻りたくても戻れないでしょう。

D：自分の波動を高められた人は新しい地球へ行くのですね。

A：その通りです。

この会話は、西インド諸島バハマのアシュラムで講義をした際に受けた質問に答えるものだった。ある若い女性参加者が、自分は助けを必要とする人々のために古い地球に残りたいと言った。これに対して私は、それは尊い決意ではあるが、実現しないだろうと答えた。その理由が今回のセッションで語られた。すべては波動の原理で、その人の波動が新しい地球と同じレベルに達したら、自動的にそこに収まるようになっている。彼らが「もう戻りたくても戻れない」と指摘するように、決断は私たちの意思を超越した法則によって下される。

D：私たちの役割はまだ迷っている人たちを助けることですね。（はい）いろんな人からいろんな話を聞くので、ときどきわからなくなるのです。

A：人間の視点からは見えないことが多いですからね。

D：この先に乱気流が待っているんですね？

A：はい。必ず来ます。まだ始まったばかりです。権力の座にいる人々はまだすべてのカードを切り終えていませんから。まだいろんな手を使って変化を止めようとするでしょう。そして自然災害も起こります。このため混乱が混乱を招き、私たちが予測していたカオスよりもっと重篤な混乱が訪れるでしょう。ですが、未来は確定事項ではありません。違ったシナリオも起こるかもしれません。

D：この先は年齢が意味をなさなくなると聞きました。

A：年齢というのは幻想です。もっと進化していけば、どういうことかはっきりしてくるでしょう。

D：もうひとつ確認ですが、シフトが起きたら、私たちは（そう望むなら）肉体を持ったまま新しい地球に移行できると聞きました。これは本当ですか？

A：できますよ。でもそれも期間限定のことです。遠からず次のシフトが訪れます。

D：その後はどうなりますか？

A：人類は純粋エネルギーとなるでしょう。

D：アセンションした人々ですね。

A：その通りです。

D：全員がアセンションするわけでないとも聞いています。

A：全員にその機会が与えられるということです。新しい高波動をキープできるかどうかは本人次第です。その波動でいられないからと言って、誰も何もしませんし、消されるなどということもありません。自分が持っている波動に合った次元に行く、ただそれだけのことです。

D：そのことを、古い地球に残される人々と呼んでいるんですね。

A：神の計画では、すべての人が神の元へと還れることになっています。

D：ただそれぞれ違ったタイミングがあるんですね。

これは別のセッションの最中に、SCと話したときのやり取りだ。

D：物事が変化しているという話ですが。

S：変化が加速していますが、地球の科学者はそれを把握できていません。地球の温暖化が進み、地球の生態系が破壊的にダメージを受けています。その影響は科学者たちの予測をはるかに超えるペースで進んでいます。

D：科学者たちはそれが本当に来るとは信じていないのでしょうか？

S：信じてはいますが、危機はまだ何十年も先のことだと高をくくっています。でも、そうではありません。まさに今！　起きているんです。もう目の前に迫っています。アメリカにはいくらか安全な場所が残っていますが。

D：温暖化の原因は何ですか？

S：汚染を加速させる物質です。大気中に浮遊する汚染物質の粒子やガスなど、そういったいろんなものが環境を汚染しています。人間の営みの結果です。夏が異常に暑いのもそれが理由で、これから嵐も増えるでしょう。それも信じられない数の嵐が次々にやってきます。これから来る未来を誰も予測できないでしょう。海岸線、水の近くでは異様な光景を見ることになるでしょう。嵐や津波がどんどん起きてきますから。タイムテーブルが変わってきました。

D：元々のタイムテーブルではこうならなかったのですか？

S：元々の予定よりずっと早く進んでいます。前倒しになっているのは人類の行いの結果です。残念ですが。

地球の悲惨な未来を見ることになったセッションもあった。

D：ジャニスの最後の質問ですが、タイムスリップして2325年に進みたいと願っています。その年、彼女は肉体を持っているか、それとも霊体として存在しているかを知りたいと言っています。その時点に進み、彼女の姿を見ることは可能ですか？

するとジャニスはすぐに2325年に進み、見えている風景について語り始めた。

J：私はインストラクターです。クーギーの育て方を人々に教えています（笑）。

D：どうやって育てるんですか？

J：クーギーですよ、クーギー。地球にもある食用の植物です。芽キャベツみたいな野菜で、巨大な台の上で栽培されています。この野菜が入った容器の金属製の縁に触れると、振動が伝わり、植物が育ちます。

D：どうしてその食用植物を育てているんですか？

J：地球では何も栽培できなくなりました。これは地上ではなく宇宙で、宇宙船の中で栽培されています。蔓が伸びて宇宙船の壁面を覆っています。網を使って酸素が植物や室内、宇宙船全体に届けられています。私はこれをクーギーと呼んでいます。おかしな名前でしょ。クーギーなんて。作業員たちは宇宙服を着て、地上とつながっているロープで移動します。そしてエレベーターで上昇するようにロープで宇宙船へと昇り、これらの植物の世話をしています。私は今講義をしているところです。私はこの仕事を監督する立場にあります。大事な仕事です。

D： 食料の栽培ができなくなるなんて、地球ではいったい何が起きたのですか？

J： 愚か者たちが地球を台無しにしたのです！　奴らは地球の生態系をぶち壊しました。地球は今も回復の途上にあります。

D： 愚か者たちはどうやって地球の生態系を破壊したのですか？

J： 戦い、憎しみ、無関心、誤用、無駄といった悪徳の限りです。彼らは生態系を破壊し、動物たちを絶滅させました。人間もダメージを受けました。挙句に加害者本人ですら生きられなくなったのです。

D： それで今はどこに住んでいるのですか？

J： 人々はハイブリッド種になりました。彼らは地球人やその他の霊的惑星の住人の生き残りです。地球に生まれた新しい次元に適応するために、ハイブリッド化されました。今、私たちが話しているこの時点から新しい次元がやってくるまでの間は、このハイブリッドの身体を使います。ハイブリッド化はグレイが担当しました。

D： 地球には住人がいますか？

J： いますよ。地球に住んではいますが特殊なスーツを着ています。地上から炎が噴き出して、あちこちで火災が起きています。２０３０年頃まではアリゾナ州近辺の土地から噴火が起こります。

ちょうど間欠泉が噴き出すように、25～50フィート（約7～15メートル）くらい吹き出します。人々は相変わらず戦争をしています。熱から身を守るためにスーツを着て地上を移動しています。でも依然として戦争は続いています。メキシコとアメリカの間で戦争があります。メキシコでは生きられなくなったので北上して戦っているのです。まったく無駄なことです。

D：メキシコ人はどうして、アメリカ人と戦っているのですか？

J：土地の所有を巡る戦いです。アメリカには、まだ生存可能な土地が残っていますから。でも、それもさほど多くはありません。

D：その頃までには、地球上のほとんどの土地に住めなくなるということですか？

J：そうです。破壊はもう始まっています。

D：破壊によって地球上の土地に住めなくなるのですか？

J：人間の身体の性質上、このままいけば地球上に住める場所がなくなるでしょう。2001年の時点ですでにその傾向は始まっています。呼吸が困難となり、住みづらくなっていきます。

D：土地が居住に適さなくなるほど、いったい地球で何が起きたのですか？

J：波動の連鎖によるものです。人類が地球の生態系を破壊し始めた最初の行為が、その後の連鎖反応のスイッチを入れたのです。ひとつの破壊が次の破壊を引き起こし、次々と悪化していきました。動物たちに始まり、次の生物、さらにまた次の種、と続きました。最初に人類が原子爆弾を投下したことで、その後の連鎖反応が決まりました。たとえば、水面に石を投げ入れるとできる波紋のように連鎖が続くのは、自然の摂理です。波紋の波及は弱くなってはいますが、最初の一撃はすさまじいもので、生物が全滅するシナリオの引き金を引いてしまったのです。彼らが発明し、投下した爆弾は予想以上の影響を残しました。その波動は、自らの魂の存続すら揺るがすほどに轟き渡ったのです。

D：地球上の土地をダメにしたのは戦争だと思っていたのですが、原因は人間だったということですね。

J：諸悪の根源は戦争です。人間が何か悪いことをするきっかけは、いつも戦争です。人間同士で殺し合うのも戦争です。もう手遅れです。人間が犯した過ちを改めるには遅すぎるのです。行為には結果が付いてくるので、巡り巡って返ってきます。行為をしたときには夢にも思わなかったような形で返ってくるのです。そうやって自然を破壊すると、自然界の調和が保てなくなるので、その先にあるのは袋小路です。自然界の法則は、神が作った完璧なものだからです。

D：2001年に降りてきたETたちが助けてくれるという話がありますが？

J：彼らは愛にあふれていて、とても親切な光の存在です。彼らは地球にエネルギーを送っています。グレイやその他の宇宙の存在の話です。彼らは別の次元にいます。レプティリアンも同様です。彼らはみな、彼らのやり方で地球を支えています。特にグレイは宇宙からの使者で、他のETたちよりも深い愛情を持っていると私は考えています。彼らが放つ光が好きだからかもしれませんが、彼らには愛があります。

D：でも、今ジャニスが見た未来の時点では、地球がすでにダメージを受けていて、人々が食料を確保する手助けをしています。

J：肉体を維持するのに食糧はほとんど必要ないことに人間は気づいていません。食物を摂取するより、愛と酸素を浸透吸収するほうが効率的なのです。食物は身体に負担を強いるのです。

D：人間には理解できません。食べることが大好きです。

J：　ハイブリッドになればわかるでしょう。人間はそれを毛嫌いし、抵抗しています。人間はグレイが世界を乗っ取ろうとしていると思っています。何と恐ろしいことでしょう！（クスッと笑う）彼らは何を手放したでしょうか？　戦争や憎しみ、ネガティブな面です。それがゴールじゃないですか？（笑）

D：　人間も、身体が自動的に調節されるようなときが来れば理解できるでしょう。どのみち進化すればそうなるでしょう。

地球にこのような未来が待っているという話はこれまでにも聞いたことがあり、著書にも書いてきた。『惑星の遺産』の最後に、私は過去ではなく未来にタイムトリップした女性のセッションの話を書いた。彼女は地球の地底に広がるアリの巣のようなトンネルの中に住んでいた。地上は汚染が進み、植物は何も育たなくなっていた。大気には毒ガスが混ざり、生活できない。地上に出る唯一の方法は特殊なスーツを身に着けることだが、それでも長い間留まることはできない。未来のこの人々は、地底で暮らすことに適応するために現在の人類とは似ても似つかない姿へと進化していた。その姿はグレイと呼ばれる、馴染みのある小さなETに似ている。彼らは未来の人類だとする仮説があるが、もしかしたら彼らは、もしこのままの行動を続けているとどうなるかという警告を伝えるために、未来から現代に来ているのかもしれない。あるいは、自らの暗い未来を変えたくて過去に遡ってきたのかもしれない。

私が世界中で実施している集団での退行催眠セッションでも同じような話がたびたび登場する。集団の退行催眠とは、ワークショップに参加している全員を同時に変性意識状態へと誘導するものだ。

彼らをそれぞれの過去世へと誘導し、その転生から現在の人生に役立つヒントを見つけるという楽しいタイムトリップだ。ワークショップでは未来に誘導するタイムトリップも実施する。参加者それぞれの未来に行き、どんなことが起こり得るかを観察するというものだが、そこで見たことはあくまで可能性の域を出ないため、真剣に受け止めるものではない。しかし、私のような好奇心旺盛なリポーターにとって、多くの人が同じ未来の可能性のシナリオを何度となく語る様子には驚かされる。

ある人は地球上空の軌道を巡回する宇宙船で生活し、重力のない世界で水耕栽培により食物を育てていた。地球では食料の需要があるにもかかわらず、地表で栽培できなくなったことから、そのようなことをするに至ったという。またある人は海底の研究施設で、海でできる食物を栽培し、人類の食物需要に貢献していた。これらはジャニスが見た陰鬱な未来によく似ている。それは私たちの子孫が味わってほしくない未来ではあるが、人類が生き残るための驚くべき柔軟性と創意工夫をうかがわせるものだ。

第34章
シフトの先遣隊

来るべき次元移動《シフト》について、私はこれまで数えきれないほどの情報を得てきた。そのほとんどは『入り組んだ宇宙』第2巻に書いた。しかし、その後も引き続き追加の情報がやってくる。これは人類の運命であり、未来だ。本章でお伝えするセッションでは、シフトについての不明点がまたひとつ明らかになった。地球は以前にも同様のシフトを経験してきた。過去にある種族が一斉に別の次元へと移行したのだ。このような事例は、ひとつの文明が唐突に跡形もなくまるごと消滅した、謎の文明として知られている。〝学者〟と呼ばれる人たちが様々な憶測や学説を提唱しているが、これらの種族が何の手がかりも残さずに地球を去り、違う次元へ移動したという単純な説を主張する人はほとんどいない。マヤ族がその代表例であり、北米のネイティブアメリカンのいくつかの種族も同様だ。

セッションを通じて得た情報によると、これらの種族は非常に高度な進化を遂げ、一族がもろとも波動を上げてシフトすることを選択したのだという。種族が次元移動したことは、マヤ暦が2012年で終わっていることの最も論理的な理由だと聞かされた。高度に進化したその種族がシフトを実現できたのなら、将来彼らに倣い、地球全体として同じことを成し遂げられることが予見できただろう。

それは彼らの種族がしたことよりさらにスケールの大きなシフトとなることから、彼らは暦にその時を記し、地球まるごと、そしてそこに住むすべての生物が一斉に波動を変えて次元移動する日としたのだと。その話を聞いて、私は理に適っていると感じた。しかし、実際にそのシフトを経験した人の退行セッションをすることになろうとは思ってもみなかった。彼女は、私たちには憶測するしかない当時のことを語り出した。これは失われたパズルのピースを埋める、過去からの情報となった。〝彼ら〟は私が完全な情報を入手できるよう手配を怠らなかった。私の仕事はそれらを整理して、筋の通ったストーリーに組み立てることだ。

ローマ時代に事故死を経験した後、スーザンが下界を見下ろすと、自分が歩いた螺旋状の道が見えた。「道のように見えるけど、象徴的なイメージにも見えます。巻き貝を半分に切ったような形でしょうか。ちょうどそんな感じです。螺旋を見ていると、宇宙から情報が降りてきて、物の道理を深く洞察できるようになっていきます。螺旋の中に自分の居場所があり、螺旋がどう宇宙の時空の一部として収まっているかが見えるんです」

私は彼女を死のシーンから離れ、それより前でも後でもかまわないが、彼女が見るべき別のシーンへと移動するよう指示した。「左から木の階段を下りるところです。木製の手すりがあります。目の前には丸太でできた構造物があります。誰もいません。何というか、要塞のような場所で、そこから外を覗いています。山の中につくられた建物なのですが、うまくカムフラージュして目立たないように作られています。そこがこの建物の中心部で、山の岩石をくりぬいてつくられています。これはネイティブアメリカンの持ち物です。そしてわかるのは、これがエーテル界とか、アストラル界のものだということ。5次元とも言いますか、何しろこれは3次元ではなさそうです」

ドロレス（以下D）：　物質界ではないのですね？

スーザン（以下S）：　物理次元のように見えますが、地球のような物質ではありません。たとえるなら、地球の風景が違う次元で振動として浮かび上がっているような感じです。まるで地球の次元に重なるように存在しているみたい。もしかしたら、かつては地球の物理次元にあったものが、波動を上げてパラレル世界をつくっているような感じでしょうか。でなければ、何か地球に関係しているみたいだけど3次元の地球ではない場所です。

D：　その場所に馴染みはありますか？

S：　私の故郷です。

D：　その次元が故郷なのですか？

S：　はい。石や木があって、見た目は地球とそっくりです。間違いなく山の中で、アメリカ南西部のように感じます。とても居心地のいい場所です。私の関心の対象も仕事もスピリチュアルなものやヒーリングに関することです。

D：　自分の身体がわかりますか？

S：　私は男性で、まだ若い、たぶん30前後です。引き締まった身体で、仕事の経験も豊かです。

D：　どんな服装ですか？

S：　素朴な、織物のような素材の服で、機能的なチュニックを着ています。シンプルな服装です。

D：　そこは地球ではないんですね？

S：　地球ではありませんが、関係はありそうです。

D：　肉体はありますか？（はい）地球でないのなら、どうやってそこへ行ったのでしょうか？　見ているうちにわかってきますよ。

S：地球と違って、すべてが自然に起きるようです。人は生まれて成長する。もしかしたら一時期は地球にいて、何らかの変化をしたのかもしれません。そんな気がしてきました。

D：何か地球と関係がありそうだと言いましたね。もう少しわかりますか？

S：たぶん、私たちには地球の意識があります。ただ違う次元にいるという気がします。だからここから地球を認識できるということか、または、かつて地球にいたけれど今はここに移動してきたということでしょう。

D：地球から移動してきたということは、土地もろともやってきたのですか？

S：人々の一団、一団と言ったのは、それほど多い人数ではなかったということです。何が起きたかはわかりませんがこの一団が同時に似たような経験をして、周波数を超えるところまで来たんです。その社会がまるごと超えて行った感じです。

D：それは意図的なことですか？（はい）その一団が相談して決めたことだったんですか？

S：話し合いをして、そうなるために努力もしました。全員が望んだことでした。

D：一団ということは、全員ではなく、あなたの属する集団だけが移動したということ？

S：私たちが知っていたのは自分の一団だけでした。私たちはネイティブアメリカンです。他にも別の種族がどこかにいるのはわかっていましたが、それは私たちが知り得る世界の外でした。この世界には私たちだけでしたから、気にかけていたのは自分たちのことばかりでした。

D：どうやって民族ごと移動できたのですか？　教えてくれた人がいましたか？

S：私の種族には何世代にもわたり賢者がいて、彼らが瞑想を通じて学びました。私たち全員で学んだのです。全員と言っても数百人程度だったと思いますが、それが私たちの世界のすべてでした。完全に移動する前に、すでに経験したことがあったと思います。個人でも集団でも行ったり来たりしていました。波動が上がるとシフトを経験し、そしてまた戻ってきました。

D：どうして、それが起こるとわかったのですか？

S：私もちょうど同じことを考えていました。ただわかっていたんだと思います。誰かが教えたことがあったかもしれませんが、わかりません。感じるのは、私たちは元々地球にいたのではなく、入植地である地球にやってきたのだと。そして、いずれ民族の移動があることをあらかじめ知っていたのです。

D：移動したい理由は何ですか？

S：探検目的だと思います。それが可能かどうかを知るための。3次元での経験をして、シフトを経験して、また次の次元での経験をする、というような。

D：では地球の3次元で何か不都合や不具合があったわけではないんですね？

S：いいえ、危険が迫っているとか、そういうことではありませんでした。

D：でも、もし3次元の地球で幸せに暮らしていたら、わざわざ移動したいと思わないのではないですか？

S：そう聞くと、クスッと笑いたくなります。魂の霊的傾向として、魂は常に学びを求めるものです。すべて順調に行っていたとしても、「さて、あの向こうには何があるんだろう？　何か新しい経験ができないだろうか？」という思いがよぎるのです。

D：3次元でもあなた方は霊的な民族だったのですか？

S：ええ、とても。私たちは地球と、地球が秘めた力をリスペクトしていました。

D：でも地球に残りたいとは思わなかった。（そうです）それで全員で一斉に移動することにした？（はい）で、行ったり来たりしたと言いましたね？

S：初めのうちはそうでした。最初は脱出しようとしていたのですが、練習するうちに全員で同時に移動できるようになりました。今青い石、ラピスラズリが見えています。たぶん私たちの出身を象徴する石のようです。トルコ石がアメリカ南西部のネイティブアメリカンの種族やチベット民族を意味するように、出身地を意味しているようです。ラピスラズリは私たちの民族の象徴で、外宇宙から来た民族です。

D：地球の出身ではないんですね。

S：地球に来たのは私の世代ではありません。でも、祖父母の時代よりは後だと思います。

D：どんな経験をしたのか話を聞きましたか？

S：きっと話してくれたのだと思いますが、覚えていません。

D：覚えていたら次元移動がもっと楽だったかもしれませんね？

S：知識は助けになりますからね。でも、教わらなくても人には元々備わっている叡智があるのです。移動の仕方はみんなが知っていました。知っているという自覚がなくてもね。

D：それで、あなた方は身体と環境もろとも次元移動したのですか？

S：それはわかりません。行った先で以前と同じような環境を作り出したか、行った先にそのような環境がすでにあったかのどちらかだと思います。

D：行った先の環境は気に入りましたか？

S：新しいことを経験できるワクワク感があります。場所の設定というより、そこから何が得られるかが大事です。私は盛んに思考を巡らせています。

D：その次元では食事を摂る必要がありますか？

S：食べる習慣はありますが、固形物ではなくもっと軽い、波動のようなものです。一度食べると長持ちするので、それほど食べる必要はありません。

D：もう元の地球には戻りたいと思いませんか？

S：ステップアップしてここに来たのです。進化の次のステップがここなのです。

私は彼を、何か重要なことが起きた日へと移動した。新天地はあまりに快適で、波風が起きそうになかった。

S：戻ってくるように言われています。涙が出てきました。地球に戻ってくるように言われています。

D：あなたの民族が全員で戻るように言われているのですか？

S：一部です。地球の人々を助けるためだということはわかります。地球の人々に慈愛の気持ちがあることも確かです。

D：でも戻りたくない？

S：戻りたいけど戻りたくない。ちょうど未開の地に探検に行くような、相反する気持ちです。行きたい気持ちはやまやまでも、故郷を離れたくない気持ちもある。私たちは深い思いやりのある民族です。慈愛の心を地球の人々と分かち合いたいのです。

D：その場所は霊界ではないのですよね？

S：完全なる霊界ではありません。物質界より密度は薄いけれど、霊界ほどではない。

D：死んでから魂が行く場所よりは、密度が濃いのですね？

S：どうでしょう。私たちには永遠の命がある気がします。肉体が死んで物理世界を後にした過去があるかもしれませんが、その後に行った場所は死ぬ必要のない次元です。たぶん身体の分子構造を変えて、霊体へと変容させることができたのだと思います。

D：何らかのやり方で、身体を変えたのですか？

S：はい。移動するときに何らかの質的変化がありました。最初に行ったときは身体ごと行ったと思います。身体を変化させて、その身体で移動しました。

D：肉体の分子構造を変えて？

S：はい。完全に変えました。

D：それがシフトのための唯一の方法ですか？

S：死ぬこともできたと思います。でも民族が全員死ぬことはできなかった。ていうか、全員で死ぬこともできましたが、これはある種の実験でしたから。3次元から集合意識を一体化する実験で、まだ誰もやったことのないチャレンジでした。

D：あなた方の民族が先陣を切ったのですね？

S：そのやり方をしたのは私たちが最初でしたが、他の民族はまた別のやり方をしていました。

D：あなた方は地球に不満があったわけではなく、より霊的な進化を求めていたのですね。

S：地球も新天地もどちらも霊的な場所ではありましたが、3次元以外の環境のほうが制限も少なく、その分有利だと感じたのです。

D：ところで、誰かが戻ってきてほしいといっているのですか？

S：戻らなくてはならないというわけではありません。呼びかけがありました。地球に助けが必要で、手を差し伸べる機会があると。

D：どうしてそれを知ったのですか？

S：そういう話でした。言葉ではなくテレパシーで共有できるので、周知のことでした。私たちが地球を去ってから、状況がかなり悪化していると。以前とは違ってしまいました。

D：地球で起きていることがわかるのですね。

S：はい、よくわかります。だから地球とは意識がつながっていると言ったのです。ホログラフ化された思考プロセスのようなものです。私たちは、全員ではないかもしれませんが、知りたいことに意識を向けるだけでそこに行けるのです。ここにいる人々と地球に残っている人々の間にはある種のつながりがあります。たとえば、地球では助けが必要だということに私たちのひとりが気づくと、全員がそれを察知するんです。今、それが起きています。

D：すでに経験済みだから、先が見通せるのですね。

S：はい。密度の濃い地球で生きる経験ができるなんて最高のチャンス、プラチナチケットです。

D：これからどうしたいですか？

S：もちろん行きます。行けば地球の役に立てるので。

D：そんないいところにいるのに、離れていいのですか？

S：よくありません（笑）。でも、ここに居ながらにして地球に行くことはできないので。

D：どうやって行きますか？　方法を知っていますか？

S：恐らく赤ちゃんとして生まれるのだと思います。魂を肉体に入れるのか、他の意識と合体させるのかは不明ですが、いずれにしろ肉体を持って人間として生きることになります。だから胎児からのスタートで、私の意識が１００％そこに宿ります。

D：そうなると、そこにいるあなたの身体はどうなりますか？

S：こちらでは身体と言えるものではなく、波動、意識のエネルギーです。

D：では、その意識が赤ちゃんに宿るのですね？

S：そのようですね。

D：ゼロからやり直すということですね。

S：はい。そんなところです。

D：でも戻ることは重要なんですね。地球で同じことが起きると思いますか？

S：同じこととは？

D：地球で次元シフトのやり方を教えるのかと。

S：ここは何というか、悲しむべき状況にあります。ここの人々は大事なことを忘れてしまったのか、でなければ学ぼうとしないのか。地球の人々は愛することと赦すことをもっと学ぶ必要があると思います。次元の高さにかかわりなく、どこにいようと学ぶべきことに変わりはありません。私たちは愛であり、ただひとつの創造主から派生した魂だということです。地球の人たちは目先の多様なサバイバルゲームに囚われ過ぎています。

D：でも、赤ちゃんとして行くとなると、そういうことを全部忘れてしまうということですよね？

S：計画はインプットされています。でも忘れるように、雲がかかるようにプログラムされているので、確かに忘れます。でもタイムリリース方式のプログラムもあって、ある時点が来れば再活性するようになっています。そのトリガーとなるのは、人との出会いや付き合い、事件や出来事、地震、噴火、嵐のような災害などです。何かが起きるという前兆は身体で感じます。

D：地球で何かが起こるのは、生まれる前の計画を思い出すトリガーなのですか？

S：そういうのもきっかけのひとつだということです。私は身体にエネルギーがむくむくと湧いてくるのでわかります。

D：地球で起きる天変地異などの災害は、地球の人々が本来持っている計画や使命を思い出し、再活性化するきっかけなのですね？

S：使命がある人にとっては、それを思い出すトリガーになります。古来より伝わる儀式への参加も大きなきっかけのひとつです。

そろそろスーザンのSCを呼び出し、より詳しい説明や質問の答えを引き出すときが来た。それまで話していたスーザンの別次元の存在も、とてもわかりやすく情報を共有してくれたが、「出所は同じですが」と言いつつ、呼び出すことに前向きだった。まずはなぜこの人生を見せたのか、理由を訊ねた。

S：まず彼女に自覚してほしいのは、自分が探検家で、いつでも未知の領域へと駆り立てられる心を持っているということ。そして今は地球がその探検の目的地だということです。地球行きがあらかじめ決まっていたわけではありません。

D：彼女がいたのは違う次元のようでした。

S：そうです。

D：彼女の集団は、外宇宙のどこからか来たのだと感じていました。それについて何かわかりますか？

S：彼らは宇宙のソースから来ました。

D：直接？（はい）集団で、ですか？

S：集団というわけではありません。経験を求めている意識なので、そのために分離したのです。それでも同じ魂です。スーザンは魂がいくらでも分離できることを知っています。分離して独自の人生を辿ることも可能です。それもアリなのですが、元々ひとつの魂です。

D：どうして地球に住みたかったのですか？

S：地球は特別な場所だからです。学べる機会が豊富なのです。

D：でも次元シフトすることに決めたのですよね？

S：地球に来て肉体を持ち、先駆者となりました。後続のために形を作り、道を切り拓くことはとても重要です。すでにつくられた道を行くのは簡単です。誰もやったことのない道なき道を進むのは困難ですが、徐々に易しくなっていきます。〝百匹目の猿〟とかいう言葉があるでしょう。道筋を作っておけば、後に続く人は簡単にできるのです。そして時間はひとつです。やがてアセンション、シフト、変容へのニーズが生まれることは以前からわかっていました。

D：彼らがソースを出てこの実験をしたいと思うようなきっかけがあったのですか？

S：彼らの探検の対象は次元の上昇と形の変化でした。純粋に3次元の存在として生きて、その身体を持ったまま次元を超えて行く実験をしていたのです。

D：身体ごとシフトするんですね。

S：この場合は身体ごとのシフトの実験でした。

D：そういう実験だったんですね。

S：はい。そのノウハウはあります。知識は入手可能です。

D：ソースから直接来た人々にとっては簡単なことだったのでしょうね。

S：はい。彼らはもっと高次の技術を持っていて、地球の感覚ではあっという間の出来事でしたが、手間のかかる仕事でした。

D：彼らは地球に短期間しかいなかったので、汚染を免れたのですね？

S：汚染の意味がわかりません。

D：地球に長くいると、カルマに絡めとられて抜け出せなくなるのです。

S：地球は純粋なる善意でできています。

D：地球にいる人々とあまりかかわらなかったので、脱出が容易だったのだろうと思います。

S：自分たちだけでいたので、心はひとつでした。偉業でしたが、ハードルがなかったのも事実かもしれません（笑）。

D：ネイティブアメリカンの集団だったと彼女は言っていました。

S：ずっと昔のことでしたが、ネイティブアメリカンでした。

D：　ある日、忽然と姿を消したネイティブアメリカンの部族の話があり、いったい何が起きたのかずっと謎のままでした。これも同じような例ですか？（はい）では、彼らも他の次元に望むような世界を作り出し、そこに身体ごと移動したのですか？　それともそういう次元がすでに存在していたと？

S：　次元移動については、まず3次元に存在すること、それから3次元でもソースとのつながりを失わないことが目的でした。これらが可能だとわかった時点で、行ったり来たり、行ったり来たりを繰り返してシフトのための道筋をつくりました。彼らは自らの密度を濃くすることでこの実験をしたのです。彼らは魂レベルでいつでもソースとつながっているという知恵があったので、その分有利でした。それで3次元を変えるという実験になったのです。波動を上げるにはどうすればいいか、次元シフトはどうすれば可能か、物理次元のまま移動することはできないか、などなど。そうやって行ったり来たりしているうちに、他の次元ですでに準備が整っていたこともありましたし、自分たちが行って整えた部分もありました。

D：　その新しい次元は自分たちの故郷に似せてつくったんですか？（はい）3次元の地球に戻ってほしいとの要請があったようですが。

S：　はい。それも計画の一部でした。まず先遣隊が初めて道筋を作り、シフトを可能にする。そこを通って人々が移動する。それからシフトする人がどんどん増えていく。こうして次元の移動のメリットを享受できるようになる。そして誰かが物理次元に戻り、やり方を教えたりしなくてはならなくなる。こうしてかつて自分たちがつくった道筋を、知識のない人々を連れて通る人が出てくる。彼女はそうやって地球に戻り、地球人のシフトをサポートしているのです。

D：スーザンの顕在意識は、そのことを知りません。

S：その経緯はわかっていませんが、ソースとのつながりは理解しています。

彼女は、アメリカ南西部を旅することになると言われた。「山脈や岩場などの乾燥した高地です。そこに行くと自分の使命がはっきりわかるようになるでしょう。石の中に記憶があり、骨にも刻まれているからです。記憶は刻印されています」その土地はあの種族がシフトする前に住んでいた地域だった。

スーザンはこれまで世界中を巡る旅をたくさんしてきた。そのことが何かスピリチュアルな意味を持っているか確認した。「彼女が訪ねた場所それぞれで、波動が螺旋状に上昇する道筋をつくっていたのです。螺旋というのは、回りだすと上昇するという特徴があるのです（本章冒頭の螺旋の話を参照）。彼女が通ると、その土地に彼女の波動が刻印され、そこを通った人や彼女と接触した人々を記号化していきます。その記号が、螺旋状に上昇するシフトを促し、彼らも次元を超えていけるという知識が活性化するのです。わざわざ言葉でやり方を教える必要はありません。エネルギーが伝播するだけで伝わるのです。そこにただ存在するだけで彼女は何百、何千という人々に影響を与える力があります。彼女が行ったすべての大陸で、彼女の波動の刻印が残されています。私たちは彼女に螺旋状に上昇することを望んでいます。本人もわかっています。彼女の身体の細胞一つひとつが知っています。いずれ顕在意識でも理解できるでしょう。エネルギーのスパイラルのことが」

この話は私にも当てはまるのではないかと思う。この仕事を始めた当初、私は国内各地で開かれる会議に参加する程度の旅しかしていなかったが、高次の存在に「世界中を何度も旅するようになるだろう」と言われた。私が行った先の土地に私のエネルギーの一部が残され、それがその土地の多くの人々に影響を与えることになる。しかし、それによって私のエネルギーが減ることはないということだった。彼らは、私が訪問した場所を思い浮かべるだけで私のエネルギーはその地とつながるのだと教えてくれた。その後私は世界中のすべての大陸で講義をすることになり、私の著書は今や20か国語に翻訳されて世界中で読まれている。彼らの予言は見事に的中したのだ。エネルギーは確かに広まって影響を及ぼすものだ。そして私たちは旅をしていろんな土地に足を踏み入れるとき、何が起きているかにまったく気づいていない。

第35章

シフトに伴う身体の変化

地球の波動が上がるにつれて起こる身体の変化について、私はこれまでたくさんの情報を得てきた。最も頻繁に起きる症状に頭痛、倦怠感、絶望感、めまい、不整脈、高血圧、筋肉痛、関節痛などがある。これらの症状が全部同時に起きるわけではなく、ひとつかふたつが数日続いたのち、数カ月は正常に戻る、といったパターンが多い。このような症状が起きるのは、身体が地球環境の波動上昇に適応しようとするからだ。調整には一定の時間がかかる。それは、身体は徐々にしか波動を変えることができないからだと高次の存在は伝えている。高い周波数の波動は強すぎて、無理に入ると身体が破壊されるのだという。このため身体が受け止められる分ずつ、徐々に調整していかなくてはならない。この調整の過程で何年も続く症状のひとつに耳鳴りがある。これは身体の不調ではないが、どんどんひどくなることもある。耳鳴りの悪化は、身体に入ってくるエネルギーの増加によって起きる。これに対処する方法としては、心の中でダイヤルを思い浮かべ、周波数を上げたり下げたりしてみる。そして「この高い周波数に見合うところまで、私の身体の波動をどんどん上げていってください」と心の中で唱えるといい。波動調整に伴う症状を何とかしようと医者を訪ねても、どこも悪くないと言われるだろう。現代医療にこれを見つける検査方法は存在しない。しかし医者は患者を安心させるために何らかの薬を処方してくるだろうが、原因がわからないまま出される薬は何の役にも立たない。

この症状がひどくなり、医者を当惑させたクライアントが何人かいた。大病院で看護師をしていたデニーズはそのひとりで、彼女が私の元を訪れたのは2005年8月のことだった。彼女は発作を起こし、身体のあちこちに麻痺があったが、医者は脳卒中ではないと言った。ある日、彼女は仕事中に失神して倒れたので、MRIやX線などで脳を調べたところ、脳全体がクリスマスツリーのように光っていたという。医療者たちはその光の粒を「根粒」と呼んだ。次に胸部X線を撮ったところ、同様の根粒が肺全体に広がっていた。彼女の肝臓では謎の酵素活動が見つかり、医者は何が起きているのかまったく理解できなかった。その後再び脳のMRIとX線画像検査をしたところ、光が広範囲でちかちかしていた前回と異なり、光は帯状となって別の場所に移動していたという。このような症状から思い当たる病名が見つからず、診断に悩んだ挙句に思い付いたのが、サルコイドーシス［訳注：身体のさまざまな部位に原因不明のしこりができる疾患のこと］という病名だった。しかし、ある医師は「たぶんその診断は間違いだ。何故ならまずその病気は非常に稀にしか起きない難病で、彼女が住んでいるような乾燥した地域で発症することはない」と反論した。この病気は湿度が高く、カビが生えるような環境で起きるものだった。にもかかわらず、医療者たちはそれ以上の診断を下すことができなかった。そこでステロイド剤を処方し、彼女は糖尿病を発症した。

私のところでセッションをしたところ、SCは病気ではないと言った。身体には何のダメージも起きていない。来るべき高波動を受け止められるように、脳内の配線の交換を行っていたのだという。肺やその他の部分についても同様の調整が行われていた。彼女の症状はすべて高い波動や周波数の大きなエネルギーに見合った身体へと変化するための調整の過程で起きていたことだった。「それがどうして小さな光の粒子のように見えていたんですか？」と訊ねると、「点と点を結ぶんですよ！」とあっさり返された。発作や麻痺が起きたのは、短時間で多くの調整をした結果だった。通常は、そのように身体に負担をかけないために緩やかなペースで進められるのだが、（おそらく時間が加速したせいで）デニーズの場合は急いで調整する必要があったのだろう。急ぎ過ぎて身体が悲鳴を上げた結果、発作や麻痺といった強い症状が起きたのだ。失神したのは身体が過電流でショートした結果だった。ＳＣが言うには、もう失神することはないし、脳に異常はないので心配には及ばない。調整期間は終了しているので、今、ＭＲＩを撮っても何も映らないだろうとのことだった。彼女の身体が経験している次の調整段階としては化学物質レベルでの調整があり、その過程ではこれまでのような症状を起こすことはない。

医師団が彼女にサルコイドーシスという病名を診断した際、余命は長くて半年だと宣言した。それに対して彼女は「そんなはずはない」と言い続けた。彼女が再度の検診に訪れたとき、医者は彼女を穴があくほど眺め、「どうしてそんなに元気そうなんだ？」と訊いたそうだ。医者は言葉にしなかったが「君は死ぬはずじゃなかったか？」という心の声が聞こえた、と彼女は話した。ＩＣＵ担当の看護師のデニーズは、こう締めくくった。「私は亡くなる人を四六時中見ています。だから自分が死ぬはずがないとわかっていました。医者のほうが間違っているんだと思っていたわ」

彼女のＳＣは、シフトの間に彼女が素晴らしい貢献をすることを予見した。この先の10年から20年にかけて、彼女はかけがえのない大仕事をするだろうと。私は彼女が処方されたステロイドについても訊ねてみた。ステロイドには毒性があり、彼女の場合は糖尿病を発症する原因となっていた。彼らの答えは、「デニーズの糖尿病は自然消滅するでしょう。糖尿病の発症は、身体についての学びの一環でした。今はもう必要ありません。ステロイドについては心配無用です。薬の威力は強いものの、私たちは身体に悪影響が及ばないように中和できるからです。無害の副産物として、身体の外に排泄されました」とのことだった。彼らにはそういう力がある。どんな薬物であれ、身体に不要なものは中和させて体外に排出する技を持っているのだ。

他のクライアントたちの場合

パッツィーは、ハウスダストと花粉のアレルギーに悩み、私のところにやってきた。彼女のSCの見立ては、以下のようなものだった。「これはこの惑星にいることへの物理的反応です。彼女はアレルゲンとこのまま何とか折り合っていくでしょう。症状は彼女のアイデンティティを思い出させるという意味もありました。つまり、この環境にあるものは、彼女の本来の故郷のものとは異なるということの現れです」パッツィーは大腸の不調も抱えていて、原因不明の湿疹についても解消を望んでいた。「繰り返し〝製造〟という言葉が浮かんでいます。どういう意味かわかりませんが、他に言いようがありません。体内で何かが製造されていて、それは重要な要素なんですが、大腸と皮膚には不協和音を生じさせるものです。それは今地球で起きていることと関係があります。身体が変化しているのは本人も以前から知っていることです。肉体の中に収まっていると理解できないでしょうが、今はあらゆることが変化しているのです。病院に行っても解決しません。医師たちはこの手の現象を理解できませんから」

パッツィーは長年低血圧だった。「それは彼女にとっては正常値です。他の大多数の人々の血圧と違うからと言って気にする必要はありません。今の身体に収まって生きていくにはそれがベストなのです。だから私たちは彼女が病院に行かないようにさりげなく仕向けているのです。医者はいつでも不具合を見つけようとしますが、彼女には不要な情報です」

ドロレス（以下D）：　医者は全員に対して同じ物差しで測ろうとするものです。

パッツィー（以下P）：　まったくです。そのほうが診断しやすく、薬の処方も簡単ですからね。人の身体はみんな同じではなく、万人に共通の物差しはありません。彼女が今の身体を得たことに何の不都合もありません。

D：　人は何かが理解できないとき、怖れを抱きます。

P：　それも学びのひとつです。怖れには非常に強い破壊力があります。

キャロルは、本書のテーマに沿った内容とは異なる過去世を体験した。その後、ＳＣが身体のヒーリングについて話をした。彼らは骨盤領域に腫瘍を見つけ、病巣を分解した。分解された腫瘍の残骸は安全に体外に排泄された。腫瘍の進行に対し、ＳＣはこのように対処する。医師は外科的な腫瘍摘出を計画するが、手術の必要はない。この腫瘍は、彼女の周囲の人々の負の感情にさらされた結果つくられたものだった。「怒り、恨み、怖れ。特に怖れです。彼女は他人の怖れを吸収してそれを違うものに変えるのです。それが必要な場合もありますが、彼女の身体にはダメージとなるのです」キャロルは地球を救いに来たボランティアソウルのひとりだったため、地球で生活した経験がなく、強い感情の扱い方を知らなかった。ボランティアソウルの第1波、第2波の人々は激しい感情に馴染みがないため、固まってしまうことが少なくない。

キャロル（以下C）： 痛みや苦しみを手放し、前進するときが来ました。私たちはもう少し彼女の身体の血液、濃度などに変化を加える必要があります。血液の細胞や骨髄には知恵や直感があり、細胞など身体を構成する物質が新たに生まれたり、古くなって壊れたりするのは、身体の変化という創造活動です。それは身体が変わっていくからだということを、彼女は知る必要があります。新陳代謝を繰り返し、身体は死なないのだということを理解しなくてはなりません。この先10年で、大きな変化が起きるでしょう。

ドロレス（以下D）： 身体は変化しているんですか？

C： はい。身体の周波数が変わっています。

D： 血液はどうですか？

C： 濃度が変わります。血液成分が凝集したり、逆に薄くなったりすることもあります。身体の周波数の変化に伴い、細胞の機能の仕方にも変化が起こります。使われなくなる機能や、新しく生まれる機能もあるでしょう。どういう言葉で表現したらいいかわかりませんが。

D：細胞が新たな機能や役割を覚えるんですね？

C：そうです。

D：彼女自身も調節の仕方を覚えないと、身体が不調をきたすんですか？

C：そうです。

D：それは彼女以外のすべての人々にも起きていることですか？（はい）いろんな症状に苦しんでいるという話をたくさん聞きます。（はい）みんなそれぞれ調節を学んでいる最中だと？

C：ひとり残らずというわけではありません。症状が来ているのは他者を助ける立場にある人たち、多くの人々を教え、導く役割を担っている人たちです。それまで許容できなかった波動のエネルギーを受け取るために身体を早く変化させようとしていることから、症状が起きています。

D：たとえば、何世代もかけて徐々に変わっていくような変化を加速させているということですか？

C：そう、時間短縮です。元々時間も空間も幻です。それでも地球の次元には時間と空間がありますからね。地球次元でヒーリングを起こすには、細胞が新しい指示を受け入れ、古い指示を消去する過程のタイムラグを縮めなくてはならないのです。

D：ああ、それが人によっては身体の負担になるんですね。そういう不調は病院で検査しても見つからないということですね。

C：その通りです。病院にはその変化を認識するためのテクノロジーがありません。医師の中には、それがわかる進んだ意識の持ち主もいます。しかし現代医療全般があまりにも旧態依然としていて、基本的に必要なものがあまりにも不足しているので、何とも手の下しようがありません。意識の力で変化を促すことが可能ですが、地球の人々は彼らが固執している歪んだ信条を手放し、真実に目覚めるよう意識を変えなくてはなりません。

D：　今の地球の人々は、自分の身体の不調を回復させるには外部の医療機関に頼らなくてはならないと洗脳され続けてきたので、まずそれを解き、自分にそういう力があることに気づかなくてはなりませんね。

C：　そういうことです。

D：　キャロルはこれまでの人生でずっと被害者で、人々の裏切りに遭ってきました。（はい）なぜそんな人生を経験しなくてはならなかったのですか？　どんな目的があったのでしょうか？

C：　これからかなり多くの人々が短期間に被害を受けることになるので、彼女は被害者の立場を理解しておく必要がありました。被害者となる大きな集団との活動をするために重要な経験でした。被害者になるとはどういうことかを隅々まで知っていることで、瞬時に状況を把握できるので、多くの人々が犠牲にならずに済むよう効率よく動けるでしょう。地球の多くの人々がシフトを首尾よく乗り超えられるために、スピーディーな解決が不可欠なのです。これもシフトのためです。

D：　これから彼女はそういう仕事にかかわるようになるということですね。（はい）何が起きているかを瞬時に判断し、手を打てるから。

C：　そうです。そしてヒーラーと呼ばれる人々と一緒に働くようになるでしょう。

ナンシーは、何度誘導しても過去世にたどり着かなかった。顕在意識の横やりが強く、浮かんだイメージはすべて自分でつくったものだと主張した。いくつかのテクニックを駆使してもなお不毛だったので、私は彼女のSCを呼び出し、助けを求めた。

ドロレス（以下D）： ナンシーの今後の人生に役立つような、知る価値のある過去世はありますか？

ナンシー（以下N）： 答えはイエスでありノーです。プラスの面はカルマの学びにおいて重要なのでイエスですが、これから私たちはカルマのない領域に移行しているのでノーです。

D： では、もう過去世を知る必要がないと？

N： 必要ありません。過去はどうでもいいのです。

D： カルマはどうなるんですか？

N： 新しい世界に移行したら、カルマはチャラになります。

D： 彼女が配慮すべきカルマがなくなるということですか？

N： カルマはあります。が、もう重要ではなくなるということです。現世での使命を果たし、次の転生へと向かうためにカルマの解消は不要だということです。

D： それで彼女は過去世を見ることが許されなかったのですね？

N： 許されなかったのではなく、単に不要だっただけです。見ても混乱するだけなので。人間は見てしまうと、それにひどく囚われる傾向があります。そこで判断したことを手放せなくなるのです。

D： 過去世での経験を見て、現世でどう生きればいいかのヒントを掴む人がたくさんいます。

N： 私たちは今、ある頂点に達しているので、もう過去は参考にならないのです。この先はもう以前のような転生は起きないからです。古い地球では役に立つ重要な情報は、新しい世界に当てはまらないので、過去世を見ても混乱するだけでしょう。

D： 私のクライアントの多くは、現世で抱える問題の発端を過去世体験から見つけています。

N： そういうものはすべて排出されます。今の人生で手放すべきエネルギーツールがあるので、あなたの仕事の意義は大きいです。エネルギーツールとは、大体において健康問題に関するものです。そういう問題は今だけのことで、これから行く世界には持ち込まれません。今抱えている問題は、未来に行った途端に排出され、消去されるのです。新しい地球がいつ訪れるのかまだ私たちにもわかりませんが、それは確実に現れます。その波動、エネルギーに達したら、ぱっと次の世界が生まれるのです。ですからあなたのしている仕事は、新しい世界に移行する前の時間を快適に過ごすために身体の悩みを解消することです。シフトは早晩やってきますが、いつ来るかわからない以上それは大切な仕事です。あなたのところを訪ねる人たちはたぶん、原因不明の症状や不快感を抱えているのでしょう。

私のセッションを受けに来るほぼ全員と同様、ナンシーもこの人生の目的を知りたかった。ＳＣは「これを聞いて本人は喜ばないでしょうけれど、彼女の人生の目的は、新しい地球が現実になるまでは明かされません。すべてはまだ計画中で、準備段階で流動的なため、確定事項ではありません。ざっくりとした計画はありますが、それすらも変更の可能性があるからです」と答えた。

D： 彼女は人生の計画を持ちたいと願っているので、ヒントでももらえませんか？

N： 何をすべきかは、知りたいと思った瞬間に思い浮かぶでしょう。

D：準備を進めるために彼女にやってほしいことはありますか？

N：現時点でするべきことは何もありません。彼女は新しい地球に行きます。そこではエネルギーも波動も古い地球より高いので、着いたら何をすべきかがすぐにわかるでしょう。古い世界では努力が必要ですが、もうすでに新しい地球に行くか行かないかの選別は済んでいます。

D：波動を急速に上げることは不可能なため、新生地球に行けるかどうかの決断はもう下されたと聞きました。

N：そうです。一定の条件をクリアして新生地球へ行くことが決まった人にとって、今は小休止の期間です。実際に行ったらそこはあまりにも様子が違っていて、古い地球でつい最近までしなくてはならなかったことが、そこではまったく不要になるのです。

D：ナンシーは人助けをして世界の役に立ちたいと願っています。

N：地球がこれまでの波動のまま変わらないのであれば、そういうことも必要でしょう。でも、もう新生地球の出現は秒読み段階に入っています。それは確実に起こるのですが、現実になるまではどんなことなのか想像がつきません。今言えるのは、それは確実にやってくるということ。集団的な参加のもと、集合意識を共振させたときに起こります。

D：それが起きても、何も感じない人もいると聞きました。

N：そういう考えも変わってきていると思います。新生地球に行くことになっている人は、ほぼ確実にそれとわかるでしょう。行かない人にとっては、どうなるかまだ未定ですが、荒れ果てるというか、言葉が他に浮かびませんが、波動の低い世界に残ったことに気づくか、気づかないかも現時点では未定です。

D：ナンシーはレイキや天使との交信など、いろいろなヒーリングテクニックを学び、今できることで人々を助けたいと願っています。

N：誰もが同じ才能とスキル、新しいエネルギーを持つようになります。

D：誰でも同じことができるということですか？

N：同じことをするのではなく、その必要がなくなるということです。今そういうヒーリングをしている理由は、波動をあるレベルまで引き上げるためです。全員が高次元のエネルギーの中に入れば、ヒーリングは不要になります。そこでは全員がヒーリング済みだからです。シフトが完了するまでは人のヒーリングをしてもいいですが、全員がシフトを終えたところでは、全員が同じレベルで意識も共有されます。ワンネスとはどういう意味かが瞬時にわかるでしょう。

D：彼女のヒーリングを必要とする人はまだいますよね？

N：まだ境界線にいる人々がいますからね。スイッチを押すのを待っている人々、新生地球に行く順番待ちをしている人々がいます。

D：その人たちが行くか行かないかをナンシーは識別できませんか？

N：ナンシーにも彼ら自身にもわかりません。彼女は地球上の全員のエネルギーが新生地球へ移行できるように、自分のエネルギーを傾ける必要があります。そして一人ひとりが波動を上げていくと、それは次の人へ、そのまた次の人へと波及し、連鎖反応が拡がっていきます。そしてそれはだんだん力を増していき、最後に地球全体を覆うような大きなうねりとなります。人々が動きを止め、共振しなければ、うねりにはならず微かな振動にとどまるでしょう。しかし私たちはみな前進を選択し、それぞれのペースで波動を上げていくと、それはどんどん加速して宇宙に響き渡るほどの強振となるでしょう。だから今できることがないわけではありません。今やっていることをやり続けてください。ただし変化につれて焦点が変わっていくでしょう。何かに飽きるとき、それは自分が何を渇望しているかに気づく素晴しいきっかけとなるでしょう。でも「身体がきついからレイキをしてほしい」とか、「この痛みを取ってほしい」とか言うことはなくなるでしょう。誰もがセルフヒーリングのツールを身につけることになるからです。ツールを持てば、もう不快な症状は起きなくなります。それはほとんど、身体の不調という〝人間であることの決まりごと〟がルール変更されたような感じです。人間がよく言うところの夢や目標を持つことはいつでも可能になります。うまく言葉で表現できませんが、そういうものはより早く実現するようになります。手に入れるために無駄な時間を使っている……無駄な時間というのは正しい表現ではありませんね。とにかくヒーリングやセッションを求めてくる人々に対して善意で接すること、彼らを拒絶することなく、いつでも手を差し伸べる意欲を示すことがベストでしょう。彼女が今学ぶべきなのはカルマの輪についてです。でもそれもそのうち無効化されます。あなた方の波動が一定レベルを超えると、もう〝カルマの返済〟を必要とする次元ではなくなるからです。だからもう過去世で何が起きたかを掘り起こすことは重要ではないのです。過去世を知りたいというのは人間の心理で、それはちょうど子供が「なぜ？　何で？　どうして？」と好奇心から何でも知りたがるのと同じです。だからご心配なく。覚醒すればちゃんと新生地球に行けますから。

この後、ＳＣによるナンシーのボディスキャンが行われ、禁煙とダイエットが成功するように喫煙欲と食欲の調整がされた。本人は調整の過程を、身体、特に右側の頭に感じた。それから全身が振動した。「ナンシーの煙草と食物に対する衝動を取り除きました」

D： 彼らを信じましょう。彼らは、過食に向かうあなたの衝動を除去してくれました。

N： その通りです。そして、その習慣となったパターンも消去しました。人の身体は基本的に何でも対処できるように設計されていますが、食事制限や量のコントロールの問題はあります。身体は奇跡のようにうまくつくられていて、少量であればどんなものでも処理できます。望ましい食事とは、極力添加物や保存料が入っていないもの。食事量も少ないほどいいですね。とにかく添加物や化学物質、保存料を取り込まないこと。より脂肪分の少ない、有害物質の少ないものを選んで食べれば、身体に与える負担が少なくて済みます。今日私たちは彼女に食生活の再調整への衝動を植えつけました。気に入ると思いますよ。彼女の舌の味蕾はすでに変わっています。すぐに変化が起こります。

高次の存在たちは、いつでも小食を勧める。一度にたくさん食べる食事より、少量を数回に分けて食べることを勧める。（彼らはそれを草食《グレージング》と呼ぶ）人間の食事は最終的に流動食に変わっていく。

新生地球に移行した後は、不食となる可能性もある。そうなったときの食料は、純粋エネルギーや光となる。私がこれまでに接触したETたちも同様だ。

本書の編纂が進んでいた2011年初頭、不思議な出来事が起こり、シフトが近いことを予見させ

た。その出来事により、波動の上昇の影響を受けているのは人間ばかりではなく、地上のすべての動物たちも同様だということが露呈した。身の周りで起きているシフトの影響から免れることは誰にも不可能で、それはますます明らかになった。

２０１１年1月に行われた、ふたつのセッションの一部

L：　現実はすでに変化しています。新生地球と言われる世界が顕現しつつあります。エネルギーはもうそこにあります。害、不調和、不均衡を引き起こす重いエネルギーは新生地球に入れません。そういうエネルギーは新生地球と共振せず、新しい世界の一部にはなれないからです。古いエネルギーに共振する人々は古い世界にとどまるでしょう。そういうものから解放されたいという意思さえあれば、決別することも可能です。

D：　あなたにまた出会うことがあったら聞きたかった質問があります。アーカンソー州で妙な出来事が続いています。鳥たちが空から落ちてくるという話があります。

２０１０年の大晦日のニュースの見出しとなった事件で、主にハゴロモガラスが何千羽と落下したのが発見された。同じ日の夜、アーカンソー川では魚の大量死が見つかった。同様のことがスウェーデンで、数日後にケンタッキー州とテネシー州でも起きた。鳥の死因を調べたところ、鈍的外傷以外の原因は見つからなかった。空を飛んでいた鳥が地面に叩きつけられたのだから、鈍的外傷は自明のことだ！　当局の説明では、その夜花火大会があったため、それが鳥たちを驚かせたのだろうとのこ

とだった。もしそれが正しいのなら、7月4日の独立記念日の花火大会で鳥が落ちて来ないのはなぜだろう？　唯一思い当たる異常な気象現象は、アーカンソー州で起きた時ならぬ冬の竜巻の原因である磁気嵐だ。

L：　その現象が象徴するのはエネルギーのシフトです。鳥、牛、魚、クジラ、亀、蜂などはみな、エネルギーシフトに反応します。大量死した個体はエネルギーのシフトを素早く行うことができず固まってしまった結果です。

D：　地球上のものはすべて変化の途上にあり、波動が変化している中で、動物たちは身体が小さいので、波動の変化のペースについていけなかったのでしょうか？

L：　動物たちには人間とは異なるエネルギーレベルがあり、彼らは人間よりずっと敏感です。エネルギーシフトには人工的なものもあります。

D：　それはどういう意味ですか？

L：　新生地球が生まれるにつれ、地球のエネルギーのシフトが起こります。新旧エネルギーの間で動きがあります。両者は分離していますが、新旧両方に供給されるエネルギーがあります。それらのエネルギーの調整によって、鳥や動物、蜂、植物、人間などがエネルギーシフトに反応することがあり、そうなると身体が持ちこたえられなくなるのです。彼らに内在する精神がエネルギーに同調しなくてはならないためです。

D：　それは以前にも聞いたことがあります。エネルギーシフトが急激すぎるとき、身体が破壊されてしまうのだと。

L： そうですね。人間の身体も変化しています。

D： 波動や周波数が緩やかに変化しているのですね。

L： この頃起きている不調はその表れです。そもそも病気とは身体が何かに適応しているときに起きる現象のひとつです。

D： 自分の波動を、変化する地球の波動に同調させられない人はこの星から出ていくのだと聞きました。

L： その場合、彼らの魂は身体に収まることができません。メビウスの帯は開かれ、バラバラになってしまうのです。

〝メビウスの帯〟という言葉を聞いたことがなかったので、調べてみた。別名をねじれた円柱とも呼ばれる、数学用語だ。私は数学が大の苦手だが、読者に説明できる程度には理解しようと努めた。細長いリボン状の紙には表と裏のふたつの面がある。メビウスの帯には片面しかない。メビウスの帯をつくるには、このリボンのひとつの端を180度回転させてもうひとつの端と糊付けして輪をつくる。これと比較対照するために、180度回転することなく糊付けすると、普通の輪ができる。メビウスの帯には不思議な特性がある。たとえば昆虫がリボンの上を歩いていくと、無限に進むことになる。これにはもっと深い意味があり、私より雄弁に説明できる読者も多いことだろう。誰にでも限界があるということでご容赦願いたい。

SCはこう言った。「彼らの魂は身体に収まることができません。メビウスの帯は開かれ、バラバラになってしまうのです」恐らく魂にエネルギーを吹き込む動きがメビウスの帯の軌道を辿るということだ。ところが帯が切れると、ただの細い紙切れになってしまい、無限ループの流れが途切れる。鳥や動物たちに起きているのもこれと同じことだろう。一度にあまりに強いエネルギーを食らい、身体が受け止められずに永久運動のループが切れて破壊されるのだ。高次の存在がたびたび言ったのは、人の身体が受け止められる量を超えると、そのエネルギーは身体を破壊するということだ。

D：そういうことが、鳥たちにも起きたということですか？

L：同じ現象です。

D：そういうことがアメリカのアーカンソー州だけでなく、スウェーデンでも起きました。

L：世界中で起きています。テキサス東部でも鳥が大量に落ちました。

D：ニュースになっていないだけなんですね。

L：活字にならなくても、地域社会では話題になっています。あちこちでいろんな人々が語りますが、報道されたりされなかったりです。

D：大晦日に起きたというのは意味深ですね。

L：なかにはその現象を終末論的な展望の現れとして恐怖心を扇動したい人々がいます。受け止め方は、普段の姿勢がポジティブかネガティブかによります。物事をポジティブに受け止める習慣のある人にとってそれはエネルギーが古いものから新しいものに入れ替わっている証と捉えます。そして科学者や砂箱実験をする研究者にとって何より恐ろしいのは、彼らには打つ手がないとわかっていることです。コントロールできるふりもできないのです。情報を隠蔽し、否定することはできても、状況を変える力はありません。彼らにそのシフトを止めることはできないどころか、その傾向は強まるばかりです。でも動物たちにも魂があります。すべての生物には魂があります。

D：魂を殺すことはできないんですね。

L：できません。魂は新しい世界へとシフトできますが、鳥であれクジラであれ、物理次元の身体はシフトできずに取り残されるのです。古いエネルギーはそれが属する次元に行くのです。身体のエネルギーを変えることができなければ、古い世界に残していくしかありません。新しい地球はすでに出現し始めていて、少しずつ形が作られています。

D：そして、私たちの現実に出現するんですね。

L：はい。あなた方の時間と空間の中に。

D：新しい地球ができていっても古い地球も残るんですね。私はふたつに分かれるのかと思っていましたが。

L：違います。不死鳥のように蘇ります（笑）。これを言うと怖がる人がいますが、地球がいったんは炎に焼かれて灰になるのかと思うからです。

D：大惨事が起きるに違いないと思っています。古い地球では負のエネルギーが噴出し、地殻の大変動が起こるだろうと。そういうものをすべて古い地球に残して私たちは新しいほうへ。

L：そうですね。私たちはみな、成長痛を経験するでしょう。

D：高次の存在が言うには、それでも違いを感じないだろうということでした。ある日、突然すべてが変わるわけではないので。

L：たぶん今ならわかるでしょう。毎日が以前より柔らかく、やさしく、喜びを感じるなら、それが変化です。

D：新生地球への移行は、もう始まっているのですか？

L：移行のプロセスは、もう何年も続いています。すでに新しい地球は存在しています。直感や第六感を狂わせないようにしてほしいですね。身体と心が離れないように、心を身体に沿わせておかないと。でないとすべてがバラバラになってしまいますから。今シフトは全員が適応できる程度に緩やかに起きています。

D：地球のシフトに適応しない人々は彼らが作った世界にとどまり、それはそれでいいのだと聞きました。

L：そうです。すべては学びの過程だからです。苦痛を知らずして苦痛がない状態を認識し、有難みを感じることはできませんから。それがわかるまでは苦痛には意味がありますが、わかったらすぐに手放していいのです。

D：新生地球はどうなっていますか？

J：たくさんの層が見えます。何重にも何重にも層が重なって、玉ねぎのようになっています。全部の層を見通せますから、好きな層を選ぶことができます。層の上に行けば行くほど密度が薄くなっています。芯のほうに行けば行くほど密度が上がり、中心部が最も濃くなっています。そこには感情がいっぱい詰まっていて、赤く熱がこもっています。中心から離れるにしたがってどんどん軽くなっていき、半透明の層になります。上のほうの層はとても軽いので、簡単に動かせます。浮かんでいる感じなので。

D：　地球は古いほうと新しいほうに分裂するのですか？

J：　新しいほうは非常に軽くなるので、そういう意味ではふたつに分かれます。新しい地球は古いほうから離れていって、そこにあるものは密度が薄くなります。すべてが軽くて浮かんでいて、そこは思考の構造も古いほうの地球とは異なります。感情はありますが、別次元、別領域の感情です。つまり、怒りのような重くて密度の濃い感情は不在で、軽快な明るい感情だけです。感情をそのように分離させることができると、その人自身も分離できるのです。外界の出来事に反応してどのような感情を抱くかにより、その人の密度が変わります。明るい感情がその人を密度の薄い次元へと引き上げるのです。分離というのはそういう意味で、今やふたつの密度は混ざり合っていません。とは言え、先ほど言ったように複数の層が重なっているので、たくさんの中間層が存在します。一番上にある層が究極に軽い、光の層で、中心部の極端に重い層がいわゆる古い地球です。今でも赤く燃えているこの一番下の層には怒りなどの重い感情や思考が渦巻いていて、その対極には光しかない層がある。この両極端の間にはたくさんの中間層があるので、自由に選ぶことができ、選びなおすこともできます。選択するたびに層を移動することになります。それぞれが選択を繰り返すうちに、選択の違いによって分離が起きるのです。

D：　そうやって分離していくのですか？

J：　分離とはそういうことを指しています。一人ひとりが選択をして、光を選択すれば光のほうに行き、重い感情を選択すれば暗い芯のほうに移動します。もう長い間あなた方は光と闇の間を行ったり来たりしていますが、それはあくまで自分で決められるということを知らせるためです。これは

「正しいか正しくないか」とか、「これをしなければ死ぬ」とか「チャンスはもう二度と来ない」とかいう話ではありません。あなた方が日々いろんな選択をしているのと同じです。シフトはあなた方の日常の中にあります。あなたの新しい地球をつくるのも、あなたの古い地球をつくるのも、あなた次第です。自分の意思で自分の現実をつくるだけのことです。

D： 地球丸ごと次元上昇するというのは、宇宙の歴史上初めてのことだと繰り返し聞いています。

J： とても美しいことです。これは珍しいことですが、かつてこれを経験した文明があり、民族単位でも経験しています。

D： 惑星が経験するのは前代未聞だと言われます。

J： それは惑星が参加しているという意味です。地球にも意識があり、ひとつの意識体です。地球がそれを望んだから、地球を覆う層をたくさんつくり、進化に向けて動いているのです。地球も人間と同じように動いています。地球も層をつくって変化の過程を歩み、人間もその中で日々選択を続けている。シフトというのはある日いきなりバンと何かが起きて違う世界が出現するということではありません。実際は人間が日々どんな感情を選択するかによって層を移動する、その活動の集積です。日常的に光、喜び、平和、調和を選択していれば表層へと限りなく移動し、そこでこんなふうに感じるでしょう。「この感じ、いいなあ。前より楽になったなあ」そう感じると、そこからさらに軽い領域に近づく選択をするようになっていきます。一足飛びではなく一歩ずつ確かめながら進みます。層をふたつ進んでしっくりこなければひとつ戻って考える。「ここはあんまり心地よくないな」など。一番しっくりくる層があなたの居場所の層となります。そのような移動はすべて自分でコントロールしている、自分が作る現実だということです。それが何であれ、あなたがつくりたいものをつくった結果です。全員が今こういう経験をしていて、すべては自分が決めているということに気づいていれば、移動も楽しめるでしょう。すべてが思いのままになりますからね。

D：最近地球では突然鳥たちが空から落ちてくるという怪現象が起きました。それはアーカンソー州だけでなく世界中で起きていると、別のセッションで聞きました。これについて何かコメントはありますか？

J：それを聞いて見えたのは、地球の活動だということです。それはたとえるなら地球が痙攣を起こしたような。でも地球は問題ありません。ただ表面だけで痙攣が起きているようなものです。その場所でシフトがあって、その、何ですか、何かがそういう現象を起こしている。

D：衝撃波のようなものですか？

J：そういうものです。大気圏に振動が起きたようなものです。空気中で地震が起きたような。

D：反響ですか？

J：というより振動です。断層、というのかな。こっちが動いたけどそっちは動かない、その歪みが地震を起こすような。シフトが起きた場所に何か敏感なものがいると、そういう現象が起きる。坑道のカナリヤのようにね。それはあなた方への警告となります。動物たちはエネルギーにとても敏感で、いつでもつながっているので、そのような現象はあなた方への信号なのです。

D：聞いたのは、これは何らかのエネルギーシフトで、鳥たちは身体が小さいのでエネルギーを受け止められずに落ちたのだということでした。でも疑問なのは、なぜ一部の地域の一部の鳥にしか起きないのでしょう？

J：鳥の種類によって、より敏感な鳥が死んだのではないですか？

D：ある種の振動に弱い鳥の種類だと？（はい）それにしても、同じ種類の鳥がすべて死んだわけじゃないんです。

J：恐らく鳥たちがいた場所によって、衝動の度合いが違うのだと思います。地震のように地域的なものでしょう。その場所でエネルギーのシフトが起こり、大量死が局地的に起こった。地球全体で起きたことではなく、ある特定の地域だけの現象で、たまたまそこにいた敏感なものが影響を受けたのでしょう。

第36章
新しい身体

本章では『入り組んだ宇宙』シリーズに書いた、多様なクライアントたちが語る新生地球の情報を集めてみた。

クライアントVを通じて降りてきた存在は、低くしわがれた声で語り始めた。

V：要するに、ほんの少し人々の意識が拡張しなくてはならないということです。レベルをちょっとだけ上げるということ。それができたら変化を起こすことができる。起こしやすくなるんです。レベルを上げることができない人はそのままの場所にとどまる。それは悲惨なことです。どうやっても現実を見られない、愛することができない人たちです。

D：レベルを上げることができた人は別の場所、別の地球に行くのですか？

V：意識を拡張させた人たちは、その先にある次元に行くのです。わかりやすく言うとですね。上がるんです。レベルアップしてより波動の高い世界に行くんです。そうなれば何が起きているか自分で理解できるようになりますが、もうこちらから手を差し伸べることはできなくなります。

D：それはふたつの地球に分離するという意味でしょうか？

V：全然違います。次元の変化です。移動する人はこっちからこっちへと移動する。変化できなかった人はそのまま元の場所に居残る。

D：移動した先の地球は物理的な世界ですか？

V：今とまったく変わりません。

D：私がふたつに分離すると言ったのはそういう意味でした。

V：そうでしたか。居残った彼らにはもう、移動した人々のことが見えなくなります。神のご加護がありますように。彼らは酷い状況に陥るでしょう。

D：地球のシフトに気づかないのですか？

V：気づきます。そこが肝心なところで、気づいたときにはもう波動を変えるには手遅れだということです。波動の変化を一瞬にして起こすことは不可能です。変えるにはある程度の時間がかかるのです。私たちも長い年月をかけてサポートしてきました。少しずつ身体に働きかけて染み込ませなくてはならないのです。そうやって徐々に波動を上げていくのです。シフトが起きるとき、それまで変化を進めて来なかった人々にとってはもうどうすることもできません。しかし、気づきはします。彼らは死にますが、シフトを理解し、そこに学びがあります。

D：古い世界は残るけれど、今とは違ったものになると？

V：状態は良くないですね。人口も減り、ほとんどいなくなるでしょう。

D：一斉に死んでいくということですか？

V：はい。でも苦痛のない死になるでしょう。何が起きたのかをきちんと把握できる程度の寿命は続きます。その先の苦痛を味わうことがないように、神が彼らを死後の世界へと救い出すのです。そうなるように祈っています。

D：新しい波動域に移行した人々は、今とまったく同じ地球に生きているんですね。

V：（さえぎるように）そうです。移行したことに気づかない人々もいれば気づく人もいるでしょう。次元移動を意識して準備してきた人にはわかります。

D：古い地球に残った人たちのことがわかりますか？

V：わからないでしょう。移行したことへの気づきが、顕在意識レベルのものかは不明です。そうですね、どうなるかは移行したらわかります。わからない人はきっといるでしょう。でも違いは感じるはずです。より清々しい、ぴちぴちした生気、そういう違いを感じるでしょう。そこに愛があることに気づくでしょう。

D：つまりシフトに向けて行動しなくてもシフトできるんですね。知らないうちに移行していくんですか？

V：そうです。そういう人たちはすでに準備ができていたからです。

D：準備ができていなければ行けない。

V：新しい次元のレベルに達していない人は行きません。

D：彼らは負の世界に取り残される？　そのとき世界は変わるんですよね？

V：シフトする人たちはシフトして新しい次元に移行する。シフトできない人たちは残る。そしてそれ以降は悲惨な未来が待っています。

D：まるでふたつの二極化した世界ですね。

V：そうですね。同時にふたつの世界が存在しますが、互いに相手の存在が見えないでしょう。

D：同じところにいても次元が違えば出会えないことについては知っています。だからまだ間に合ううちにできるだけ多くの人が移行できるように、愛の大切さを広めなくてはならないということですよね？

V：愛がすべてのカギです。神は愛、愛は神だからです。愛には究極のパワーがあります。すべての生命のなかに、それを感じなくてはなりません。愛を送り、受け取り、分かち合う必要があるのです。

D：愛はいつでも肝心要の要素ですね。あなた方はいつもそれをひとりでも多くの人に伝え、次元移動への道を拓いてきました。それは期限が迫ってきているからですね。

V：もうあまり時間が残っていません。とにかく備えてください。ええ、何ですって？　彼女に何を言ってほしいの？

Vは向こう側の誰かと話していた。ぼそぼそと対話したのち、元の深い声が返ってきた。

V：お伝えします。準備、シフトはもうすぐやってくるので準備してください。この女性はあまり良い媒体ではありません。彼女には経験値がないので、私のメッセージをうまくあなたに伝えられません。私たちも、もう少し場数を踏まないと。彼女の伝達能力をブラッシュアップしてみましょう。ああ、ここですね。ＯＫ、よくなりました。

D：私に伝えたいのはどんなことでしょう？

V：人類を救わなくてはならないということです。もうすぐ何が起きるのかを伝えてください。次元がシフトします。変化は目の前です。聞く耳のある人は聞くでしょう。そして、次元上昇に備えられるでしょう。（Vの普段の声に変わった）聞き入れない人たちはどっちみち受け入れないでしょう。彼らは私たちの頭がおかしくなったと思うだけです。しかし他の人々は、顕在意識レベルではわからないにしろ、彼らの脳裏にチラつく火花、進化の種を刺激するのです。そしてシフトが起きたとき、脳内にある何かが準備を整え、移行が可能になるのです。来ることを知らない人でも、潜在意識にあるその萌芽を刺激すると、その芽はひとりでに育っていくのです。そして、そのときが来たらそれが発動して、準備が整います。

D：次元移動できた人たちの生活は、そのまま続きますか？

V：いいえ、ずっとよくなります。以前とは違う生活になり、長寿になります。

D：今のような物理世界が続くのですか？

V：新しい次元での物理世界という意味では、イエスです。でも3次元の物理世界ではありません。

D：でもシフトを超えて行ったら、身体は変化する？

V：このままの肉体で生きられるか、死ぬかという意味ですか？

D：私たちが慣れ親しんだ生活のまま行けるのか？

V：はい。シフトしたことに気づかない人もいるくらいですから。彼らの脳裏に植えつける小さな苗が次元シフトを助けますが、本人はそれに気づくとは限りません。破壊が横行する世界は目に入ります。何が起きているかは見えるし、死体がそこにあるのもわかります。そして自分がすでに違う次元にいるという自覚はありません。自分がなぜその破壊の渦中で死体になっていないのか、その理由がすでにシフトを終えているからだということに気づかないのです。

D：脳裏に植えつけるというのは、何らかの埋め込みのことですか？

V：いいえ全然違います。思考の火花、思考の種のことです。顕在意識ではまったく認識がありませんが、そのような刺激をすると、それがシフトを助けるのです。その時が来たらそれが火花のようにひらめいて動き始めるのです。潜在意識レベルではすでに認識・受容しているからです。

D：次元上昇すると、長寿になると言いますね。

V：長くなるし、良くなるし、学びの機会も増えます。すべてにおいてずっと好ましいものになります。移動後、落ち着いたらいろいろな学びが生まれるでしょう。より繊細な注意力で物事を観察するようになるからです。渦中にいたときはわからなかった人も、次元移動について後から学び、どんなことが起きたのかにいずれ気づくでしょう。

D：そして準備が間に合わなかった人たちは、古い地球に残される。

V：そうです。彼らはいなくなります。

D：移行した人たちもしなかった人たちも、多くが地球で非常に大きな出来事が起きたことに気づきもしないのですね。

V：古い地球に残された人は早晩人生を終えるので気づくでしょう。それが彼らの学びなのだと気づくはずです。死んでからですが、真実が初めて見えるでしょう。そして自分にどんなチャンスが与えられていたのかに気づき、それを生かせなかった経験から学びを得るのです。

D：聞いたところによると、彼らが再び転生するとき、負のカルマ、返済すべきカルマがあると地球に転生できないと。なぜなら地球はもう以前の地球ではなくなるので。

V：自分の波動を上げて変化できた人以外は、地球には来られません。

D：地球の次元上昇にうまく乗れなかった人たちは、別の場所に行ってカルマの返済に取り組むのだと聞きました。

V：そういう魂もあるでしょう。地球に戻る機会を与えられる魂たちもあると思います。かなり後になってからですが。

D：で、地球とともに変化した人々はまったく新しい世界で新しい学びを経験し、進化を続けるのですね。

V：それは途方もなく美しい世界です。光と平和で満たされた世界です。住人同士が愛し合う、調和した世界です。

D：確認ですが、そこは今と同じように家があり、家族も住んでいる物理世界なのですね？

V：以前より知的レベルが高い世界です。

D：そうでしょうとも！

これは、説明不能の症状を抱える別のクライアントの話で、新生地球での身体に言及している。

S：彼女はどちらかというと、未来の身体として捉えています。まだ整っていませんが、すでにつくられています。この未来の身体が彼女の本質を取り込んで、うまく新しい世界の身体に馴染むように合体させているのです。

D：身体は物理的に変化するのですか？

S：部分的にはそうです。身体は以前より強靭かつ若々しくなります。今彼女の魂が収まっている身体はヒーリングをして再調整できます。しかし彼女には未来の身体が必要です。もっと軽くて機能的な身体です。もうすでにそれを感じていて、彼女の本質的なエネルギーは未来の身体と同調しています。

D：では、今のこの身体が変化するのですか？

S：身体は変容し、未来に不要な部分はふるい落とされて捨てられます。

D：というと、脱皮するように古い身体を脱ぎ捨てるわけではないのですね。

S：違います。古い部分と新しい部分が重複しながら徐々に変化していくのです。この先不要になる、古い身体の部分が分離してくるので、それを解体していきます。そういう部分は自然に分解して消滅します。

恐らく、これは非常にゆっくりとしたプロセスのため、地球の波動上昇に合わせて急性の症状が起きている人々を除いては、何が起きているか自覚することはないだろう。身体の変化については年齢の高い人々のほうが敏感だと聞いたことがある。いずれにしてもこの変化は地球の進化に伴い地上に住む全員に起きている自然なことなので、心配するには及ばない。

以下はオーストラリアでのセッションの話だ。

クリスティーン（以下C）：　車の例で説明しましょう。古い車体の車があります。長年乗ってきた馴染みの深い車です。これに新しいエンジンを搭載しました。外見は今までとまったく同じですが、走行性は以前とは完全に別物です。その後さらに新しいエンジンに交換したとしましょう。すると車はもっと速く走れるようになり、他にいろいろ便利な性能や機能が加わります。車の性能があまりに素晴らしくて、気づけば車体まで変化を始めるのです。それは新しいエンジンのエネルギーが車体の改良を始めたようなものです。あれよあれよという間に古ぼけた車はスポーツカーへと変貌します。眩しい輝きを放つ、惚れ惚れするような車です。要するにこういうことが起きるのです。新たに取り込んだエネルギーは、車全体を変容させる力を持っています。まず違った動きをして、見かけも変わっていき、ずっと若く賢くなっていくのです。身体の細胞の波動が変わり、新たに入ってくるエネルギーの放つ波動に調和しようとしています。その結果、身体は物理的に変わっていくのです。

ドロレス（以下D）：　どんな物理的変化が起きますか？

C：　ああ！　まず起きる変化は軽量化ですね。細くなって身長が高く見えるでしょう。背が伸びるわけではありませんが、内面から発しているエネルギーが外からもわかるようになるのです。印象として、よりスリムで、より透明感のある身体になっていくのです。

D：　透明感ですか？

C：　はい。新種の人類みたいにね。

D：　地球の人類はそんなふうに変わっていくんですか？（はい）全員が変化しますか？

C：　全員にそのチャンスが与えられます。地球と一緒に進化したければ、新しい透明化した人間へと進化するでしょう。進化した人たちは外見からもわかります。それが今回の実験なのです。だからクリスティーンやその仲間が、地球と一緒に行きたがらない人たちを移動させているのです。彼らは去り、（ほとんど泣きながら）家族を悲しませることになるでしょう。でも、残る人々はしっかりと光を携えていなければなりません。それは大変な仕事です。離婚をして、今起きているいろんなことから離れなくてはなりません。地球がシフトして浄化のプロセスが終了するまで、ごたごたは続きます。ここに残る人々は、移行しない人々の集団をまったく別の文明へと連れて行く役目を担っています。残る人々は今、破滅のさなかにあっても負のエネルギーに飲み込まれることなく光を携えることができるかという試験に立ち向かっています。彼らはこの惑星とともに進化する人々です。

D：　それは最後の試練ですか？

C：　そうです。今まさにテストの最中です。この計画にどこまで貢献できるか、どれほど強い意志を持って臨めるか、どこまで身を粉にして働けるかなど、人によってそれぞれ違ったチャレンジがあり、本気度が試されています。

D：　私たち一人ひとりが個別のチャレンジに直面しているということですか？

C：　はい。そのチャレンジを困難だと思っている人々は残る人々です。チャレンジに取り組んでも、乗り越えられない人も出てくるでしょう。

D：テストをパスできない人々？

C：落第する人もいるということです。

D：他のセッションでも、新生地球に行けない人々がいると聞きましたが、それは残酷な話ですね。

C：いいえ、すべての魂には選択肢が与えられていますから。新生地球に行かずに今の場所にいるのなら、それは自分がそう決めた結果ですから悲劇でも何でもありません。これは単なるゲームです。古い地球に残るというすごろくのようなものです。そこには新鮮な果物があり、完璧な食物があります。調理する必要はなく、生のまま食します。そこに生きる人々に必要な栄養はすべてそろっています。この完全な果物は今、スターピープルの助けを借りながら開発が進んでいます。

D：その完璧な果物は今の地球にはないんですね？

C：ありません。変異株のようなものです。似たような例としてカスタードアップルが見えています。〃カスタードアップル〃［訳注：中南米原産の植物、果実が赤く心臓のようなので牛心梨とも呼ばれる］という名前の果実がありますね。見た目はリンゴとは異なり、ごつごつした形で大きさはみかん2個分くらいです。割ってみると中身はカスタードのようで、デザートというより主食のような感じです。単に果物というよりは、新種の食糧です。これは未来食の一例です。未来の食事は味覚にも心地よいものです。そして栄養素は身体の支えとして……今〃身体〃と言おうとするたびに止められて、〃存在〃と表現するように指示されています。未来食は存在にとって好ましい栄養となります。今あなた方は料理という過程を経てカスタードをつくりますが、将来的には果物の一部として手に入るようになります。それには地球を癒やし、電力やエネルギー消費を減らす必要があります。そうなると果物が私たちに必要な栄養素を供給してくれるようになります。

D：　人類は健康に悪いものをたくさん自分たちの食物に取り込んできたと聞きました。

C：　そうですね。有機栽培が地球に導入され、有機栽培農家は地球の進化の流れに沿っていました。食事について意識が高くなり、適切に栽培するにはどうすればいいかを知る必要が生まれたため、彼らが登場したのです。ルドルフ・シュタイナーの学校では子供たちにそれを教えています。新生地球に生きることになる子供たちはそういうことがわかっています。そういう子供たちは成長して今大学やいろんな組織で情報を広めています。地球の浄化が進むにつれ、食物汚染などは一掃されていくでしょう。おわかりのように、汚染は新生地球の波動域には存在しないのです。新生地球は違う次元にあります。私たちは新しい次元へと移行していくのです。その新しい次元では、紫やオレンジ色の幹の樹木が育ち、美しい川や滝があります。失われていたエネルギーが戻ってきます。川の流れにはエネルギーが宿り、水は岩肌を滑りながら砂地へと流れ、大地を潤します。それがまたエネルギーを生み、世界を調和させるのです。蛇行する大小さまざまな流れは変化を始め、直線的に流れるようになり、水上交通が容易になります。くねくねと蛇行するエネルギーは地球にとっては逸失利益だったからです。地球は浄化されて行きます。今美しい水が見えます。

D：　それは地球がシフトして新次元に移行する前にするべきことですか？

C：　まさに踏み越えようとしている様子が見えています。おお！　新次元に行く人々が新生地球に入って行く様子が見えています。

D：　まだ浄化の途上の人々がいる中でですか？

C：　そうです。

D：　浄化にかかわる水はどのようになるんですか？

C：　（ため息）そこは見せてもらえません。

D：　彼らはあなたに見てほしくないのですか？

C：　見せてくれません。私に見えるのは、入り口かな。新生地球に入って行く様子。そこは今の地球のように見えますが、色が違います。質感も違います。最初の印象は前と同じように見えたんですが、違いますね。見渡すと全然違うし、見ている間にどんどん変わっていきます。とても美しいです。

D：　でも、それはアストラル界、霊界ではないのですよね？　霊界はとても美しいところだと言われていますが。

C：　違います、これは新生地球です。霊界ではなくて、5次元の地球です。ひと足先に入って行く人々が見えます。クリスティーンはもう何度も行っていると伝えるように今、言われました。今も新生地球に入って行く集団が見えています。クリスティーンは人々を古い地球から新しい地球へと連れて行っています。しばらくは行ったり来たりする人々がいますが、最終的には新生地球に落ち着くことになります。

D：　そして最後まで行かない人々もいる。

C：　そう選択した人々は残ります。

D：　その人たちには艱難《かんなん》辛苦が待っているんですね。

C：　はい、地球全体でそうなります。（驚いて）今、地球が爆発するイメージが見えました。これは痛ましい。

D：　それはどういうことでしょうか？

C：何でしょうね。ただ爆発が見えたんです。新しい地球も見えています。美しく調和した、穏やかな地球、5次元の新生地球です。

D：地球の爆発を見せられたのは、象徴的な意味でしょうか？　つまり新生地球に行った人々にとって、古い地球はもう存在しないというような。

C：シフトした人々は地球に起きることを見ています。彼らには見えます。さて、実際に爆発するのか、についてですが、彼らが言うのは、「これからどうなるかにあまり囚われないように。光に意識を集中させなさい」と。それが新生地球に行った人々が直面する課題です。これからどうなるかにばかり囚われると、3次元に引き戻されるので、そこが最大のチャレンジとなるでしょう。実際進化を選択した人々の多くがそれによって引き戻されました。戻された理由は、彼らが恐怖や悲しみ、後悔といった黒いエネルギーに囚われてしまったからです。彼らがこう言っています。「未来に何が起きるかを知っていてもいいことは何もない。知る必要はない」要するに言いたいのはこれです。「よきことにのみ意識を集中させなさい」今の地球から多くの人々が移行していく新しい次元、美しい新生地球があるという事実に意識を集中させてください。

D：新生地球には、肉体を持ったまま行けると聞きました。身体が変化するだけだと。

C：その通りです。今の身体のままで移行しますが、組成は変わっています。

D：身体を脱ぎ捨てるとか死ぬとかではなく。

C：普通に歩いて渡るようなものです。クリスティーンはすでに行っているので、やり方を知っています。経験しているし理解もしています。

D：でも、何が起きているのかわかっていない人があまりにも多いのは悲しいことです。ごく一般の、大多数の人々が、一部の宗教の中でほんの少し教えられた以外には、物理世界の外でこうしたことが起きていることにまったく気づいていません。

C：〝ごく一般の人〟というのは仮面であり、彼らもまた変化しています。

D：地球の外に意識が及ばない人が、あまりにも多すぎます。

C：そうですが、彼らは覚醒を選択していない人たちです。彼らの決断は尊重されるべきものです。地球上の他のすべての人々と同じように、彼らにも選択肢が与えられました。そのうえで彼らがそれを選んだのですから、それでいいんです。大丈夫です。

D：では彼らがどこか別のところに行って負のカルマの解消に取り組むのなら、それも彼らの魂の進化のプロセスだということですね？（はい）新生地球に移行するのは現人類の大半ですか？

C：大半ではありません。ある意味なるようにしかならないので、人数は問題ではないのです。たくさんの魂が覚醒すれば、5次元地球へ行く人が増えるということです。だから今あなたのような人たちが懸命な啓蒙活動を続けているのです。怖れを捨てて魂の進化に集中するように、そしてあらゆることが可能となる広大無辺の量子場へ行きましょう、とね。あなた方はそういう啓蒙活動をしているし、それは必要なことです。あなたの話を傾聴した人たちがあなたと同じような活動を始める。自覚はないかもしれませんが、あなたがしているのはキリストと同じです。あなたの話を聞いた人が次々に使徒になり、彼らがどんどん外に出て話をして信奉者が増えていく。そうやって覚醒が広まっていきますよ。そう遠くないうちにね。

D：スケジュールは見えますか？

C：この先の数年間が、〝決断期〟という言葉が降りてきました。言い換えれば〝見切りをつける〟

期限です。この頃までに決断できなかった人は、古い地球に残ることが確定する大事な時期です。

D：地球には、国単位で準備ができていないところもあります。そんな状態ですから、行かれない人がかなりの割合でいるのではないかと思います。

C：人々に見えている以上のことが水面下で起きています。自国民が権力者による迫害を受けている様子があちこちで見えます。こういうことが起きるのは、人々の覚醒を促すためです。人が理不尽に迫害されたり殺されたり、あるいは人が偉業を成し遂げたりするのを見るとき、それがトリガーとなって人は覚醒します。今起きている迫害事例はみなその目的で起きています。これは事態の明るい側の様相です。

D：そういう事例を誘発する発火点のようなものがあるんですか？

C：カーテンが降りたように見えなくなりました。私には許されていない情報のようです。「ひとつの時代が終わり、もうひとつの時代が始まる」とだけ言われました。

D：２００２年現在で、戦争へと向かう動きがありますが、それと関係がありますか？

C：残念ながらそれも試練です。今、多くの人々が試されていると話しましたが、それも資質が問われている事例のです。回避できるか、それは個人という小宇宙と外界の大宇宙という相似形の中で、自分の宇宙を守れるか（自分の身体を指して）。

D：この身体という意味ですか？

C：そうです。自分という小宇宙の平和を守り、調和を維持できれば、そのテストは合格です。そこをクリアできれば、何が来ても持ち堪えられるでしょう。今、世界で起きていることは、地球人全員に対するテストです。

D：　怖れに飲み込まれてはいけない、という試練ですか？

C：　そうです。テレビを消しましょう。新聞やテレビの情報を鵜呑みにしてはいけません。あなたの世界は、あなたの身体の中にある小宇宙です。

D：　身体の中にある……。

C：　そうです。あなた自身のスペースです。それがあなたという小宇宙です。あなた方一人ひとりが自分の小宇宙を調和と平和で満たすことができれば、それが5次元の地球に顕現します。自分の小宇宙に調和と平和を創造できる人が増えれば、5次元の新生地球の住人の数も増えるでしょう。身体の宇宙に平和を生み出せない人は、テストに落第したということです。

D：　私たちはこの仕事を通じて戦争回避を願い、ゼロにできなくても減らせるように働きかけています。

C：　地上で起こるのはすべてゲーム、芝居なので、何が起こるかは大した問題ではないと言われています。そこで起こることすべてに理由があります。現時点で、その理由とは、あなた方一人ひとりの魂が進化のどのステージにあるかをチェック、確認することです。自分という小宇宙を平和と光で満たすことができれば、この先戦争が起きるかを心配する必要はないのです。どのみち幻想なのですから。

D：　幻想と言われてもすごくリアルで、重篤な被害が起こる可能性があります。

C：　そうですね、それも各人が抱く怖れです。私たちの仕事は各人の小宇宙に平和をもたらすことです。自分の身体の中の小宇宙に平和や調和を創造できた人々を束ねていくと、闇の代わりに光が拡がっていくのです。それが新生地球を形成していきます。もし、あなたがこの仕事を始めて間もない頃にこの情報を聞いたとしたら、あまりに情報が常軌を逸していて受け止めきれなかったでしょう。それと同じ理由で、「これから起きることを全部伝えることはできない」と彼らは言うのです。実際に、これからどんなことが起きるのか私たちもはっきりとはわかりませんが、わかっていることも全部共有するつもりはない。なぜなら、あなた方が知る必要はないからです。あなた方が知る必要があるのは、自分の身体の中の小宇宙に地上の楽園を築くことだけです。地上の天国を築くことができた人々とともに行動することで、そのエネルギーが増幅します。そうすれば、あっという間に世界が変わります。世界を変えようなどと考えもしなくても、です。意識を集中させた対象にエネルギーが集まり、顕現します。だから平和に意識を向けてください。人類に覚えてほしいのは、彼らの思いを集中したところが増幅するということです。集中するなら、望み通りの明るい予測と置き換えて集中してください。そうすれば地上の楽園が顕現しますから。今、見えているのは、あなたが書いた『入り組んだ宇宙』第1巻で、思考についての記述があります。それを思い出すようにと今言われました。グレープフルーツくらいの大きさのエネルギーのボールの話です。ボール状になったエネルギーは螺旋構造をつくります。話しながら書かれた内容とは少し変えていますが、エネルギーの螺旋は上になり下になりながら絡み合い、縦横無尽に伸びています。枝分かれもできるし、4本の束にもなれる。そうやって織物にもなるし、何倍にも増えたり、後退したり、ジッパーを閉じるようにぴったり寄り添うこともできる。何でもできるこのボールは可能性の塊です。人が思考を巡らせるとき、思考は無形ではなく、エネルギーの螺旋となります。その螺旋エネルギーが、可能性のボールの構成要素です。思考はエネルギーだとイメージしてみてください。エネルギーをたくさんつぎ込めば、どんどんパワーアップして行きます。しまいにそれは顕現し、現実となります。物理次元で姿を現すのです。

平和な世界になるという思考を注ぎ込む一方で、「ああ、戦争がどんどん迫ってくるな」とか、「あの政治家たちは何をやっているんだ」とかいうネガティブ思考がボールに注ぎ込まれれば、ポジティブエネルギーは弱まります。

ですから、人々にはもっともっとポジティブな思考を次々と発信するように教えなくてはなりません。ネガティブな思考が脳裏をよぎったときは、それを受け流すだけでなく、それをポジティブな考えで上書きすることで、可能性のエネルギーボールを大きくすることを教えるのです。そうすることで一人ひとりが未来の現実に貢献します。人々はそれを理解していませんから、やり方を指導する必要があります。

それから、どうしてこれをあなたに伝えるように言われているのかわかりませんが、幻想であることを強調するように言われています。今、中東で起きている戦争を、人々が現実ではなく映画だと捉えるようにしなさいと言われています。それが地球の人々のためになると。それからもうひとつお伝えするように言われたのは、どの行動、作用にも真逆の行動、反作用が起こるということです。生まれるものは死ぬ、得たものは失うのです。ですから強欲や支配欲、物質主義を手放す必要があるということです。調和と平和を世界にもたらすことを阻害するこれらの欲望を、手放さなくてはなりません。新生地球では、そのような欲望は誰の役にも立たないからです。貨幣や金銭というものが必要なくなるからです。したがって、不要なものに固執する理由もなくなります。地球や宇宙のために貢献する人は、宇宙からずっと守られるでしょう。必要なものは、その都度届けられるでしょう。仕事とはお金を得るために働くことだという発想を、概念から変えるときなのです。仕事とは、地球をよりよくするために働くこと。今、地球が直面する難局を切り抜けるために貢献すること。仕事をする動機とはそうであるべきです。お金ではなく、愛と奉仕を動機にしなくてはなりません。仕事を最大限に生かす道はそれしかありません。我欲からではなく、愛と奉仕から生まれなくてはならないのです。

D： 愛が最もパワフルな感情だと聞きました。

C： はい。愛は癒やしをもたらします。

講演をすると、聴衆はいつも、新生地球に行くためには何をすればいいかと聞いてくる。その答えとして高次の存在は、ふたつの重要なものを手放すようにと指摘する。すでに書いている通り、ひとつ目は**怖れ**だ。怖れは幻想だが、人間が持つ最も強い感情でもある。これを手放さない限り古い地球に縛られることになる。私は聴衆に、思いつく限りたくさん疑問を投げかけるよう勧めている。見聞きするものを鵜呑みにしないこと、そして自分の頭で考えることを推奨している。他人の考えを信じ、自分の力を他人に委ねてはいけない。自分で判断し、自分にとっての真実を見つけなくてはならない。それは私にとって真実ではないかもしれないが、あなたがそれを見つけたのなら、それはあなたの真実だ。そして、その真実が変化しても驚くには当たらない。私たちは常に学び進化しているのだから、柔軟性が大切だ。怖れによって自分の真実を見極める目を曇らせてはいけない。

手放さなくてはならないふたつ目は**カルマ**だ。私たちは地球で輪廻転生を重ねるうちに、多くの場合同じ魂と同じ過ちを繰り返し、重いカルマを積み上げている。それが「カルマの輪」と呼ばれる所以で、私たちは同じパターンの轍にはまっている。私は人々が背負ったまま歩み続けるカルマのことを、〝お荷物とガラクタ〟と呼んでいる。身軽になって上昇するには、不要な重荷を処分しなくてはならない。生きていれば誰にでもよくないことが起きる。人生とはそういうものだ。私たちは学びを得るためにそういった不運を受け入れている。不運に遭遇した人々に、私はこんな質問を投げかける。「そこから何か学びましたか?」その経験から何かひとつでも得るものがあったなら、それがそれに遭遇した理由と言える。もし、何も得るものがなかったと答えたら、どうなるだろう? その場合はそのような不運に繰り返し遭遇し、それが意図する学びに気づくまで終わることはない。それは学校で進級できずに落第を繰り返すことに似ている。徐々に進化していく過程を飛ばし、幼稚園からいきなり大学に行くことはできない。

だから、今の人生に取り組むことだ。今の魂のステージでの課題は何だろう? 今、手放せずにいるものは何だろう? と。幼少期に虐待やネグレクトを受けていたとしても、もうそれは重要なことではない。そこから何を学んだかだけが重要なのだ。酷い結婚生活を経験したとしてもそれも関係ない。すべて忘れて手放そう。これに反論したクライアントがいた。「そんなことできませんよ。奴が私にどんな酷いことをしたか、あなたは知らないからそんなことを言うんでしょう!」と。しかし、その怒りというカルマにしがみつくことで傷つくのは、本人以外の誰でもない。いつまでも負の感情に囚われることで、さらなるカルマを積み上げているにすぎない。見切りをつけて赦す決断をしないと、新生地球に行かれないどころか同じ過ちの輪につかまることになる。それがカルマの法則。同じ過ちの輪にはまることを、あなたは望むだろうか?

私の講演では、カルマを手放すのに役立つエクササイズを紹介している。因縁の相手と対面することはなかなかできないし、すでに相手が故人の場合もある。したがって、このワークは思考の中で行う。あなたがこの世に誕生する前、天上でこの人生で何を成し遂げたいかという計画を立てていたことを思い出してほしい。その際、複数の人々とこの人生で出会い、互いにどんな役柄を演じるかという契約を交わしている。地上で出会った最大の強敵は、天上では最愛の親友だということもある。彼らはあなたの地上での計画をうまくいかせるために敢えて悪役を買って出ているのだ。なかには実に秀逸な演技力を発揮する魂もいる！

エクササイズはまず、因縁の相手が目の前に立っている様子を心の中で想像する。そして相手にこう言う。「私たちは努力しました。本当によく頑張りました。でも、うまくいきませんでした。私はあなたとの契約を破棄します」そして、心の中で契約書を破り捨てる自分をイメージして、こう言う。「私はあなたを赦し、解放します。あなたはもう行ってください。あなたの愛が導く方向へ、私は私の道を行きます。私たちの道はもう二度と交わることはありません」そして、実際にそうなる様子を心に描く。ここで重要なのは、言葉通りであると心底信じられることだ。未練を残さず100％信じることだ。この儀式をしたあと、その相手はあなたに対して何の影響力も持たない。そしてあなたはそれまでの自分を赦す必要がある。不和が何であれ、問題が起きるには相手と自分のふたりいなくては起こりえない。この過程のどれをとっても決して簡単ではないが、カルマの輪から脱出して新生地球を目指したいなら、重要で避けて通れないひと手間だ。やるかやらないかはあなた次第だ。

これは2002年、ETと接触したクライアントの長いセッションの一部だ。人類が地球に与えたダメージを修復するために私たちにできること（許されていること）を含む、多くの情報が得られたセッションだった。

P：　彼らが私を未来に連れて行っています。私の身体を移動させています。ああ何てことでしょう。目が回ります。

身体の不快感を取り除くための暗示を与えるとだんだん落ち着いてきて、移動している感覚が収まった。別のクライアントの場合でも、時空を移動するスピードがあまりにも早いときに同じような不快感を示すことがある。

D：　今、何が見えていますか？

P：　光しか見えません。ただただ眩しい光がさく裂しています。星が特殊な光を浴びて、いろんな色の光を放っています。それぞれの色が人々の意識に影響を与えています。人間だけでなく、動物、植物、鉱物、水、すべてに波及しています。白い光なんですが、そこに多様な色が混ざっています。しかも色が変わったり、動いたりしながら地球の核の部分にまで浸透しています。地球の中心からも光が返ってくるのが見えます。たぶん宇宙船から光を送り、地殻に達するとそこから跳ね返ってきた光が地球上の全部のものに影響を与えているようです。もし地上に立っていたら、足の下からエネルギーが上がってきて、頭のてっぺんから上に抜けていくのを感じるでしょう。

D：　光が普通とは真逆の方向から来るのですね。

P：　そうですね。光は宇宙船から地球の中心に向かい、跳ね返って上がってきます。それが地球上のすべてに影響を与えます。彼らは私たちに自滅してほしくないのです。

D：　それは現在（２００２年）のことですか？　それとも未来のどこかですか？

P：未来です。彼らの計画です。地球に悪いことが起こらないように、軸の調整をするんです。2006年です。

D：2006年までに、地球には地軸が乱れるような出来事が起こるのですか？

P：そうです、そうです。ああ、祈っている人々が見えます。でもダメージが酷すぎて、祈りではとても足りません。このままでは惑星の軌道から外れてしまいます。そうなると太陽系の他の惑星にも悪影響が及びます。だから彼らがエネルギーを地球の中心に送り、ひずみを正して軌道修正をしているのです。軌道が元通りになれば他のいろいろなものも正常に戻ります。人類が引き起こした洪水や干ばつなどの異常気象が起こらなくなります。地球壊滅のシナリオを回避できます。宇宙評議会が、そうならないように策を講じています。宇宙の存在たちは地球に降りてきて見守っているので、ここで何が起きているか、首謀者は誰なのかを把握していて、対処しています。私たちは介入できないということではなく、許可が下りていないのです。

D：あなた方にはできないことがあるからですか？

P：そうです。でも誰がやっているのかを観察することはできます。

D：人類が目に余るダメージを起こしたときは、地球外の存在が助けの手を差し伸べるのですね。

P：そういうときに、あのいろんな色の光を打ち込むのです。いろんな色のエネルギー光線を地球の中心核に向かって打ち込みます。そして、それらの光が跳ね返って地球全体に浸透し、地軸や軌道の修正をするのです。

D：たくさんの宇宙船で行うのですか？

P：はい。たくさんの宇宙船の連合です。ETにもいろんなレベルがいて、それぞれに地球に向かって仕事をしています。私たちもその一員で、たくさんの存在たちが関わっています。

D： それは壮大な仕事ですね。

P： その通りです。連合ですから。

D： 光線を地球の中心に打ち込むなんて、到達する前に何か被害が起きませんか？　トラブルが起きたことはないですか？

　私はアトランティスの滅亡のことを考えていた。滅亡の原因のひとつとして、当時の科学者たちが水晶で増幅させたエネルギーを地球の中心に向かって打ち込んだことが挙げられた。膨大なエネルギーを生み出したことで、地震と巨大津波が起きていた。

P： これは、あなたが考えているようなことではありません。これは純粋な光のエネルギーです。地球にとって良い影響しか起こしません。害は一切ありません。

D： アトランティスを破壊したエネルギーのことを考えていました。

P： あれとは違うエネルギーです。　説明が難しいですが、これは霊的次元で行われることで、純粋な聖なるエネルギーです。　アトランティスのエネルギーは原子力でつくったものでした。このエネルギーは神聖なもので、光から生み出されるものです。核分裂で作ったエネルギーとは違います。これは私たちがつくり、ソースから発信されるものです。ソースからもたらされるものは善なるもので、地球に悪影響を及ぼすことはありません。そのエネルギーが意図したとおりに作用します。私たちはこれを許可されています。地球がそうせざるを得ない状態に陥っているので、必要に迫られてのことです。

D：それは介入とは違うのですか？

P：違います！　地球の人々に介入することはできません。私たちが地球に降りて行ってあれこれ指示することはありません。ですが宇宙船で出向いて行ってエネルギーを地球の中心に打ち込むことは可能です。そういうことはいいんです。霊的な次元でのことですから。私たちは人類のカルマの構造に介入していません。人間はみなカルマ由来の目的がありますが、そこにはノータッチです。そこは禁止されているのでやりません。

D：光が打ち込まれるとき、人間にもわかりますか？

P：感じるでしょう。何が起こったのかはわからなくても、その結果起きる変化によって、何かが起きたことがわかるでしょう。ごく限られた敏感な人々は、何かが起きたことに気づくかもしれません。大半の人類にとっては何事もなく日常が過ぎていくでしょう。それでも彼らの波動は上がり、地球とともに変化しています。地球にある岩や水などは変わらずそこにあるでしょう。何故なら私たちは地球のカルマのパターンを変えることが許されていないからです。私たちは魂レベルで変化を起こしますが、地球のカルマのパターンには触れないので、生体としての地球に変化はありません。

D：あなた方がそれを実行するにあたり、地球が一定の条件を満たす必要がありますか？

P：2006年です。事態が悪化するのです。もうすでにかなりまずい状態になっています。これがこのまま行けば、大気汚染が人々を酷く苦しめることになるでしょう。私たちがこれにかかわっている理由は、この汚れた空気を吸い込むことで遺伝子に異常をきたしている人々が出てきているからです。それはあってはならないことで、私たちがそうさせません。この星の人々に継承すべき遺伝子を与えたのは私たちです。そして今彼らは自分で飲料水や食物、地球環境を滅茶苦茶にして、もうここはすべてが汚染されてしまいました。人類は自らの遺伝子を破壊したので、私たちが修復します。私たちの大いなる実験を台無しにはできませんから！　私たちが流れを変えていきます。

人類創生にかかわる壮大な実験については、『この星の守り手たち』と『人類の保護者』に詳細が書かれている。

P：　これは実行しなければなりません。今までに何度も地球規模の破壊が起きました。アトランティスのことはよく知られていますね。それ以外にも幾多の爆発や洪水が起きています。今回ばかりは阻止しなくてはなりません。でないと宇宙全体に悪影響が波及するからです。そして、地球は少しばかり軌道から外れてきています。　私たちは地球を元の軌道に戻し、環境の浄化を行い、人類だけでなく地球に生きるすべての生物の遺伝子異常を正します。これは事前に提示され、合意を得て、実行されることが決まっています。人類が自力で地球を浄化するのを待っている間に、私たちが作った地球生物の遺伝子構造が破壊されてしまうとわかったからです。

D：　では、宇宙の他の天体に迷惑をかけないうちに軌道修正をするということですね？

P：　すでに影響は出ています。あなた方に馴染みのある物理次元の文明だけでなく、高度な次元にも波及しています。

膨大な多元宇宙の中で、多様な単一宇宙が相互に絡み合い、連結しているので、たったひとつの惑

668

星の軌道や回転軸が乱れただけで、それは他の宇宙全体に影響が及ぶ。極端な例では、属する宇宙にある天体が全部、発生源の惑星もろとも破壊され、消滅することもある。ETたちが地球を監視し続けている理由はそこにある。人類が引き起こす悪影響が生み出す問題を察知して、他の銀河系に警告を発する一方で解決策を打ち出していく。大宇宙、小宇宙、銀河系、すべての次元が自らの存続を確保し、生き延びていくために、地球がどうなっているかを彼らが把握するのは必須事項なのだ。

D： 地球に対してそれほど壮大なプロジェクトが行われていたら、地球人は宇宙船をたくさん目撃するのではないですか？

P： まあ、何という地球人的発想でしょうか。私たちは別の次元にいるので、あなた方の目には触れません。何重にも異なる波動域がありますから、あなた方には光すら見えないでしょう。でも実在するので、将来的にはあなた方の科学者がエネルギーを測定できるかもしれません。ある時点で、科学者たちは私たちが大気圏に存在することに気づき、宇宙船を発見するでしょう。宇宙船の所在を感知する機械や装置ができるでしょう。今はまだ、それができるだけの技術レベルがありません。私たちはまだベールの向こう、アストラル界に存在しているので。そこは次元が高すぎて、人間には見えません。肉眼では見えませんが、いずれ見られるような機械が開発されるでしょう。

D： エネルギーレベルでは、何かが起きているとわかるのですね？　何かが変わったと。

P： エネルギーが変わり、人々も変わりますが、何が起きたのかまではわからないでしょう。これは宇宙の大イベントなので、魂レベルでは認識可能ですが、物理次元では無理でしょう。顕在意識は物理的なエネルギーしか認知しないので。これは物理的なエネルギーではなく、神聖なるエネルギー、魂のエネルギーですから。あなた方が考えるのとは違う次元で作用しているので、まったく違うものです。

D： ということは、感じることはあっても見ることはできない。ただ、身体が変わっていることだけわかるのでしょうか。

P： わかる人もいるでしょう。繊細な人は何かが起きていることに気づいても、何が起きたのかまではわかりません。そうであってほしいと私たちは考えています。邪魔や混乱が起きないためにもね。

D： 人の身体にはどんな影響がありますか？

P： ＤＮＡの遺伝子の衰えや機能低下を抑制します。さっき話したように、肉体は汚染によるダメージを受けています。それを放っておくわけにはいきません。全人類の劣化を止めなくてはならないのです。投下されるエネルギーは人類のＤＮＡの遺伝子構造を変え、より完全な状態にします。私たちは地球人が完璧な調和の中で暮らすことを望んでいます。人間界だけでなく、全宇宙の私たちとも調和していくことを望んでいます。今はまだ、ほど遠い状態ですが。

D： ＤＮＡが変化すると、どんなことが起こりますか？

P： ＤＮＡ改編により、身体は私たちが何千年も前に意図した初期設定に戻ります。アトランティスの時代にもこれを試したのですが、うまくいきませんでした！　アトランティスの人々が、このエネルギーを良からぬ方法で使ったからです。私たちはアトランティスの時代に神聖な男性性と女性性の一致をもたらして波動を上げるため、女性エネルギーの復権を意図したのですが、失敗でした。この失敗が尾を引いて何千年、何万年という長きにわたり男性優位の時代が続き、女性は抑圧され、卑下されてきたのです。そして今、ようやくふたつの性が対等になる時代がやってきました。神聖な男性性と女性性のエネルギーが調和すれば完璧な存在、キリストのようにバランスの取れた存在になれるでしょう。男女のエネルギーが等しく融合すると、誰もがキリストのように静謐な感覚を味わえるでしょう。

これまで何千年という長きにわたり、男女のエネルギーの不調和が続いてきました。そのせいでこの星にはたくさんの問題が生じました。ですから、DNA構造が変更されて神聖なる男女のエネルギー、陰と陽が統合されれば、地球に完璧さがもたらされるようになります。その完璧さは身体にも投影されます。そして、この星は全宇宙に対して模範となるような姿を示せるようになるでしょう。それが私たちの実験であり、そのためにここまでいろんなことをしてきました。それがついに結実することを証明できるのです。この光は何千年もの間、私たちが望んできた完璧さをもたらすのです。

私たちが初めて地球に来たとき、そこはすでに完璧でした。あなたも聞いたことがあるでしょう。そしてあるとき状況が変わりました。隕石が飛んできて、病気やら何やらの災いが蔓延し、すべてが台無しになったのです。その世界に完璧さを取り戻そうと、私たちは動きました。地球の軌道修正もその活動の一環で、自然な流れでした。遺伝子にもかかわることですが、軌道の乱れの原因は人類の男女のバランスが崩れていたことでした。神聖な男性性と女性性のエネルギーが、魂においても、意識の中でも調和がとれていなかったため、その不調和が身体にも現れたのです。身体もあるべき軸からずれています。それで病気になるのです。地球に隕石が落ちて病気がもたらされたとき、身体が完璧なバランスを保っていれば何の問題もなかったはずでした。身体が病気に侵されることはなかったでしょう。けれども身体はすでにバランスを崩していたため、隕石の悪影響を食らってしまいました。私たちにできることは何もありませんでした。

この話は『この星の守り手たち』に書いたことと同じだった。宇宙の壮大な実験として人類が地球にもたらされ、まだ未熟で発達途上にあった頃、巨大な隕石が地球に落ちて病気や不調和を起こし、実験は台無しになった。地球で生命をはぐくむ計画を進めていた宇宙評議会は大いに落胆した。こうなっては、完璧な生命として人類を発展させることは不可能だったからだ。実験を中止してゼロからまたやり直すか、あるいは初めの計画通りに完璧な人類として発展するのは不可能だと知った上で、このまま進化を見守るか、の二択に迫られた。彼らは人類発展のためにかなりの時間と努力を費やしてきたため、いつか将来は病気のない完璧な人間へと進化してほしいという願いを込めて、このまま続行するという決断が下された。人間が、宇宙人の介入を悪意と受け止めてきた人体のサンプル採取や実験の真意はそこにあった。彼らの介入の意図は、空気中の汚染物質や体内に取り込まれた食品添加物の化学物質の影響を心配してのことだった。そしてその悪影響を都度修復してきたのだ。

ETはこう続けた。「私たちは実験を中止したくありませんでした。地球を投げ出すことはできません。地球の生命たち、魂たちの未来を隕石によって損なわれたまま放置することもできません。状況をよくするために私たちは何百万年という気が遠くなるほどの年月をかけてここを訪れ、てこ入れを続けてきました。そしてついに人類は再び頂点を極めつつあります。さっきも話したように、私たちは一度失敗しました。でも、今度は成功すると思っています。その兆しがすでに見えていることを大変うれしく思っています。

D：地球上の全員が、それを経験するのですか？

P：さっきも話したように、全員が影響を受けます。それが起きたことに気づく敏感な人もなかにはいるでしょう。顕在意識レベルではわからない人もいます。魂レベルで起こる変化ですから。このクライアントのように変性意識に落として訊いてみれば、遺伝子に何が起きたのか説明してくれるでしょう。でも、顕在意識レベルではさっぱりわからないでしょう。私たちはそうなるように計画してきたので。

D：殺人犯や強姦魔と言った悪人たちは、普通の人とは違った影響を受けるのですか？

P：**全員**が影響を受けます。彼らも潜在意識レベルでは何が起きたか理解するでしょう。潜在意識に変化が起きれば気づくでしょう。そして、それは活性化します。

D：彼らには負のカルマがありますが。

P：未来の地球にカルマは存在しないので、それも影響を受けるでしょう。新生地球でカルマは許容されません。そこは光と平和の惑星で、私たちの壮大な実験が成功する場所なのです。

D：だから宇宙全体が地球に注目しているのだと聞きました。

P：その通りです。そのために私たちはここにいます。首尾よく実施されるでしょう。

　最後にお届けする情報は、２００４年に私のオフィスで行われたセッションで得られたものだ。一連の話の中で、私にはどうしてもわからないところがあった。新生地球への移行を感じることができる人と、できない人がいるのはなぜだろう？　ごく限られた人しか知り得ない変化によって、どうして大多数の人口をシフトさせられるのだろう？　私がこのような疑問を抱えたままでいることにＥＴ

たちは気づいていた。それゆえ、彼らは私がほしい情報を提供してくれたのだろう。結局のところ、全体像を把握できなければ、私はそれを本に書くことも講義で話すこともできないのだから。

ボブ（以下B）：　ほとんどの惑星、特に地球の人口は55万人、約50万人を想定して設計されていました。最大その程度の規模のコミュニティを想定していたのです。しかし、そこで起こる大いなる変化を経験したいと、さらに多くの人々がそこに転生していきました。その結果、地球は傷み、再生能力を超えるほど荒れてしまいました。不幸なことに、この惑星は以前の非の打ち所のない状態に二度と戻れないほど変わり果ててしまいました。でも創造主の指示により、地球のシフトを加速することになりました。あまりにも時間がかかり過ぎていたからです。やり方はふたつありました。地球を回転させることと地殻変動を起こすこと。それが起きると文字通りゼロからやり直すことになります。それが氷河期を起こし、恐竜が死滅した原因でした。やり方は重要ではなく、いずれにしてもそういう結果を生みました。文明は消滅し、氷河期からネアンデルタール人といった原始時代からのやり直しです。文明は失われ、アトランティスやレムリアのように伝説となります。そういうことが過去に何度もありました。しかし今度はそうはさせません。

今回は惑星ごとシフトするのです。基本的には宇宙ごとの移行であり、ひとつの次元が丸ごとシフトするのです。現在の3．6次元から5次元への移行です。「あれ、4次元はどうなったの？」と言われるかもしれません。言うなれば、4次元も今の次元のうちなので、何しろジャンプして5次元へ行くのです。次元が変わるとき、文字通り次元を飛び越えるのです。それは複雑なプロセスなので、注意深く見守っているのです。魂として準備ができている人は容易なシフトができるでしょう。その他の人々は惑星の外に排除されるでしょう。まばたきの一瞬で起きるので、移行したことに気づく人はほとんどいません。彼らはあらかじめ用意された汚れのない原始の惑星に落ち着くのです。そこでのあなた方の能力は、古い地球時代と比べてはるかに優れています。五感があるのは同じですが、シフトの後にはそれよりずっと多くの感覚機能が加わります。まず、自動的にテレパシー能力が備わります。新しい地球で目覚めると、そのまま日常が続きます。シフトの仕方によっては、移行の途中で一時停止状態になる場合もあります。そういうことが過去にもありました。そんなふうに、地球の人々を移行させるのに2、3日かかるかもしれません。

ドロレス（以下D）： 世界中の人々を、それとも一部ですか。

B： このシフトのための準備が整った人全員です。彼らは確実に移行します。そして新生地球で目覚め、何もなかったかのようにごく普通に一日を始めるでしょう。地球人全員を巻き込んだそのようなシフトが数年前にありました。それを知っている人はほとんどいません。起きたことは事実で、一晩で一週間が経過したような感じで行われました。

D： なぜ、それをしたんですか？

B： 技術的な問題で、太陽をシフトする必要があったからです。それに合わせて地球でも調整が必要になりました。もしそれが誰かに見られたら、何が起きたかが全員にわかってしまうので、良い方法ではありません。それで私たちは全員にストップモーションをかけました。

D： 私たちに知られないようにですか？

B： はい。あなた方は夜眠りにつき、12時間ほど寝たかのように朝目覚めました。時計はそのまま同じように動いています。でも実際は、その間に一週間が経過していました。

D：全員が動画の停止状態だったんですか？

B：地球上のすべてが同時に停止しました。

D：地球の自転は止めずに？

B：そういうことです。惑星の動きは変わりません。地球には昼と夜がありますが、そこを調整しました。とてもユニークな工作でしたが、有効な方法です。これから惑星の調整があり、波動の変更があります。そういうことを、人類が起きている間にやることはできません。人類はいろいろおかしな反応を示すので。ですから人類は起きて動いていると思っていても、実際にはストップモーションがかかりすべてが停止しているのです。ちょっとした工作技術です。

D：では、もし何か気づいていても、それは夢だと勘違いするんですね。

B：まったくその通りです。でも、たいていの人は夢の内容を覚えていませんから。どっちみち確かな記憶は残りません。それに夢で見た内容は簡単に変えることができます。

D：それが数年前に起きたんですか？

B：そうです。太陽の周波数の変更が必要だったときでした。

これがシフトの正体ということだ。地球全体が一時停止状態になり、移行が完了するまでフリーズしたまま待機する。

これは聖書にも記述がある。「その日には、屋上にいる者は、自分の持ち物が家の中にあっても、取りにおりるな。畑にいる者も同じように、あとへもどるな。あなた方に言っておく。その**夜**、ふたりの男がひとつの寝床にいるなら、ひとりは連れ去られ、もうひとりは残されるだろう。ふたりの女が一緒に臼を挽いているなら、ひとりは連れ去られ、もうひとりは残されるだろう。ふたりの男が畑にいれば、ひとりは連れ去られ、もうひとりは残されるだろう。弟子たちは「主よ、それはどこにあるのですか」と訊ねた。するとイエスは答えて言われた、「死体のある所には、またはげたかが集まるものである」。（ルカ福音書17章31－37）

２０１２年で終わっているマヤ暦について、これまで何度も質問を受けた。マヤ人がその先を見ることができなかったのなら、それが世界が終わる日付なのではないかと。高次の存在から聞いた話によると、マヤ人は霊的進化が進み、文明集団として一斉に次元シフトしたということだった。彼らが暦を２０１２年までとしたのは、地球人が次の次元にシフトするという大イベントがこの頃に起きることがわかっていたのだろう。

私たちは自らの意識と身体の波動を上げることで、次の次元へとシフトする。はじめのうちは、それまでと同じ物理的な肉体を維持できる。時間が経つうちに、肉体が要らないことに気づくようになり、物理的な身体は光の身体へと進化する。つまり、身体の組成が純粋なエネルギーである光となる。これは私の著書の中でクライアントが何度となく遭遇した、純粋エネルギーの身体を持って光る存在たちと非常によく似ている。そのような存在は、制約の多い物理的な身体を使うステージを超えて進化した存在であり、私たちもやがて同じ道を辿るのだろう。したがって多くの場合、次元上昇をする際は物理的な身体とともに移行する。しかし、それは一時的な状態であり、個々の進化の度合いによって順次肉体を手放していくようになる。慣れ親しんだものを求めるのは人の習性ではあるが、最終的には身体には制限が多過ぎて、新しい次元の新しい現実にそぐわないことがわかってくる。進化が進み、ついに光でできた身体をまとうようになれば、もう死ぬことはなくなる。これが聖書に出てくる〝永遠の命〟だ。

霊界や、次の転生を待つ間にいる場所は、いわゆるリサイクルセンターのようなところだと言える。再び地球に転生するために待機するのは、解消するべきカルマや、やるべき仕事が残っているからだ。人生の周期を終え、学びが完了するまでは何度でも転生を繰り返す。意識が進化して波動が上がると、もうその中間地点には行く必要がなくなる。その場合に行くのは誰もが永遠の命を持つ、もう転生を繰り返すことのない新天地だ。そこまで行けば、永遠にとどまることができる。きっとそこは、多くのクライアントが〝家、故郷〟と呼び、恋焦がれ、還りたい場所なのだろう。退行催眠中に帰郷を果たしたクライアントは、みな感涙にむせぶことになるのだが、顕在意識ではそのような場所があることにすら気づいていない。

第37章 古い地球に残る人々

自分の出身星が破壊される様子を目撃した人々の話は、本書の他『入り組んだ宇宙』シリーズでも書いた。彼らは地球で暮らした経験を持たず、地球の危機を聞きつけて降りてきた魂たちだ。自分の故郷の星の消滅は彼らが身をもって体験したことで、地球が同じ轍を踏まないために彼らの経験はとても貴重なものとなる。以下は、自分の星がすべて破壊されてしまったある存在の話だ。

ドロレス（以下D）： ジーンはなぜ、今戻ってくることにしたのですか？　地球の歴史の中で、別の重要な時期にも地球にいたそうですね。

ジーン（以下J）： 今回のはビッグイベント、最大級の出来事です。今、それが起きている最中です。多くの人々が本当は何をしに来ているかを思い出し、宇宙の存在からの接触を受けています。新種の子供たちが誕生し、ジーンは子供が大好きです。彼女は人々のエネルギーを調和させています。仲介役として、エネルギーの橋渡しをしています。もちろんあなたも橋渡し役ですね。あなた方は地球で、宇宙大使として情報を広め、進化を助けています。

D：人々が本来の姿に覚醒するためにですか？

J：まったくその通りです。あるがままを受け入れるためです。自分で計画して降りてきたどんな人生も、それでOKだということをね。大きなイベントが迫っていますから、あなたの惑星にとっては重要な時期です。宇宙の孤児だと思っていた夢から覚めるときが来ました。自分本来の姿を知るときです。地球も人類も進化しています。宇宙全体で地球の動向に注目しています。あまりに大きな出来事ですから、みんな争って地球に転生してきました。子供でもいい、数時間だけでもいいから行きたいとね。そこにいる人たちはみな、〝参加登録証〟のバッジをつけています。

D：「数時間だけでもいい」ですって？

J：もちろんです。地球がこのような大進化を遂げる様子をほんの少しでも体験したいのです。このようなユニークな形での進化を遂げた星は宇宙のどこにもありませんから。それがたった数時間であろうと地球に降り立つチケットが手に入るなら、あの有名な、全大宇宙に知れ渡っていた地球の進化の瞬間に立ち会っていた、と言えますから。行かない手はないでしょう。

D：それは私が新生地球と呼んでいる移行のことですか？（はい）古い地球と新しい地球に分離するという？（はい）地球人の中には行けない人々もいる？（はい）まだ全体像を把握しようとしているところです。

J：人類にとって、このような概念が理解できないのは無理もありません。

D：他の人たちにきちんと説明できるように理解したいと思っています。

J：わかりました。こんな話はどうでしょう。カルマとともにとどまることを選んだ人は、どこかに住まなくてはなりません。古い地球でしょうか。それともどこか別の星でしょうか？　いいえ、彼らは自分でつくった現実の中にとどまるのです。

D：なるほど。次のステージに進化しない人々の話ですね。

J：今回は行かないということです。最終的には進化するでしょう。でも、今回は難しいということです。

D：では、古い地球は存在し続けるんですね？

J：はい。ここです。

D：シフトが起きたとき、進化しない人々はそれと気づくのでしょうか？

J：ではアトランティスの例を挙げましょう。人類の歴史の中で、アトランティスの時代には何度も破壊を経験しています。当時生き残った人々は、たくさんの人が亡くなったと思いました。

D：アトランティスでは、複数回の破壊があったのですか？

J：はい。滅びなかったアトランティスが別の時空に存在しています。つまり、そういう見方で言えば、アトランティスは今も別次元に存在しています。話を続けると、古い地球に残る人々は死の恐怖や地球の破壊を現実だと信じ込んでいますから、そういうことが起こります。彼らはおそらく、進化した人々はみな死んだか、どこかへ行ったと受け止めるでしょう。進化した人々も、古い地球に残った人々はいなくなったと感じるでしょう。どちらの側にいても、2通りの経験となります。ですから、これはもうすでに起きていることと考えていいでしょう。この経験を生み出す大元の計画は人間の想定をはるかに超えるものです。地球だけの出来事ではなく、全宇宙の、多くの存在たちが関与するイベントなのです。こんなことを経験した星は、いまだかつて存在しません。

D：宇宙が注目していると聞きました。

J：単一宇宙の集合体としての大宇宙が注目しています。

D：惑星丸ごと次元上昇するという事例が今までになかったと？

J：一度もありません。あとひとつ、あなた方の星のユニークなところは、個人個人が別々の存在だという意識です。この星の意識は一人ひとりが分離していることを経験するように作られています。他の星の存在にはないことです。ソースとのつながりを持たない存在は、宇宙のどこにもありません。あなた方だけです。

D：では、宇宙評議会の関係者や、宇宙船で活動する存在たちはみな自分の魂の生まれた場所、ソースを知っているのですか？

J：もちろんです。そして彼らはみな人間を愛しています。人間は、自分たちが何をしでかしてしまったかに気づいてすらいません。未発達の惑星で起こる原始的な現象だと私たちは理解していますが、それだけ多くの制約があるにもかかわらず、あなた方が進化してきたレベルは驚嘆に値します。あなた方には深い愛情を持つ能力があります。底知れない怖れを抱く能力もあります。強い怖れに駆られて他者を支配しようとするものすごい力が、宇宙全体に問題を引き起こすのです。

D：地球が自由意思で作られたことについては承知しています。でもソースとのつながりを知らないことも、最初から決められていたのですか？

J：そうです。自分を個々の独立した存在として経験できるように設定された興味深い意識構造でした。ソースと分離しているという自己認識の元での経験以上に成長できる環境があるでしょうか？

D：地球人以外は、みなソースの一部だという認識を持っているのですね？

J：持っています。だから、みな地球が魂の成長に一番適しているのではないかと考えるのです。

答えはイエスです。

D：　私たちは宇宙の孤児だと考え、真実をすべて自力で見つけなくてはならないという環境が？

J：　そうです。自分が誰なのかという真実を自分一人で見つけなくてはならないことが、です。

D：　他に何の助けも得ることなく、ですね。言っている意味はわかります。

J：　地球には密度があり、濃い密度ならではの美しさがあります。五感があります。地球には何でもあります。しかし、あなた方は理解していません。現状を振り返ってほしいのです。

D：　セッションでソースに還った人がたくさんいました。その美を目の当たりにして感動し、もうそこから離れたくないとみんな言います。

J：　ソースとのつながりを感じることは、魂にとって最も美しい体験となります。あなたの質問は何ですか？セッションはソースとのつながりを取り戻すためですか？

D：　質問は、今なぜセッションでソースに行く人が増えているのか、です。ソースとはどんな所かを知るため、それともつながりを思い出すためですか？

J：　そのような経験が必要な人たちにとっては、そうです。人によっては、ソースがあまりにも素晴らしいので、もう地球で生きていくのが嫌になってしまう場合もあります。そして、早晩地球を去ってしまうでしょう。何が経験できるかできないかは人によって異なります。あなた方一人ひとりが地球でそれぞれのユニークな足跡を残す存在なので、どんな出来事が潜在意識のスイッチをオンにするかは千差万別なのです。あなた方には誰一人として、自分そっくりな人は存在しません。その特性自体が稀有なことではありませんか。一人ひとりユニークな存在だということの美しさや気高さに、目を向けてください。あなた方の多くは、今も他の人生を生きながら、向こう側からこの偉業に参加

していま す。あなた方は決して孤独ではないのです。誰一人として。

D：私たちはその出自を再発見し、何のためにここにいるかを思い出さなくてはなりません。すでに一部はお答えいただいたと思いますが、人々がよく聞いてくる質問があります。新生地球に行く人々がいて、残る人々がいるのなら、新生地球に行った人々は残された家族がどこにいるかに気づくのではありませんか？　そこが地球のメンタリティでは腑に落ちないところで、人々に説明するにあたり、きちんと把握しておきたいのです。

J：わかりますよ。状況はよく理解できます。よりよく理解できるように、こんなふうに説明してみましょう。人々の生活からフェイドアウトしていく人々がいます。だんだん疎遠になってきたなと感じる人々がいます。その現象が今、随所で起きています。親しかった人であれ家族であれ、同じ世界に属さない人々はあなたからどんどん離れ、消えていくのです。一晩でいきなり全員消えるということではありません。ですからシフトが起きる頃までには、すでに仕分けが進み、あなたと波動を共有しない人々とは縁が切れているでしょう。「そういえば、あの人いなくなったね」と。「あの人は別の街に引っ越したらしい」、「街を出てあちらに行ったらしい」などという個別の事情によってです。わかりますか？

D：はい。その場合でも警察に行って捜索願を出せば見つかりますか？

J：そういうことにはなりません。彼らの側に何かが起こり、彼らのほうから離れていくのです。そしてだんだん両者を隔てる距離が拡がっていきます。シフトが起きるとき、両者の間には大きな隔たりができています。最近見かけなくなった人はいませんか？

D：もちろんいますが、必要ならいつでも連絡を取ることができます。

J：　できるでしょうが、きっとしないでしょう。そこがポイントなのです。あなたから連絡することはなくなるでしょう。自然に遠ざかっていくからです。その相手とあなたの周波数が合わなくなったため、あなたの意識から外れていきます。もう「連絡しなくちゃ」という思いが消えていくのです。

D：　それは、古い地球に残る組と新生地球に行く組の両方に起こることですか？

J：　場合によっては、ひと足先に新生地球に行って、ベールの向こう側で働いている人ということもあります。あなたは気づいていますよね。しかしふと思い出して、「そういえば、あの人はどうしたんだろう？」という人々は、もう以前とは違って、「心配だから連絡してみよう。何かあったんじゃないかしら」というような強い欲求がありません。その人物と関係性を維持する必要性が消えているからです。単に記憶から抜け落ち、そのまま忘れてしまうのです。

D：　新生地球に行く人々は、最初は肉体を持ったまま生活を続けると聞きました。それならシフトが起こっても、新生地球に移行したことに気づかないのではないですか？

J：　それは単純すぎる解釈ですが、あなた方のように移行を助ける仕事をしている人たちのために説明しましょう。あなたは自分の仕事をしながら人々を助けています。人々が覚醒し、自分のポテンシャルに気づき、その力を解放するための手助けをしています。それは彼らの波動を高め、より高い周波数に共鳴できるよう、シフトできるよう助けています。おわかりですか？

D：　はい。そうできるよう努力しています。

J：　そう、あなたは人々を助けている。そして彼らも、そうなっていけるでしょう。シフトは、地球のみなさんが考えているような戦争や地震、あるいは地殻の大変動などをきっかけにして起こるわけではありません。ある朝いつものように目覚め、すべていつも通りだと感じ、いつものように行動を開始する。でも、もうそこは新しい地球なのです。共鳴という形で違いに気がつくでしょう。しかしそのときには、すでに到達しています。共鳴や振動は毎日少しずつ増加してきていたので。そしてある日、あなたは次の地球に行くための準備段階である周波数域に到達する。こう言えばいいでしょうか。今、18世紀の人があなたに会いに来たとしましょう。彼の目にあなたは光り輝いて見えるでしょう。あなたは、18世紀の人類から比べれば大きく進化して周波数を上げているので、その分だけ光の存在に見えるのです。要するに、あなた方は日々進化して周波数を上げているのです。

コメント：「ノストラダムス霊界大預言3部作」の中で、ジョンとその仲間がノストラダムスに会いに行ったとき、ノストラダムスの目に彼らが未来から来た輝くエネルギーの存在に見えたのはそういうことだったのか？　彼らはノストラダムスより速い周波数帯のエネルギーで振動していて、それが光を放っていたのだろうか？　これは引き続き検討の余地がある。

J：　あなたは新しい世界への橋渡し役なので、人々の波動を上げてシフトをしやすくしているのです。あなたがもっと早く人々の波動を上げられるようになれば、あなたのように他の人々に働きかける人も、もっと増えるでしょう。あなたがしているのは地球上の人々の活性化であり、それによって地球の多くの人々の波動が上がっていくのです。わかりますか？　すべては循環しています。どれひとつとっても別の何かに波及し、連鎖反応が起きています。地球に降りてきて、何の使命も持たない人々がいます。彼らはただ活性化するための要員です。彼らのエネルギーフィールドがそれに触れる他者のエネルギーを活性化するのです（こういう人の例は本書で複数回紹介されている）。テレビやラジオの放送局のように、一生懸命まじめに働く人々がいます。彼らはマイクロ波信号を発信するように、宇宙に情報を発信しています。

D：それはよくわかります。だから年齢は関係ないのですね。

J：まったくその通りです。

D：違うレベル、違う周波数で機能するようになるんですね。

J：違う波動、違う秒速周波数です。

D：ETなど、宇宙の種族と同じ機能ですね。

J：はい。彼らは地球人とはまったく異なる年の取り方をします。人間の目標は寿命を延ばすことです。今よりもっと長く生きることに加え、他者との相互理解の橋を架けることです。まずは健康増進から始めることで、あなた方は他者に対して下心なく威圧的でない形で、他者との共感を育てていけるでしょう。

D：年齢が関係なくなる新しい世界で、肉体はいずれ滅びますか？　それは今の地球で考えるような死と同じでしょうか？

J：あなた方の中には、死なないという選択をする人も生まれるでしょう。死は変容の手段で、次のステージへ移行するための節目です。みなが同じ時期に同じ周波数帯にいるというわけではありません。そこは覚えておいてください。

D：はい。魂が次のステージへと移動する準備が整うまで、肉体は何とか持ち堪えられるようになるのかな、と思っていました。

J：まったくその通りです。ただし、全員がそうなるわけではありません。大人数で同時にシフトするとしたら、そうですね。周波数はおよそ秒速4万4千回転となることが必要です。全員が同時にその周波数域に達するわけではありません。波動の上昇にはそれぞれの事情や変数があります。新しい世界に移行した後でも、その狭間に立って、シフトの前線で人助けを続ける人たちがいます。あなたのようにね。わかりますか？　いつでもそれぞれの魂にふさわしいレベルがあるので、そこにはいつでも最先端で活動する人々がいます。人よりちょっと進化した人たちが、進化の道を切り拓いていくのです。

D：そういうことだろうと思っていました。まだまだ時間はあるし、人助けの仕事もまだまだ終わりません。

J：もちろんです。

D：肉体の限界については、あまり心配ないですね。

J：ああ、肉体の限界ですね。心配ありません。あなたを見てごらんなさい。あなたの身体はすでに細胞レベルの変化を始めています。高次の存在たちがあなたを調整しています。

D：そういう話は聞いています。

J：やっていますよ（笑）。それにあなたは宇宙の存在のスポークスパーソン、橋渡し役ですから、誰より見栄えも良くないと困るでしょう？

D：きっとそうでしょう。たくさんのSCたちから言われているので、そう信じるしかありません。

J：信じてください。

D：今の地球の人々が全員、新生地球へ移行するわけではないと聞いています。

J：その通りです。地球がシフトしたら、それを経験できる魂がたくさんいてもいいという考え方があります。魂の成長には、そのような経験が望ましいからです。言うなれば、地球初心者がたくさん地球に降りてきています。そして初心者が上級者と同じクラスで学べる良い環境があります。地方の学校のようにね。そんなふうに、いろんな学年の生徒たちが全員同じ教室にいて、全員がその恩恵を享受します。それでも最終的には移動しなくてはならないときが来ます。その際、残される人たちは自分の行き先を探さなくてはなりません。彼らは他の学校、他の場所に配属されることになります。

D：　進級できない人を置いていくなんて残酷だと、いつも思っていました。

J：　いいえ、置いていかれるわけじゃありません。彼らが成長できる次の学校に行くだけです。

D：　それも理解できるようになりました。別々の場所に行くだけですね。

J：　そうするほうがより自然なのです。たとえば人は死んだら肉体を離れ、別の次元に行き、そこで魂の成長を続けます。その先は、再び肉体を得て転生したりしなかったりします。いずれにせよ、次のステージに移行します。大宇宙が神の身体だとすれば、私たちはどの宇宙、どの銀河系、どの惑星であれ、どこにでも行けるのです。

私たちの身体や世界全体が、次元シフトの過程でどうなっていくかについて、変化の情報はまだまだあるが、シフトの波に乗って進化しない人々が気づくことはない。

「今、私たちの身体や、身の回りのすべてのものたちは、新しい波動に合わせて周波数を高めています。身体の細胞は振動数をどんどん上げて、やがて光の周波数に到達するまで高くなります。これが始まると体温が上がり、身体は光を放つようになります。すべての細胞が高速の周波数で振動するようになると、肉眼では見えなくなり、高次元の現実へと移行します。身体は3次元の波動域を超越し、それよりずっと高い波動域で振動しているからです。そうなったとき、あなたの身体は光でできているので、もう身体が死ぬというプロセスはなくなります。この新しい次元の現実に、老化現象は存在しません。そこからはさらに次の霊的進化へとアクセスできるようになります」

〝彼ら〟は、この次元上昇は以前にも個人、そして少人数の集団に起きていることだと強調している。しかし今回のシフトが特別なのは、惑星が丸ごと次元上昇して高次の次元に突入するという、前代未聞の出来事だからだ。その先にあるのは新しい地球、新しい世界だ。それは聖書に記述がある新しい天国であり、新しい地球だ。そこに移行する準備ができていない者は、カルマとともに古い世界に残される。彼らは何が起きているのかに気づくことはない。光の存在へと進化しない者たちは、より密度の濃い、負のエネルギーが残る別の惑星へと移行し、彼らが蓄積したカルマに取り組むことになる。彼らと新生地球とでは波動が一致しないため、彼らが新生地球に入ることは許されない。

地球は生き物だ。地球もまた私たち同様に進化しているが、そのペースは私たちほど早くない。地球は今、次の転生へと向けて進化する準備を整えている。彼女の波動が次のレベルに到達したら、次の高次元世界へと移動するときがくる。地球は、そこに人類が登場して以来、地球に負荷をかける人類の営みを容認してきた。地球にとって、人類が地球とともに次元上昇するか否かはどうでもいいことだ。私たちがついていこうがいくまいが、地球はシフトを遂げるだろう。もし、私たちも地球とともに行くのなら、それは私たちの選択ということになる。私たちは地球に対してひどいことをしてきたので、彼女にとってはむしろ私たちがついてこないほうが好ましいことだろう。私たちは犬についた蚕のようなもので、この美しい惑星にひどい被害や負担を強いてきたのだ。したがって、今回地球の次なる冒険についていくのであれば、私たち自身が変わらなくてはならない。自らの波動を上げられなければ、古い世界に取り残されるまでだ。

数年前、私は『マリアのメッセージ』（近代文芸社）の著者であるアニー・カークウッドとともに、ある会議のパネリストとして参加していた。彼女は講演で新生地球の進化を示すようなビジョンについて話した。彼女が宇宙から地球を見ていると、地球が二重に見え始め、やがて二層構造になった。重なり合うふたつの地球の間では相互に細い点滅する光の線が結ばれ、ふたつの地球はやがて離れて行った。ちょうどひとつの細胞が増殖してふたつに分裂するように、ふたつの地球は別の方向へと分離して行ったのだ。ひとつの地球では彼女と他の人々が歓喜に沸いてこう叫んでいた。「このことだったのね！　本当だった！　やった、やった！　新生地球に着いたんだ！」そしてもうひとつの地球では、彼女の姉妹の声がした。「彼女は頭がおかしくなった。あちこちで変な話を言いふらしていたけど、何も起きないじゃないの！　本人が死んだだけよ！」そのビッグイベントが起きたとき、まったく気づかない人々もいるようだ。これが新生地球に行く人々と、ネガティブエネルギーにまみれた古い地球に残される人々の分離の様相と思われる。

この後、私は自分の講演で彼女のビジョンの解説をした。すると、ある男性が私にこんな話をしに来た。「私はビジネスマンで、普段は論理的説明のつかないような経験をしたことはありません。ですが、あなたがふたつに分離する地球の話をするたびに、この会場が消えて宇宙空間にいる自分が浮かぶんです。宇宙空間から地球を見ていると、あなたが話すように地球がふたつに分かれていくところが見えました」その光景が脳裏に焼き付いて離れないと。そして帰宅後、左の図のようなコンピュータ画像を描いてみた。彼はこの画像を本書に掲載することを許可してくれたが、カラーではもっとドラマチックに、新生地球が光り輝く様子が描かれている。

マイケルR. テイラー作成
Created by Michael Taylor（MT）

２００６年シカゴで、私は進化する新生地球について講演をする機会を得た。アニー・カークウッドが見た、地球がふたつに分かれていくビジョンに言及し、分離していくにあたり、それぞれの地球にいる人々がもうひとつの地球で起きていることになぜ気づかないのかについて話をした。自らの波動を上昇させた人々は進化してひとつ上の次元へと移動するため、新生地球に移行する。このため、古い地球に残る人々の目には見えなくなる。この概念では腑に落ちない点がいくつかあった。私の旺盛な好奇心は、いつでも答えを求めている。この話を完全に理解するには、まだ埋めるべきギャップ、説明できない謎が残っていた。会場の聴衆から、それぞれの地球にいる人が、もうひとつの地球で起きていることに気づかないということがどうして起こり得るのか、という質問が寄せられた。そのとき私の脳裏にひらめいた答えは、高次の存在から降ろされた啓示だったかもしれない。このような突然のひらめきや直感は、霊的ガイドやSCからのインプットであることが多く、傾聴すべきものだ。この場合は、セッションでクライアントを通じて語る、いつもの情報源からだったのではないか。私は唐突にこう言った。「その説明としてふさわしい話が今ひらめきました」

この講義の前半で、私はパラレル宇宙や、私たちの思考や意思によってつくられる人生について話をした。『入り組んだ宇宙』第1巻で、私は聞いたこともないような概念について書き、それが自分でも理解できずに四苦八苦していた。その概念とは、ざっとこんな内容だ。ある決断を下そうとするとき、たいてい選択肢はふたつ以上ある。この状態を私は〝分岐点に立つ〟と表現するが、いくつかの分かれ道の中でひとつに決めなくてはならない。結婚、離婚、仕事など、どんなことでもそれぞれの選択肢について熟考を重ね、決断するまでに多大なるエネルギーを注ぐ。このように分岐点に立つ経験は誰にでもある。選ばなかった道を進んだ場合、人生はまったく違ったものになっていたことだろう。私たちはどれかひとつを選ぶが、選ばなかったほうに注いだエネルギーはどうなってしまうのだろうか？　実際のところ、選択しなかったほうも現実になる！　その選択肢を検討しているとき、それが現実になる世界、あるいは次元が瞬時に生まれ、そこにもうひとりの自分自身が、その現実の主人公として存在している。これは人生を左右するような重要な選択だけではなく、ことの大小に関係なく、何か選択するたびに起きることだ。何かひとつ選択するたびに、選択しなかったほうの次元、宇宙が瞬時に創り出され、そちらの未来もまた現実となり、もうひとりの枝分かれした自分がそれを行動に移していく。枝分かれしたほうの現実も、選択した現実と同じくらいリアルに存在している。私たちはこれらの枝分かれした自分の存在に気づかずにいるが、それは賢明なことだ。人間の意識に、そのような複雑な現実をすべて処理する能力はない。それは脳の問題ではなく、意識に限界があるからだと私は高次の存在たちに教えられた。人間の意識には、無数に枝分かれするタイムラインの複雑な概念を収める受け皿が存在しないため、理解不能なのだ。人間の理解の限界を超えているのだから、私たちはすべての答えが得られる立場にはないということだ。それで高次の存在たちは、人類が覚醒するこの時期に、どの情報を提供するのがいいか、注意深く選別して小出しにしているのだ。私たちはこうして入ってくる耳新しい概念や考えを受け入れながら、意識の視野を拡大していく。彼らはそれを見守りながら、さらなる一口を子供に食べさせるが如く、新しい概念を降ろしてくる。

私はこうして情報を少しずつ与えられたことに感謝している。結果として、人類は少しずつ覚醒しているのだから。実際のところ、地球が周波数を上げて新しい次元に移行するという現実を、今後、人類が理解して受け入れていくには、そのような方法しかないだろうと思う。今、私が受け取っている情報の数々は、私が30年以上前にこの仕事を始めた当初には、到底理解できなかった内容だ。私も自らの覚醒と成長を感じるし、それらはこれまで著してきた本に反映されている。

シカゴでの講演中に降りてきた啓示が、ふたつの地球にいる人々が互いに気づかない理由であり、それはふたつの世界がパラレル宇宙として別々の次元に存在しているからなのだろうと思う。日常的な選択の結果生まれる別の宇宙と同じ原理の、スケールの大きな惑星バージョンなのだろう。自分が選択しなかったほうの道を進んだ、別の次元にいるもうひとりの自分に気づけないのなら、自分のいないほうの地球にいる人々に気づかないとしても不思議はない。ひとつの地球はひとつの決断に従ってその道を進み、もうひとつの地球はまた別の道を進んでいる。どちらも選択の結果生まれた現実だ。地球に生きる誰もが、自由意思に従って選択を下すことができる。エネルギーはここにあり、ますます増大している。それは私たちの身体に影響を及ぼしている。私たちの波動もまた変化を余儀なくされている。それでも私たちには自由意思が与えられているため、どの波動域を自分の世界としたいかは、これまで通り個人の裁量権の中にある。唯一の違いは、このようなスケールの大きなシフトがこれまでになかった点にある。宇宙の歴史の中で、惑星全体が波動を変化させて別次元にシフトしたことはない。だからこそ、これが宇宙最大のショーだと言われ、注目を浴びている所以だ。多くの銀河系の住人、多次元の存在たちがみな地球の動向に注目しているのだ。地球は、人類は、これを成し遂げることができるのか？　何とか首尾よく乗り超えられるだろうか？

電車は今にも駅を出ようとしている。かつてないほどのスケールで、前代未聞の大アドベンチャーの旅へと誘う電車の出発だ。これに乗って旅立つか、プラットフォームにとどまるかはあなたの選択次第だ。この一大イベントをサポートするために地球にやってきたボランティアたちは、帰郷の準備を進めよう。さあ、みんな乗り込んで！　あなたは決してひとりじゃない、ということを忘れないで。

■著者について

DOLORES CANNON
ドロレス・キャノン

退行催眠療法家。"失われた"知識研究家。

(1931-2014) ミズーリ州セントルイス生まれ。1951年に海軍の軍人と結婚するまでセントルイス在住。以降20年にわたり、海軍軍人の妻として米国内外を転々としながら子育てをし、家庭を守る。1970年、夫が身体障害者となり軍を解任されると家族でアーカンソー州に移住。ドロレスはここで執筆活動を開始、雑誌や新聞に寄稿する。1968年に催眠療法を始め、1979年以降は退行催眠療法に特化した活動を続ける。催眠療法の多様な手法を習得し、クライアントから情報を引き出す最も有効なドロレス独自のメソッドQHHTを開発した。ドロレスはこのメソッドを世界中で指導している。

1986年、ドロレスは探求の分野を拡げ、UFO研究を開始。UFO着陸を疑われる事例の現地調査や、イングランドのミステリーサークルの調査も実施した。この分野における探究は主として宇宙人による誘拐を疑われる被験者の催眠療法を通じて行われた。

ドロレスは国際的な講演者で、世界のすべての大陸で講義や講演をしてきた。彼女の15冊の著書は世界20か国語に翻訳されている。世界中のテレビやラジオにも出演し、ドロレスによる、ドロレスに関する記事は世界中の雑誌や新聞に掲載された。ドロレスは、霊的現象研究に顕著な貢献をした研究者に与えられる、ブルガリアのオルフェウス賞を受賞した最初の外国人、最初のアメリカ人となった。また複数の催眠組織より、顕著な貢献をした催眠療法家に与えられるOCLA賞を受賞した。

ドロレスは大家族の一員で、現実世界の家族は、ドロレスの仕事上の対象である"見えない"世界とのバランスを保つのに一役買っている。

■翻訳者について

東川恭子
Kyoko Cynthia Higashikawa

翻訳家。ヒプノセラピスト/QHHTレベル2プラクティショナー。潜在意識研究家。占星術師。ハワイ大学卒業、ボストン大学大学院国際関係学部修了。メタフィジカル・スピリチュアル分野の探究を経て、2014年よりヒプノヒーリングサロン「ヒプノサイエンスラボ」を開設。生前のドロレス・キャノンから直接薫陶を受けた最後の日本人として、国内外の多くのクライアントにQHHTを実施している。また最先端の脳科学をベースにしたヒプノセラピー&コーチング、催眠による心身症治療、潜在意識活用法の探究に努めている。

米国催眠士協会・米国催眠療法協会会員。

翻訳書は『前世ソウルリーディング』『新月のソウルメイキング』『魂の目的:ソウルナビゲーション』(徳間書店)、『あなたという習慣を断つ』『超自然になる』『第4の水の層』(ナチュラルスピリット)、『あなたはプラシーボ』『コンパッション』(めるくまーる) など多数。

ホームページはhttps://hypnoscience-lab.com

地球に来たボランティアソウルの
3つの波と新しい地球

●

2024年9月21日　初版発行
2025年4月18日　第2刷発行

著者／ドロレス・キャノン
訳者／東川恭子

装幀／山添創平
編集／山本貴緒
DTP／小粥 桂

発行者／今井博揮
発行所／株式会社 ナチュラルスピリット
〒101-0051 東京都千代田区神田神保町3-2 高橋ビル2階
TEL 03-6450-5938　FAX 03-6450-5978
info@naturalspirit.co.jp
https://www.naturalspirit.co.jp/

印刷所／モリモト印刷株式会社

©2024 Printed in Japan
ISBN978-4-86451-490-3 C0010
落丁・乱丁の場合はお取り替えいたします。
定価はカバーに表示してあります。

ドロレス・キャノン 既刊書のご案内

入り組んだ宇宙 第一巻★

地球のミステリーと多次元世界の探究

ドロレス・キャノン 著
誉田光一 訳

この世界だけが
宇宙のすべてではない

退行催眠中に告げられた多次元宇宙の驚くべき真相。地上のさまざまなミステリーや超古代から、宇宙の仕組み、DNA、UFO、霊的なことまでも網羅。圧巻の896ページが語る、膨大な「知識」！

A5判・並製／定価 本体4500円+税

ノストラダムスとの対話

予言者みずからが明かす百詩篇の謎

ドロレス・キャノン 著
Naoko 訳

「恐怖の大王」とは
何だったのか？

HAARP、テスラの交流発電機、核兵器、地球のエネルギー・フィールドを利用した気象操作……これらはすべてノストラダムスの四行詩で予言されていた！　予言者自らの言葉で長年の謎がついに解き明かされる。

A5判・並製／定価 本体3980円+税

お近くの書店、インターネット書店、および小社でお求めになれます。

●新しい時代の意識をひらく、ナチュラルスピリットの本（★…電子書籍もございます）

ドロレス・キャノン 既刊書のご案内

人類の保護者 ★

UFO遭遇体験の深奥に潜むもの

ドロレス・キャノン 著
誉田光一 訳

UFO体験、異次元世界、並行宇宙の真実

ET および UFO との遭遇体験者に退行催眠を施し、明らかにした驚くべき調査記録。被術者を通して語られる、意識の奥底に秘められた過去・現在・未来。地球と人類のたどる壮大な運命のシナリオとは。

A5判・並製／本体 3800 円+税

この星の守り手たち ★

ドロレス・キャノン 著
ワタナベアキコ 訳

スターピープルたちは、ここ(地球に)いる！

スターチャイルド、宇宙人としての前世を持つ人々の記憶から、人類の進化、宗教、神、科学の進歩、地球、歴史から、人のあり方や愛についてまで、この宇宙にまつわるあらゆる情報を語りつくす。

A5判・並製／定価 本体 2780 円+税

お近くの書店、インターネット書店、および小社でお求めになれます。

ドロレス・キャノン 既刊書のご案内

●新しい時代の意識をひらく、ナチュラルスピリットの本（★…電子書籍もございます）

イエスと接した二人

退行催眠で見えてきたイエスの実像

ドロレス・キャノン 著
采尾英理 訳

二人の女性が語る イエス像とは

彼女たちは過去世でイエスと出会っていた。セッションを通して明らかにされた、古代エルサレムの様子、イエスの人柄や超越的な能力、イエスが行った奇跡や磔刑についての詳細な記録。

四六判・並製／定価 本体 2280円+税

イエスとエッセネ派★

退行催眠で見えてきた真実

ドロレス・キャノン 著
白鳥聖子 訳

イエスの師匠 「スディー」出現！

イエス生誕時の天体状況、エッセネ派で学んでいた頃の様子、布教の様子、十字架の磔刑と復活の真相、モーセの出生と荒野の出来事……イエスの実像とエッセネ派の神秘に迫り、クムランを解き明かす。

四六判・並製／定価 本体 2980円+税

お近くの書店、インターネット書店、および小社でお求めになれます。

新しい地球へようこそ！
サブコンシャスからのメッセージ

Naoko 著

前世療法のエキスパート、ドロレス・キャノンが開発したＱＨＨＴで浮かび上がる、サブコンシャス（大きな自己の一部）からの人類へのメッセージを公開！

定価 本体二六〇〇円＋税

前世を超えて
並行現実、同時存在による癒し、変容

ミラ・ケリー 著
立花ありみ 訳

前世療法のパラダイムシフト！ オーバーソウルによる同時並行的な人生の真実。それを知ることにより可能になる現実とは？ エクササイズ付き。

定価 本体二六五〇円＋税

リターン・トゥ・ライフ★
前世を記憶する子供たちの驚くべき事例

ジム・B・タッカー 著
大野龍一 訳

ヴァージニア大学の教授が前世の記憶をもつ子供たちの事例を徹底調査し、量子力学からの推論や臨死体験等の考察から生まれ変わりを検証したスリリングな書！

定価 本体二二〇〇円＋税

人間は宇宙船だ★
次元を越えて隣の地球へ

松村 潔 著

エーテルの宇宙船を造ることができれば、もう一つの地球にも永遠の恒星にも旅立つことが可能です。意識の不死を望むなら、さあ、急げ。

定価 本体二六〇〇円＋税

精神宇宙探索記
変性意識を使って訪れた星雲界で見つけたものとは

松村 潔 著

変性意識状態で旅する、深遠なる宇宙のツアーガイド！ 変性意識で恒星を探索することで、自らの宇宙的ルーツと、生きることの真の意味を見つけることができます。

定価 本体一八五〇円＋税

エイリアン・アブダクションの深層★
意識の変容と霊性の進化に向けて

ジョン・E・マック 著
大野龍一 訳

ピューリッツァー賞受賞者／ハーバード大学医学部教授、ジョン・E・マックの遺作。10年にわたった「エイリアン・アブダクション」研究の集大成！

定価 本体二九八〇円＋税

ハイブリッドに会う!!
地球にいるＥＴ大使の生活と使命

ミゲル・メンドンサ
バーバラ・ラム 著
古川晴子 訳

地球で人間と一緒に暮らしている8人のハイブリッド（ＥＴと地球人との間で生まれた人間）にインタビュー！ この情報を世に出して人々に知らせる時が来た!!

定価 本体二八五〇円＋税

お近くの書店、インターネット書店、および小社でお求めになれます。

●新しい時代の意識をひらく、ナチュラルスピリットの本（★…電子書籍もございます）

人類滅亡の回避ときたる黄金期の世界
高次宇宙種族・プレヤーレンによる警告と叡智の教え
高島康司 著
２０２９年にプレヤーレンは地球から完全撤退する！ 人類に突きつけられた「種の大絶滅」とは？ 生き残っていく者たちが体験する未来とは？
定価 本体一七〇〇円＋税

アセンションからリセット・リスタートへ★
〈天地の対話〉による10年間の挑戦（「天地の対話」シリーズ2）
三上直子 著
アセンション、リセット・リスタートの真相、そして、5次元での新しい地球の誕生!? 天地の対話を通じ、〈リセット・リスタート〉に向けて果敢に挑戦した物語。
定価 本体二二五〇円＋税

プレアデス＋かく語りき
地球30万年の夜明け
バーバラ・マーシニアック 著
大内 博 訳
30万年前、爬虫類系の創造神に地球は乗っ取られ、闇の世界になった。今こそ、「光の世界」へ変換する時である。光の革命書、待望の改訂復刊！
定価 本体二六〇〇円＋税

ラー文書「一なるものの法則」
第一巻★ 第二巻★ 第三巻
ドン・エルキンズほか 著
紫上はとる 訳
30年以上も世界中で読み継がれている不朽の名著。宗教をこえて魂の永遠性を説く、ニューエイジ思潮の原点。定価 本体［第一巻二七八〇円／第二巻二一〇〇円／第三巻二五八〇円］＋税

光と影のやさしいお話
この世のすべての悪を担った大天使ルシエル
それはいまひとつの神の姿であった
山田 征 著
環境活動家の著者のもとにイエス、マリア、天使たちが現れ、始まった自動書記。30年前に自費出版され読み継がれていた幻の名著が、今またよみがえる。
定価 本体一五〇〇円＋税

グレート・シフト
3人のチャネラーが語る
２０１２年とその前後に向けた大変革
リー・キャロル、トム・ケニオン、パトリシア・コリ 著
マルティーヌ・ヴァレー 編
足利 隆 訳
3人のチャネラーが語る大変革。高次元存在クライオン、マグダラとハトホル、シリウス高等評議会からの啓示に満ちた慈愛あふれるメッセージ。
定価 本体二四〇〇円＋税

よひとやむみな★
穂乃子 著
超弩級の神示！ これから起こる大災害と大混乱を前に、『日月神示』を元に、今とこれから必要なこと、御魂磨きの方法を伝える。
定価 本体一七〇〇円＋税

お近くの書店、インターネット書店、および小社でお求めになれます。